Computergestützte Informations- und
Kommunikationssysteme in der Unternehmung

Springer
*Berlin
Heidelberg
New York
Barcelona
Hongkong
London
Mailand
Paris
Tokio*

Roland Gabriel · Friedrich Knittel
Holger Taday · Ane-Kristin Reif-Mosel

Computergestützte Informations- und Kommunikationssysteme in der Unternehmung

Technologien, Anwendungen, Gestaltungskonzepte

Zweite, vollständig überarbeitete und erweiterte Auflage

Mit 61 Abbildungen

Professor Dr. Roland Gabriel
Ruhr-Universität Bochum
Lehrstuhl für Wirtschaftsinformatik
Fakultät für Wirtschaftswissenschaft
Universitätsstraße 150
D-44780 Bochum
rgabriel@winf.ruhr-uni-bochum.de

Professor Dr. Friedrich Knittel
Fachhochschule Köln
Fachbereich Informatik
Am Sandberg 1
51643 Gummersbach

Dr. Holger Taday
Forum für Informationstechnologie GmbH
Heilsbachstrasse 17–19
53123 Bonn

Dr. Ane-Kristin Reif-Mosel
Arthur D. Little International, Inc.
Martin-Luther-Platz 26
40212 Düsseldorf

Die 1. Auflage erschien 1994 im Physica-Verlag Heidelberg wie folgt:
R. Gabriel, K. Begau, F. Knittel, H. Taday:
Büroinformations- und -kommunikationssysteme
ISBN 3-7908-0773-7

ISBN 3-540-66513-7 Springer-Verlag Berlin Heidelberg New York

Die Deutsche Bibliothek – CIP-Einheitsaufnahme
Computergestützte Informations- und Kommunikationssysteme in der Unternehmung: Anwendungen, Technologien, Gestaltungskonzepte / von Roland Gabriel ... – 2. Aufl. – Berlin; Heidelberg; New York; Barcelona; Hongkong; London; Mailand; Paris; Tokio: Springer, 2002
ISBN 3-540-66513-7

Dieses Werk ist urheberrechtlich geschützt. Die dadurch begründeten Rechte, insbesondere die der Übersetzung, des Nachdrucks, des Vortrags, der Entnahme von Abbildungen und Tabellen, der Funksendung, der Mikroverfilmung oder der Vervielfältigung auf anderen Wegen und der Speicherung in Datenverarbeitungsanlagen, bleiben, auch bei nur auszugsweiser Verwertung, vorbehalten. Eine Vervielfältigung dieses Werkes oder von Teilen dieses Werkes ist auch im Einzelfall nur in den Grenzen der gesetzlichen Bestimmungen des Urheberrechtsgesetzes der Bundesrepublik Deutschland vom 9. September 1965 in der jeweils geltenden Fassung zulässig. Sie ist grundsätzlich vergütungspflichtig. Zuwiderhandlungen unterliegen den Strafbestimmungen des Urheberrechtsgesetzes.

Springer-Verlag Berlin Heidelberg New York
ein Unternehmen der BertelsmannSpringer Science+Business Media GmbH

http://www.springer.de

© Springer-Verlag Berlin Heidelberg 2002
Printed in Germany

Die Wiedergabe von Gebrauchsnamen, Handelsnamen, Warenbezeichnungen usw. in diesem Werk berechtigt auch ohne besondere Kennzeichnung nicht zu der Annahme, daß solche Namen im Sinne der Warenzeichen- und Markenschutz-Gesetzgebung als frei zu betrachten wären und daher von jedermann benutzt werden dürften.

SPIN 10745377   42/2202-5 4 3 2 1 0 – Gedruckt auf säurefreiem Papier

Vorwort

Vom Zeitalter der Information spricht man schon seit einigen Jahren, ebenso vom Produktionsfaktor Information. Computergestützte Kommunikation prägt unsere Zeit, wobei mit der Nutzung des Internet eine neue Dimension erreicht wird. Computergestützte Informationsverarbeitung bzw. der Einsatz von Informationstechnologie (IT) nehmen eine hohe Bedeutung in unserer globalisierten Wirtschaft ein und werden auch in Zukunft entscheidend zum Erfolg der Arbeit in Unternehmungen beitragen. Moderne computergestützte Informations- und Kommunikationssysteme (IuK-Systeme) bieten große Chancen und Nutzungspotenziale für die Wirtschaft, aber auch Risiken und Gefahren.

Das vorliegende Buch entstand aus den Aktivitäten im Rahmen eines Forschungsbereichs am Lehrstuhl für Wirtschaftsinformatik in der Fakultät Wirtschaftswissenschaft der Ruhr-Universität Bochum, der sich seit über zehn Jahren mit der Thematik beschäftigt. In den 1980er Jahren erfolgte die Diskussion in Wissenschaft und Unternehmungspraxis vorwiegend vor dem Hintergrund der Büroforschung, bei der die Computerunterstützung der Arbeit im Büro (office) in Abgrenzung zur Computerunterstützung des Fabrikbereiches (factory) betrachtet wurde. Zahlreiche Softwareprodukte wurden seitdem am Markt angeboten und in der Praxis eingesetzt. Heute wird die wissenschaftliche Diskussion von der zunehmenden Vernetzung der Systeme und den intensiven Integrationsbestrebungen im IT-Bereich bestimmt. Bei der kritischen Betrachtung von Gestaltungskonzepten zum effektiven und effizienten Einsatz computergestützter betrieblicher Informations- und Kommunikationssysteme gilt es, neben der technischen auch die organisatorische und soziale Integration zu berücksichtigen.

Wie im Untertitel formuliert, werden im vorliegenden Buch Technologien (in Form von Kommunikationsinfrastruktur und Anwendungssoftware), Anwendungen (zur Unterstützung der Aufgabenerfüllung mit Hilfe geeigneter Technologien) und Gestaltungskonzepte (zum Aufbau computergestützter Informations- und Kommunikationssysteme) betrachtet. Dabei sollen die unterschiedlichen, sich ergänzenden Sichten der Autoren auf das Themengebiet sowohl Studierenden der Wirtschafts- und Angewandten Informatik als Ergänzung zu den entsprechenden Lehrveranstaltungen dienen als auch Praktikern eine Hilfe bieten.

Das Buch ist in vier Schwerpunkte eingeteilt. Nach der Einordnung der Thematik in die Wirtschaftsinformatik (Kapitel 1) werden Komponenten, Arten und Zusammensetzung der technischen Kommunikationsinfrastruktur vorgestellt (Kapitel 2). Der zweite Schwerpunkt beschreibt die Informations- und Kommunikationsprozesse in Unternehmungen und strukturiert Optionen zur Computerunterstützung (Kapitel 3). Anwendungssoftware für die Aufgabenerfüllung in Unternehmungen ist Gegenstand des dritten Themenkomplexes (Kapitel 4). Schließlich wird die Gestaltung computergestützter betrieblicher Informations- und Kommunikationssysteme erörtert (Kapitel 5).

Die Erstellung des Buches in einem Autorenteam mit unterschiedlichen Sichten auf computergestützte Informations- und Kommunikationssysteme in Unternehmungen war nicht immer einfach. Letztlich haben die Diskussionen einen erweiterten Zugang zu diesem vielschichtigen Themenfeld ermöglicht, der sich in diesem Buch widerspiegelt. Für die technische Unterstützung bei der Erstellung danken wir Frau Susanne Schutta, Sekretärin am Lehrstuhl für Wirtschaftsinformatik an der Ruhr-Universität Bochum, und Herrn Sascha Wallenfels, Studentische Hilfskraft am Lehrstuhl für Wirtschaftsinformatik.

Bochum, Juli 2001
Roland Gabriel
Friedrich Knittel
Holger Taday
Ane-Kristin Reif-Mosel

Inhaltsverzeichnis (Überblick)

Vorwort   V

1 Computergestützte Informations- und Kommunikationssysteme als Gegenstand der Wirtschaftsinformatik   1

    1.1 Komponenten computergestützter Informations- und Kommunikationssysteme   5

    1.2 Kapitelübersicht   9

2 Kommunikationstechnische Infrastruktur für Unternehmungen   13

    2.1 Computer, Nachrichtentechnik und Büromaschinen: ein Überblick technischer Entwicklungslinien   16

    2.2 Rechnernetze als Basis technischer Kommunikation   17

    2.3 Inhouse-Netze   39

    2.4 Netzübergreifende Datenübertragung   46

    2.5 Standortbezogene Telekommunikationssysteme   59

    2.6 Mobile Telekommunikationssysteme   79

3 Die Unternehmung als Informations- und Kommunikationssystem   99

    3.1 Der Bürobereich als Zentrum der Informationsverarbeitung und der Kommunikation einer Unternehmung   101

    3.2 Formen der Informationsarbeit in Unternehmungen   112

    3.3 Konzepte der Computerunterstützung   126

    3.4 Implikationen der technischen Unterstützung   147

4 Anwendungssoftwaresysteme zur Unterstützung der Informationsverarbeitung und der Kommunikation   155

    4.1 Isolierte und integrierte Einsatzformen computergestützter Anwendungssoftwaresysteme   159

    4.2 Operative integrierte Anwendungssoftwaresysteme zur Ausführung des Tagesgeschäftes   169

    4.3 Analyseorientierte Anwendungssoftwaresysteme zur Unterstützung des Managements   183

    4.4 Anwendungssoftwaresysteme auf der Basis vernetzter Rechnersysteme   196

4.5	Anwendungssoftwaresysteme zur Unterstützung der Kooperation (Groupware- und CSCW-Systeme)	202
4.6	Enterprise Resource Planning-Systeme (ERP-Systeme)	229
4.7	Entwicklungstendenzen von Anwendungssoftwaresystemen	236
5	Gestaltung computergestützter Informations- und Kommunikationssysteme	239
5.1	Gestaltungskonzepte	243
5.2	Arbeitsorientierte Gestaltung computergestützter IuK-Systeme	259
5.3	Geschäftsorientierte Gestaltung computergestützter IuK-Systeme	289
5.4	Aspekte der Integration bei der Gestaltung computergestützter IuK-Systeme	322

Anhang zu Kapitel 5:
24 Fragen zur Softwareergonomie 327

Abbildungsverzeichnis 337

Tabellenverzeichnis 340

Abkürzungsverzeichnis 341

Literaturverzeichnis 349

Autorenverzeichnis 375

Kapitel 1

Computergestützte Informations- und Kommunikationssysteme als Gegenstand der Wirtschaftsinformatik

Friedrich Knittel

1.1 Komponenten computergestützter Informations- und
Kommunikationssysteme   5

1.2 Kapitelübersicht   9

1 Computergestützte Informations- und Kommunikationssysteme als Gegenstand der Wirtschaftsinformatik

Moderne Unternehmungen werden zunehmend mit turbulenten Veränderungen ihres Umfeldes konfrontiert. Globale Konkurrenz, Massenmärkte mit Sättigungserscheinungen und schnelle Produktlebenszyklen führen seit Jahren zu einer deutlichen Verschärfung des Wettbewerbs. Die Produktentwicklungstermine und die Verweildauer der Produkte am Markt verkürzen sich rasant, so dass Zeit zu einem Erfolgsfaktor bei der Erzeugung und Distribution der Unternehmungsleistungen geworden ist. Darüber hinaus ist bei den Unternehmungen in den Industrieländern eine generelle Verschiebung der Produktion materieller Güter hin zu Dienstleistungen mit hohem Informationsgehalt zu beobachten.

Je dynamischer sich der Wettbewerb entwickelt, desto umfangreicher und komplexer werden auch die Anforderungen, die an die Fähigkeiten der Wirtschaft gestellt werden, flexibel auf Umfeldeinflüsse zu reagieren und verborgene Erfolgspotenziale aufzudecken. Flexibilität können Unternehmungen allerdings nur dann erbringen und nutzen, wenn sie als *Gesamtheit* reibungslos operieren, wenn also Leistungserstellung, Leistungsverwaltung und Leistungsvermittlung eine funktionelle Einheit bilden.

Eine ganzheitliche Ausrichtung der betrieblichen Geschäftsabwicklung an die Wettbewerbsanforderungen kann insbesondere dann erreicht werden, wenn die Abstimmungsaktivitäten innerhalb der Unternehmung, der Informationsfluss zwischen den Mitarbeitern und die Vermittlungstätigkeiten gegenüber den Kunden optimiert werden. Im Bedarfsfall ist die gesamte Organisation der Unternehmung umzugestalten. Organisation ist eine von Menschen geschaffene zweckmäßige und auf Dauer angelegte Anordnung der Komponenten des Systems 'Unternehmung', die zusammen wie ein Organismus wirken sollen. In Organisationen bearbeiten Menschen Arbeitsaufgaben mit Hilfe von Arbeitsmitteln, um Leistungen zu erstellen.

Die Verbesserung der inner- und überbetrieblichen Informationsprozesse und die Versorgung der zuständigen Personen mit nachgefragten Informationen berühren denjenigen Gesichtspunkt betrieblicher Realität, der als *'Informations- und Kommunikationssystem' ('IuK-System')* der Unternehmung bezeichnet wird. Das betriebliche IuK-System dient dazu, den Aufgabenträgern die zur Aufgabenerfüllung erforderlichen Informationen zur Verfügung zu stellen und die Informationsverarbeitungs- und Kommunikationsprozesse adäquat zu unterstützen.

Heutzutage können die zuständigen Mitarbeiter die in den Unternehmungen anfallenden Arbeitsaufgaben fast ausnahmslos mit Hilfe von Informations- und Kommunikationstechnik (IuK-Technik) bewältigen. Der Terminus 'IuK-Technik' fasst alle aus Hardware- und Softwarekomponenten bestehenden computergestützten Arbeitsmittel zusammen. Die Lösung der betrieblichen Problemstellungen durch Menschen mittels IuK-technischer Methoden und Werkzeuge konstituiert das *computergestützte IuK-System* einer Unternehmung.

Mit dem Einsatz und der Gestaltung computergestützter IuK-Systeme in der Wirtschaft befasst sich insbesondere die Wirtschaftsinformatik. Durch Erkenntnisse der Wirtschaftsinformatik sollen betriebliche IuK-Systeme hinsichtlich der vorhandenen und möglichen Unterstützung mittels IuK-Technik für die zu lösenden Aufgabenstellungen und für die mit der Lösung betrauten menschlichen Aufgabenträger erfasst, beschrieben, erklärt und gestaltet werden. Wirtschaftsinformatik betrachtet computergestützte IuK-Systeme in Unternehmungen als Ganzes ebenso wie deren Teilsysteme und Elemente sowie die Beziehungen, die innerhalb des IuK-Systems einer Unternehmung, zwischen den IuK-Systemen verschiedener Unternehmungen und zwischen dem IuK-System einer Unternehmung und der Umwelt existieren.

Die vier folgenden Kapitel behandeln unterschiedliche Aspekte und Ausschnitte computergestützter IuK-Systeme in Unternehmungen. Das zweite Kapitel beschreibt die technischen Rahmenbedingungen und Voraussetzungen für computergestützte betriebliche IuK-Systeme, das dritte Kapitel strukturiert die in der Wirtschaft zu erfüllenden Informationsverarbeitungs- und Kommunikationsaufgaben, das vierte Kapitel gibt einen geordneten Überblick über wichtige Anwendungssoftware, die in Unternehmungen im Einsatz sind, das fünfte Kapitel erläutert zwei sich ergänzende Ansätze zur Gestaltung computergestützter IuK-Systeme. In Abschnitt 1.2 wird in die Kapitel des Buches eingeführt.

Abbildung 1-1 betrachtet das computergestützte IuK-System einer Unternehmung aus der systemtheoretischen Sicht der Wirtschaftsinformatik. Danach sind die betrieblichen Arbeitsaufgaben, die menschlichen Aufgabenträger sowie die zu verwendende IuK-Technik die drei Elementarten computergestützter IuK-Systeme. Im folgenden Abschnitt 1.1 werden die Elemente computergestützter IuK-Systeme und die zwischen den Elementen bestehenden Beziehungen einführend hergeleitet und erklärt.[1]

---

[1] Zu den Elementen und Teilsystemen computergestützter IuK-Systeme vgl. auch Gabriel/Knittel/Streubel (1997).

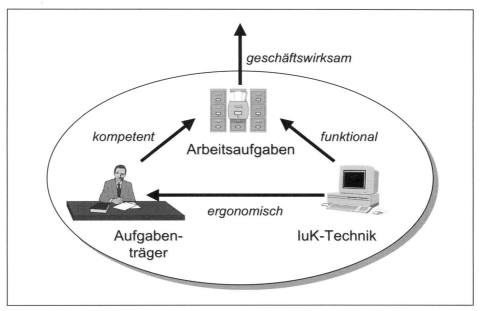

Abb. 1-1: Das computergestützte IuK-System einer Unternehmung

1.1 Komponenten computergestützter Informations- und Kommunikationssysteme

Unternehmungen (sowohl Privatbetriebe als auch öffentliche Institutionen) sind planvoll organisierte Wirtschaftseinheiten, in denen Sach- und Dienstleistungen erstellt, verwaltet und abgesetzt werden. Unternehmungen bestehen aus soziotechnischen Systemen, weil Menschen aufeinander abgestimmte Leistungen erbringen (soziales Teilsystem) und technische Hilfsmittel eine effektive und effiziente Aufgabenerfüllung erst ermöglichen (technisches Teilsystem). Aus informationswirtschaftlicher Sicht wird das zielgerichtete Zusammenwirken der sozialen und der technischen Teilsysteme in Unternehmungen als 'IuK-System' bezeichnet.

Die im Verlauf des betrieblichen Leistungsprozesses zu verrichtenden *Arbeitsaufgaben* gehören sämtlich zum IuK-System einer Unternehmung. Arbeitsaufträge sind dadurch gekennzeichnet, dass sie Angaben darüber enthalten, was zu tun ist (Probleminformationen), meist auch darüber, wie dies zu tun ist (Problemlösungsinformationen). Die Erfüllung betrieblicher Aufgaben schafft ein Mehr an zweckbezogenem Wissen für die Unternehmung, also erneut betriebsrelevante Informationen. Die erzeugten Informationen werden abgelegt, verarbeitet oder kommuniziert und ergeben häufig neue

Problemstellungen, die wiederum zu lösen sind. Letztlich werden Arbeitsaufgaben ausgeführt, damit die Unternehmung Markttransaktionen realisieren kann.

Die betrieblichen Informationen, die die Aufgabenstellung, das Arbeitsergebnis und gegebenenfalls auch die Art der Durchführung einer Aufgabe betreffen, richten sich grundsätzlich an Personen, die als *Aufgabenträger* die Arbeitsaufgaben in kompetenter Form erledigen. Dies gilt auch für die Fälle, in denen Maschinen Arbeitsaufträge scheinbar selbständig abwickeln; denn der Input, die Arbeitsweise und der Output solcher Automaten wurden von Menschen geplant und organisiert und werden von den dafür zuständigen Mitarbeitern gesteuert und kontrolliert. Nur menschliche Arbeitssubjekte können Arbeitsaufgaben verantwortlich erledigen. Deshalb ist das gesamte Personal einer Unternehmung Bestandteil des IuK-Systems dieser Wirtschaftseinheit.

Die Hardware- und Software-Bestandteile computergestützter betrieblicher IuK-Systeme werden als *'IuK- Technik'* bezeichnet. Nur wenn den Menschen IuK-technische Arbeitsmittel zur Lösung ihrer Arbeitsaufträge zur Verfügung stehen, wird das IuK-System 'computergestützt' genannt. Hingegen fehlt bei einem computerunterstützbaren IuK-System zum Zeitpunkt der Betrachtung die Komponente IuK-Technik, deren Einsatz wird dann jedoch mittelfristig angestrebt. Um Projekte zur erstmaligen Rechnerunterstützung betrieblicher Informationsverarbeitungs- und Kommunikationsprozesse von den Erörterungen in diesem Buch nicht auszuschließen, wird der Terminus 'computergestütztes IuK-System' folgend sowohl im Sinne des tatsächlichen als auch eines geplanten Einsatzes von IuK-Technik verwendet.[2] IuK-Technik wird eingesetzt, um die ergonomischen Anforderungen der Benutzer zu erfüllen und die Ausführung der Arbeitsaufgaben in funktionaler Form zu unterstützen.

In der Umgangssprache, in der betrieblichen Praxis, in Fachbeiträgen und in einschlägigen Publikationen hat der Terminus 'IuK-System' häufig eine nur sehr eingeschränkte Bedeutung. Für viele Fragestellungen ist es zweifellos ausreichend, wenn unter 'IuK-Systemen' anwendungsorientierte Softwaresysteme verstanden werden. Da in diesem Buch jedoch die Computerunterstützung betrieblicher Informationsverarbeitungs- und Kommunikationsprozesse aus unterschiedlichen Blickwinkeln erörtert wird, ist eine präzise Unterscheidung zwischen 'IuK-Systemen', 'computergestützten IuK-Systemen' und 'IuK-Technik' unerlässlich. Wird folgend von einem betrieblichen 'IuK-System' (ohne den Zusatz 'computergestützt') gesprochen, so soll die von Menschen mit *beliebigen* Arbeitsmitteln durchzuführende Informationsverarbeitung und Kommunikation

---

[2] Es gibt auch betriebliche IuK-Systeme, für die keinerlei IuK-Technik vorgesehen ist. Sie beruhen statt dessen beispielsweise auf der Face-to-face-Kommunikation zwischen Menschen oder einer manuellen Belegbearbeitung. Derartige nicht-computergestützte IuK-Systeme werden hier nicht weiter behandelt.

zur Aufgabenerfüllung in Privatbetrieben und Behörden thematisiert werden. Bei computergestützten (betrieblichen) IuK-Systemen stehen den Arbeitskräften *computergestützte* Methoden und Werkzeuge zur Verfügung, um ihre Aufgaben abzuwickeln. Diese Hilfsmittel, die sowohl Hardware als auch Software umfassen, werden unter dem Oberbegriff 'IuK-Technik' zusammengefasst.

Statt 'IuK-Technik' wird gleichbedeutend häufig auch der Terminus 'IuK-Technologie' verwendet. Wird das altgriechische 'logos' im Sinne von 'Wort', 'Gedanke', 'Ausdruck' mit Technik in Verbindung gebracht, so müsste sich 'IuK-Technologie' konsequenterweise auf die Interpretation, Wissensvermittlung und Dokumentation von IuK-Technik beschränken. Im Gegensatz dazu wird hier und folgend der Technikbegriff verwendet, weil im wesentlichen auf den Funktions- und Leistungsumfang von Hardware- und Softwaresystemen abgestellt werden soll.

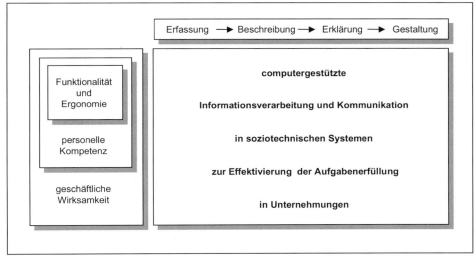

Abb. 1-2: Erkenntnisinteresse der Wirtschaftsinformatik

In Abbildung 1-2 (linker Bereich) wird aufgefächert, in welche Richtung die Wirtschaftsinformatik tätig ist. Bereits aus Abbildung 1-1 geht hervor, dass es für die geschäftliche Wirksamkeit des computergestützten IuK-Systems einer Unternehmung erforderlich ist, dass Personen mit hinreichender Kompetenz möglichst funktionale und ergonomische IuK-Technik einsetzen. Der Erfolg computergestützter betrieblicher IuK-Systeme setzt also voraus,

- dass die betriebliche Aufgabenerfüllung (also das Zusammenwirken von Arbeitsaufgaben, Aufgabenträgern und Arbeitsmitteln) *geschäftswirksam* ist, d.h. das qualitative und quantitative Leistungsspektrum der Unternehmung sollte den tatsächlichen und potenziellen Erfordernissen von Markt und Wettbewerb entsprechen;

- dass alle Aufgabenträger hinreichend *kompetent* sind, d.h. die Unternehmungsmitglieder sollten über die Qualifikation, Motivation und Zuständigkeit verfügen, um die ihnen zugewiesenen Arbeitsaufgaben zu erledigen;

- dass die zu verwendende IuK-Technik *funktional* ist, d.h. die Probleminformationen der Arbeitsaufgaben sollten als Daten zur Verfügung stehen, die Lösungsinformationen und -wege der Problemstellungen sollten als Leistungsangebot der IuK-Technik adäquat abgebildet sein;

- dass sämtliche Bestandteile der IuK-Technik *ergonomisch* sind, d.h. die Hardware- und Softwareausstattung der Arbeitsplätze sollte an die Bedürfnisse und Fähigkeiten der Aufgabenträger angepasst sein, so dass die computergestützten Arbeitsmittel in dem jeweils spezifischen Arbeitsumfeld zur Lösung eines bestimmten Problems ohne Schwierigkeiten gehandhabt werden können.

Abbildung 1-2 (zentraler Bereich) zeigt, dass sich Wirtschaftsinformatik mit computergestützter Informationsverarbeitung und Kommunikation in soziotechnischen Systemen zur Effektivierung der Aufgabenerfüllung in Unternehmungen befasst. Der Erkenntnisgegenstand der Wirtschaftsinformatik stellt demnach die Bereitstellung nachgefragter und geeignet aufbereiteter Informationen sowie die Unterstützung von Informationsverarbeitungs- und Kommunikationsprozessen durch computergestützte betriebliche IuK-Systeme dar.

IuK-Technik dient dazu, die unterschiedlichen Aufgabenträger in einer Unternehmung mit denjenigen spezifischen Informationen zu versorgen, die für die jeweilige Arbeit benötigt werden. Arbeit an und mit Informationen kann in Form von Informationsverarbeitung oder Kommunikation erfolgen. *Informationsverarbeitung* meint diejenigen vorwiegend individuellen Prozesse, bei denen Informationen zum Zweck der aufgabenbezogenen (Weiter-)Verwendung modifiziert werden. Computergestützte Informationsverarbeitung heisst, IuK-Technik einzusetzen, um die Transformation von Input-Informationen in die gewünschten Output-Informationen weitgehend zu automatisieren. *Kommunikation* meint diejenigen multipersonellen Prozesse, bei denen Informationen zum Zweck der aufgabenbezogenen (Weiter-)Verwendung ausgetauscht werden. Computergestützte Kommunikationsunterstützung heisst, IuK-Technik einzusetzen, um die Koordination der arbeitsteiligen Aufgabenerfüllungsprozesse in einer Unternehmung zu gewährleisten. Wie in Abbildung 1-2 (obere Leiste) skizziert, hat Wirtschaftsinformatik die Aufgabe, derartige Prozesse zu erfassen, zu beschreiben, zu erklären und zu gestalten.

Erfassung, Beschreibung, Erklärung und Gestaltung sind Erkenntnismittel der Wirtschaftsinformatik. Durch *Erfassung* werden wirtschaftsinformatik-relevante Phänomene der Wirklichkeit benannt und veranschaulicht. Die dokumentierten Erfassungsergebnisse finden Eingang in *Beschreibungen*, mit deren Hilfe eindeutige terminologische Grundlagen in diesem wissenschaftlichen Fachgebiet geschaffen werden sollen. Beschreibungen sind Voraussetzung dafür, computergestützte IuK-Systeme in Wirtschaftseinheiten erklären zu können. *Erklärungen* resultieren aus der Erarbeitung und Anwendung von theoretischen und empirisch geprüften Hypothesen und Analysen, um die durch die Beschreibungen festgehaltenen Tatbestände zu fundieren. Erklärungen stellen die Basis für eine effektive *Gestaltung* computergestützter IuK-Systeme dar. Neu- und Umgestaltungen computergestützter IuK-Systeme sollen die Aufgabenerfüllung in Unternehmungen effektivieren.

1.2 Kapitelübersicht

Neben dem computergestützten IuK-System einer Unternehmung als Ganzes können auch einzelne betriebliche Teil- bzw. Subsysteme betrachtet werden. Der höhere Konkretisierungsgrad der Subsysteme erbringt detailliertere Einzelerkenntnisse als dies in der globalen Sichtweise möglich ist. Grundsätzlich lassen sich Subsysteme bilden, die – wie das gesamte computergestützte IuK-System der Unternehmung – aus den drei Elementarten 'menschliche Aufgabenträger', 'unterstützte Aufgabenstellungen' und 'eingesetzte IuK-Technik' bestehen, und solchen, die nicht alle drei Elementarten beinhalten.

Die Erstellung von Teilsystemen, die sich aus *allen Elementarten* computergestützter IuK-Systeme in Unternehmungen zusammensetzen, kann z.B. anhand betrieblicher Funktionsbereiche oder entlang von Geschäftsprozessen vorgenommen werden. Es kann beispielsweise zwischen den computergestützten IuK-Systemen des Rechnungswesens, der Beschaffung, der Produktion oder des Absatzes bzw. den computergestützten IuK-Systemen der Geschäftsprozesse 'Durchführung von Seminaren bzw. Schulungen', 'Wartungs- und Serviceleistungen' oder 'Analyse des Hardware- und Softwaremarktes' unterschieden werden. Jedes dieser Teilsysteme umfasst Menschen, Aufgaben und IuK-Technik, ist somit selbst ein computergestütztes IuK-System und Teil des IuK-Systems der Unternehmung.

Es gibt jedoch auch Teilsysteme, die *nicht alle Elementarten* computergestützter IuK-Systeme beinhalten. In der Wirtschaftsinformatik werden meist Subsysteme definiert, die lediglich aus den Technik-Komponenten der betrieblichen IuK-Systeme bestehen. Möglich wäre auch die Bildung von Subsystemen, die sich auf das Aufgabengefüge oder die Sozialorganisation der Unternehmung beschränken. Dabei handelt es sich jedoch um Ausschnitte und Aspekte von Unternehmungen, die nicht von der Wirtschaftsinformatik, sondern von anderen wissenschaftlichen Fachgebieten untersucht werden.

Im Kontext computergestützter betrieblicher IuK-Systeme stellt das *technische Kommunikationssubsystem* die Voraussetzungen für den Informationsaustausch bereit. Das *zweite Kapitel* befasst sich mit diesem Teilsystem des computergestützten betrieblichen IuK-Systems. Das technische Kommunikationssubsystem stellt die *kommunikationstechnische Infrastruktur*, also die technische Basis dar, auf der die eigentlichen computergestützten Anwendungssysteme aufsetzen. Diese technische Basis besteht aus Hardware, Systemsoftware, deren Vernetzung sowie speziell darauf basierenden Diensten zur Überbrückung von Raum und Zeit bei der computergestützten Informationsverarbeitung und Kommunikation. Als wesentliche Themen werden im zweiten Kapitel die IuK-Techniken erörtert, die grundlegend beim Einsatz und der Gestaltung von Rechnernetzen von Bedeutung sind und die für die technische Realisierung der unternehmungsinternen und unternehmungsexternen Kommunikation zur Verfügung stehen.

Wesentliche Charakteristika moderner Informationsverarbeitung und Kommunikation in Unternehmungen sind die aufgabenbezogene, hierarchieübergreifende (also vertikale) Verknüpfung von Informationen einerseits und die betriebliche Funktionsbereiche übergreifende (also horizontale) Verflechtung von Informationen andererseits. Informationen werden nicht isoliert in unterschiedlichen Arbeitsgebieten und auf verschiedenen Hierarchieebenen benötigt und bearbeitet. Vielmehr besteht die Notwendigkeit, die Informationen möglichst ohne Medienbrüche zwischen gleich-, über- und untergeordneten Stellen auszutauschen.

Bevor über konkrete Konzepte der Computerunterstützung der betrieblichen Informationsverarbeitung und Kommunikation nachgedacht werden kann, bedarf es einer intensiven Auseinandersetzung mit dem Wesen des zu unterstützenden Gegenstandes. Das *dritte Kapitel* charakterisiert das IuK-System von Unternehmungen unter Rückgriff auf Erkenntnisse der klassischen Büroforschung. Dabei werden verschiedene Aktivitäten betrieblicher Informationsverarbeitung und Kommunikation identifiziert und der Charakter der Informationsarbeit in Unternehmungen erläutert. Vor diesem Hintergrund wird sodann ein Rahmen für Konzepte der Unterstützung durch IuK-Technik entwickelt.

Zum einen existieren im IuK-System von Unternehmungen grundlegende *Aufgabentypen*, die von den Mitarbeitern wahrgenommen werden und unterschiedliche Anforderungen an eine funktionale Unterstützung mittels IuK-Technik stellen. Zum anderen stehen individuelle Aktivitäten nicht isoliert nebeneinander, sondern sind in vielfältiger Weise mit den Aktivitäten anderer Akteure verbunden und abhängig voneinander. Die dabei im Hinblick auf Aktivitäten und Ressourcen entstehenden Interdependenzen erfordern Koordination, gegenseitige Mitwirkung, Unterstützung, Unterrichtung, Einwirkung und Beratung, d.h. das *multipersonelle Zusammenwirken* der Beteiligten. Auch hierfür bestehen grundlegende Konzepte, die auf die technische Unterstützung multipersoneller Arbeit in Unternehmungen fokussieren.

Anwendungssoftware zur Unterstützung der Aufgabentypen und des multipersonellen Zusammenwirkens in der Wirtschaft wird im *vierten Kapitel* vorgestellt. Dabei wird zunächst unterschieden zwischen isolierten und integrierten Einsatzformen, wobei die letztgenannten Anwendungsarten im Vordergrund der Betrachtung stehen. Zur Ausführung des betrieblichen Tagesgeschäftes dienen operative computergestützte Anwendungssysteme, die beispielhaft beschrieben werden. Analyseorientierte Anwendungssoftware unterstützt das Management. Sie liegt als Management Information Systeme (MIS), Executive Information Systeme (EIS) oder Decision Support Systeme (DSS) vor. Neue Ansätze für analyseorientierte Software werden durch das Data Warehouse-Konzept realisiert.

Moderne Anwendungssoftware zur Unterstützung der Informationsverarbeitung und Kommunikation basiert auf vernetzter IuK-Technik. Dies gilt zum einen für den lokal abgegrenzten betrieblichen Bereich, zum anderen im Zuge der Verbreitung der Internet-Technologie aber auch für weltweite Anwendungen z.B. des elektronischen Handels (E-Commerce). Ein Schwerpunkt des vierten Kapitels liegt in der Beschreibung computergestützter Anwendungssysteme, die die Kooperation in und zwischen Organisationen unterstützen (Groupware). Diese werden charakterisiert und klassifiziert sowie Nutzen- und Risikopotenziale diskutiert. In Unternehmungen wird darüber hinaus immer mehr Standardanwendungssoftware eingesetzt, die beispielsweise in Form von ERP-Systemen (Enterprise Resource Planning-Systeme) genutzt werden kann.

Computergestützte Anwendungssysteme sind die wichtigsten IuK-technischen Komponenten computergestützter IuK-Systeme in Unternehmungen. Wirtschaftsinformatik erfasst, beschreibt, erklärt und gestaltet Anwendungssoftware, soweit sie in computergestützte betriebliche IuK-Systeme eingebettet sind oder werden sollen. Die Erfassungsmaßnahmen, Beschreibungen und Erklärungen beziehen sich auf inner- und zwischenbetriebliche IuK-Systeme, deren Computerunterstützung bereits realisiert oder lediglich angedacht ist. Die Erkenntnisse können dazu herangezogen werden, systematische Konzepte in Form von Methoden und Werkzeugen zu erstellen und zu verwenden, um computergestützte IuK-Systeme in der Wirtschaft auf- oder umzubauen. Computergestützte IuK-Systeme werden gestaltet, um das Zusammenwirken von IuK-Technik, Personal und Arbeitsaufgaben zu effektivieren.

Die enge Verzahrung von Aufgabenstellungen, menschlichen Aufgabenträgern und IuK-technischen Arbeitsmitteln erfordert Gestaltungskonzepte, deren Fokus sich nicht auf das effiziente Funktionieren der Anwendungssoftware und der kommunikationstechnischen Infrastruktur beschränkt. Denn Unternehmungen sind hauptsächlich dadurch gekennzeichnet, dass Menschen Arbeit verrichten und dass durch die Aufgabenerfüllung Geschäfte realisiert werden.

Aus *arbeits*orientierter Sicht sind computergestützte IuK-Systeme als soziotechnische oder Arbeitssysteme zu betrachten. Voraussetzung für reibungslose Arbeitsprozesse ist, dass die involvierten Personen bereit und in der Lage sind, die angebotene IuK-Technik auch einzusetzen. Aus *geschäfts*orientierter Sicht sollen computergestützte IuK-Systeme dazu beitragen, Erfolgspotenziale aufzubauen und die betrieblichen Aufgaben abzuwickeln, so dass angestrebte Erfolgsgrößen realisiert werden können. Mit der arbeits- und geschäftsorientierten Sicht auf computergestützte IuK-Systeme unterscheidet das *fünfte Kapitel* zwei Grundorientierungen der Gestaltung, auf die die dort erläuterten Modelle, Methoden und Werkzeuge explizit Bezug nehmen.

Kapitel 2
Kommunikationstechnische Infrastruktur für Unternehmungen

Holger Taday

2.1	Computer, Nachrichtentechnik und Büromaschinen: ein Überblick technischer Entwicklungslinien	16
2.2	Rechnernetze als Basis technischer Kommunikation	17
	2.2.1 Komponenten und Topologien von Netzen	19
	2.2.2 Übertragungs- und Vermittlungsverfahren	21
	2.2.3 Zugriffsverfahren	25
	2.2.4 Kommunikationsprotokolle	27
	2.2.4.1 ISO-OSI-Referenzmodell	30
	2.2.4.2 TCP/IP	35
	2.2.5 Klassifizierung von Rechnernetzen	37
2.3	Inhouse-Netze	39
	2.3.1 Local Area Networks (LAN)	39
	2.3.2 Netzwerkarchitekturen und Ausprägungen von LAN	41
	2.3.3 Sonstige Inhouse-Netze	45
2.4	Netzübergreifende Datenübertragung	46
	2.4.1 Verbindung von Netzwerken durch Koppelstationen	47
	2.4.2 Internet	50
	2.4.2.1 Aufbau und Adressierung im Internet	51
	2.4.2.2 Dienste im Internet	54
2.5	Standortbezogene Telekommunikationssysteme	59
	2.5.1 Fernsprechnetz	61
	2.5.2 ISDN	62
	2.5.2.1 Entwicklung des ISDN-Konzeptes	63

2.5.2.2	Dienste und Nutzungsmöglichkeiten des ISDN	64
2.5.2.3	ISDN-Anschluss	66
2.5.3	Schmalbandige Text- und Datenkommunikationsnetze	67
2.5.3.1	Telex	68
2.5.3.2	Datex-P	68
2.5.4	Breitbandkommunikationsnetze	71
2.5.4.1	Datex M	71
2.5.4.2	FramelinkPlus	73
2.5.4.3	T-Net ATM	74
2.5.4.4	T-InterConnect	77
2.5.4.5	T-DSL	77
2.5.5	Festverbindungen	78
2.6 Mobile Telekommunikationssysteme		79
2.6.1	Lokale Mobiltelefonsysteme	80
2.6.2	Mobiltelefonnetze	81
2.6.2.1	Netze und Dienste im Überblick	82
2.6.2.2	Standards für Mobiltelefonnetze	83
2.6.2.3	Architektur und Funktionsweise zellularer Funknetze	86
2.6.3	Mobile Funknetze	89
2.6.3.1	Funkrufsysteme	90
2.6.3.2	Bidirektionale Funknetze	91
2.6.4	Satellitengestützte Mobilkommunikationssysteme	93

2 Kommunikationstechnische Infrastruktur für Unternehmungen

Die Verarbeitung und der Austausch von Informationen zur Leistungserstellung in Unternehmungen erfolgt innerhalb eines komplexen Systems aus Menschen, Arbeitsaufgaben und technischen Hilfsmitteln. Aufgrund der Bedeutung des Informationsaustausches für die Aufgabenbearbeitung in Unternehmungen und Institutionen widmet sich dieses Kapitel der *kommunikationstechnischen Infrastruktur* (technisches Kommunikationssubsystem), die den technischen Anwendungssubsystemen zugrunde liegt.

'Kommunikation' meint in diesem Zusammenhang den technisch unterstützten Vorgang des Austausches von Informationen. In diesem Sinne lässt sich Kommunikation modellhaft als die Übermittlung von Kommunikationsinhalten in Form von Text, Daten, Sprache, Grafik oder Bild von einer Quelle (Kommunikationssubjekt Absender) über einen Kommunikationskanal (z.B. Face-to-face, Brief, Telemedien) zu einer Senke (Kommunikationssubjekt Empfänger) darstellen. Aus technischer Sicht werden Signale von einem Sender über ein Übertragungsmedium an einen Empfänger gesandt. Unter diesem Blickwinkel wird bei den Kommunikationssubjekten nicht zwischen Menschen und Maschinen unterschieden; genaugenommen schiebt sich bei technisch vermittelter Kommunikation, auf die im Folgenden abgestellt wird, eine Datenstation[3] zwischen das eigentliche Kommunikationssubjekt (Mensch) und den Kommunikationskanal. Somit lässt sich ein *technisches Kommunikationssystem* als die Gesamtheit aller technischen Einrichtungen verstehen, die den Austausch von Informationen ermöglicht.

Zum besseren Grundverständnis der Thematik wird in Abschnitt 2.1 dieses Kapitels zunächst ein kurzer historischer Abriss der Entwicklung technischer Systeme gegeben, die der heutigen IuK-technischen Landschaft zugrunde liegen. In Abschnitt 2.2 werden die grundlegenden Konzepte von Rechnernetzen erläutert, die das Kernstück der technisch gestützten Kommunikation bilden. Anschließend wird der Fokus auf die unternehmungsinterne Kommunikation gerichtet (Abschnitt 2.3). Abschnitt 2.4 befasst sich mit den Möglichkeiten zur Verbindung verschiedener Netze und besitzt damit sowohl für die unternehmungsinterne als auch für die unternehmungsexterne Kommunikation große Bedeutung. Überwiegend der unternehmungsexternen Kommunikation dienen Telekommunikationssysteme. Diese werden in den Abschnitten 2.5 und 2.6 vorgestellt, eingeteilt in standortbezogene Telekommunikationssysteme und mobile Telekommunikationssysteme.

---

[3] Allgemeiner betrachtet handelt es sich um eine Kommunikationsstation, z.B. Telefon oder PC.

2.1 Computer, Nachrichtentechnik und Büromaschinen: ein Überblick technischer Entwicklungslinien

Die technische Unterstützung bei der Bewältigung anfallender Informationsaufgaben erfolgt nach Maßgabe der zu bearbeitenden Informationsarten und Kommunikationsformen im Wesentlichen durch Maschinen, die ihren Ursprung in der Büromaschinen-, Computer- und Nachrichtentechnik haben.

In der Mitte und gegen Ende des neunzehnten Jahrhunderts wurde mit dem Aufbau der ersten Telegrafenlinien und Fernsprechnetze sowie der Massenproduktion von Schreibmaschinen der Grundstein für die Rationalisierung der Informationsarbeit, zunächst im Bürobereich, gelegt.[4] Fortgesetzt wurde der Rationalisierungsprozess mit der Entwicklung und dem Einsatz von bürotypischen Endgeräten wie Rechenmaschinen, Kopier- und Diktiergeräten. Organisatorisch wirkte sich dies in Form zunehmender Arbeitsteilung und Zentralisierung bestimmter Aufgaben aus, wobei im Wesentlichen Arbeitsplätze mit Unterstützungs- und Sachbearbeitungsaufgaben betroffen waren.

Durch das Zusammenwachsen der drei *technischen Entwicklungslinien* Büromaschinentechnik, Computertechnik und Nachrichtentechnik begann sich im Bürobereich zunehmend ein wesentlich größerer organisatorischer Gestaltungsspielraum mit Tendenz zu dezentralen Organisationsformen aufzuspannen. Ermöglicht wurde diese Entwicklung durch die universellen Einsatzmöglichkeiten der Mikroelektronik, die als Basistechnologie der Computertechnik mittlerweile auch die Grundlage der Fernmelde- und Büromaschinentechnik darstellt. Im Zusammenspiel mit der Computertechnik brachte die Büromaschinentechnik u.a. Textautomaten und Büro-Computer hervor. Die Kombination mit der Nachrichtentechnik, aus der u.a. die für die innerbetriebliche Kommunikation äußerst bedeutsamen Nebenstellenanlagen entstanden, führte z.B. zur Entwicklung von Fernkopierern und Teletex-Terminals. Für die Bürokommunikation von besonderer Relevanz waren zudem die Innovationen, die aus dem Zusammenwachsen von Nachrichten- und Computertechnik (Telekommunikation und Informatik: 'Telematik') resultierten, z.B. Datenfernübertragung und Rechnernetze.[5]

Betrachtet man die computergestützte Datenverarbeitung (DV) aus Sicht der Organisationsstruktur, lassen sich unterschiedliche Entwicklungsstufen skizzieren, die z.T. jedoch zeitlich nebeneinander existier(t)en. Zunächst erfolgte die elektronische Datenverarbeitung ausschließlich zentralisiert in Rechenzentren mit Großrechnern (Mainframes). Bei diesem *Closed Shop-Betrieb* definierten die Mitarbeiter aus den einzelnen

---

[4] Vgl. auch Reuter (1990), S. 54ff. Für eine historische Übersicht der Entwicklung von Telegrafen- und Telefonnetzen vgl. ebenda.
[5] Vgl. Karcher (1985), S. 140ff. Vgl. insbesondere Jung/Warnecke (1998).

Fachabteilungen ihre Aufgabenstellungen, die an das Rechenzentrum zur Bearbeitung weitergeleitet wurden. Erst das fertige Ergebnis wurde schließlich (häufig in Form langer Listen) an die nachfragende Person zurückgeliefert. Ende der 1960er Jahre verlagerte sich die Datenerfassung, -eingabe und -ausgabe aufgrund des nun möglichen *Terminalbetriebs* an den Arbeitsplatz. Im Verlauf der 1970er Jahre begann die Entwicklungsstufe der dezentralen Datenverarbeitung und -speicherung im *Rechnerverbund*, bei der zunächst überwiegend Großrechner bzw. Rechenzentren vernetzt wurden. Mit dem Aufkommen der Mikrorechner (*Personal Computer*) Ende der 1970er/Anfang der 1980er Jahre (im Folgenden PC genannt) verlagerte sich die 'Intelligenz', d.h. die Rechnerleistung, an den Arbeitsplatz. Für die zunächst isoliert eingesetzten PC ('Stand alone-PC') bestand bzw. besteht ein umfangreiches Softwareangebot, das die individuelle Bewältigung unterschiedlichster Aufgaben (Programmierung, Datenhaltung (Datenbanken), Textverarbeitung, Tabellenkalkulation, Grafikerstellung etc.) ermöglicht. Der Trend zur Verbindung einzelner Rechner übertrug sich seit Mitte der 1980er Jahre von den Großrechnern zunehmend auf die Mikrocomputer, die aufgrund ihrer weiten Verbreitung u.a. den Bedarf nach Kommunikationsverbindungen organisationsinterner, dezentraler Arbeitsplätze auslösten, um die Effektivität des Rechnereinsatzes zu steigern. Damit begann der Siegeszug der *Local Area Networks* (LAN) und der Client-Server-Architektur als verbreitetem Konzept zum Aufbau derartiger Netze.[6] Hierbei greifen die in das Netz eingebundenen Arbeitsstationen (Clients) für bestimmte Dienste (z.B. Druck oder Dateiverwaltung) auf dienstespezifische Spezialrechner (Server) zu. Eine weitere bedeutsame Entwicklung stellt die Verbindung von Netzen untereinander dar (*netzübergreifende Datenübertragung*). Schließlich stellt das Konzept des *Workgroup-Computing* seit Mitte der 1990er Jahre einen auf Gruppenarbeit und Kommunikation abgestellten Ansatz der Informationsverarbeitung dar. Technische Grundlage hierbei ist verteilte Datenverarbeitung nach dem Client-Server-Prinzip, die zum Einsatz kommende Anwendungssoftware firmiert unter der Rubrik 'Groupware'.[7]

2.2 Rechnernetze als Basis technischer Kommunikation

Die unterschiedlichen Technikbereiche zur Verarbeitung, Präsentation und Übertragung von Informationen sind aufgrund der gemeinsam genutzten Basistechnologie (Mikroelektronik) zusammengewachsen. Rechnernetze lassen sich daher als die Basis technisch vermittelter Kommunikation verstehen. Allerdings sind 'Rechnernetz', 'Netzwerk' und 'Rechnerverbundsystem' Begriffe, die nicht einheitlich benutzt werden. Da-

---

6   Zum Thema LAN siehe Abschnitt 2.3.1.
7   Vgl. Kauffels (1996), S. 35ff. Ein Beispielprodukt dieser Sparte ist Lotus Notus (siehe Abschnitt 4.5 zum Thema Groupware-Systeme).

her erfolgt an dieser Stelle zunächst eine Definition und gegenseitige Abgrenzung der Begriffe.

Ein *Rechnernetz* ist, allgemein betrachtet, ein räumlich verteiltes System von mehreren selbständigen Rechnern (i.d.R. ergänzt durch periphere Geräte), die durch Datenübertragungseinrichtungen und -wege miteinander verbunden sind.[8] Als globale Einsatzziele von Rechnernetzen gelten Kostenersparnis, gemeinsame Nutzung vorhandener Ressourcen und Gewährleistung hoher Systemzuverlässigkeit.[9] In Abhängigkeit vom jeweiligen Betrachtungsschwerpunkt lassen sich *Verbundsysteme* als spezielle Formen von Rechnernetzen klassifizieren. Ein Verbundsystem macht die Verarbeitungskapazität räumlich verteilter Rechner verfügbar und ist u.a. durch die Transparenz der Anwendung charakterisiert.[10] Transparenz bedeutet in diesem Zusammenhang, dass der Benutzer (scheinbar) direkt auf eine computergestützte Anwendung zugreift, ohne zu wissen, auf welchem Netzknoten bzw. Rechner sie implementiert ist. „Es ist die Aufgabe des Betriebssystems, den richtigen Prozessor auszusuchen, alle nötigen Daten zu finden [...] und die Ergebnisse an der geeigneten Stelle abzuliefern."[11] Bei einem einfachen Rechnernetz hingegen „muss der Anwender selbst mit einer Maschine Verbindung aufnehmen"[12]. Abschließend sei der Begriff '*Netzwerk*' definiert, der quasi als Subsystem eines Rechnernetzes denjenigen Funktionskomplex beschreibt, der die Datenübertragung steuert und realisiert. Ein Netzwerk besteht aus Übertragungsleitungen und -einrichtungen. Somit besteht ein Rechnernetz aus einem Netzwerk und den daran angeschlossenen Rechnern.

Nachfolgend werden zunächst die grundlegenden Teilsysteme (Abschnitt 2.2.1) und Verfahren (Abschnitte 2.2.2 und 2.2.3), die bei Rechnernetzen eine wichtige Rolle spielen erläutert. Wesentliche Voraussetzung für den technisch vermittelten Informationsaustausch sind Regelungen für den Ablauf des Kommunikationsprozesses, die sich in Form von Kommunikationsprotokollen manifestieren (Abschnitt 2.2.4). Schließlich wird eine Klassifizierung der unterschiedlichen Rechnernetze vorgenommen (Abschnitt 2.2.5).

---

[8] Vgl. Hansen (1996), S. 1029.
[9] Zu den Funktionen von Rechnernetzen siehe Abschnitt 2.2.5.
[10] Zu verschiedenen Arten von Verbundsystemen siehe auch Abschnitt 2.2.5.
[11] Tanenbaum (1990), S. 2.
[12] Ebenda.

2.2.1 Komponenten und Topologien von Netzen

Betrachtet man ein Rechnernetz schematisch hinsichtlich seiner technischen Komponenten, besteht es aus Datenstationen (Datenendeinrichtung mit Datenübertragungseinrichtung, z.B. PC mit Modem), Datenübertragungswegen (Kabel- oder Funkleitungen) und gegebenenfalls zusätzlichen Schalteinheiten (zur Optimierung der Datenübertragung, zur Anpassung an das Netz oder zur Weitervermittlung im Netz).[13] In der folgenden Abbildung 2-1 ist ein Datenübertragungssystem mit seinen Komponenten dargestellt.

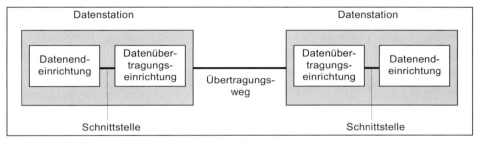

Abb. 2-1: Datenübertragungssystem
(Quelle: Hansen (1996), S. 993)

Zu den *Datenendeinrichtungen* (DEE) eines Datenübertragungssystems zählen sämtliche Geräte, die über eine Schnittstelle an eine *Datenübertragungseinrichtung* (DÜE) angeschlossen werden können (z.B. Zentralrechner und Bildschirmterminals, elektronische Kassen, Drucker, PC). Bezüglich eines Rechnernetzes als Spezialform eines Datenübertragungssystems ist die Gerätevielfalt jedoch eingeschränkt auf Geräte, die prinzipiell auch für sich allein benutzbar sind (mobile Computer, PC, Workstations, Rechner Mittlerer Datentechnik, Großrechner).[14] Die beim Senden von der DEE zur Übertragung abgegebenen Signale werden von der Datenübertragungseinrichtung in eine für den Übertragungsweg passende Form umgewandelt (und umgekehrt beim Empfang). Verbunden sind DEE und DÜE über eine sogenannte *Schnittstelle*, welche die durch Normen festgelegten elektrischen, mechanischen und funktionellen Eigenschaften zur Datenübertragung physikalisch realisiert. Beispiele für DÜE sind Netzwerkkarte, ISDN-Karte oder Modem.[15]

---

[13] Gleiches gilt allgemein für den Begriff des 'Datenübertragungssystems'. Im Unterschied zu einem Rechnernetz muss jenes jedoch nicht aus mehreren selbstständigen Rechnern bestehen (z.B. Großrechner mit Terminalbetrieb).

[14] In den Worten des technischen Kommunikationsmodells ausgedrückt, zählen sämtliche Datenquellen oder -senken zu den DEE.

[15] 'Modem' ist ein Kunstwort aus 'Modulator'/'Demodulator'. Ein Modem passt die digitalen Signale einer DEE an analoge Übertragungswege an und umgekehrt.

Datenübertragungswege (synonym Übertragungsmedien) sind die Verbindungen der Datenstationen mittels Leitungen. Hauptsächlich eingesetzt werden Kabel- und Funkverbindungen. Daneben kann im Kurzstreckenbereich eine Übertragung auch mittels Infrarotwellen erfolgen. Zu den Kabelleitungen zählen verdrillte Kupferkabel (Telefonkabel), Koaxialkabel und Glasfaserkabel. Die Funkverbindungen werden in Form erdgebundener Richtfunkstrecken, in Zellulartechnik oder als Satellitenfunk realisiert.[16] Die Übertragungsmedien unterscheiden sich durch spezielle Leistungsmerkmale, die es für deren effizienten Einsatz zu berücksichtigen gilt. Hierzu gehören die Übertragungskapazität, die ohne zusätzliche Verstärker überbrückbare Entfernung, die Verlegbarkeit und Störanfälligkeit, die Abhörsicherheit und natürlich der Preis.[17] Zu den *Schalteinheiten* zählen u.a. Einrichtungen zur Bündelung und Verzweigung von Übertragungsverbindungen (z.B. Schnittstellenvervielfacher, Multiplexer oder Konzentratoren), Kopplungseinheiten zur Verbindung verschiedener Rechnernetze (z.B. Router oder Gateways)[18] oder Vermittlungseinrichtungen in Weitverkehrsnetzen (z.B. Fernvermittlungsstellen im Netz der Deutschen Telekom AG).

Die Aufbaustruktur eines Rechnernetzes, d.h. die physische Anordnung der miteinander kommunizierenden Datenstationen und Schalteinheiten, wird als *Netzwerktopologie* bezeichnet, wobei hauptsächlich Stern-, Maschen-, Baum-, Ring- und Busnetz unterschieden werden (siehe Abbildung 2-2). Die Topologie beeinflusst die Zuverlässigkeit des Netzes, die Komplexität der Software zur Netzwerksteuerung, die Leistungsfähigkeit, die Flexibilität bei Erweiterungen, Wartung und Rekonfiguration und die Kosten beim Aufbau und bei Erweiterungsmaßnahmen.

Bei der *Sterntopologie* existiert ein zentraler Vermittlungsknoten, an den alle anderen Netzrechner direkt durch eine Leitung angeschlossen sind. Sämtliche Übertragungsvorgänge werden daher über den Zentralknoten abgewickelt. Ist in einem Rechnernetz jeder Rechner mit mindestens zwei anderen Knoten direkt verbunden, handelt es sich um ein *Maschennetz*. Von einem vollständig vermaschten Netz spricht man, wenn jeder Knoten des Netzes mit jedem anderen verbunden ist. Eine *Ringtopologie* liegt vor, wenn jeder Rechner genau einen Vorgänger und einen Nachfolger besitzt. Die Knoten sind quasi in einer Reihe geschaltet, wobei der erste und letzte Knoten miteinander verbunden sind. Ein *Baumnetz* ist eine hierarchische Struktur aus über- und untergeordneten Knoten, bei der die Datenübertragung zwischen zwei Rechnern über die hierarchisch höherliegenden Rechnerknoten erfolgt. Das *Busnetz* besteht aus einem linienförmigen Übertragungsmedium (Bus), an dem alle Rechnerknoten angeschlossen sind. Die Datenübertragung erfolgt in beide Richtungen. Anfang und Ende des Busses müssen durch einen

---

[16] Siehe zu den Punkten 'Zellulartechnik' und 'Satellitenfunk' auch die Abschnitte 2.6.2.3 und 2.6.3.
[17] Vgl. Stahlknecht (1995), S. 113f. i.V.m. Hansen (1996), S. 1008ff.
[18] Siehe Abschnitt 2.4.1 zum Thema Koppelstationen.

Abschlusswiderstand beendet (terminiert) werden. Abschließend sei erwähnt, dass die hier vorgestellten Topologien in ihrer Grundform beschrieben wurden. Ihre Realisierung in aktuellen Netzen erfolgt vielfach in Varianten bzw. Mischformen (z.B. Ringtopologie mit sternförmiger Leitungsstruktur beim Produkt IBM Token-Ring).

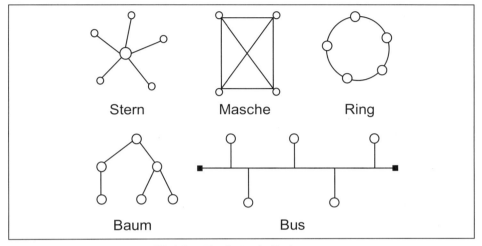

Abb. 2-2: Topologien für Rechnernetze

2.2.2 Übertragungs- und Vermittlungsverfahren

Nachdem im vorigen Abschnitt geklärt wurde, aus welchen Bestandteilen sich ein Rechnernetz zusammensetzt und wie deren Anordnung zueinander erfolgen kann, stellt sich nun die Frage, in welcher Form die Daten von einer Datenstation über eine Leitung zu einer anderen Datenstation gelangen. Im Folgenden werden daher zunächst die grundlegenden technischen Verfahren zur Datenübertragung (Übertragungsverfahren) vorgestellt, anschließend wird kurz auf die Vermittlungstechnik eingegangen.[19] Zu den *Übertragungsverfahren* zählen die

– Signalübertragungs-,

– Zeichenübertragungs-,

– Gleichlauf- und

– Betriebsverfahren sowie

– Übertragungsbandbreitenverfahren.

---

19 Zu Abschnitt 2.2.2 vgl., sofern nicht anders angegeben, Burgmer/Ehritt (1995), S. 16f.; Eberhardt/ Franz (1993), S. 8f.; Hansen (1996), S. 1001ff. und 1013f. sowie Stahlknecht (1995), S. 114ff. und 128ff.

Grundsätzlich ist in der IuK-Technik zunächst zwischen der Übertragung von analogen und digitalen Signalen zu unterscheiden (*Signalübertragungsverfahren*, siehe Abbildung 2-3). Analoge Signale besitzen zu jedem beliebigen Zeitpunkt einen bestimmten Wert; die Übergänge von einem Wert zum anderen sind fließend. Man spricht daher von wert- und zeitkontinuierlichen Signalen. Am Beispiel eines analogen Telefonsystems sei die analoge Übertragung von Signalen (hier: Tönen) dargestellt (siehe linke Hälfte der Abbildung 2-3). Die in einen Telefonhörer gesprochenen (analogen) Schallwellen werden in (analoge) elektrische Schwingungen umgewandelt und über das Übertragungsmedium (Telefonkabel) an das empfangende Telefongerät geleitet. Dort werden die elektrischen Schwingungen wieder über den Telefonlautsprecher in Schallwellen umgesetzt. Um digitale Signale eines Rechners über einen analogen Übertragungskanal senden zu können, müssen diese also in elektrische Schwingungen (analoge Signale) umgewandelt werden. Die Übertragungseinrichtung, die diese Aufgabe bei der Anbindung digitaler Datenendeinrichtungen an ein analoges Übertragungsnetz übernimmt, ist das Modem. Digitale Signale hingegen geben konkrete Wertzustände zu genau definierten Zeitpunkten wieder; sie kennen keine Zwischenwerte. Bei der digitalen Signalübertragung werden elektrische Impulse, die die zu übertragenden Bits in codierter Form darstellen, gesendet (siehe rechte Hälfte der Abbildung 2-3). Wird eine analoge Signalfolge in eine digitale umgewandelt, so werden die Schwingungen in kurzen Zeitabschnitten abgetastet und die gemessenen Werte übertragen. Die Genauigkeit der digitalen Signale hängt von den Zeitabschnitten ab, in denen die analogen Signale abgetastet werden. Zur Veranschaulichung diene das (digitale) ISDN-Telefon. Die in den Telefonhörer gesprochenen (analogen) Schallwellen werden zunächst in elektrische Schwingungen umgewandelt. Diese werden in einem bestimmten Zeittakt abgetastet, der gemessene Amplitudenwert der Schwingung durch einen entsprechenden binären Messwert dargestellt und schließlich als elektrischer Impuls (digitales Signal) durch das Übertragungsmedium übertragen.[20]

---

20 Beim digitalen Telefonieren erfolgen 8000 Abtastungen pro Sekunde, jeder Messwert wird durch acht Bits dargestellt.

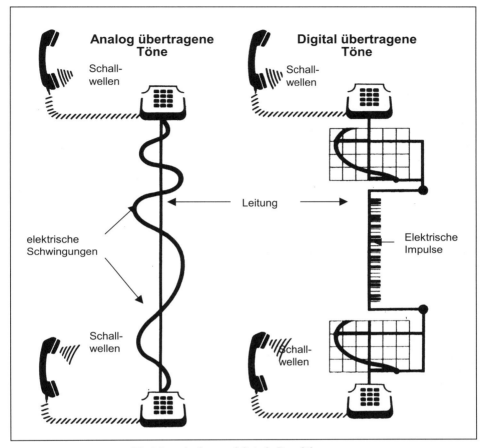

Abb. 2-3: Analoge und digitale Signalübertragung
(Quelle: Vgl. Barth (1992), S. 21)

Zeichenübertragungsverfahren unterscheiden zwischen bitserieller und bitparalleler Übertragung. Bei der bitseriellen Übertragung werden die zu übertragenden Zeichen bitweise nacheinander über den Übertragungskanal geschickt; bei bitparalleler Übertragung werden die Bits eines Zeichens gleichzeitig auf parallelen Kanälen (z.B. mehradrige Kabel) übertragen.

Die Bits werden von der sendenden Datenstation (DSt) in einem bestimmten Zeitintervall gesendet; die empfangende DSt benutzt das gleiche Zeitraster. Mit Hilfe von Synchronisiereinheiten in den DSt werden die benutzten (gleichen) Zeitraster aufeinander abgestimmt, d.h. es wird eine Taktübereinstimmung hergestellt. Das zugrunde liegende Prinzip wird *Gleichlaufverfahren* genannt. Bei asynchronen Gleichlaufverfahren wird die Synchronisation lediglich für ein Zeichen hergestellt: Jedes zu übertragende Zeichen erhält vorweg ein Startbit, und es werden ein oder zwei Stoppbits angehängt.[21] Synchrone Gleichlaufverfahren übertragen ganze Zeichenfolgen; sie werden von einer Sequenz von Steuerzeichen eingeleitet und abgeschlossen. Voraussetzung für synchrone Übertragungsverfahren ist, dass die DEE mit Pufferspeichern ausgerüstet sind.

Mit den *Betriebsverfahren* ist die Richtung des Datenflusses zwischen Sende- und Empfangsstation auf dem Datenübertragungsweg angesprochen. Erfolgt der Sendebetrieb ausschließlich in der einen, der Empfangsbetrieb ausschließlich in der anderen Richtung, liegt Simplexbetrieb (Richtungsbetrieb) vor (z.B. Prozessdatenverarbeitung, TV-Übertragung). Ist die Übertragung abwechselnd in beide Richtungen möglich, wobei zwischen den Richtungswechseln umgeschaltet werden muss, handelt es sich um Halbduplexbetrieb (Wechselbetrieb, z.B. bei Funksprechgeräten). Kann die Übertragung gleichzeitig in beide Richtungen erfolgen, spricht man vom Duplexverfahren bzw. Gegenbetrieb (z.B. Fernsprechen).

Schließlich wird noch zwischen *Basis- und Breitbandübertragungsverfahren* unterschieden. Die Bandbreite bei der Datenübertragung entspricht der Differenz zwischen der niedrigsten und höchsten möglichen Frequenz, bezogen auf das Übertragungsmedium. Beim Basisbandverfahren wird für die zu übertragenden Signale die gesamte Bandbreite (Frequenzspektrum) des Übertragungsmediums genutzt. Beim Breitbandverfahren hingegen wird das Frequenzspektrum des Übertragungsmediums in mehrere parallele Kanäle aufgeteilt. Hierzu werden auf dem Medium verschiedene sogenannte Trägerfrequenzen gleichzeitig übertragen, die sich gegenseitig nicht stören. Auf diese Trägerfrequenzen werden jeweils die zusammengehörigen Signale gesetzt ('moduliert'). Jede Trägerfrequenz entspricht einem Übertragungskanal. Das Breitbandübertragungsverfahren ist abzugrenzen von dem Begriff des 'Breitbandweges', der häufig einen Übertragungskanal bezeichnet, der für die Bewegtbildkommunikation eine ausreichende Übertragungskapazität besitzt (mindestens 2 Mbit/s).

Während die Übertragungsverfahren genauer festlegen, auf welche Art und Weise die Daten über die Leitung geschickt werden, bestimmen die *Vermittlungsverfahren*, wie die Verbindung zwischen sendender und empfangender DSt erfolgt.

Bei der *leitungsvermittelten Verbindung* wird eine durchgehende physikalische Leitung zwischen zwei Anschlüssen von Datenstationen geschaltet, die bis zur Abschaltung

---

[21] Bei genauer Betrachtung wirkt die Wortwahl 'asynchron' eigentlich eher unpassend. Denn asynchron ist lediglich die zeitliche Aufeinanderfolge der zu übertragenden Zeichen, die Übertragung jedes einzelnen Zeichens selbst ist synchron.

exklusiv von den Teilnehmern genutzt wird (circuit switching), unabhängig davon, ob Daten übertragen werden oder nicht (z.B. beim Fernsprechen)[22].

Speichervermittlung bedeutet, dass die gesendeten Daten mehrmalig zwischengespeichert werden (store and forward-Prinzip), bevor sie den Empfänger erreichen. Es besteht keine durchgängige physikalische Verbindung, sondern eine virtuelle. Aufgrund der entstehenden Teilstrecken (von Zwischenspeicher zu Zwischenspeicher) stellt sich die Frage, wie die Daten ihren Weg durch das Netz finden (Routing). Hierzu erhalten die Nachrichten Steuer- und Adressangaben, und spezielle Vermittlungsrechner innerhalb des Netzwerkes übernehmen die Steuerung. Werden die zu übertragenden Daten in genormte Blöcke (Pakete) aufgeteilt und diese einzeln über die Leitung geschickt, handelt es sich um Paketvermittlung. Die Kombination aus Speicher- und Paketvermittlung ist in Weitverkehrsnetzen verbreitet (z.B. Datex-P-Netz[23]).

Abschließend ist die *Standverbindung*, bei der zwei Anschlussknoten längerfristig miteinander verbunden werden, von der *Wählverbindung*, bei der die Verbindung zweier Datenstationen nur bei Bedarf für bestimmte Zeitabschnitte eingerichtet wird, abzugrenzen.

2.2.3 Zugriffsverfahren

Neben den verschiedenen Komponenten, Topologien sowie Übertragungs- und Vermittlungsverfahren spielen die Zugriffsverfahren eine wesentliche Rolle für das Verständnis eines Rechnernetzes. Beim 'Zugriff' auf das Netz handelt es sich um die Frage, wie und wann ein Rechner (Datenstation) die Möglichkeit erhält, Daten zu senden, da die Kapazitäten der Übertragungswege begrenzt sind. Die Frage des Zugriffes stellt sich für Netze, bei denen keine Wählverbindung aufgebaut wird; insbesondere Local Area Networks (LAN)[24] sind hiervon betroffen. Grundsätzlich werden Wettkampfverfahren und Verfahren mit strenger Zugangsregelung (deterministische Verfahren) unterschieden.

Bei den *Wettkampfverfahren* ist jeder Rechner gleichberechtigt, eine Nachricht in das Netz abzusetzen bzw. Daten zu senden. Um zu vermeiden, dass eine Station zu senden beginnt, während schon Daten (eines anderen Senders) übertragen werden, wird vor dem Sendebeginn in das Netz 'gehorcht', um zu prüfen, ob der Kanal frei ist. Damit sind jedoch nicht alle Kollisionen ausgeschlossen. Es könnten zufällig zwei Rechner gleichzeitig beginnen wollen zu senden, nachdem sie beide festgestellt haben, dass der

---

22   Siehe Abschnitt 2.5.1 zum Thema Fernsprechnetz.
23   Siehe zur näheren Erläuterung von Speicher- und Paketvermittlung Abschnitt 2.5.3.2.
24   Siehe Abschnitt 2.3.1 und 2.3.2 zum Thema LAN.

Übertragungsweg (Kanal) frei ist. Um auch dieser Situation begegnen zu können, wird während des Sendens der Übertragungskanal weiter überprüft. Dieses Vorgehen wird bei CSMA/CD (Carrier Sense Multiple Access with Collision Detection) verfolgt. Stellen die sendewilligen Stationen fest, dass auch eine andere Station gerade mit der Übertragung beginnt, brechen sie den Sendevorgang ab, und nach einer jeweils durch einen Zufallsgenerator berechneten kurzen Zeitspanne wird ein erneuter Sendeversuch unternommen.[25]

Die *Verfahren mit strenger Zugangsregelung* garantieren eine Zeitspanne, nach der ein Rechner die Sendeberechtigung erlangt. Als bekannter Vertreter dieser Verfahrensgruppe soll das Token-Zugriffsverfahren erläutert werden, das in Bus- und Ring-Topologien eingesetzt wird. Bei einem Token handelt es sich um eine spezielle Bitfolge, die sich im Netz von Station zu Station bewegt und anzeigt, ob Daten gesendet werden können oder nicht. Durch den Einsatz des Token wird eine eindeutige Zuordnung von Sendeberechtigungen erreicht, da der Token zwei Zustände annehmen kann ('frei' oder ('besetzt').

Entspricht die Bitfolge der Bedeutung 'frei', kann eine sendewillige Datenstation Adressangaben und die zu übertragenden Daten an das Token anhängen. Die nächste Station prüft, ob die Daten für sie gedacht sind. Falls dies zutrifft, werden die Daten kopiert, ihr Empfang bestätigt und zum Absender weitergeleitet. Falls dies nicht zutrifft, wird der Token unverändert zur nächsten Station weitergeleitet. Das Beispiel in Abbildung 2-4 beruht auf der Ring-Topologie und beschreibt zehn bzw. elf Schritte ('Token ist frei' (Schritt 1) bis 'Token ist frei' (Schritt 11)).[26] Schwierigkeiten können durch den Verlust des Tokens, durch ein endlos kreisendes Belegt-Token oder die Duplizierung von Token entstehen. Zur Lösung erhält einer der im Bus oder Ring befindlichen Rechner einen besonderen Status: Als 'Monitorstation' überwacht er das Netz in Bezug auf das Token und greift bei Fehlerfällen entsprechend ein.

---

25   Vgl. Kauffels (1996), S. 95f.
26   Vgl. Schoblick (1996), S. 77ff. i.V.m. Kauffels (1996), S. 93f.

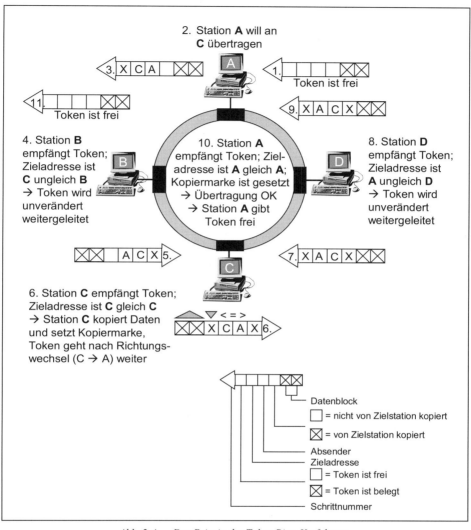

Abb. 2-4: Das Prinzip des Token Ring-Verfahrens
(Quelle: Schoblick (1996), S. 78)

2.2.4 Kommunikationsprotokolle

Bislang wurde beschrieben, aus welchen Komponenten ein Rechnernetz besteht, wie dieses strukturiert ist, auf welche Art und Weise Daten übertragen werden, sowie welche Verbindungsmöglichkeiten und Zugriffsverfahren bestehen. Zwei wesentliche Problembereiche blieben damit aber unberücksichtigt: Zum einen blieb ungeklärt, wie eine Verbindung überhaupt zustande kommt und wie sie aufrecht erhalten oder beendet wird. Zum anderen stellt sich die Frage, wie bei den unterschiedlichen Gestaltungsmöglichkeiten der Datenübertragung die Informationen über die konkrete Form der technischen Kommunikation im Netz niedergelegt sind.

Bei der Datenübertragung unterscheidet man üblicherweise die fünf Phasen:

1. Verbindungsaufbau
2. Aufforderung zur Übertragung
3. Übertragung
4. Beendigung der Übertragung
5. Verbindungsauflösung.[27]

Für jede Phase gelten bestimmte Regeln, nach der die Datenübertragung abläuft. Diese Regeln müssen von den beteiligten Datenstationen unterstützt werden. Die Regeln, nach denen zwei Datenstationen eine Verbindung aufbauen, aufrechterhalten und abbauen, werden in sogenannten *Kommunikationsprotokollen* (Software zur Kommunikation) festgehalten. Sie steuern den organisatorischen Ablauf der Datenübertragung und legen Datenformate sowie Kommandos fest, z.B. für den Zugriff auf das Netz, Fehlererkennung und -korrektur oder Kodierung.

Die Kommunikationsprotokolle lassen sich grob in zwei Klassen einteilen: Transportprotokolle und Anwendungsprotokolle. Bei den *Transportprotokollen* werden technische Einzelheiten der Übermittlung festgelegt. Hierzu gehören u.a. die physikalischen Eigenschaften der Datenübertragungswege, die Richtung des Datenflusses[28] sowie der Verbindungsaufbau, die Überwachung und der Verbindungsabbau der Datenübertragung. Bei den *Anwendungsprotokollen* handelt es sich um Festlegungen für die anwendungsorientierte Nutzung der Protokolle, z.B. die Verwendung von Standards für die technikgestützte Unternehmenskommunikation wie die Übermittlung elektronischer Post in Mitteilungsübertragungssystemen (MHS (Message Handling System), X.400).

Bei der Entwicklung von Kommunikationsprotokollen müssen neben den Phasen der Datenübertragung die Komponenten und Topologien von Rechnernetzen und die Übertragungs- und Vermittlungsverfahren berücksichtigt werden. Aus den Erfahrungen der Softwaretechnologie und älterer Netzwerkkonstruktionen hat sich gezeigt, dass das *Prinzip der Schichtenbildung* eine wirkungsvolle Methode darstellt, um die komplexe Netzwerkkommunikation zu strukturieren und in den Griff zu bekommen. Eine Schicht (layer) bezeichnet hierbei eine Menge genau abgegrenzter Funktionen, wobei die einzel-

---

[27] Vgl. Stahlknecht (1995), S. 120.
[28] Siehe 'Betriebsverfahren' in Abschnitt 2.2.2.

nen Schichten aufeinander aufbauen und über genau definierte Schnittstellen Daten austauschen. Die Funktionen werden als sogenannte Dienste realisiert und von einzelnen Protokollen beschrieben.

Das folgende Beispiel vermittelt einen Eindruck des Schichtenprinzips:[29] Zwei Philosophen, P1 und P2, möchten über den Sinn des Lebens philosophieren (Kommunikationsinhalt). Der eine wohne in Kenia und spreche nur Kishuaheli, der andere lebe in Indien und spreche nur Telugu. Da sie verschiedene Sprachen sprechen, müssen sie jeweils die Dienste eines Übersetzers (Ü1 und Ü2) bemühen. Aufgrund der großen Entfernung benötigen sie außerdem jeweils die Dienste eines Kommunikationstechnikers (T1 und T2). Bevor die Kommunikation beginnen kann, müssen bestimmte Voraussetzungen erfüllt sein. So müssen die Techniker T1 und T2 z.B. klären, welches Gerät bzw. Medium zur Kommunikation benutzt werden soll (Telefon, Telefax, Trommeln, Rauchzeichen etc.) und wie dieses im speziellen Fall eingesetzt werden soll (Codierung von Zeichen, Kontaktaufnahme etc.). Des Weiteren werden Regeln abgesprochen, nach denen geklärt wird, ob eine Übertragung korrekt durchgeführt wurde und wie zu verfahren ist, falls dieses nicht der Fall ist (Soll alles neu gesendet werden oder nur der unverständliche Teil?). Diese Fragen werden in unserem Beispiel also in der Schicht der Techniker (Schicht 1) geklärt. In Schicht 2, der Schicht der Übersetzer, wird u.a. die gemeinsame Kommunikationssprache, z.B. Englisch, festgelegt. Schicht 3 ist die Anwenderschicht, in der unsere Philosophen die eigentlichen Inhalte austauschen.

Der Kommunikationsablauf nach diesem einfachen Schichtenprinzip stellt sich in dem Beispiel nun wie folgt dar: P1 formuliert seine Gedanken in Kishuaheli und gibt sie über die Schnittstelle 3-2 an Ü1. Ü1 übersetzt ins Englische und gibt die Informationen an Schnittstelle 2-1. T1 wandelt den englischen Text in die vereinbarten Signale um und sendet sie an T2. T2 nimmt die empfangenen Signale auf und wandelt sie wieder in einen englischen Text, den er über seine Schnittstelle 1-2 an Ü2 übergibt. Ü2 übersetzt in Telugu und leitet über Schnittstelle 2-3 an P2 weiter, der die Gedanken von P1 nun verarbeiten kann. Drei Eigenschaften des Schichtenprinzips werden an diesem Beispiel deutlich:

– Die Gesprächsteilnehmer empfinden ihre Kommunikation als horizontal (P1-P2, Ü1-Ü2, T1-T2), d.h. direkt.

– Die tatsächliche Kommunikation verläuft jedoch vertikal. Eine Ausnahme bildet lediglich die unterste Schicht.

– Die Protokolle, die in den einzelnen Schichten eingesetzt werden, sind unabhängig voneinander. Ausschlaggebend sind die Schnittstellen zu den über- bzw. untergeord-

---

[29] Vgl. Kauffels (1996), S. 41f.

neten Schichten. So könnten die Übersetzer z.b. als gemeinsame Kommunikationssprache französisch festlegen oder die Techniker wechseln vom Trommeln zum Telefonieren. Änderungen innerhalb einer Schicht können also durchgeführt werden, ohne dass andere Schichten davon betroffen sind.

Das gesamte Konzept, nach dem die technische Kommunikation zwischen den Datenstationen abläuft, also sowohl die Übertragungstechnik als auch die Ausgestaltung der Kommunikationsprotokolle, wird durch die *'Netzwerkarchitektur'* beschrieben. Zu unterscheiden ist zwischen herstellerabhängigen und herstellerunabhängigen Architekturen. Zu den bekannten herstellerspezifischen Modellen zählen u.a. DSA (Distributed Systems Architecture von Bull), DNA (DEC Network Architecture von Digital Equipment), TRANSDATA (Siemens) oder SNA (Systems Network Architecture von IBM).[30]

Im Folgenden wird mit dem ISO-OSI-Referenzmodell zunächst ein allgemeingültiges und anerkanntes Konzept zum Aufbau bzw. zur Gestaltung von Kommunikationsprotokollen vorgestellt (Abschnitt 2.2.4.1), anhand dessen sich auch die Funktionsweise der Datenübertragung verdeutlicht. Anschließend wird ein Überblick der weit verbreiteten TCP/IP-Protokollfamilie gegeben (Abschnitt 2.2.4.2), die insbesondere auch wegen des Internet-Booms der letzten Jahre zu einem äußerst bedeutsamen Quasi-Standard avanciert ist.

2.2.4.1 ISO-OSI-Referenzmodell

Das ISO-OSI-Referenzmodell wurde speziell mit der Zielsetzung entwickelt, *'Offene Systeme'* zu gestalten, d.h. einen unproblematischen Informationsaustausch auch zwischen heterogenen Netzen zu erlauben. Der Begriff 'OSI' (*O*pen *S*ystems *I*nterconnection) verdeutlicht die Zielvorstellung des Modells. Das Referenzmodell wurde 1984 als ISO-Norm 7498 (*I*nternational *O*rganization for *S*tandardization) verabschiedet, vom CCITT (*C*omité *C*onsultatif *I*nternational de *T*élégraphique et *T*éléphonique) als Empfehlung X.200 und vom Deutschen Institut für Normung als DIN ISO 7498 (*D*eutsche *I*ndustrie *N*orm) übernommen. Das Referenzmodell selbst beschreibt allgemein die hierfür erforderlichen Funktionen. Es handelt sich hierbei somit nicht um eine oder mehrere konkrete Protokollnormen, sondern um ein prinzipielles Gestaltungskonzept (Refe-

---

[30] Vgl. Stahlknecht (1995), S. 111 i.V.m. Kauffels (1996), S. 226. Für eine Übersicht von SNA vgl. Kauffels (1996), S. 226-238.

renzmodell),[31] das dem Prinzip der Schichtenbildung folgt. Dieses Prinzip gilt im Übrigen nicht nur für das OSI-Modell, sondern auch für andere, insbesondere herstellerabhängige Netze. Bei der Erarbeitung des sieben Schichten (layer) umfassenden ISO-OSI-Modells waren folgende Prinzipien maßgeblich:[32]

- Für jeden neu benötigten Abstraktionsgrad sollte eine neue Schicht entstehen.
- Jede Schicht sollte eine genau definierte Aufgabe erfüllen.
- Die Funktionswahl sollte sich an den Definitionen international genormter Protokolle orientieren.
- Die Abgrenzung der einzelnen Schichten sollte so gewählt werden, dass der Informationsfluss über die Schnittstellen möglichst gering ist.
- Die Anzahl der Schichten sollte groß genug sein, um nicht verschiedene Funktionen in einer Schicht unterbringen zu müssen, aber so klein, dass eine auf dem Modell aufbauende Architektur nicht unhandlich wird.

Jede dieser ISO-OSI-Schichten, mit Ausnahme der untersten (Bitübertragungsschicht/ Physical Layer) und der obersten (Anwendungsschicht/Application Layer), baut auf der Vorgängerschicht auf und stellt der darüberliegenden Schicht bestimmte *Dienste* zur Verfügung. Die Bereitstellung der Dienste erfolgt über genau definierte Dienstzugriffspunkte (sogenannte Service Access Points).[33] Folgende Abbildung 2-5 gibt einen Überblick des Schichtenmodells.

---

31 Vgl. Conrads (1996), S. 69. Ausführliche Informationen zum ISO-OSI-Referenzmodell bieten z.B. Spaniol/Jakobs (1993) und Kerner (1992). Zur Entwicklungsgeschichte des OSI-Modells vgl. u.a. die Beiträge von Genschel und Hartmann/Schlabschi in Kubicek (1994).
32 Vgl. Tanenbaum (1990), S. 17.
33 Vgl. Spaniol/Jakobs (1993), S. 7.

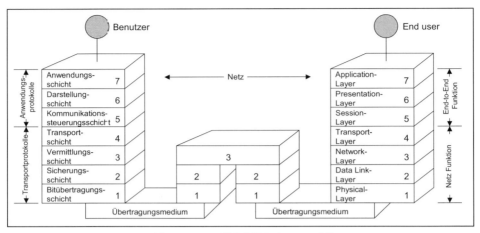

Abb. 2-5: Das ISO-OSI-Referenzmodell
(Quelle: Siegmund (1992), S. 135)

Die erste Schicht, die physikalische oder auch Bitübertragungsschicht, kann keine tieferliegenden Funktionen beanspruchen, da sie direkt auf dem Übertragungsmedium (z.b. Koaxialkabel, Glasfaserkabel) aufsetzt. Die oberste Schicht (Anwendungsschicht) stellt ihre Dienste nicht einer höheren Ebene, sondern Anwendungsprozessen zur Verfügung und damit letztendlich dem Benutzer. Dazwischen liegen die Sicherungs-, Vermittlungs-, Transport-, Kommunikations- und Darstellungsschicht. Die Schichten 1 bis 4 werden als ('transportorientierte Schichten' und die Schichten 5, 6 und 7 als ('anwendungsorientierte Schichten' bezeichnet. Es sei nochmals darauf hingewiesen, dass das ISO-OSI-Referenzmodell lediglich einen Rahmen zur Entwicklung von Protokollen für die einzelnen Schichten darstellt. De facto existieren unterschiedliche Protokolle und Standards, die sich allerdings den jeweiligen Schichten zuordnen lassen. Es gibt somit nicht *das* einheitliche, genormte und alle Schichten umfassende Kommunikationsprotokoll. Das Referenzmodell stellt ein anerkanntes Denkschema für die Fragen technisch vermittelter Kommunikation dar. Durch die klare Schichteneinteilung und Zuordnung der jeweiligen Dienste erleichtert es wesentlich die Verständigung zwischen Entwicklern, Anwendern und Anbietern und damit den Aufbau kompatibler Kommunikationssysteme. Im Folgenden werden nun die einzelnen Schichten mit ihren wesentlichen Funktionen vorgestellt.[34]

Die *physikalische Schicht* (Physical Layer) koppelt das System mit der physikalischen Verbindungsleitung und sorgt so für die Bitübertragung zwischen zwei Systemen. Das Übertragungsmedium selbst gehört allerdings nicht zu dieser (untersten) Schicht des

---

[34] Vgl. im Folgenden, sofern nicht anders angegeben, Tanenbaum (1990), S. 17ff., 237ff., 329ff., 445ff., 533ff., 571ff. und 641ff. i.V.m. Spaniol/Jakobs (1993), S. 3-30 und Conrads (1996), S. 71-92.

OSI-Modells. Wesentliche Funktionen sind der Auf- und Abbau von ungesicherten Systemverbindungen oder die Beschreibung der mechanischen, funktionellen und elektrischen Eigenschaften der Übertragungsleitungen. So werden in Schicht 1 die Voltzahl eines elektrischen Impulses zur Darstellung einer binären 0 oder 1, die Übertragungsgeschwindigkeit, die Steckerbelegung und Angaben zum Übertragungsverfahren festgelegt. Implementiert ist diese Schicht meist in Form von Hardware. Bekannte Standards, die dieser Schicht zugeordnet sind, sind V.24 und RS-232-C (Beschreibung der Funktionen von Leitungen an den Schnittstellen von Datenend- und Datenübertragungseinrichtung) oder X.21 (Schnittstelle von Datenend- und Datenübertragungseinrichtung in öffentlichen Datennetzen, z.B. Datex-Netz in Deutschland).

Hauptaufgabe von Schicht 2, der *Sicherungsschicht* (Data Link Layer), ist es, den von Schicht 1 erzeugten, ungesicherten Bitstrom in eine gesicherte Datenreihe umzuwandeln. Des Weiteren werden die zeichenweise ankommenden Daten in Datenblöcke (frames) aufgeteilt und sequentiell übertragen. Um die Datenblöcke identifizieren zu können, werden den Nutzdaten Verwaltungsdaten wie Sender- und Empfängeradressen hinzugefügt. Die Sicherungsfunktion (Erkennung, z.B. durch Prüfsummenverfahren, und Behebung, z.B. durch wiederholtes Senden eines fehlerhaften Datenblocks, von Übertragungsfehlern) bezieht sich ausschließlich auf Bitübertragungsfehler. Weitere Funktionen sind die Wahl des Netzzugriffsverfahrens oder Vermeidung von Überlastung. Letzteres stellt eine Synchronisationsaufgabe dar, d.h. die Anpassung von Sende- und Empfangsgeschwindigkeit. Auch die Sicherungsschicht wird überwiegend durch Hardware realisiert. Zu den Standards dieser Schicht gehören HDLC (*H*igh *L*evel *D*ata *L*ink *C*ontrol), IEEE 802.3 (CSMA/CD), IEEE 802.4 (Token-Bus) oder IEEE 802.5 (Token Ring).[35]

Als nächstes werden die Daten an die *Vermittlungsschicht* (Network Layer) weitergereicht. Aufgabe von Schicht 3 ist der Auf- und Abbau des gesamten physischen Übertragungsweges in einem Netz. Während die Schichten 1 und 2 Protokolle zwischen zwei direkt benachbarten Netzknoten definieren, wird in der Vermittlungsschicht eine Verbindung zwischen sendendem und empfangendem Rechner aufgebaut. In Worten des technischen Kommunikationsmodells ausgedrückt: Es wird aufgrund der netzweit eindeutigen Endsystemadressen ein Weg (Pfad) zwischen Quelle und Senke durch das Netzwerk gesucht und hergestellt. Dies erfolgt in einem Netzwerk häufig über mehrere Netzwerkknoten (Vermittlungsstationen), so dass das Problem der Wegewahl durch das Netzwerk (Routing) zu den wesentlichen Aufgaben der Vermittlungsschicht gehört. Des Weiteren gehören der Wiederaufbau einer Verbindung bei Netzstörungen und Fehlerbe-

---

[35] 'IEEE' steht für Institute of Electrical and Electronics Engineers, 'CSMA/CD' für Carrier Sense Multiple Access with Collision Detection.

handlung im Zusammenhang mit dem Routing (z.B. Erkennen und Beseitigen von doppelten Datenpaketen) zu den Funktionen dieser Schicht. Meist ist die Vermittlungsschicht durch Software implementiert. Ein bedeutender Standard dieser Schicht ist X.25 (für paketvermittelte Weitverkehrsnetze, z.B. Datex-P in Deutschland).

Schicht 4, die *Transportschicht* (Transport Layer), steuert und überwacht die logische Verbindung zwischen Sender und Empfänger. Es werden Verbindungen zwischen Prozessen unterstützt, wobei die Art des darunterliegenden Netzwerkes dieser Schicht verborgen bleibt. Insbesondere werden die vom Anwendungsprozess verlangten Dienstgütemerkmale definiert. Hauptaufgabe ist also der Auf- und Abbau einer Verbindung zwischen zwei Kommunikationspartnern, wobei die (rechnerspezifischen) Endsystemadressen in Teilnehmeradressen umgewandelt werden. Des Weiteren wird überwacht, ob die gesendeten Datenpakete beim jeweiligen Empfänger angekommen sind.

Zusammengefasst werden die bislang aufgeführten Schichten (Schichten 1 bis 4) auch (*'Transportsystem'* genannt (transportorientierte Schichten). Im Unterschied dazu beschreiben die Schichten 5 bis 7 das *'Anwendersystem'* bzw. anwendungsorientierte Schichten, die benutzerorientierte Dienste anbieten.

Zum Anwendungssystem gehört zunächst die *Kommunikationssteuerungsschicht* (Schicht 5/Session Layer), die die technikgestützte Kommunikation zwischen Anwendungsprozessen in Form sogenannter Sitzungen festlegt. In dieser Schicht wird dem Anwender ermöglicht, Zieladresse und Dienst auszuwählen. U.a. wird geprüft, ob die Kommunikationsteilnehmer rechtmäßig zugelassen sind. Als wesentliche Funktionen wären die Dialogsteuerung oder die Synchronisation zu nennen. Die Synchronisation in dieser Schicht betrifft u.a. das Zurücksetzen einer aktiven Sitzung in einen bekannten Zustand nach einem Fehler, der nicht direkt die Datenübertragung betrifft; z.B. Papierstau bei einem an einem Teletexgerät angeschlossenen Drucker.

Die sechste Schicht, die *Darstellungsschicht* (Presentation Layer), umfasst die Absprache der Kommunikationsteilnehmer über die Darstellung der auszutauschenden Daten. Während die bisherigen Schichten bloße Bitströme austauschen, wird hier die korrekte Syntax der zu übertragenen Informationen festgelegt (Transfersyntax). Eine der wesentlichen Funktionen ist es, die von unterschiedlichen Computern benutzten internen Codes zur Darstellung der Zeichen (ASCII (*A*merican *S*tandard *C*ode for *I*nformation *I*nterchange), EBCDIC (*E*xtended *B*inary-*C*oded *D*ecimal *I*nterchange *C*ode) etc.) oder Zahlen (Darstellung von Fest- und Gleitkommazahlen) in die Standarddarstellung des Netzwerkes zu konvertieren. Andere Beispiele sind die Datenkomprimierung oder die Verschlüsselung der Daten aus Gründen der Datensicherheit und des Datenschutzes.

Die Aufgabe der *Anwendungsschicht* (Schicht 7/Application Layer) ist es, den computergestützten Anwendungen für die Verständigung mit den Kommunikationsprozessen Schnittstellen bereitzustellen, losgelöst von sämtlichen übertragungstechnischen Problemen. Zu den wichtigen Funktionen der Anwendungsebene gehören die Identifizierung der Kommunikationspartner, die Authentisierung (z.b. durch Passwort) und Synchronisation von Anfragen aus den Anwenderprozessen (z.B. Sperren des Zugriffs auf eine Datenbank).[36] Dienstebeispiele der Anwendungsebene sind *V*irtuelles *T*erminal (VT), Dateitransfer, -zugriff und -verwaltung (FTAM (*F*ile *T*ransfer, *A*ccess and *M*anagement)), *R*emote *J*ob *E*ntry (RJE) oder Electronic Mail (MHS, *M*essage *H*andling *S*ystem). Für die technikvermittelte Kommunikation in und zwischen Unternehmungen wurden u.a. die Austauschformate ODIF und EDIFACT entwickelt. ODIF (*O*ffice *D*ocument *I*nterchange *F*ormat) beschreibt die logische und die Layout-Struktur von Dokumenten, EDIFACT (*E*lectronic *D*ata *I*nterchange *fo*r *A*dministration, Commerce and *T*ransport) definiert ein Format für die elektronische Übertragung strukturierter Daten im allgemeinen Geschäftsverkehr (z.B. Rechnungen).[37] Neben den speziellen Diensten, die in Schicht 7 standardisiert sind, gibt es eine Anzahl von grundlegenden gemeinsamen Funktionen, auf die die speziellen Dienste und damit auch die dahinterliegenden Anwendungen zugreifen (z.B. Verbindungsmanagement oder die Koordination von Aktivitäten mehrerer Partner). Diese Dienste sind in einer eigenen Gruppe, den Common Application Service Elements, zusammengefasst.[38]

2.2.4.2 TCP/IP

Während das vorab beschriebene ISO-OSI-Referenzmodell (Abschnitt 2.2.4.1) einen Aufbauplan zur Entwicklung von Protokollen zur technischen Kommunikation definiert, handelt es sich bei der *TCP/IP-Protokollfamilie* um einen konkreten Satz von Kommunikationsprotokollen. Auch hier folgen die einzelnen Protokolle einer Schichtenarchitektur, jedoch ist sie anders zugeschnitten als die des Referenzmodells. Ihre Funktionalität lässt sich in etwa den Schichten 3 und 4 sowie 5 bis 7 des OSI-Modells zuordnen (siehe Abbildung 2-6).[39] Entwickelt wurde die TCP/IP-Protokollfamilie vom US Department of Defense (DoD). Die weite Verbreitung findet ihre Erklärung durch die Integration in das Betriebssystem UNIX, der Tendenz, Mitte der 1980er Jahre möglichst schnell eine allgemeine Möglichkeit zur PC-Kommunikation zu erhalten, ohne auf die zum Teil langwierigen Normierungsprozesse für OSI-Protokolle warten zu müs-

---

36 Vgl Spaniol/Jakobs (1993), S. 12f.
37 Vgl. Gebauer/Zinnecker (1992), S. 28. Siehe zu EDI und EDIFACT auch Abschnitt 4.4.2.
38 Vgl. Spaniol/Jakobs (1993), S. 13f.
39 Vgl. im Folgenden, sofern nicht anders angegeben, Kauffels (1996), S. 189ff. und S. 243ff. i.V.m. Spaniol/Jakobs (1993), S. 337-361 und Hansen (1996), S. 1059f.

sen, und der Unterstützung seitens großer Hersteller wie IBM oder DEC, die neben ihren eigenen Kommunikationsprotokollen auch TCP/IP unterstützten. Schließlich trug in jüngerer Zeit der Internet-Boom dazu bei, dass TCP/IP als bedeutender Quasi-Standard der Datenkommunikation gilt. Mittlerweile existieren TCP/IP-Implementierungen für die meisten Betriebssysteme. Die TCP/IP-Protokollfamilie setzt ein Netzwerk mit entsprechenden Protokollen für den Netzzugang als Datentransportressource voraus. TCP/IP bedient sich also für den Netzzugang (OSI-Layer 1 und 2, Bitübertragungs- und Sicherungsschicht) der gleichen Standards, die auch dem OSI-Modell zugeordnet werden können (siehe Abbildung 2-6).

Das *Internet Protocol* (IP) ist auf der Ebene der Vermittlungsschicht (Schicht 3) des OSI-Modells angesiedelt; die entsprechende Schichtbezeichnung im TCP/IP-Jargon lautet 'Internet-Layer'. Es handelt sich um ein verbindungsloses Protokoll, d.h. jede Nachricht bzw. jeder Teil einer Nachricht ist mit der vollen Empfängeradresse versehen und sucht sich unabhängig von den anderen (Teil-)Nachrichten ihren Weg durch das Netz. IP bietet einen einfachen, zuverlässigen Datagramm-Service: Die zu übertragenden Daten werden in Datenblöcke (Datagramme) aufgeteilt, die die Ziel- und Quelladressen enthalten. Außerdem wird das Routing übernommen. Die Internet-Datagramme garantieren weder die Ablieferung beim Empfänger noch die Einhaltung ihrer Reihenfolge. Sie enthalten aber Kennungen, die ein Zusammensetzen der Datagramme in richtiger Reihenfolge ermöglichen.

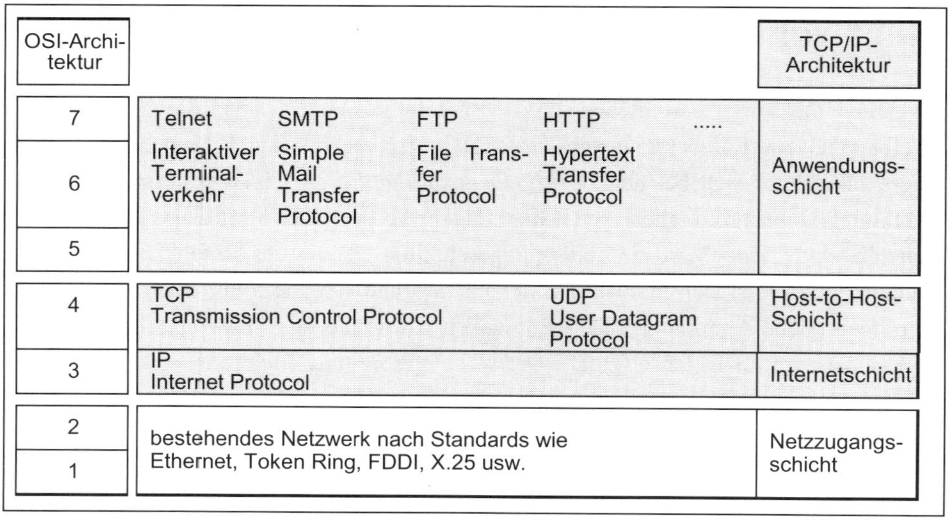

OSI-Archi-tektur					TCP/IP-Architektur
7	Telnet	SMTP	FTP	HTTP	Anwendungs-schicht
6	Interaktiver Terminal-verkehr	Simple Mail Transfer Protocol	File Transfer Protocol	Hypertext Transfer Protocol	
5					
4	TCP Transmission Control Protocol		UDP User Datagram Protocol		Host-to-Host-Schicht
3	IP Internet Protocol				Internetschicht
2	bestehendes Netzwerk nach Standards wie Ethernet, Token Ring, FDDI, X.25 usw.				Netzzugangs-schicht
1					

Abb. 2-6: *OSI-Architektur und TCP/IP-Architektur*
(Quelle: in Anlehnung an Kauffels (1996), S. 192)

Das *Transmission Control Protocol* (TCP) ist das Kernprotokoll des über dem Internet-Layer liegenden Host-to-Host-Layers. Es verbindet zwei Prozesse miteinander und ist somit ein verbindungsorientiertes Ende-zu-Ende-Protokoll, vergleichbar mit Schicht 4 des OSI-Modells. Verbindungsorientiert bedeutet, dass zwischen den technisch kommunizierenden Instanzen eine Verbindung aufgebaut wird (Absenderinstanz-Empfängerinstanz). Bei TCP werden Rechner verbunden, die an ein paketvermittelndes Netzwerk angeschlossen sind. Sicherungsmechanismen für Daten, die zerstückelt oder dupliziert werden, verlorengegangen oder in falscher Reihenfolge angekommen sind, gehören zu den Stärken dieses Protokolls. Auf dergleichen Ebene wie TCP ist UDP (*User Datagramm Protocol*) angesiedelt. Bei diesem handelt es sich um eine vereinfachte Protokollalternative von TCP. Allerdings wird keine logische Verbindung zwischen zwei Rechnern aufgebaut. UDP stellt vielmehr einen verbindungslosen Ende-zu-Ende-Transportdienst zur Verfügung. Außerdem wird nicht kontrolliert, ob Datagramme überhaupt abgeliefert wurden oder ob die Reihenfolge stimmt.

Protokolle zur Anwendungsunterstützung innerhalb der TCP/IP-Familie sind u.a. Telnet, SMTP, FTP oder HTTP (siehe Abbildung 2-6). Ihre Funktionalität umfasst nicht nur Funktionen der siebten Schicht des OSI-Modells, sondern es werden auch Dienste der sechsten und fünften OSI-Schicht bereitgestellt. *Telnet* dient der Terminalkommunikation mit fremden Systemen, *FTP* (*File Transfer Protocol*) der rechnerübergreifenden Dateiverwaltung (z.B. Kopieren von Dateien zwischen unterschiedlichen Systemen). Mit *SMTP* (*Simple Mail Transfer Protocol*) steht ein Protokoll für E-Mail-Anwendungen zur Verfügung. *HTTP* (*Hypertext Transfer Protocol*) ist das Protokoll zur Übertragung von Internetseiten innerhalb des WWW-Dienstes[40] des Internet.

2.2.5 Klassifizierung von Rechnernetzen

Die Einteilung von Rechnernetzen in bestimmte Klassen lässt sich nach verschiedenen Kriterien vornehmen. Ein sehr weit verbreitetes Klassifizierungsschema zur Differenzierung von Rechnernetzen ist die Einteilung nach *Entfernungsklassen*. Hiernach unterscheidet man *Global Area Networks* (GAN, Entfernung praktisch unbegrenzt), *Wide Area Networks* (WAN, Entfernung bis 1000 km), *Metropolitan Area Networks* (MAN, Entfernung bis 100 km) und *Local Area Networks* (LAN, Entfernung bis 10 km).[41] Bei LAN[42] handelt es sich um Netze für den Hochleistungsinformationstransfer bei geringer Übertragungsfehlerquote auf einem räumlich begrenzten Gebiet. LAN besitzen üblicherweise eine Übertragungsgeschwindigkeit von 4 - 16 MBit/s. Die Ausdehnung von

---

40   'WWW' bedeutet World Wide Web.
41   Vgl. Kauffels (1996), S. 22ff. Die Entfernungsangaben dienen hauptsächlich der Klassifizierung.
42   Zum Begriff des LAN siehe Abschnitt 2.3.1.

LAN ist wie in der BRD in vielen Ländern auf Privatgrundstücke begrenzt. Es handelt sich i.d.R. um private Netze innerhalb privater Eigentumsverhältnisse. Zunehmende Bedeutung gewinnt die standortübergreifende Kommunikation und damit die Vernetzung der Netze, insbesondere in wirtschaftlichen Ballungsräumen. Hierbei entsteht das Problem, dass die als Hochgeschwindigkeitsnetze ausgelegten LAN auf öffentliche Netze zur Datenfernübertragung trafen, deren Übertragungsraten nicht mit denen der LAN mithalten konnten. Es wurden daher spezielle Übermittlungstechniken zur Datenfernübertragung (DFÜ) entwickelt, die mit der LAN-Technik Schritt halten können. Hierzu zählen MAN auf der Grundlage der Distributed Queue Dual Bus-Technik oder das Breitband-ISDN nach ATM-Technik.[43] MAN decken also speziell den Kommunikationsbedarf innerhalb von Städten und Ballungsräumen ab. WAN schließlich dienen allgemein der Verbindung weit auseinanderliegender getrennter Rechenanlagen, GAN verknüpfen Systeme im internationalen Zusammenhang bzw. weltweit.

Eine 'klassische' Einteilung der Rechnernetze erfolgt im Hinblick auf ihre *schwerpunktmäßigen Einsatzziele*: Demnach lassen sich Kommunikations-, Daten-, Funktions-, Verfügbarkeits-, Leistungs- und Lastverbund unterscheiden. Beim *Kommunikationsverbund* steht der Informationsaustausch zwischen den Benutzern von Rechnern an verschiedenen Orten im Vordergrund. Liegt der Haupteinsatzzweck in der logischen Kopplung von räumlich getrennten Datenbeständen, handelt es sich um einen *Datenverbund*. Die Daten werden in diesem Falle i.d.R. an ihrem hauptsächlichen Verwendungsort gehalten. Innerhalb eines *Funktionsverbundes* werden spezielle Funktionen (oder Geräte) auf spezialisierte Rechner verteilt und so in das Rechnernetz integriert, dass alle authorisierten Benutzer Zugriff darauf besitzen. Der *Verfügbarkeitsverbund* (auch Sicherheitsverbund genannt) stellt auch dann eine Mindestleistung an Rechnerkapazität und -funktionalität zur Verfügung, wenn einzelne Komponenten des Netzes ausfallen. Bei einem *Leistungsverbund* geht es um die Integration funktionaler Komponenten, die auf verschiedenen Rechnern implementiert sind, so dass ein gemeinsames Problem unter Nutzung dieser Ressourcen gelöst werden kann. Richtet sich der Hauptaugenmerk schließlich auf einen Kapazitätsausgleich im Netz, spricht man von einem *Lastverbund*. Prozesse bzw. Aufträge, die eigentlich auf stark beanspruchten Rechnern abliefen, werden von schwächer ausgelasteten Rechnern übernommen.[44] In der praktischen Realisierung von Rechnernetzen vermischen sich diese unterschiedlichen Einsatzziele allerdings, wobei ihre Bedeutung jeweils mehr oder weniger stark ausgeprägt ist.

Weitere Klassifizierungen von Rechnernetzen können nach dem zugrunde liegenden *System- bzw. Rechnertyp* (Prozessor, Betriebssystem (NT, Netware, Unix etc.) oder

---

[43] Die Distributed Queue Dual Bus- und ATM-Technik werden in den Abschnitten 2.5.4.1 und 2.5.4.3 näher erläutert. 'ATM' steht für Asynchronous Transfer Mode.
[44] Vgl. Kauffels (1996), S. 20ff. i.V.m. Stahlknecht (1995), S. 142.

Netzarchitektur (z.B. Ethernet)), der hauptsächlichen *Netzanwendung* (Dialog, Dateitransfer, Electronic Mail usw.), der *Zugänglichkeit* (privat/öffentlich bzw. Inhouse-Netze und Telekommunikationsnetze), der *Verbindungsart* (Wählnetz/Standleitung), der *Topologie* (Stern, Ring, Bus etc.) oder der schwerpunktmäßig *übertragenen Informationsart* (Daten, Text, Bild, Video, Sprache) erfolgen.

Die folgenden Abschnitte 2.3, 2.5 und 2.6 behandeln unterschiedliche Rechnernetze. Betrachtet werden Inhouse-Netze, vor allem LAN (Abschnitt 2.3.1), sowie GAN und WAN. Bei letzteren werden die grundlegenden Techniken in Form öffentlich zugänglicher Telekommunikationsnetze und -dienste beschrieben (Abschnitte 2.5 und 2.6). Abschnitt 2.4 behandelt die technikvermittelte Kommunikation zwischen Netzen.

2.3 Inhouse-Netze

Die breite Anwendung von Mikrorechnern in Unternehmungen und öffentlichen Verwaltungen rief den Bedarf nach einer technischen Verbindung der organisationsinternen, dezentralen Arbeitsplätze hervor, um die Effektivität der Einzelrechner am Arbeitsplatz zu steigern. Dieser Bedarf wird von Inhouse-Netzen gedeckt. Der Schwerpunkt der Darstellung in diesem Abschnitt liegt aufgrund ihrer für Inhouse-Netze übergeordneten Bedeutung auf den Local Area Networks (LAN).

2.3.1 Local Area Networks (LAN)

Die Verbindung unterschiedlicher Arbeitsplätze via Local Area Network (LAN) ist mittlerweile als gängige Praxis anzusehen. Anzumerken ist, dass LAN nicht notwendigerweise als reine PC-Netze ausgelegt sind, sondern dass durchaus auch Computer anderer Rechnerklassen (Maschinen der mittleren (Abteilungsrechner) und höheren Datentechnik (Mainframes)) eingebunden sein können. Typische Anwendungsumgebungen von Local Area Networks, die zuvor als räumlich begrenzte Netze mit hoher Übertragungsgeschwindigkeit definiert wurden, sind der Produktions- und der Bürobereich in Unternehmungen. Es zeigte sich schon in der Anfangszeit der Einführung von LAN, dass aus den Besonderheiten der Anwendungsumgebung spezielle Anforderungen an LAN erwachsen. Hierzu gehören z.B. die dezentrale Arbeitsplatzorganisation bei relativ geringer räumlicher Ausdehnung, der Anschluss unterschiedlicher Endgeräte oder die gemeinsame Nutzung kostspieliger Betriebsmittel. Die klassischen als Fernnetze konzipierten Rechnernetze entsprachen bei weitem nicht diesen Anforderungen, insbesondere was die erforderliche Übertragungskapazität betrifft. Daher wurden in Anlehnung an die Prinzipien der für die Datenfernübertragung entwickelten Verfahren spezielle neue Übertragungs- und Anschlusstechniken entwickelt. Lokale Netze wurden zu einem Spezialgebiet der Rechnernetzentwicklung. Bezüglich der Übertragungsgeschwindigkeit steigen die Ansprüche weiter. Begründet ist dies in der steigenden Anzahl der installierten Rechner, der zunehmenden Komplexität der übertragenen Daten (z.B. Farbgrafiken oder insbesondere multimediale Dokumente) und dem intensiveren Einsatz kommunikationsorientierter Anwendungssoftware. Hinzukommt, dass eine effiziente Unternehmenskommunikation nicht durch die Versendung zahlreicher Einzelmitteilungen charakterisiert ist, sondern zunehmend computergestützte Gruppenarbeit (workgroup computing) und Vorgangsbearbeitung (workflow computing) erfordert.[45]

Die einzelnen Bestandteile eines Local Area Networks lassen sich anhand der vorab erläuterten Komponenten von Rechnernetzen[46] identifizieren. Im Überblick bilden die miteinander zu verbindenden Rechner (Datenendeinrichtungen, DEE) und Peripheriegeräte, die Netzwerk-Interfaces mit entsprechender Treibersoftware (Schalteinheiten), die Kabel (Datenübertragungswege) und die Netzwerksoftware die einzelnen Komponenten eines LAN.

Die einzelnen Rechner werden jeweils mit einem *Netzwerk-Interface* ausgerüstet und dieses an das *Übertragungskabel* zur Rechnerverbindung angeschlossen. I.d.R. handelt es sich bei den Netzwerk-Interfaces um Netzwerk-Adapterkarten. Dem Interface gebührt besondere Aufmerksamkeit, da es auf die wesentlichen Charakteristika des Netzes (Kabelart, Topologie, Zugriffsschema, Datenübertragungsgeschwindigkeit) abgestimmt sein muss. Als gängige Topologien haben sich für LAN Bus, Ring und Stern durchgesetzt,[47] die wichtigsten Zugriffsverfahren sind Token-Verfahren und das CSMA/CD-Verfahren.

Wesentliche Aufgabe der Komponente *Netzwerkbetriebssystem* ist z.B. die Verwaltung von Ressourcen und Benutzerrechten sowie die Adressverwaltung. Im Netzwerkbetriebssystem konkretisieren sich die Protokolle für die unterschiedlichen Kommunikationsdienste zu Produkten, z.B. IBM-PC-LAN, 3Com3+, Netware oder Windows NT. Bei komplexen Netzwerken empfiehlt es sich, das Netzwerkbetriebssystem um spezielle Tools für das *Netzwerkmanagement* zu ergänzen, die eine möglichst transparente und performante Administration ermöglichen. Netzwerkmanagement umfasst insbesondere Funktionalität für die Konfiguration, für die Störungs- und Fehlersuche sowie deren Beseitigung, für die Performance-Überwachung incl. entsprechender Tuning-Maßnahmen, für die Abrechnung von Kosten nach dem Verursacherprinzip und für die Netz-

---

[45] Siehe zur Groupware Abschnitt 4.5.
[46] Siehe Abschnitt 2.2.1 für die Komponenten von Rechnernetzen.
[47] Vgl. Kauffels (1996) S. 88. Siehe zu den Topologien Abschnitt 2.2.1.

werksicherheit. Von großer Bedeutung und Aktualität sind darüber hinaus regelbasierte Netz-Tools mit deren Hilfe sich für spezielle Datenströme Prioritäten bei der Übertragung festlegen lassen (policy based networking)[48]. Es handelt sich quasi um Vorfahrts- bzw. Verkehrsregeln; beispielsweise könnten operative Geschäftsdaten (Rechnungs-, Einkaufs-, Lagerhaltungsdaten etc.) Vorrang vor Datenströmen erhalten, die Mitarbeiter aus dem World Wide Web[49] herunterladen.

Die Leistungsfähigkeit eines LAN wird von verschiedenen Leistungsmerkmalen bestimmt, die in Tabelle 2-1 im Überblick aufgeführt werden.

Topologie
benötigte Flexibilität
räumliche Ausdehnung
Zugriffsverfahren
Geschwindigkeitsbedarf
Bedarf an Echtzeitverhalten
zu bewältigende Systemlast
Übertragungsmedium
Geschwindigkeitsbedarf
räumliche Ausdehnung
maximale Anzahl an Stationen
Robustheit
Übertragungstechnik
zu integrierende Nachrichtenformen

Tab. 2-1: Leistungsmerkmale von LAN

Die verwendete LAN-Technik und die damit verbundenen Leistungsmerkmale stellen jedoch nicht den einzigen Einflussfaktor dar, wenn man die Leistungsfähigkeit des gesamten Netzes im Betrieb betrachtet. Bei kleineren Netzen ist sie sogar relativ bedeutungslos. Wesentlich entscheidendere andere Faktoren sind die Leistungsfähigkeit der eingesetzten Server-Rechner, die Leistungsfähigkeit des Netzwerkbetriebssytems, der Grad der Netzfähigkeit der eingesetzten Anwendungssoftware[50] und der Eignungsgrad der eingesetzten Softwareplattform für die Aufgabenstellung.

2.3.2 Netzwerkarchitekturen und Ausprägungen von LAN

Im Laufe der Zeit entstand eine Vielzahl nicht-kompatibler, firmenspezifischer Netzarchitekturen. Als gängige Architekturen haben sich CSMA/CD-Bus-, Token-Bus- und

---

48 Vgl. Computer Zeitung (30/1999), S. 20.
49 Siehe Abschnitt 2.4.2.3 zum Thema World Wide Web.
50 Vgl. Kauffels (1996), S. 81.

Token-Ring- sowie FDDI-Architekturen[51] von verschiedenen Herstellern etabliert. Die entsprechenden Kommunikationsprotokolle folgen in ihrem Aufbau alle einer Mehrschichtenarchitektur[52]. Bekannte Netzwerkprodukte sind IBM-Token-Ring (IBM), DecNet (Digital Equipment Corporation) oder Ethernet (Xerox, DEC) mit entsprechendem Netzwerkbetriebssystem.[53]

Besonders weite Verbreitung haben Token-Ring und Ethernet gefunden. *Ethernet* ist als lokales Busnetz mit CSMA/CD-Zugriff Anfang der 70er Jahre von Xerox entwickelt worden. Es existieren unterschiedliche technische Ausprägungen, wobei die Protokolle z.T. nicht miteinander kompatibel sind. Das Standard-Ethernet wurde als ISO-Norm 8802/3 festgelegt. Es basiert auf einem Koaxialkabel und arbeitet mit einer Übertragungsgeschwindigkeit von 10 Mbit/s. Der Anschluss der Rechner an das Netz erfolgt mittels eines sogenannten Transceivers, der die Netzwerkkarte über eine Anschlussleitung mit dem Koaxialkabel des Netzwerkes verbindet. Bis zu 1024 Endgeräte können an ein Ethernet angeschlossen werden. In der Praxis werden moderne Ethernetsysteme unter Einsatz eines sogenannten Hubs aufgebaut. Es handelt sich hierbei um einen Sternverteiler; sämtliche Stationen sind mit dem Hub verbunden, der Bus ist auf engstem Raum innerhalb des Hubs realisiert. Dies bietet u.a. den Vorteil, dass sich als Übertragungsmedium Twisted-Pair-Kabel als preiswertere Lösung einsetzen lassen.[54]

Token-Ring wurde Ende 1985 von IBM auf den Markt gebracht. In einem Ring lassen sich 260 Rechner anschließen. Der Anschluss erfolgt über einen sog. Ringleitungsverteiler: Sternförmig laufen die Übertragungskabel von den einzelnen Stationen zum Ringleitungsverteiler, und erst innerhalb dieses Verteilers wird der eigentliche Ring hergestellt. Dieser Aufbau hat insbesondere den Vorteil, dass bei Ausfall einer Station im Ring nicht das komplette Netz zusammenbricht; vielmehr wird in einem solchen Fall innerhalb des Ringleitungsverteilers der Anschluss der ausgefallenen Station einfach überbrückt.[55]

FDDI (*F*iber *D*istributed *D*ata *I*nterface) ist eine Architektur für Hochgeschwindigkeitsanwendungen im Bereich von ca. 100 Mbit/s auf der Basis von Lichtwellenleitern, einsetzbar z.B. als firmeneigenes Backbone-Netz. Topologisch handelt es sich um zwei Ringe, in denen die Daten gegenläufig übertragen werden. Als Zugriffsverfahren wird

---

51 'FDDI' steht für Fiber Distributed Data Interface.
52 Siehe Abschnitt 2.2.4 zum Thema Kommunikationsprotokolle.
53 Hierzu zählen beispielsweise das IBM-PC-LAN-Programm für den IBM-Token-Ring, 3Com 3+ für das 3Com Ethernet oder Netware bzw. Intranetware (Novell) für eine Vielzahl unterschiedlicher Netzwerkplattformen.
54 Vgl. auch Kauffels (1996), S. 98ff.
55 Vgl. Kauffels (1996), S. 101ff.

das Token-Prinzip eingesetzt. Allerdings kann jede Station Daten an das Token anhängen, so dass unterschiedliche Nachrichten gleichzeitig im Ring kursieren können.[56]

Zunehmende Bedeutung erhält der Aufbau *drahtloser Netze* auf Funkbasis. Beinahe alle Netzwerkanbieter offerieren mittlerweile Produkte in ihrem Angebot, die dem derzeitigen Wireless-LAN-Standard 802.11 entsprechen. Die besonderen Vorteile der kabellosen Netze liegen im geringeren Installationsaufwand und einer hohen Flexibilität, insbesondere auch bei Veränderungen am Rechnernetz.[57]

Local Area Networks treten in unterschiedlichen Ausprägungen auf. Im Hinblick auf die Art der eingebundenen Rechner spricht man von einem *homogenen Netz*, wenn das LAN aus Rechnern desselben Typs besteht; andernfalls handelt es sich um ein *heterogenes Netz*. Stellt man auf die Funktionalität der vernetzten Rechner ab, lassen sich im Wesentlichen Client-Server-Systeme und Peer-to-Peer-Netze unterscheiden.

In *Client-Server-Netzen* werden zwei Arten von Rechnern unterschieden: Arbeitsplatzrechner (sogenannte ‚Clients') und Server mit entsprechender Serversoftware. Server stellen spezielle (logische) Systeme innerhalb des Netzes zur Verwaltung gemeinsamer Netzressourcen dar, die entweder auf dedizierten Rechnern oder aber auf Arbeitsplatzrechnern implementiert werden.[58] Mögliche Serverarten sind z.B. Print-, File- oder Kommunikationsserver. Weitere Entwicklungen der Client-Server-Architektur zielen darauf ab, verteilte Anwendungen zu realisieren, in der die Verarbeitung zwischen Client und Server aufgeteilt wird.[59] Beispielsweise könnte die Auswertung von Daten auf einem Server stattfinden, während der Client die Repräsentation der Daten übernimmt.

---

[56] Vgl. Siegmund (1992), S. 182.
[57] Vgl. Computer Zeitung (30/1999), S. 17.
[58] Vgl. Kauffels (1996), S. 79f.
[59] Vgl. auch Hansen (1996), S. 1031f.

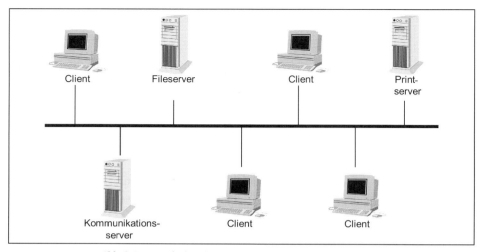

Abb. 2-7: Einfache Client-Server-Architektur in Bustopologie

Abbildung 2-7 zeigt als Beispiel eine einfache Client-Server-Architektur in Bustopologie. Kernstück eines LAN bildet i.d.R. der File-Server. Auf ihm läuft das Netzwerkbetriebssystem, an ihn werden sämtliche Anfragen von den Anwendern im Netz gerichtet. Hardwareseitig ist der File-Server großzügig auszustatten, um eine angemessene Performance zu erreichen: Leistungsfähige Prozessoren, ein großer Arbeitsspeicher, schnelle Festplatten mit Speicherkapazitäten im Gigabyte-Bereich und eine gute Abstimmung der einzelnen Server-Komponenten aufeinander sind für diesen Zweck unabdingbar. Darüber hinaus spielt die Datensicherheit eine wesentliche Rolle, da der Server als Kernstück des Netzes für ununterbrochene Betriebsbereitschaft und Sicherung der Daten zu sorgen hat. Wesentliche Anforderungen sind daher ebenso eine unterbrechungsfreie Stromversorgung, der Einsatz von Streamern oder die Spiegelung der Festplatten zur Datensicherung.

In *Peer-to-Peer-Netzwerken* sind alle eingebundenen Datenstationen gleichberechtigt. Im Gegensatz zu Serversystemen existiert kein Rechner, der alleinverantwortlich für die Steuerung und Kontrolle des Netzwerkes verantwortlich ist. Jeder Rechner kann anderen bestimmte Ressourcen zur Verfügung stellen, z.B. Zugriffe auf bestimmte Verzeichnisse der Festplatte oder Nutzung des angeschlossenen Druckers. Alle Rechner, die ihre Ressourcen zur Verfügung stellen, werden 'Server' genannt. Praktisch sinnvoll eingesetzt werden können Peer-to-Peer-Netzwerke für kleinere Arbeitsgruppen, in denen die Verwaltung des Netzwerkes in Absprache mit den Mitarbeitern erfolgen kann.

Von Bedeutung sind des Weiteren die sogenannten *Backbone-Netze*. Bei einem Backbone handelt es sich um ein besonders leistungsfähiges Hochgeschwindigkeitsnetz als

Grundlage eines unternehmensweiten Netzes. Als Architektur für Backbone-Netze eignet sich insbesondere der FDDI-Token-Ring. An das Backbone-Netz angeschlossen werden die unterschiedlichen Subnetze einer Unternehmung, z.B. Abteilungsnetze.

2.3.3 Sonstige Inhouse-Netze

Neben LAN besitzen *digitale Nebenstellenanlagen* aufgrund der historischen Entwicklung Bedeutung für die Kommunikation in Unternehmungen. Neben*stellena*nlagen (NStA) sind private Vermittlungseinrichtungen auf Basis der Sterntopologie, an die Teilnehmerendeinrichtungen über entsprechende Leitungen angeschlossen werden und die durch ein oder mehrere Hauptanschlussleitungen mit dem öffentlichen Fernmeldenetz verbunden sind. Ursprünglich auf der Grundlage analoger Übertragungs- und Vermittlungstechnik zum Betrieb des unternehmensinternen Telefonnetzes eingesetzt und daher weit verbreitet, haben sich durch die Digitalisierung neue Einsatzmöglichkeiten der Nebenstellenanlagen eröffnet. Im Unterschied zu LAN besitzen NStA jedoch eine zentralistische und hierarchische Kommunikationsstruktur. Die Einsatzfelder liegen hauptsächlich in der Sprachübertragung; prinzipiell möglich ist auch die Übertragung von Daten und Bildern, allerdings in einer im Vergleich zu LAN langsamen Übertragungsgeschwindigkeit.[60] Man kann feststellen, dass "PC-Netze auf der Basis digitaler Nebenstellenanlagen [...] in der Vergangenheit keine nennenswerte Verbreitung gefunden [haben]".[61] Inhouse-Netze lassen sich darüber hinaus durch die *Anbindung von Datenendgeräten*, z.B. Terminals oder PC, *an Mainframe-Rechner* aufbauen, wobei eine Stern- oder Baumstruktur die topologische Grundlage bildet.[62] Beispielhaft sei die direkte Anbindung von PC über spezielle Interface-Karten, Gateways oder Protokollkonverter an einen Mainframe genannt, um ein entsprechendes Terminal zu emulieren und so die Mainframesoftware zu nutzen.

Im Zusammenhang mit Inhouse-Netzen muss aufgrund der Begriffsähnlichkeit auch kurz auf den Begriff des *'Intranets'* eingegangen werden. Hierbei handelt es sich um firmeninterne Netze, die auf Basis der Internettechnik aufgebaut werden. Intranets beruhen kommunikationstechnisch auf den Internetprotokollen (insbesondere TCP/IP), dem Einsatz von Internet-Browsern und der Hypertext-Technik. Vorteile ihres Einsatzes liegen in der Herstellerunabhängigkeit, der relativ preiswerten Software und der Möglichkeit, das Intranet weltweit einsetzen zu können. Allerdings ist aufgrund der (z.Z.

---

60 Vgl. auch Hansen (1996), S. 1125f.
61 Kauffels (1996), S. 88.
62 Ein System aus einem Mainframe mit Terminalbetrieb entspricht genaugenommen einem allgemeinen Inhouse-Datenübertragungssystem und keinem Inhouse-Netz. Siehe die Definition eines Rechnernetzes zu Beginn von Abschnitt 2.2.

noch bestehenden) Sicherheitsproblematik des Internet darauf zu achten, dass eine klare Abgrenzung des Intranet vom Internet erfolgt; dies kann z.B. durch entsprechende Firewalls geschehen.[63] Der Zugang erfolgt i.d.R. nicht nur von Benutzern innerhalb der räumlichen Begrenzung eines bestimmten Organisationsstandortes sondern von sämtlichen Benutzern der Organisation. Es ist daher festzuhalten, dass es sich bei den Intranets nicht unbedingt um Inhouse-Netze handelt. Vielmehr wird auf die Tatsache abgestellt, dass es sich um Netze handelt, die nur der geschlossenen Benutzergruppe einer Unternehmung oder Institution zugänglich sind; und diese kann mitunter weltweit verteilt sein.

Mittlerweile einen genauso wichtigen Stellenwert wie die interne Arbeitsplatzvernetzung nimmt die netzübergreifende Datenübertragung ein, die daher im nächsten Abschnitt erläutert wird.

2.4 Netzübergreifende Datenübertragung

Die Verbreitung moderner IuK-Technik führt(e) auf der Anwenderseite zunehmend zu weitergehenden Anforderungen an die Leistungsbreite bestehender Netzwerke. Hierzu zählt auch die Informationsübertragung über verschiedene Netze hinweg.[64] Die Verbindungsmöglichkeiten sind vielfältig. Beispielsweise kann es sich um die Verbindung zweier räumlich getrennter Netze einer Organisation oder den Anschluss eines LAN an ein öffentlich zugängliches Telekommunikationsnetz handeln. Technisch betrachtet ist eingedenk der Vielzahl möglicher und existierender Netzwerkvarianten und -produkte die Kommunikationsfähigkeit zwischen verschiedenen Netzen nicht ohne weiteres gegeben. Aus Sicht der Anwender, die mit einer Welt heterogener Netze unterschiedlichster Rechner und Anwendungen konfrontiert sind, wird der größte Nutzen beim Einsatz von IuK-Technik jedoch erst dann erzielt, wenn eine problemlose Integration der beteiligten unterschiedlichen Rechner, Topologien und Anwendungen erfolgt.

Zur Lösung des Inkompatibilitätsproblems bieten sich unterschiedliche Herangehensweisen an. Zum einen ist die Schaffung *offener Systeme* durch Normen und Standards ein bedeutender Ansatz. Bei *Standards* handelt es sich i.d.R. um Spezifikationen eines oder mehrerer Hersteller, die sich am Markt etabliert haben und von einer größeren Anzahl Hersteller unterstützt werden (synonym: De Facto-Norm). Bei *Normen* handelt es sich um Festlegungen von z.B. Protokollen und Architekturen durch international agie-

---

[63] Vgl. Hansen (1996), S. 429 i.V.m. S. 1133f.
[64] Netzübergreifende Datenübertragung wird in der Literatur vielfach auch mit dem Begriff 'Internetworking' belegt. Um einer Verwechselung dieses Begriffes mit dem populär gewordenen 'Internet' vorzubeugen, wird von dem Gebrauch des Begriffes 'Internetworking' jedoch abgesehen.

rende Normungsinstitute; d.h. es erfolgt eine schrittweise Angleichung unterschiedlicher Systeme durch nationale und internationale Regelungen.[65] Vielfach werden Herstellerstandards aufgrund ihrer Marktpräsenz und -akzeptanz auch im Nachhinein von Normierungsgremien[66] zu Normen erhoben. Im Zusammenhang internationaler Normen und Standards spielen das ISO-OSI-Referenzmodell als idealtypisches Zielmodell und der Quasi-Standard der TCP/IP-Protokollfamilie eine wesentliche Rolle. TCP/IP erhält insbesondere durch die Tatsache Relevanz, dass es als Grundlage für die Datenübertragung innerhalb des Internet dient und in diesem Zusammenhang quasi die internationale Absprache über ein weltweit einheitliches grundlegendes Protokoll zur Datenübertragung darstellt, an das sich unterschiedlichste Netzwerke mittels Koppelstationen anbinden können. Sowohl das OSI-Modell als auch TCP/IP wurden in Abschnitt 2.2.4 schon behandelt.

Eine andere Herangehensweise zur Verbindung verschiedener Netze stellt die auf Hard- und Software gestützte *Kopplungstechnik* dar. Diese wird in Abschnitt 2.4.1 beschrieben. Für die Praxis der Datenübertragung zwischen verschiedenen Netzwerken von herausragender Bedeutung ist schließlich das *Internet*, das letztendlich auf einer Kombination der vorab genannten Lösungswege (internationale Absprachen, Kopplungstechnik) beruht. Einige wesentliche Aspekte zum Verständnis des Internet-Konzeptes werden daher in Abschnitt 2.4.2 erläutert.

2.4.1 Verbindung von Netzwerken durch Koppelstationen

Bei der Verbindung von Netzwerken mittels Koppelstationen lässt sich grundsätzlich die Kopplung von homogenen und heterogenen Netzen unterscheiden. In Abhängigkeit von der Unterschiedlichkeit der zu verbindenden Netze gelangen unterschiedliche Arten von Koppelstationen zum Einsatz, die unterschiedlich komplexe Umsetzungsaufgaben erfüllen. Letztlich handelt es sich bei den Umsetzungsaufgaben um die 'Übersetzung' verschiedener Kommunikationsprotokolle. Unterschieden werden folgende grundlegenden Arten von Koppelstationen:

---

[65] Vgl. auch Gebauer/Zinnecker (1992), S. 18ff.
[66] Als Beispiele seien genannt ISO (International Organization for Standardization), ITU (International Telekommunications Union), CCITT (Comité Consultatif International de Télégraphique et Téléphonique), CCIR (Comité Consultatif International de Radiotélécommunications) und IEEE (Institute of Electrical and Electronics Engineers) auf internationaler Ebene, CEPT (Conférence Européene des Administrations des Postes de Télécommunications) und ETSI (European Telecommunications Standards Institute) auf europäischer Ebene und DIN (Deutsches Institut für Normung) auf nationaler Ebene.

- Repeater,
- Bridge,
- Router,
- Gateway.

Es ist darauf hinzuweisen, dass sich die Hersteller der Produkte von Koppelstationen nicht unbedingt an diese Klassifizierung und die damit zusammenhängenden Unterschiede halten, sondern z.T. eigene Begriffsbelegungen vornehmen. Außerdem werden Geräte angeboten, die die Funktionalität unterschiedlicher Koppelstationen in sich vereinen.

Repeater stellen die einfachste Art zur Verbindung zweier Netze dar: Sie verbinden zwei identische Netze und arbeiten auf der ersten OSI-Protokollschicht (siehe Abbildung 2-8).[67] Es handelt sich um reine Verstärker, deren Aufgabe darin besteht, die maximal zulässige Länge eines Netzwerkkabels[68] zu erhöhen, indem sie die Signale verstärken.[69]

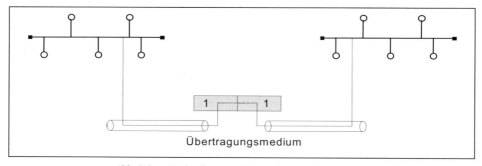

Abb. 2-8: Verbindung von Netzwerken mittels Repeater

Mit einer *Bridge* werden LAN verbunden, deren Protokolle auf Schicht 1 Unterschiede aufweisen, z.B. weil unterschiedliche Übertragungsmedien (Koaxkabel und verdrillte Kupferleitungen) eingesetzt werden. Die Verbindung findet in OSI-Schicht 2 statt (Sicherungsschicht), Protokollumsetzungen sind kaum erforderlich (siehe Abbildung 2-9). Bridges werden häufig dazu benutzt, Netze in Subnetze aufzuteilen, um einen höheren Datendurchsatz zu erreichen. Die eingesetzten Protokolle bleiben unberücksichtigt. Es wird lediglich versucht, anhand einer internen Tabelle mit den physikalischen Ur-

---

[67] Zum ISO-OSI-Modell siehe Abschnitt 2.2.4.1.
[68] Die durch den Einsatz von Koppelstationen entstehenden Kabelabschnitte werden allgemein 'Segmente' genannt.
[69] Vgl. Kerner (1992), S. 446f.

sprungs- und Zieladressen[70] die Daten von dem einen in das andere (Sub-)Netz zu übertragen. Ist die Zieladresse eines Datenpaketes nicht in der Tabelle vorhanden, findet keine Übertragung statt.

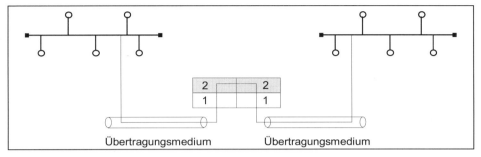

Abb. 2-9:   Verbindung von Netzwerken mittels Bridge

Router verbinden zwei Netze in Schicht 3 (Vermittlungsschicht des OSI-Modells), ihre Funktionalität ist umfangreicher als die einer Bridge. So können z.B. auch Netze mit unterschiedlichen Zugriffsverfahren (z.B. Token-Ring und Ethernet) verbunden werden. Ein Router besitzt interne Adresstabellen, mit deren Hilfe die Adressangaben in den Headern der ankommenden Datenpakete zur Wegewahl benutzt werden. Es handelt sich hierbei um logische Adressen (z.B. eine IP-Adresse).

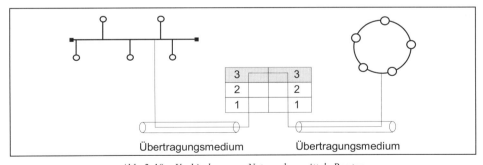

Abb. 2-10:   Verbindung von Netzwerken mittels Router

Speziell zur Verbindung von komplexen Netzen und Teilnetzen im LAN-Bereich können sogenannte *Hubs* eingesetzt werden. Hubs sind Vermittlungssysteme für Netze, Teilnetze und Endgeräte verschiedener Art; sie werden auch als "eine Art Nebenstellenanlage für LANs" bezeichnet.[71] Mit ihnen lässt sich auch bei großen Netzen eine

---

70   Die physikalische Adresse ist z.B. die Adresse einer Netzwerkkarte.
71   Kauffels (1996), S. 109.

flexible, strukturierte Verkabelung erreichen. Sie können hierarchisch in unternehmensweite, abteilungsweite und arbeitsgruppenbezogene Hubs gegliedert werden. Unternehmensweite Hubs wären Bestandteil eines Hochgeschwindigkeitsbackbone-Netzes und bilden so einen wesentlichen Bestandteil der infrastrukturellen Grundlage für das Unternehmensnetz. Von den Abteilungs-Hubs wird das Unternehmensnetz dann auf Gebäude oder Etagenebene heruntergebrochen. Arbeitsgruppen-Hubs schließlich stellen den Anschluss der Endgeräte an das Netz her.[72]

Sollen Netze verbunden werden, die bis in OSI-Schicht 3 und höher Unterschiede aufweisen, kommen *Gateways* zum Einsatz. Abgesehen von der Umwandlung der Datenpaketformate und Adressen müssen auch Protokolle der höheren Schichten umgewandelt sowie die entsprechenden Fehlerkontrollmechanismen und Routing-Techniken berücksichtigt werden, um beliebige Netze miteinander zu verbinden. Häufig findet die Verbindung in der Anwendungsschicht statt. Abbildung 2-11 gibt eine solche Verbindung schematisch wieder.

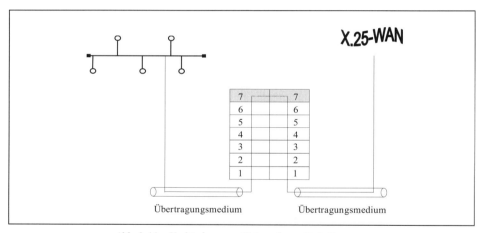

Abb. 2-11: Verbindung von Netzwerken mittels Gateway

2.4.2 Internet

Der weltweite Austausch von Informationen wird in den letzten Jahren in besonderem Maße durch die Technik des Internet beeinflusst. Bei dem Internet handelt es sich um den weltweiten Zusammenschluss von Rechnernetzen unterschiedlichster Architektur über fast sämtliche Staatsgrenzen hinweg. Das Internet wird daher auch als 'Netz der Netze' oder, was noch treffender ausgedrückt ist, als das 'Netz zwischen den Netzen'

---

[72] Vgl. Kauffels (1996), S. 108f.

bezeichnet. Im Januar 1999 waren über 40 Millionen Hosts aus 205 Ländern mit dem Internet verbunden.[73]

Die bewegte Geschichte des Internet beginnt zu Zeiten des Kalten Krieges Ende der 1950er Jahre. Im US-amerikanischen Verteidigungsministerium stellte man sich die Frage, wie ein militärisches Kommando- und Überwachungsnetzwerk aussehen könnte, das auch bei einem Teilausfall durch einen feindlichen Atomschlag weiterhin funktionsfähig bleibt. 1969 wurde dann das aus dieser Idee geborene paketorientierte ARPANET (*A*dvanced *R*esearch *P*rojects *A*gency *Net*) als Experimentalnetz in Betrieb genommen. Als Kommunikationsprotokoll wurde das *I*nternet *P*rotocol (IP) eingesetzt. In der Folgezeit schlossen sich zunehmend Universitätsrechenzentren und Forschungseinrichtungen an das ARPANET an. 1983 datiert die eigentliche Geburtsstunde des Internet. Sämtliche ARPANET-Hosts arbeiten mit dem in den 1970er Jahren entwickelten Protokollsatz TCP/IP, der damit nach und nach quasi zum Protokollstandard für die netzübergreifende Datenübertragung avancierte. Mit der Entwicklung und Einführung eines einheitlichen, weltweiten Adressierungssystems (Domain Name System) kennzeichnet 1984 einen weiteren bedeutenden Meilenstein der Internetgeschichte. In den 1980er Jahren entstanden neben dem ARPANET weitere WAN, z.B. das NSFNET, das BITNET, das USENET oder das CSNET, deren Dienste durch Nutzung des TCP/IP-Protokolls teilweise in das Internet übernommen bzw. durch das Internet verbunden werden konnten. Bekannte europäische WAN mit Internet-Anbindung sind EARN, Eunet, der europäische Teil des CSNET oder WIN. Bei letzteren handelt es sich um nationale Forschungsnetze, ebenfalls in den 1980er Jahren entstanden, die anfänglich nicht in das Internet eingebunden waren. Ein weiterer Meilenstein der Internetentwicklung wird durch das Jahr 1992 gekennzeichnet. In diesem Jahr wurde zum einen erstmals das World Wide Web (WWW) implementiert. Zum anderen wurde die *I*nternet *Soc*iety (ISOC) gegründet, eine Organisation, die die dezentralen Aktivitäten im Zusammenhang mit dem Internet zu koordinieren versucht. Nach 1992 beginnt die Kommerzialisierung des Internet. Zunehmend ermöglichen kommerzielle Provider Privatpersonen und Unternehmungen den Zugang zum Netz der Netze, das zuvor hauptsächlich von Universitäten und Forschungseinrichtungen genutzt wurde.[74]

2.4.2.1 Aufbau und Adressierung im Internet

Das Internet stellt das weltweite Zusammenwirken verschiedenster Rechnernetze auf der Grundlage eines gemeinsamen Kommunikationsprotokolls (TCP/IP) dar. Als Über-

---

[73] Vgl. http://www.nw.com/zone/WWW/report.html am 12.12.2000.
[74] Für eine detaillierte Schilderung der Entwicklungsgeschichte des Internet vgl. Alpar (1996), S. 13ff. und Plate (1997), S. 103ff.

tragungsmedien werden die physikalische Leitungen vorhandener Netze und Telekommunikationssysteme genutzt. Den Kern bilden Standleitungen mit hohen Übertragungsraten, die in den einzelnen Ländern i.d.R. als Glasfaserbackbonenetz ausgelegt sind. Die Datenübertragung im Internet ist nicht an ein einziges Medium gebunden; es werden ebenso Richtfunkstrecken, Satellitenverbindungen und Kupferkabel (Telefonleitungen) benutzt. Es gibt *keinen zentralen Eigentümer und keine zentrale Betriebsverwaltung.* Ausnahmen bilden hierbei lediglich die Adressvergabe und der Ausbau und die Aufrechterhaltung der überregionalen Datenübertragung durch Hauptverkehrsstrecken (Backbones). Letztere werden i.d.r. durch große Telekommunikationsanbieter realisiert, in Deutschland z.B. durch die Deutsche Telekom AG. Die *Topologie* des Internet lässt sich als ein hierarchisiertes Maschennetz begreifen, wobei es sich nicht um eine von vornherein durchgeplante Struktur sondern um ein ungeplant gewachsenes Netz handelt.[75] Spezielle Knotenrechner in den einzelnen Ländern stellen Verbindungen zu nationalen Internet-Backbones anderer Länder her. Von diesen erfolgt die Verbindung gegebenenfalls über regionale und lokale Provider zum angeschlossenen IP-Netzwerk und weiter über Teilnetzwerke zum IP-Endsystem. Die *Architektur* folgt dem Client-Server-Prinzip. Server stellen dem Endanwender verschiedene Informations- und Kommunikationsdienste zur Verfügung und stellen den Zugang zum Internet her. Als Clients fungieren die Programme, mit denen Endanwender über ihre Workstations Zugang zu den Internetdiensten erhalten (z.B. Web-Browser oder E-Mail-Programme).

Die *Adressierung* im Internet erfolgt weltweit über ein einheitliches Prinzip. Jeder im Internet bekannte Rechner besitzt eine eindeutige Adresse. Die Internetadresse eines IP-Hosts besteht aus einer Folge von 32 bits, eingeteilt in vier Bytes, die jeweils durch einen Punkt getrennt werden. Der Einfachheit halber werden die Bytes in Dezimalform dargestellt; eine typische IP-Adresse lautet also z.B. 134.94.27.11. Hinter diesen Zahlen verbirgt sich eine Methodik, die die Netzwerke nach ihrer Größe, d.h. der Anzahl der Hosts, in hauptsächlich drei Klassen einteilt. Bei Klasse A (große Netzwerke) gibt das erste Byte die Netzwerknummer an; die restlichen drei bezeichnen den lokalen Teil. Netzwerke mittlerer Größe (Klasse B) nutzen die ersten zwei Bytes zur Nummerierung des Netzwerkes. Klasse C (kleine Netzwerke) schließlich stellt die ersten drei Bytes zur Netzwerknummerierung zur Verfügung. Zur Kategorisierung der jeweiligen Netzwerkklasse dienen das erste, die ersten zwei oder die ersten drei Bits des ersten Bytes. Klasse A wird durch '0', Klasse B durch '10' und Klasse C durch '110' gekennzeichnet. Aufgrund dieser Struktur ist die mögliche Anzahl der Netzwerke und der daran angeschlossenen IP-Hosts beschränkt und je Klasse unterschiedlich. Einen Überblick gibt Abbildung 2-12.

---

[75] Vgl. zum Thema Aufbau und Adressierung Alpar (1996), S. 23-32 i.V.m. Reibold (1997), S. 16ff. und Plate (1997), S. 12ff.

Adress-klasse	Größe der Netz-werkadresse	Größe der Host-adresse	Mögliche Anzahl der Netzwerke	mögliche Anzahl der Hosts pro Netzwerk
A	7 Bits	24 Bits	128	16.777.214
B	14 Bits	16 Bits	16.384	65.534
C	21 Bits	8 Bits	2.097.152	254

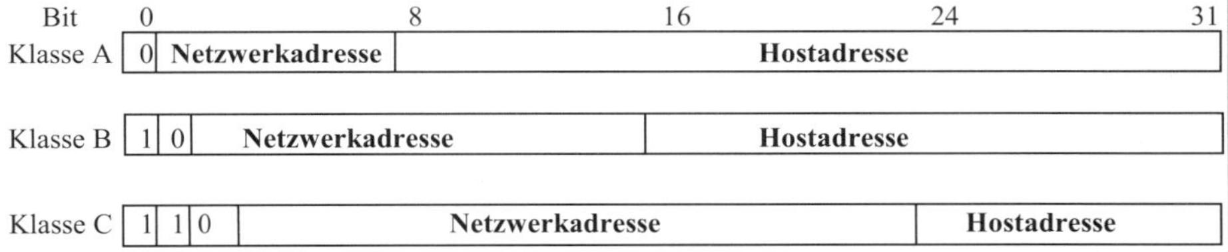

Bit	0	8	16	24	31
Klasse A	0	Netzwerkadresse	Hostadresse		
Klasse B	1 0	Netzwerkadresse		Hostadresse	
Klasse C	1 1 0	Netzwerkadresse			Hostadresse

Abb. 2-12: Adressklassen und Adressaufbau im Internet
(Quelle: Kyas, O.: Internet. Bergheim 1994; in: Alpar (1996), S. 29)

Da sich derartige Zahlenkombinationen schlecht merken lassen, wurde ein weltweit einheitliches Prinzip zur Vergabe von Rechner- bzw. User-Namen erstellt, das 'Domain Name System' (DNS). Es ist hierarchisch in verschiedene Bereiche (Domains) aufgeteilt. Die oberste Hierarchieebene bildet die Länderkennungen bzw. die Art der organisatorischen Einrichtung, in der der Rechnerknoten angesiedelt ist. Es folgt die Bezeichnung der Organisation, eventuell mit Unterabteilungen bis hin zum Rechnernamen. Notiert werden die Adressbestandteile in hierarchisch aufsteigender Reihenfolge. Die oberste Hierarchiestufe wird auch Top Level-Domain genannt. Die Kürzel für die Top Level-Domains sind international festgelegt; es gibt zum einen die Domainkürzel, die verschiedene Länder bezeichnen, und zum anderen Domainkürzel, die die Art der Institution, die den Rechner betreibt, bezeichnet. Letztere werden auch generische Top Level-Domains genannt. Einige Beispiele für länderbezogene Top Level-Domains und eine Übersicht der generischen Top Level-Domains finden sich in folgender Tabelle 2-2.

Domain	Bedeutung	Domain	Bedeutung
au	Australien	com	kommerzielle Institutionen
br	Brasilien	edu	Ausbildungsstätten
cn	China	gov	staatliche Einrichtungen
de	Deutschland	int	internationale Organisationen
ru	Russische Föderation	mil	militärische Einrichtungen
za	Südafrika	net	Netzwerkorganisationen
ch	Schweiz	org	Sammelbezeichnung für Einrichtungen, die nicht in die anderen Rubriken passen
at	Österreich		

Tab. 2-2: Beispiele für die Bezeichnung von Top Level-Domains im Internet

Ein Beispiel für eine Domain-Adresse wäre 'ws1.firma.de'. Diese Notation bedeutete dann: Rechner 'ws1' in der Domain 'Firma' (dies könnte ein Firmenname sein) in der

Top Level-Domain 'de' (Länderkürzel für Deutschland). Für die eigentliche Datenübertragung werden die Domain-Namen wieder in die 32-Bit-Adresse umgewandelt, wobei die Auflösung der Hierarchiestufen von rechts nach links erfolgt. Die Übersetzung erfolgt anhand von Tabellen, die auf speziellen 'Name-Servern' auf den unterschiedlichen Netzebenen gespeichert sind.

Abschließend ist zur Adressierung anzumerken, dass aufgrund der steigenden Anzahl der angeschlossenen Rechner in den jeweiligen Klassen eine Verknappung des Adressierungsraumes droht. Daher sind Bestrebungen im Gang, das bestehende IP-Protokoll zu reformieren und neue Adressräume zu schaffen.[76] Neben der Reformierung des eigentlichen IP-Adressraumes ist auch das Domain Name System (DNS) von dem Problem der Adressverknappung betroffen. Es wurden daher neue generische Top Level-Domains definiert (siehe Tabelle 2-3), die in allernächster Zukunft eingeführt werden sollen.[77]

Domain	Bedeutung	Domain	Bedeutung
arts	Kultur und Unterhaltung	rec	Angebote zu Erholung und Freizeit
firm	Unternehmen und Firmen		
info	Informationsdienstleistungssektor	shop	Verkaufseinrichtungen
nam	private Internet-Nutzer	web	Internet-Angebote

Tab. 2-3:   Neue generische Top Level-Domains im Internet

2.4.2.2 Dienste im Internet

Das Internet stellt *unterschiedliche Dienste* bereit, die mit entsprechenden Client-Programmen und dem Einsatz entsprechender Übertragungsprotokolle genutzt werden können.[78] Zum Teil ist es möglich, aus einem bestimmten Dienst heraus auch andere Dienste anzusprechen. Im Überblick sind folgende Dienste zu unterscheiden:[79]

- Electronic Mail (E-Mail),
- Übertragung von Dateien,
- Newsgroups,
- Synchrone Kommunikation,

---

[76] Vgl. Sietmann (1999), S. 184ff.
[77] Vgl. Hitzig (1999), S. 86ff.
[78] Vgl. zur Übersicht der Internet-Dienste Alpar (1996), S. 49-113; Plate (1997), S. 21-43 und Reibold (1997), S. 20-34.
[79] Eine grundlegende praktische Einführung zum Umgang mit dem Internet (Schwerpunkt WWW) bietet Kowalski (1998).

- Remote Computing,
- Informationsdienste,
- World Wide Web (WWW).

Im Folgenden werden die Dienste kurz vorgestellt.[80] Aufgrund des Bekanntheitsgrades bildet das WWW den Schwerpunkt der Darstellung.

Einer der bekanntesten Internetdienste ist die *elektronische Post* (E-Mail, Electronic Mail). Im Zusammenhang mit dem Internet handelt es sich hierbei um *Mailbox-Systeme*, die im Prinzip elektronische Briefkästen darstellen, in denen Informationen abgelegt und abgerufen werden können. Im Unterschied zu Mitteilungsdiensten, bei denen die Zustellung der Nachricht sowohl über Zwischenspeicher als auch direkt an empfängereigene Rechner erfolgen kann, ist bei einem Mailbox-System als unbedingtes Charakterisierungsmerkmal die Übermittlung an einen Datenbankrechner (Mailserver) und nicht an den geographischen Ort des Empfängers zu nennen. Mit speziellen E-Mail-Programmen (Mail-Clients) werden die elektronischen Briefe geschrieben, versendet und abgeholt. Eine E-Mail besteht i.d.R. aus zwei Bereichen: dem Kopf, der z.B. Empfänger, Absender, Betreff und Datum enthält, und dem sogenannten Bodytext; letzteres ist der eigentliche Inhalt des Briefes. Zusätzlich ist es möglich, mit der Mail 'Anhänge' zu versenden. Anhänge sind Dateien der unterschiedlichsten Formate, die gemeinsam mit der Mail(datei) verschickt werden. Ist der elektronische Brief mit dem Mail-Programm erstellt, wird er abgeschickt. Die Adressierung basiert auf dem Domain Name System; der Rechneradresse wird zusätzlich der Benutzername des Empfängers vorangestellt, getrennt durch das Zeichen '@'. Über DNS findet die Nachricht dann automatisch den Weg zu dem Mailserver des Empfängers. Der Weg, den die Mail bis zum Ziel durch das Netz nimmt, lässt sich vorab nicht bestimmen und kann über unterschiedlichste Gateways laufen, bis das eigentliche Ziel erreicht ist. Dort bleibt die Nachricht zwischengespeichert, bis der Empfänger von seiner Workstation aus mit seinem Mail-Client auf seine Mailbox zugreift. Als Grundprotokoll für Internetmail dient SMTP (*S*imple *M*ail *T*ransfer *P*rotocol). Handelt es sich bei der E-Mail-Verbindung um keine direkte IP-Verbindung, sondern wählt sich der Benutzer über eine serielle Leitung ein (z.B. Zugang über T-Online), wird i.d.R. das *P*ost *O*ffice *P*rotocol (POP) verwendet.

Die *Übertragung von Dateien* erfolgt im Internet auf der Grundlage des *F*ile *T*ransfer *P*rotokolls (FTP). FTP-Server im Internet bieten dem Benutzer die Möglichkeit, Dateien von diesen Servern auf den eigenen Rechner zu laden. Bei den Dateien kann es sich um

---

80   Vgl. Reibold (1997), S. 20-34 i.V.m. Alpar (1996), S. 49ff.

ablauffähige Programme, Grafiken, Sounds oder Textdateien handeln. Der Zugriff erfolgt über spezielle FTP-Client-Programme oder z.B. über WWW.

Bei den *Newsgroups* handelt es sich um 'Treffpunkte' im Internet, an denen unterschiedlichste Themen diskutiert werden. Die Treffpunkte, auch Diskussionsforen genannt, lassen sich als elektronische Versionen von Pinnwänden oder Schwarzen Brettern vorstellen, auf denen Interessierte ihre Fragen, Antworten, Kommentare und Stellungnahmen hinterlegen können. Diskussionsforen (Newsgroups) gibt es zu unterschiedlichsten Themenbereichen, die jeweils eigene Klassifizierungskürzel besitzen. So werden beispielsweise in der Newsgroup 'comp' Informationen über Computer ausgetauscht, 'soc' behandelt Themen rund um die Gesellschaft ('social'), und 'org' fasst spezielle Organisationen, z.B. Computerclubs, zusammen. Unter dem Begriff 'Usenet' (Users Network) wird das Konzept der Newsgroups zusammengefasst.

Der klassische Dienst zur *zeitgleichen* (synchronen) *Kommunikation* im Internet ist der *Internet Relay Chat* (IRC). IRC ist ein Mehrbenutzerdialogsystem, über das sich zwei oder mehr Personen unterhalten können, wobei sich die 'Unterhaltung' jedoch in Form des Austausches textueller Informationen abspielt. Mittels eines IRC-Clients loggt sich der Benutzer in einen IRC-Server ein, wählt eine der laufenden Gesprächsrunden aus oder eröffnet eine neue. Die Gespräche finden in sogenannten 'channels' statt, mit deren Hilfe diejenigen Teilnehmer, die sich über ein bestimmtes Thema unterhalten möchten, gruppiert und voreinander abgegrenzt werden. Eine weitere, neuere Entwicklung zur synchronen Kommunikation im Internet stellt die Internet-Telefonie dar.

Mit der Nutzung des Telnet-Protokolls erhält man die Möglichkeit, sich in entfernte Rechner unterschiedlicher Größenklassen einzuwählen und diese dann von Ferne zu bedienen (*remote computing*). Ermöglicht wird dies durch spezielle Terminalemulationsprogramme. Die eingesetzten Telnet-Client-Programme unterstützen i.d.R. gängige Terminals wie z.B. VT100. Anwendungsmöglichkeiten sind z.B. die Fernwartung oder die Suche auf speziellen Datenbankservern.

Die im Internet angebotenen Informationen sind derart zahlreich, dass ein gezielter Zugriff auf bestimmte Informationen fast unmöglich scheint, wenn die genaue Adresse nicht bekannt ist. Es existieren jedoch eine Reihe von Such- bzw. *Informationsdiensten*, die dem Benutzer die gezielte Informationssuche erleichtern. Einige dieser Suchdienste werden im Folgenden kurz benannt. Einen speziellen Informationsdienst für FTP-Server stellt *Archie* dar. Es handelt sich um eine Datenbank, die die auf FTP-Servern gespeicherten Dateien umfasst. Neben den Dateinamen werden auch Kurzbeschreibungen des Dateiinhalts gespeichert. Der Zugriff auf Archie erfolgt z.B. über Telnet, E-Mail oder WWW, die spätere Übertragung der Dateien mittels FTP. *Gopher* bietet die Möglichkeit, Dokumente (Text, Bilder, Sound, Videos) nach inhaltlichen Kriterien zu suchen und zu finden, wobei man sich von Menü zu Menü hangelt. Dokumente, die bei der Suche nicht von unmittelbarem Interesse sind, aber doch als interessant eingeschätzt werden, können mittels einer Art Lesezeichen für eine spätere Verwendung markiert werden. Der *Wide Area Information Service* (WAIS) ist ein Informationsdienst, der in der Lage ist, Volltextrecherchen durchzuführen. Spezielle WAIS-Server nehmen die von den WAIS-Clients abgeschickten Anfragen auf und geben das Suchergebnis zurück. Mit *WHOIS* erhält man die Möglichkeit, sich E-Mail-Adressen und Telefonnummern von Internet-Teilnehmern sowie Informationen über Rechnernetze, Netzwerkorganisationen, Domänen etc. zu verschaffen.

Allgemeinen Bekanntheitsgrad hat das Internet durch das *World Wide Web* (WWW) erhalten. WWW kann als der Dienst bezeichnet werden, der dem Internet in den letzten Jahren einen außerordentlichen Boom beschert hat. Das World Wide Web basiert, wie die anderen Dienste im Internet auch, auf der Client-Server-Struktur. Spezielle Web-Server stellen die Informationen bereit, die von den Web-Clients (Browser) abgefragt werden können. Als Protokoll zum Datenaustausch zwischen WWW-Clients und WWW-Servern wird das '*H*yper*t*ext *T*ransfer *P*rotocol' (HTTP) benutzt.

WWW ist ein weltweit verteiltes Hypermediasystem. In dem Kunstwort 'Hypermedia' verbinden sich die Konzepte Hypertext und Multimedia miteinander. Unter 'Hypertext' versteht man Dokumente, die durch Verweise (auch 'links' genannt) von beliebigen Stellen des Dokumentes aus zu anderen Stellen führen. Diese anderen Stellen können sich in demselben Dokument befinden oder andere Dokumente betreffen. Multimedia bezeichnet die Integration von Text-, Bild-, Ton- und Videodateien. Quelle und Ziel der Verweise können somit Texte, Bilder, Töne oder Videosequenzen sein. Die im WWW abgelegten Hypermediadokumente sind in Form sogenannter 'Web-Sites' organisiert. Eine Web-Site besteht i.d.R. aus einer Einstiegsseite ('Homepage') und weiteren Seiten (Pages), auf denen die Informationen dargestellt werden. Als Seitenbeschreibungssprache für Web-Seiten hat sich HTML (*H*yper*t*ext *M*arkup *L*anguage) etabliert. Ein Grund für den Erfolg des WWW liegt in der relativ einfachen Bedienung.

Die Client-Programme für das WWW werden 'Browser' genannt. Mit einem Browser kann sich der Benutzer sämtliche Dokumente im WWW ansehen.[81] Der Browser dient z.B. dazu, bestimmte Dokumente aufzurufen oder zu suchen, Merkzeichen zu vergeben und zu verwalten, um interessante Dokumente schnell wiederfinden zu können, Informationen aus dem WWW abzuspeichern und in eigenen Dokumenten weiterzuverwen-

---

[81] Beispiele für Browser sind IBM Web Explorer, Microsoft Internet Explorer, NCSA Mosaic oder Netscape Navigator.

den oder um sich in ihnen zu bewegen. Gibt es innerhalb des Dokumentes zu einem speziellen Begriff einen Verweis, genügt es, diesen Link mit der Maus anzuklicken, um zu der neuen Stelle zu gelangen, auch wenn es sich um eine Textpassage handelt, die auf einem anderen Rechner liegt, der sich vielleicht sogar auf einem anderen Erdteil befindet.

Die relativ einfache Handhabung der Verweistechnik wird durch die einheitliche Form der Ressourcenlokalisierung ermöglicht. Die Quelladresse beim Zugriff auf Ressourcen wird *U*niform *R*esource *L*ocator (URL) genannt. Sie enthält zusätzlich zur Adresse des Servers (basierend auf dem DNS) weitere Angaben. Vorangestellt wird die Angabe des Protokolls, mit dem auf die Ressource zugegriffen wird, z.B. 'http'. Nach der Serveradresse folgen weitere Pfadangaben, die sich auf den Ort der Ressource auf dem Server beziehen (Verzeichnisangaben) und der Name des Dokumentes. Eine komplette Ressourcenadresse könnte also wie folgt aussehen: 'http://www.firma.de/information/web.html'. Diese bezeichnete das Dokument 'web.html' im Verzeichnis 'information' des Web-Servers der Firma 'X' in Deutschland, wobei HTTP als Protokoll zur Datenübertragung eingesetzt wird. Als besonderer Vorteil des WWW im Vergleich zu den anderen Diensten ist seine integrierende Funktion zu nennen. Es lassen sich nicht nur die WWW-Server erreichen, sondern auch andere Dienste im Internet. Ermöglicht wird dies durch die URL, die die Protokollangabe beinhaltet. Indem als Protokoll z.B. 'ftp' vorangestellt wird, können auch Daten von FTP-Servern direkt abgerufen werden.

Mit Hilfe der verschiedenen Internettechniken, insbesondere auch mit dem Dienst des World Wide Web, entstehen für die technikvermittelte Unternehmenskommunikation zusätzliche Möglichkeiten zum Aufbau einer effizienten Infrastruktur. Dies kann nicht nur durch die bloße Kopplung von Unternehmensnetzwerken an das Internet geschehen, sondern auch durch den Aufbau spezieller Netze mithilfe der Internettechnik. Angesprochen sind hiermit die sogenannten 'Intranets', die in Abschnitt 2.3.3 kurz erwähnt wurden.[82]

Mit dem Thema 'Netzübergreifende Datenübertragung' wurde die technische Verbindung räumlich (weit) getrennter Organisationseinheiten angesprochen. Netze zur Datenübertragung zwischen räumlich entfernten Organisationseinheiten können entweder durch firmeneigene Netze oder durch den Einbezug öffentlicher Netze realisiert werden. Der folgende Abschnitt beschreibt Techniken, die bei der Datenfernübertragung zum Einsatz kommen.

---

[82] An dieser Stelle sei darauf hingewiesen, dass dem Aspekt der Informationssicherheit im Zusammenhang mit dem Internet besondere Aufmerksamkeit geschenkt werden muss.

2.5 Standortbezogene Telekommunikationssysteme

Gegenstand dieses Abschnittes sind standortbezogene Telekommunikationssysteme (TK-Systeme). Der Begriff 'standortbezogen' oder auch 'standortgebunden' zielt auf die Eigenschaft ab, dass die Netze in erster Linie für den Einsatz standortgebundener Endgeräte konzipiert sind.

Auf der einen Seite beruht das Angebot an öffentlich zugänglichen IuK-Diensten zu einem großen Teil auf den historisch gewachsenen Fernmeldenetzen der Deutschen Telekom AG (DTAG). Die einzelnen Netze und deren Dienste waren schwerpunktmäßig für unterschiedliche Informationsarten (Sprache, Text, Grafik/Bild oder Daten) konzipiert. Historisch betrachtet entwickelten sich die Telekommunikationsnetze der DTAG durch einen kontinuierlichen, am Bedarf orientierten Ausbau des analogen elektromechanischen Fernsprechnetzes, des Telex-Netzes und den Aufbau verschiedener Datenübertragungsnetze, die im sogenannten IDN (Integriertes Text- und Datennetz) zusammengefasst wurden. Einige Dienste der ursprünglichen Netze werden mittlerweile nicht mehr angeboten, manche sind in neueren Netzen aufgegangen, manche gänzlich neu entstanden. Aktuell existieren *mehrere Telekommunikationsnetze* der DTAG nebeneinander. Im Wesentlichen lassen sich schmalbandige Kommunikationsnetze (Fernsprechnetz, ISDN, Telex, Datex-P) und breitbandige Datenkommunikationsnetze (Datex M, FramelinkPlus, T-Net ATM, T-InterConnect und T-DSL) sowie Festnetze unterscheiden.[83] Eine scharfe Trennung der unterschiedlichen Netze und Dienste ist aufgrund der vielfältigen Netz- und Dienstübergänge sowie der Integration verschiedener Netzlösungen (z.B. Datex M und T-Net ATM) schwierig. Aus Sicht des Anwenders lassen sich die Telekommunikationsnetze (TK-Netze) nach dem Kriterium abgrenzen, ob für einen oder mehrere Dienste ein eigenständiger Anschluss für den Teilnehmer existiert. Aus der Sicht des Netzbetreibers verbirgt sich dahinter der Einsatz unterschiedlicher Übertragungs- und Vermittlungstechniken sowie Übertragungsmedien. Bei der Abgrenzung der verschiedenen Netze wird es zunehmend wichtiger, unter welchem Aspekt die TK-Lösung betrachtet wird, z.B. Art der schwerpunktmäßig übertragenen Informationen (Sprache, Text, Daten etc.), Kommunikationshäufigkeit oder Art der Verbindung (Wählverbindung, Festverbindung).[84] Abgesehen von diesen sogenannten

---

[83] Die Bandbreite gibt an, welcher Frequenzbereich übertragen werden kann. Fernmeldewege mit einer Bandbreite größer als der Fernsprechbandbreite (300-3400 Hz) wurden von der Telekom ursprünglich als Breitbandwege bezeichnet. Mittlerweile wird der Begriff 'Breitbandübertragung' häufig für einen Übertragungskanal verwendet, der eine für die Bewegtbildkommunikation ausreichende Kapazität von mindestens 2 Mbit/s besitzt. Vgl. Hansen (1996), S. 1013. Im Folgenden werden die Begriffe 'Schmalband' und 'Breitband' in diesem aktuellen Sinne benutzt.

[84] Dies wird auch in der Form deutlich, wie im Geschäftskundenbereich der DTAG die unterschiedlichen Dienste über die Netze präsentiert werden. So werden für den ständigen Datenaustausch mit vorab definierten Kommunikationspartnern Festnetze angeboten und für den Datenaustausch mit wechselnden Partnern sogenannte 'Vermittelnde Netze'. Unter der Rubrik 'Kommunikations-

Vermittlungsnetze bestehen breitbandige *Verteilnetze* für Rundfunk und TV (Fernsehen). Sie werden folgend jedoch nicht weiter berücksichtigt, da sie (derzeit) keine unmittelbare kommerzielle Anwendung in Unternehmungen finden.

Auf der anderen Seite weitet sich das Angebot an öffentlich zugänglichen TK-Netzen und -Diensten durch neue Anbieter ständig aus. Aufgrund der Liberalisierung des Telekommunikationsmarktes in Deutschland sind ab dem 1.1.1998 sowohl im Netzbereich als auch bei dem Dienst des Fernsprechens in Festnetzen neben der Deutschen Telekom AG weitere Netzbetreiber und Diensteanbieter zugelassen. Der Marktzugang erfolgt über Lizenzen, die nach Art des Angebotes (z.B. Netz oder Sprache) und räumlicher Ausdehnung vergeben werden. Als bundesweite Netzanbieter seien beispielsweise Mannesmann Arcor und Viag Intercom genannt. Darüber hinaus existieren verschiedene regional tätige Anbieter.

Ziel dieses Abschnittes ist es, aktuelle Telekommunikationsnetze und -dienste darzustellen und an ihrem Beispiel einige wesentliche technische Grundlagen der Telekommunikation zu erläutern.[85] Die Ausarbeitung orientiert sich exemplarisch an der DTAG, da dieser Anbieter ein umfassendes, breit gefächertes Angebot an Netzen und Diensten offeriert und einen hohen Bekanntheitsgrad besitzt. In den Abschnitten 2.5.1 und 2.5.3 werden die 'klassischen' standortbezogenen TK-Netze mit ihren Diensten einzeln erläutert (Fernsprechnetz, Telex, Datex-P). ISDN, das neueste der schmalbandigen Netze, wird in Abschnitt 2.5.2 erklärt. Die Beziehungen zwischen den schmalbandigen, standortgebundenen Netzen, ihren Diensten und den übertragenen Informationsarten sind am Ende von Abschnitt 2.5.3.2 in Abbildung 2-18 gesondert zusammenfasst. Gegenstand von Abschnitt 2.5.4 sind die breitbandigen TK-Netze und Dienste (Datex M, Framelink-Plus, T-Net ATM, T-InterConnect und T-DSL). Schließlich beendet Abschnitt 2.5.5 den Überblick standortbezogener Telekommunikationssysteme mit den Festverbindungen, die keine selbständigen Netze i.e.S., wohl aber eigenständige Dienstangebote definieren.

---

lösungen' schließlich werden unterschiedliche Kommunikationsbedarfe und -infrastrukturen integriert. Außerdem werden hier Lösungen angeboten, die es ermöglichen, mittels einer Leitung mehrere Dienste aus verschiedenen Netzen zu nutzen (z.B. Datex-P, Datex M und FramelinkPlus).

[85] Es sei darauf hingewiesen, dass die vorgestellten Netze und Dienste keinen Anspruch auf Vollständigkeit erheben.

2.5.1 Fernsprechnetz

Das Fernsprechnetz stellt mit seinen über 45 Millionen Telefonanschlüssen allein in Deutschland ein für die Kommunikation äußerst bedeutsames Netz dar, da es flächendeckend zur Verfügung steht und somit quasi jede(r) Kommunikationspartner(in) erreichbar ist.[86] Beim Fernsprechnetz handelt es sich um ein leitungsvermitteltes Netz. Leitungsvermittelt bedeutet, dass beim Aufbau der Verbindung ein fester Übertragungsweg zwischen den beteiligten Kommunikationsstationen geschaffen wird, der ausschließlich und permanent während der Verbindungszeit zur Verfügung steht, unabhängig davon, ob Daten übertragen werden oder nicht. Bezogen auf ein Telefongespräch ist die Bedeutung der Leitungsvermittlung schnell ersichtlich: Eine Gesprächsverbindung bleibt erhalten, auch wenn sich die Teilnehmer minutenlang anschweigen. Ursprünglich durchgängig analog ausgelegt, d.h. mit analoger Vermittlungs- und Übertragungstechnik sowie analogen Teilnehmeranschlussleitungen, wird das Fernsprechnetz seit 1982 schrittweise in ein digitales Netz überführt. Zunächst wurde die Übertragungs- und Vermittlungstechnik umgestellt. Die abschließende Digitalisierung der Teilnehmeranschlussleitungen soll bis zum Jahre 2005 abgeschlossen sein. Als Systemkomponenten lassen sich aus der Sicht des Netzbetreibers die Vermittlungseinrichtungen (als Netzknoten) und Leitungen inkl. der zugehörigen Anschlüsse und auf der Seite der Netz-Endnutzer die Endgeräte ausmachen. Die Vermittlungseinrichtungen gliedern sich funktional nach Orts-, Fern- und Auslandsvermittlung und sind hierarchisch aufgebaut. Vermittlungsstellen haben die Aufgabe, die Nachricht eines anrufenden Teilnehmers zum gewünschten Gesprächspartner durchzuschalten. Hierbei können durchaus mehrere Vermittlungsstellen verschiedener Hierarchieebenen beteiligt sein[87]. Die unterste hierarchische Ebene im Fernsprechnetz bildet die Ortsnetzebene. Hier wird der Teilnehmeranschluss über eine Anschlussleitung (Kupferdoppelader) an eine Endvermittlungs- (EVSt) oder Ortsvermittlungsstelle (OVSt) angeschlossen. Darüber liegen Fernnetzebenen, die unterschiedliche räumliche Bereiche verbinden.

Der wichtigste Dienst im Fernsprechnetz ist natürlich der *Fernsprechdienst*. Die einfache Sprachübertragung wurde jedoch um Zusatzdienste wie z.B. Telefonkonferenzen, Service 130[88], Anrufweiterschaltung, Sprachbox und verschiedene andere Auftragsdienste erweitert. Darüber hinaus wurden schon frühzeitig weitere Kommunikationsdienste eingerichtet. So besteht seit 1965 mittels Modem über Telefonleitungen ein Dienst, der sich zur gelegentlichen *Übermittlung geringer Datenmengen* eignet. 1979

---

[86] Vgl. für Abschnitt 2.5.1, sofern nicht anders angegeben, Ehlers (1994), S. 30-38, S. 51-98 und S. 100-116; Deutsche Bundespost Telekom (1992), S. 63-125, S. 200-221, S. 236ff. und S. 288-293 und Barth (1992), S. 45-75.
[87] Vgl. Frey/Schönfeld (1994), S. 137.
[88] Dieser Service ermöglicht es, Gesprächsgebühren dem angerufenen Teilnehmer anzulasten.

wurde mit dem *Telefaxdienst* die Möglichkeit zur Grafik- bzw. Bildübertragung (Fernkopieren) geschaffen. Hierbei wird die in das Telefaxgerät eingelegte Vorlage (wie bei einem Scanner) zeilenweise abgetastet, und die Informationen jedes Bildpunktes werden über die Telefonleitung übertragen. Im Empfangsgerät werden sie schließlich als Bild wieder zusammengesetzt. Darstellungsqualität und Übertragungsgeschwindigkeit hängen von den Telefaxgeräten bzw. den CCITT-Übertragungsrichtlinien ab, die in Gruppen eingeteilt sind. Im Telefonnetz werden Fernkopierer der Gruppe 2 (Übertragungszeit für eine DIN A4-Seite ca. 3 Minuten) und Gruppe 3 (20 bis 60 Sekunden Übertragungszeit bei höherer Auflösung) unterstützt. Mit T-Online ist ein *Informations- und Kommunikationsdienst mit Internetzugang* vorhanden. Das Leistungsspektrum entwickelte sich aus dem seit 1984 angebotenen Bildschirmtext (Btx). T-Online als Datenmehrwertdienst lässt sich u.a. zur Fernbestellung von Waren und Dienstleistungen oder zum Online-Banking nutzen und kann als überbetriebliche Datenbank, als Mitteilungsdienst (E-Mail), als Zugang zum Internet und durch seinen Übergang zum Datex-P-Netz zur Datenfernübertragung dienen. Im Rahmen des Dienstes sind Dienstübergänge zu Telefax und Cityruf sowie beidseitig zu Telex und Telebox möglich. Neben T-Online sind über das Fernsprechnetz natürlich auch andere Online-Dienste erreichbar, so z.B. AOL (America Online) oder Compuserve. Der Dienst Telebox400 schließlich ist ein *Mailboxsystem* nach dem internationalen X.400-Standard. Es sind Teilnehmer in über 50 Ländern erreichbar. Bei einem Mailboxsystem handelt es sich im Prinzip um elektronische Postfächer, die zur Ablage von Informationen für die Benutzer zur Verfügung gestellt werden. Die Nachrichten, z.B. Texte, Grafiken oder Dateien, können jederzeit an die 'Postfach'-Adresse eines Benutzers gesendet werden, auch wenn dieser gerade nicht per Rechner erreichbar ist. Die Nachricht wird ihm übermittelt, sobald er sich in den Dienst einwählt. Somit ist eine zeitversetzte, indirekte Kommunikation möglich. Telebox400 bietet beidseitige Dienstübergänge mit dem Telex- und Btx-Dienst, und des Weiteren ist es möglich, an Telefax- oder Cityruf-Teilnehmer Informationen abzusetzen.

2.5.2 ISDN

Die historisch gewachsenen Fernmeldenetze (Fernsprechnetz, Telex, Datex-P u.a.) führten mit ihrer Netz- und Dienstevielfalt mittel- bis langfristig zu vergleichsweise hohen Kosten für Anwender (Vielfalt der einzusetzenden Endgeräte, Gebühren für die Bereitstellung unterschiedlicher Netze/Dienste, Medienbrüche) und Betreiber (Entwicklung und Betrieb der Netze). Darüber hinaus bedeutet die Streuung der IuK-Dienste über mehrere Netze eine erschwerte organisatorische und technische Handhabung. Um den daraus resultierenden beständig anwachsenden Anforderungen an die Leistungsfähigkeit von Telekommunikationsnetzen und -diensten zu begegnen, wurde ein schmalbandiges

Kommunikationsnetz entwickelt, das auf digitaler Basis unterschiedliche, bislang über mehrere Netze verteilte Dienste bereitstellt: ISDN (Integrated Services Digital Network). Konzeptionierung und technische Grundlage dieses Telekommunikationsnetzes werden im Folgenden erläutert.

2.5.2.1 Entwicklung des ISDN-Konzeptes

Bei der Entwicklung des ISDN-Konzeptes wurden seitens der beteiligten Fernmeldegesellschaften schon frühzeitig[89] internationale Absprachen angestrebt. Denn man hatte erkannt, dass der Austausch von Informationen für moderne Industriegesellschaften mit ihren weltweit stark verflochtenen Wirtschaftsbeziehungen zunehmend in einem internationalen Rahmen gesehen werden muss. In den Jahren 1980 bis 1984 wurde vom CCITT (Comité Consultatif International de Télégraphique et Téléphonique) eine erste Reihe von grundlegenden Empfehlungen zum Aufbau von Netzen nach ISDN-Technik erarbeitet:[90]

- Entwicklung des ISDN aus dem digitalen Fernsprechnetz;
- Übertragungsleistung von 64 kbit/s;
- möglichst wenige Schnittstellen, die international genormt sind;
- eine universelle Teilnehmerschnittstelle als Zugang zu allen Diensten mit einheitlicher Rufnummer;
- zukünftige Integration von Breitbanddiensten.

Die CCITT-Empfehlungen wurden von der ETSI (European Telecommunications Standards Institute) weiter ausgearbeitet und im April 1989 mit dem '*Memorandum of Understanding on the Implementation of European ISDN Services*' als Basis für ein europaweites, digitales Universalkommunikationsnetz verabschiedet. Netzbetreiber aus 20 europäischen Ländern[91] unterzeichneten das Abkommen, das die Dienste und deren Leistungsmerkmale als Empfehlung für das Euro-ISDN zusammenfasst. Grundlage des Memorandums bilden letztlich die CCITT-Empfehlungen, die in einem weiteren Schritt durch ETSI in konkrete technische Normen umgesetzt wurden.[92] Es werden Dienste

---

[89] Erste Überlegungen gehen auf die 60er Jahre zurück. Vgl. Bocker/Martin (1987), S. 236.
[90] Vgl. Bahr/Schroeder (1987), S. 142 i.V.m. Rosenbrock (1984), S. 514. 'Empfehlungen' sind in diesem Zusammenhang als Vorstufe zu 'Normen' zu verstehen.
[91] Zu den Unterzeichnerstaaten der ersten Stunde gehörten Belgien, Dänemark, Bundesrepublik Deutschland, Finnland, Frankreich, Griechenland, Großbritannien, Irland, Italien, das ehemalige Jugoslawien, Luxemburg, Niederlande, Norwegen, Österreich, Portugal, Schweden, Schweiz, Spanien, Türkei und Zypern. Vgl. Schoblick (1996), S. 21.
[92] Die CCITT-Empfehlungen zum ISDN werden in der sogenannten I-Serie zusammengefasst. Sie beschreiben u.a. allgemein das internationale ISDN-Konzept, die Terminologie, Fragen der Datenübertragung oder des Verbindungsauf- und -abbaus (I-100), die angebotenen Dienste (I-200), Netzaspekte wie Architektur und Adressierung (I-300), Teilnehmerschnittstellen (I-400), das Zusammen-

unterschieden, die angeboten werden müssen, und solche, die optional angeboten werden können. Das Mindestangebot an Diensten umfasst die Datenübertragung mit 64 kbit/s und das Fernsprechen bei 3,1 kHz sowie die Leistungsmerkmale Übermittlung der Rufnummer des Anrufers inkl. Unterdrückungsmöglichkeit, Durchwahl zu Nebenstellen in TK-Anlagen, Mehrfachrufnummer und die Möglichkeit zum Umstecken von Endgeräten. Diese Aufteilung in mindestens und optional anzubietende Dienste hat zur Folge, dass nicht unbedingt in allen Ländern die gleichen ISDN-Services zur Verfügung stehen.[93]

In der BRD erfolgt die Umsetzung des ISDN-Konzeptes durch die Deutsche Telekom AG. Zunächst wurde zum 8.3.1989 ein nationales ISDN auf der Grundlage des bisherigen Fernsprechnetzes zur Sprach-, Daten-, Text- und Festbildkommunikation eingeführt.[94] Seit 1993 wird dieses vom Euro-ISDN (ebenfalls Schmalband) abgelöst.[95] Mittlerweile ist der Zugang zum ISDN flächendeckend in der BRD möglich. ISDN-Verbindungsmöglichkeiten bestehen nicht nur zu zahlreichen europäischen Ländern sondern auch weltweit, z.B. mit Australien, Japan, Kanada, Singapur oder USA.[96]

2.5.2.2 Dienste und Nutzungsmöglichkeiten des ISDN

Der Euro-ISDN-Standardanschluss stellt dem Teilnehmer drei Rufnummern und Dienste zur Übertragung unterschiedlicher Informationsarten zur Verfügung. Es lassen sich gleichzeitig zwei Dienste bzw. Endgeräte bei jederzeitigem Dienstewechsel nutzen (*Mischkommunikation*). So ist es also beispielsweise möglich, per PC Daten zu übertragen und diese dem Kommunikationspartner gleichzeitig per Telefon zu kommentieren. Das ISDN-Angebot in Deutschland deckt fast alle Optionen des europäischen ISDN-Standards ab. Allerdings sind nicht alle Dienste und Leistungsmerkmale kostenlos in der Grundgebühr eines Standardanschlusses enthalten. Im Bereich *Fernsprechen* wird neben dem Standard von 3,1 kHz zusätzlich das Fernsprechen mit 7 kHz-Bandbreite

---

wirken mit anderen in- und ausländischen Netzen (I-500) und allgemeine Wartungsgrundlagen (I-600). Vgl. Gluschke (1994), S. 6ff. i.V.m. Wiehler (1995), S. 92.

[93] Vgl. Schoblick (1996), S. 20ff. i.V.m. Deutsche Bundespost Telekom (1993/94), S. 27.

[94] Der Grund für den nationalen Alleingang, den auch einige wenige andere europäische Länder einschlugen, ist in der Übergangszeit zu suchen, die zwischen der Verabschiedung des Memorandums und der Umsetzung der Empfehlungen in konkrete internationale Normen liegt. Man wollte den Kunden möglichst frühzeitig ISDN-Technik anbieten.

[95] Vgl. Schoblick (1996), S. 21 und Frey/Schönfeld (1994), S. 30ff.

[96] In den Fällen, in denen abweichende nationale ISDN-Standards benutzt werden, werden die Daten von dem Netzbetreiber (Deutsche Telekom AG) in den internationalen ISDN-Vermittlungsknoten (Frankfurt und Düsseldorf) angepasst; allerdings führt dies u.U. zu einer Verringerung des ISDN-Leistungsspektrums. Vgl. Deutsche Bundespost Telekom (1993/94), S. 29.

angeboten, das beim Einsatz entsprechender Endgeräte beim Empfänger für eine höherwertige Sprachqualität sorgt. Die ISDN-Fernsprechdienste umfassen zusätzliche Leistungsmerkmale wie Anklopfen, Anrufweiterschaltung, Anzeige der Rufnummer des Anrufers mit Unterdrückungsmöglichkeit, Dreierkonferenz oder geschlossene Benutzergruppen.[97] Zur Grafik- bzw. Bildübertragung dient der *Telefax*-Dienst der Gruppe 4. Neben einer höheren Auflösung von bis zu 400 dpi ist die Übertragungszeit wesentlich kürzer als beim Faxdienst der Gruppe 3. Benötigt man für eine DIN A4-Seite beim Gruppe 3-Fax bis zu 1,5 Minuten, so ist der gleiche Umfang im Gruppe 4-Dienst in 10 Sekunden erledigt. Aufgrund der Verbreitung von Faxgeräten insbesondere der Gruppe 3 werden auch diese Faxgruppen im ISDN unterstützt. Der angebotene *leitungsvermittelte Datenübertragungsdienst* arbeitet standardmäßig mit 64 kbit/s. Des Weiteren ist der *Zugang zu Online-Diensten* (z.B. T-Online) möglich, und es wird Bildtelefonie angeboten. Darüber hinaus existieren Verbindungen mit dem Telex- und Telebox-400-Dienst sowie zum Datex-P-Netz.

Im Hinblick auf die Unternehmenskommunikation erweist sich insbesondere der Einsatz eines PC mit ISDN-Karte und entsprechender Software als produktive Ergänzung zum ISDN-Anschluss, da auf diese Weise sämtliche Dienste realisiert bzw. gesteuert werden können und der PC somit zum multifunktionalen Endgerät wird, z.B. als Faxgerät, als Komforttelefon, als Zugangsmöglichkeit zu Online-Diensten incl. E-Mail oder zur Datenübertragung. Aus technischer Sicht lassen sich als wesentliche Vorteile des ISDN-Einsatzes die Vereinfachung und Verbesserung der Infrastruktur (z.B. nur ein Anschluss für mehrere Dienste, einheitliche Endgeräteschnittstelle, Qualitäts- und Geschwindigkeitsgewinne, bessere Ressourcenauslastung) nennen, die zudem positive Auswirkung auf die Kostenstruktur besitzen können. Aus organisatorischer Sicht kann die Veränderung der Infrastruktur z.B. zur Reduzierung von Schwachstellen in der vorgangsorientierten Sachbearbeitung (Vermeidung von Medienbrüchen, kürzere Durchlaufzeiten) und durch die Realisierung der Mischkommunikation zu einer erhöhten Arbeitsplatzeffizienz führen (z.B. durch die Integration von Telefon und Computeranwendungen). Innovative Anwendungen in diesem Zusammenhang ermöglichen es auf der Basis von ISDN, dass z.B. zwei räumlich entfernte Kommunikationspartner gleichzeitig an einem (am Monitor sichtbaren) Dokument arbeiten und in Absprache Veränderungen vornehmen können. Werden derartige Applikationen um eine kleine Videokamera, Kopfhörer und Mikrofon sowie entsprechende Adapterkarten und Software erweitert, entsteht relativ preisgünstig ein einfaches Videokonferenzsystem für zwei Personen (Personal Conferencing).

---

[97] Es ist darauf hinzuweisen, dass diese Leistungsmerkmale zum Teil auch im analogen Fernsprechdienst angeboten werden, vorausgesetzt, der Telefonanschluss wird von einer digitalen Vermittlungsstelle bereitgestellt und das Telefon arbeitet nach dem Mehrfrequenzwahlverfahren.

2.5.2.3 ISDN-Anschluss

Das ISDN-Netz ist für den Anschluss digitaler Endgeräte ausgelegt. Aufgrund seiner Multifunktionalität besitzt der PC im Reigen der ISDN-Endgeräte eine zunehmende Bedeutung. Der Anschluss erfolgt über eine ISDN-Adapterkarte oder eine externe ISDN-Box. In diesem Zusammenhang spielt die sogenannte CAPI-Schnittstelle eine besondere Rolle. Das *C*ommon ISDN *A*pplication *P*rogramming *I*nterface (CAPI) ist eine standardisierte Software-Schnittstelle, über die spezifische ISDN-Anwendungen, z.B. Telefax oder Filetransfer, auf ISDN-Adapterkarten zugreifen können. Somit können Hersteller von ISDN-Karten weiterhin hersteller- und kartenspezifische ISDN-Treiber einsetzen; die Kartentreiber müssen lediglich kompatibel zur CAPI-Schnittstelle sein.[98] Es ist ebenso möglich, analoge Endgeräte an das ISDN-Netz anzuschließen. Dies erfolgt über Endgeräteadapter (TA: Terminal Adapter), die die Aufgabe haben, die analogen Endgeräte an die digitale S_0-Schnittstelle anzupassen. Je nach Art der Endgeräte sind unterschiedliche Adapter erforderlich.[99]

Dem Teilnehmer werden die Dienste des ISDN über einen sogenannten Basisanschluss oder über einen Primärmultiplexanschluss bereitgestellt.[100] Der *Basisanschluss* wird wie beim analogen Netz physikalisch über eine Kupferdoppeladerleitung zwischen Vermittlungsstelle und Teilnehmeranschluss realisiert. Während aber bei einem analogen Telefonanschluss die Leitung nur für eine Verbindung genutzt werden kann, stellt das digitale Übertragungsverfahren logisch zwei Nutzkanäle (B1 + B2) à 64 kbit/s und einen Signalisierungskanal (D_0) mit jeweils 16 kbit/s zur Verfügung. Der Signalisierungskanal dient dem Austausch von Steuerdaten (z.B. für den Verbindungsauf- und -abbau) und dienstespezifischen Merkmalen. Darüber hinaus lässt sich der D-Kanal zur paketvermittelten Datenübertragung nutzen.[101] Die B-Kanäle dienen der Übertragung der Nutzdaten. Sie sind zum einen unabhängig voneinander nutzbar und ermöglichen so die gleichzeitige Nutzung verschiedener Dienste, lassen sich zum anderen aber auch zusammenschalten, um höhere Übertragungsraten zu erreichen.

Bei dem Teilnehmer endet die Übertragungsleitung in dem sogenannten Netzabschluss (NT: Network Termination). Der Netzabschluss sorgt für die Umsetzung der Signale aus der Vermittlungsstelle, die über deren zweiadrige U_{k0}-Schnittstelle bereitgestellt werden, in die Signalstruktur der vieradrigen S_0-Schnittstelle, an die die Endgeräte mittels der genormten, einheitlichen Kommunikationssteckdosen angeschlossen werden.

---

[98] CAPI in der Version 1.1 wurde für das nationale ISDN entwickelt, Version 2.0 speziell für Euro-ISDN. Vgl. Wiehler (1995), S. 122.
[99] Vgl. Frey/Schönfeld (1994), S. 85ff.
[100] Vgl. zu diesem Abschnitt, sofern nicht anders angegeben, Deutsche Bundespost Telekom (1993/94), S. 24ff. und Schoblick (1996), S. 47ff.
[101] Die Übertragungsrate beträgt allerdings lediglich 9600 bit/s.

Man spricht daher bei der U_{k0}-Schnittstelle auch von dem netzseitigen und bei der S_0-Schnittstelle von dem teilnehmerseitigen Anschluss des NT. Abbildung 2-13 gibt den Aufbau des ISDN-Basisanschlusses wieder.

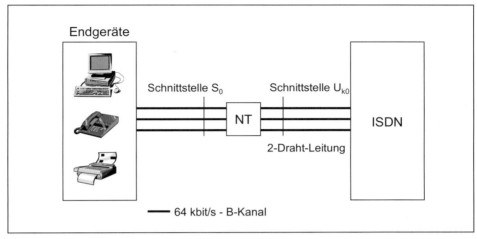

Abb. 2-13: *Konzept der S_0-Schnittstelle*
(Quelle: Vgl. Badach (1994), S. 66)

Maximal lassen sich acht Endgeräte, davon vier Telefone, an die S_0-Schnittstelle anschließen. Darüber hinaus bildet der Netzabschluss den Übergang von dem Hoheitsbereich des Netzbetreibers zu dem privaten Einflussbereich des Teilnehmers. Die Teilnehmerendgeräte sind also über den genormten Netzabschluss und die Teilnehmeranschlussleitung mit der nächsten ISDN-fähigen Ortsvermittlung verbunden.

Der *Primärmultiplexanschluss* stellt über zwei Kupferdoppeladern oder Glasfaserkabel 30 Basiskanäle à 64 kbit/s und einen D-Kanal mit jeweils 64 kbit/s bereit. Zur Datenübermittlung lassen sich die Basiskanäle zusammenschalten, so dass eine Übertragungsrate von 2 Mbit/s erreicht werden kann. Die Schnittstellen werden netzseitig mit 'U2M' und teilnehmerseitig mit 'S2M' bezeichnet. Angeschlossen werden an einen Primärmultiplexanschluss üblicherweise ISDN-Nebenstellenanlagen oder Host-Rechner.

2.5.3 Schmalbandige Text- und Datenkommunikationsnetze

Mit dem Fernsprechnetz und dem ISDN wurden zuvor zwei schmalbandige Netze vorgestellt, die schwerpunktmäßig für die technikvermittelte Sprachkommunikation ausgelegt sind. In diesem Abschnitt werden zwei Netze erläutert, die speziell für Textkommunikation und Datenkommunikation eingerichtet wurden. Es handelt sich um das Telex-Netz (Text) und das Datex-P-Netz (Daten).

2.5.3.1 Telex

Das Telex-Netz ist trotz seines Alters (seit 1933) mit seinem Fernschreibdienst noch immer von Bedeutung. Es hat sich international für den geschäftlichen Nachrichtenaustausch bewährt; denn es ist robust und zuverlässig und auch in Regionen verfügbar, deren Telekommunikationsinfrastruktur weniger ausgebaut ist. So sind rund 1 Millionen Anschlüsse in über 200 Ländern per Telex erreichbar. Das Telex-Netz dient der (eingeschränkten) *Textkommunikation*. Übertragen werden nur Groß- oder Kleinbuchstaben sowie Zahlen bei 400 Zeichen/Minute bzw. einer DIN A4-Seite in 5 Minuten. Die Nachrichten im Telexdienst werden zeichenweise direkt übertragen. Der Zeichenvorrat ist international genormt. Als *Mehrwertdienste* stehen u.a. die Rundsendeverbindung oder Kurzwahl zur Verfügung. Dienstübergänge bestehen zum Telegramm-, Telefax-, Telebox-, T-Online-, ISDN- und Cityrufdienst sowie zu den Satellitenkommunikationsdiensten Inmarsat A und C. Als spezieller Dienst wird Mini-Telex angeboten. Hierbei handelt es sich um die Möglichkeit, Telexe zu empfangen, ohne einen speziellen Telex-Anschluss zu besitzen. Die Telex-Nachricht wird zu diesem Zweck vom Netzbetreiber (Telekom) in eine Faxnachricht umgewandelt, die vom Empfänger mit einem normalen Faxgerät entgegengenommen werden kann.

2.5.3.2 Datex-P

Das seit 1980 bestehende und mittlerweile weltweit in mehr als 50 Ländern etablierte relativ robuste Datex-P-Netz ist ein Teilstreckennetz mit Paketvermittlung und bietet für die Datex-P-Anschlüsse Übertragungsgeschwindigkeiten von 9600 bit/s bis zu 1,92 Mbit/s. In Deutschland existieren über 95.000 Anschlüsse. Topologisch handelt es sich um ein einstufiges, vollvermaschtes Netz[102].

Charakteristikum der Paketvermittlung ist, dass die Nachrichten in Teilstücke, die sogenannten Datenpakete, zerlegt werden. Der Aufbau der Pakete im Datex-P-Netz richtet sich nach der CCITT-Norm X.25. Ein Datenpaket besteht aus einem Paketkopf mit Steuerdaten (z.B. Adresse oder Absender) und dem Paketrumpf mit den Nutzdaten. Weitere Kennzeichen sind die Speichervermittlungs- und die synchrone Zeitmultiplextechnik. Die Datenpakete, die beim Absender erzeugt werden, gelangen über Vermitt-

---

[102] Vgl. Siegmund (1992), S. 145.

lungsknoten zum Empfänger. In den einzelnen Vermittlungsknoten werden die Pakete zwischengespeichert (Speichervermittlung). Der Weg vom Absender zum Empfänger besteht also aus einer Folge von Teilstrecken. Jede dieser Teilstrecken wird nun nicht ausschließlich für die Datenpakete einer bestimmten Verbindung genutzt, sondern es werden zeitversetzt Pakete verschiedener Verbindungen über die Leitung geschickt (Zeitmultiplexing). Auf diese Weise entstehen logische Kanäle auf den einzelnen Teilstrecken; alle Pakete, die zu einer Verbindung gehören, benutzen den gleichen logischen Kanal. Diese logischen Kanäle werden zu Beginn der Verbindung für jede Teilstrecke und für jede Übertragungsrichtung festgelegt. Die Zuordnung der zusammengehörigen Pakete zu den logischen Kanälen einer Verbindung erfolgt durch eine logische Kanalnummer im Kopf der Datenpakete. Durch das Prinzip der logischen Kanäle entsteht eine virtuelle (scheinbare) Verbindung zwischen den Kommunikationsteilnehmern.[103] Abbildung 2-14 zeigt beispielhaft zwei mögliche Verbindungen, die zum Teil die gleiche Teilstrecke benutzen. Im Beispiel besteht eine Verbindung zwischen Teilnehmer A (T_A) und Teilnehmer C (T_C) über die Vermittlungsknoten (VKn) VKn_1/VKn_2/VKn_3 und eine weitere Verbindung zwischen Teilnehmer B (T_B) und Teilnehmer D (T_D) über VKn_2/VKn_3.

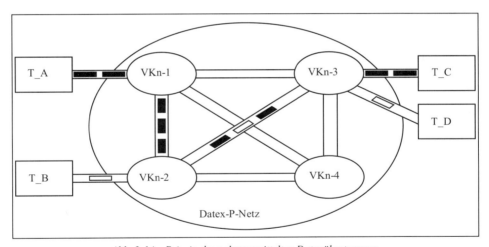

Abb. 2-14: Prinzip der paketvermittelten Datenübertragung

Das Datex-P-Netz besitzt eine hohe Sicherheit, da die Verbindungen nicht mittels durchgeschalteter physikalischer Leitungen sondern mittels Zwischenspeicher virtuell

---

[103] Vgl. auch Siegmund (1992), S. 154f. Neben dieser verbindungsorientierten Methode der Paketvermittlung (virtuelle Verbindung) existiert auch eine verbindungsfreie. Bei dieser können die Datenpakete auf unterschiedlichen Wegen (Teilstrecken) durch das Netz zum Bestimmungsort gelangen. Dies hat u.a. zur Konsequenz, dass die Steuerdaten im Kopf der Datenpakete zusätzlich eine Laufnummer für die Bestimmung der richtigen Reihenfolge beim Empfang der Pakete enthalten muss.

realisiert werden. Die Daten bleiben bis zur Empfangsbestätigung durch den nächsten Vermittlungsspeicher gespeichert, so dass Daten, die innerhalb des Vermittlungssystems verlorengehen oder verfälscht werden, nur ab dem letzten Vermittlungsteilstück, bis zu dem der Empfang quittiert wurde, neu übertragen werden müssen. Fällt ein ganzer Leitungsabschnitt aus, übernimmt automatisch das Vermittlungssubsystem die Aufgabe, einen neuen Weg für die Datenübertragung zu finden.[104]

Die auf das Netz aufsetzenden Datenübertragungsdienste eignen sich zur gelegentlichen *Übertragung geringer bis mittlerer Datenmengen*, und es ist aufgrund des Prinzips der Zwischenspeicherung möglich, Endgeräte mit unterschiedlichen Übertragungsgeschwindigkeiten anzuschließen und zu verbinden. Zur *Textkommunikation* steht auch in diesem Netz der Teleboxdienst bereit. Es bestehen Netzübergänge vom Datex-P-Netz zum Fernsprech- und ISDN-Netz, zu FramelinkPlus sowie zu Datex-P-Auslandsnetzen. Der Netzzugang ist des Weiteren auch aus den mobilen C- und D-Telefonnetzen, aus Modacom und dem Satellitensystem Inmarsat C möglich. Zugang besteht des Weiteren zum Telebox400-Dienst. Da diese Netze die Daten nicht in Form von Datenpaketen übertragen, müssen bei den Datenstationen spezielle Einrichtungen zur Paketierung bzw. Depaketierung eingesetzt werden, sogenannte *P*acket *A*ssembly/*D*isassembly Facilities (PAD).

Abbildung 2-15 fasst abschließend die Zuordnungsbeziehungen zwischen den schmalbandigen Netzen, ihren Diensten und den übertragenen Informationsarten zusammen. Es sei darauf hingewiesen, dass in Abbildung 2-15 die Übergänge zwischen den Netzen und Diensten nicht berücksichtigt sind.

---

[104] Vgl. Schoblick (1996), S. 114.

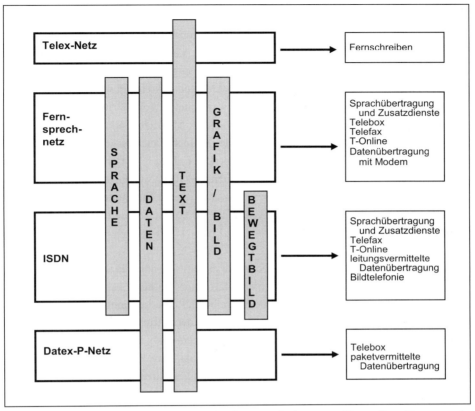

Abb. 2-15: Zusammenhang zwischen schmalbandigen standortbezogenen Netzen, ihren Diensten und den übertragenen Informationsarten

2.5.4 Breitbandkommunikationsnetze

In diesem Abschnitt werden die vergleichsweise neuen Netze zur Breitbandkommunikation vorgestellt, die insbesondere den Anforderungen genügen, die aus der LAN-zu-LAN-Kommunikation und den multimedialen Anwendungen erwachsen. Zu diesen Netzen zählen Datex M, FramelinkPlus, T-Net ATM, T-InterConnect und T-DSL. Mit Ausnahme von T-DSL benutzen diese Netze Glasfaserkabel als Transportmedium.

2.5.4.1 Datex M

Unter dem Namen 'Datex M' ('M' steht für Multimedia, Multimegabit oder für Metropolitan Area Network) wird von der Telekom ein breitbandiges paketorientiertes

DFÜ-Netz angeboten.[105] Es handelt sich um einen verbindungslosen Datenübertragungsdienst, bei dem sich jedes Datenpaket den günstigsten Weg durch das Netz zum Zieladressaten sucht. Praktisch stellt Datex M einen Verbund von MAN dar und wurde speziell für schubartig auftretende große Datenmengen bei hoher Übertragungsgeschwindigkeit bzw. für die Verbindung von LAN (Local Area Network) optimiert. Von daher ist es kompatibel ausgelegt zu den verbreiteten LAN-Protokollen (Ethernet, Token-Ring). Die LAN-Kompatibilität des Datex M-Netzes erlaubt nicht nur die Anbindung unterschiedlicher LAN-Protokolle, sondern auch unterschiedliche Übertragungsgeschwindigkeiten bei den einzelnen LAN. Datex M richtet sich nach dem standardisierten Breitbanddatenübertragungsdienst SMDS (*S*witched *M*ultimegabit *D*ata *S*ervice). Dahinter verbirgt sich ein spezielles Bussystem: *D*istributed *Q*ueue *D*ual *B*us (DQDB). Das DQDB-Protokoll (Protokoll IEEE 802.6) ist kompatibel zu ATM[106] und dem Datex-P-Netz.

Topologische Grundlage des DQDB-Standards ist ein doppeltes Bussystem (Dual Bus), das aus zwei gegenläufigen, jeweils unidirektionalen Bussen besteht. Sämtliche Anschlussknoten des Netzes sind über eine Schreib- und eine Leseleitung mit jeweils beiden Bussen verbunden und können somit aus/in beide(n) Richtungen Daten empfangen und senden. An den jeweiligen Anfängen eines Datenbusses werden durch einen sogenannten Frame-Generator fortlaufend Datenpakete als leere Rahmen (Frames) erzeugt, die unterwegs von den Knoten mit Nutz- und vorangestellten Adressdaten gefüllt werden können. Der Zugriff auf die leeren Rahmen erfolgt über eine verteilte Warteschlange (Distributed Queue) pro Bus, mit deren Hilfe die sendebereiten Knoten feststellen, wann für sie geeignete leere Datenrahmen auf dem jeweiligen Bus ankommen. Protokolltechnisch werden hierzu ein sogenanntes Busy-Bit, das anzeigt, dass ein Paket mit Daten gefüllt ist, und ein Request Control Bit, mit dem ein Knoten seine Übertragungsbereitschaft signalisiert, benutzt. Des Weiteren besitzt jeder Knoten pro Bus einen Zähler, zusammengesetzt aus einem Request Counter und einem Countdown Counter. Hierbei stellt der Request Counter die Anzahl der aktuell auf Übertragung wartenden Knoten fest.

Als Beispiel (siehe Abbildung 2-16) sei angenommen, von Knoten B (K_B) sollen Daten auf Bus 1 übertragen werden. Zu diesem Zweck muss Knoten B zunächst seine Position in der Warteschlange ermitteln: Der Wert des Request Counter (von Bus 1) wird in den Countdown Counter geladen, der Request Counter wird zurückgesetzt. Jede leere Zelle, die nun vorbeikommt, zählt den Countdown Counter um einen Schritt herunter. Steht der Countdown Counter auf 0, wird der nächste freie Rahmen zur Übertra-

---

[105] Vgl. im Folgenden Zenk (1996), S. 336ff. und 348ff. i.V.m. Deutsche Bundespost Telekom (1993/94), S. 291f.
[106] Siehe zu ATM Abschnitt 2.5.4.3.

gung genutzt. Offen ist jetzt noch die Frage, wie der Wert im Request Counter für die Warteschlange von Bus 1 zustande kommt. Hierzu werden zum einen die Request Control Bits auf Bus 2 beobachtet und im Request Counter (für Bus 1) hochgezählt. Zum andern werden die freien Rahmen auf Bus 1 beobachtet und im Request Counter heruntergezählt. Letzteres bedeutet nämlich, dass mit dem leeren Rahmen ein Knoten 'stromabwärts' seinen Übertragungswunsch realisieren kann und somit aus der Warteschlange entfernt werden muss.

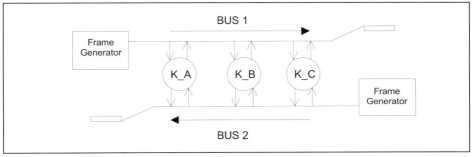

Abb. 2-16: Distributed Queue Dual Bus
(Quelle: in Anlehnung an Badach (1994), S. 417)

Datex M erlaubt Übertragungsgeschwindigkeiten von 64 kbit/s bis 34 Mbit/s. Neben der *LAN-Verbindung* oder der *Vernetzung von Telekommunikationsanlagen* (NStA) kann der Dienst auch für die *Übertragung komplexer Bildinformationen* (z.B. CAD) oder die *Bewegtbildübertragung* (Videokonferenzen) genutzt werden.

2.5.4.2 FramelinkPlus

Bei FramelinkPlus handelt es sich um ein Netz zur *Datenübertragung*, das darüber hinaus auch die Möglichkeit der *Text- und Sprachintegration* bietet. Es besitzt eine Bandbreite von bis zu 2 Mbit/s.[107] Von der Deutschen Telekom wird eine Netzverfügbarkeit von national 99,99 % garantiert. Weltweit können 50 Länder erreicht werden.

Das Netz basiert auf der durch internationale Standards und Normen spezifizierten *Frame Relay-Technik*. Frame Relay stellt feste virtuelle Verbindungen her, die quasi als Standleitungen betrachtet werden können. Es handelt sich also um einen verbindungsorientierten Dienst, bei dem die Verbindung für zwei Kommunikationspartner zuvor eingerichtet werden muss. Die Daten werden ähnlich wie im Datex-P-Netz in einzelne Zellen aufgeteilt, wobei die einzelnen Datenpakete jedoch eine unterschiedliche Größe

---

[107] Vgl. im Folgenden Deutsche Telekom AG (2000a).

besitzen können. Frame Relay ist in der Lage, mit einer großen Anzahl verschiedener Übertragungsprotokolle zusammenzuarbeiten (Multiprotokollfähigkeit) und bietet die Möglichkeit, kurzfristig hohe Übertragungsraten zur Verfügung zu stellen. Aus diesen Gründen ist dieser verbindungsorientierte Dienst insbesondere auch für die Kopplung von LAN geeignet.

2.5.4.3 T-Net ATM

Seit Anfang 1997 wird von der Deutschen Telekom AG in der Bundesrepublik kommerziell das T-Net ATM mit den Diensten *Datenübertragung*, *Multimediaanwendung* und *Videokonferenz* zur Verfügung gestellt. Der Asynchronous Transfer Mode (ATM) wurde vom CCITT bzw. der ITU als Übertragungsverfahren zur Realisierung von Breitbandnetzen ausgewählt, da dieses Verfahren eine besonders hohe Flexibilität in der Bereitstellung von Netzübertragungskapazität besitzt.[108] Mit der ATM-Technik können Informationen mit unterschiedlichen Bitraten flexibel übertragen und vermittelt werden. Es lassen sich nicht nur unterschiedliche Dienste (wie beim Schmalband-ISDN) sondern verschiedenartige Netze integrieren (z.B. FramelinkPlus und Datex M). Es lassen sich sowohl paketorientierte Daten als auch kontinuierliche Sprachdatenströme übermitteln.[109] Grundsätzlich betrachtet handelt es sich um eine vereinfachte, besonders schnelle Art der Paketvermittlung. ATM-Technik und das X.25-Konzept sind sich sehr ähnlich; ATM kann, vereinfachend gesehen, als eine Art Breitband-X.25 bezeichnet werden.[110] Allerdings erfolgt aufgrund der relativ einfachen Übertragungsprotokolle keine Fehlerkorrektur der Nutzdaten. Die Qualität eines ATM-Netzes wird daher eher durch die vorhandenen Übertragungswege und weniger durch die Übertragungsprotokolle beeinflusst.

Wesentliche Komponenten eines ATM-Netzes sind die Netzknoten (i.S.v. Endgeräten oder LAN-Gateways), die ATM-Vermittlungseinrichtungen (ATM-Switches) und die Leitungen zwischen den Knoten und Switches sowie zwischen den Switches. Sämtliche Netzknoten sind über die Switches in das Netz eingebunden. Die Datenübertragung erfolgt in Form von Datenpaketen. Sie werden als sehr kurze Zellen fester Länge realisiert und bestehen aus einem fünf Byte großen Kopffeld (Header) für Steuerdaten und einem 48 Byte großen Informationsfeld zur Aufnahme der Nutzdaten. Beim Verbindungsaufbau wird zunächst ein freier Weg durch das Netz gesucht und geprüft, ob die Verbindung ausreichend Kapazität für die geplante Datenübertragung bereitstellt. Hierbei han-

---

[108] Vgl. im Folgenden, sofern nicht anders angegeben, Zenk (1996), S. 147ff. und S. 351ff. i.V.m. Kauffels (1996), S. 159-170 und Deutsche Bundespost Telekom (1993/94), S. 295f.
[109] Vgl. Dörpelkus (1997), S. 118.
[110] Vgl. Badach (1994), S. 408.

delt es sich um eine virtuelle Verbindung: Es wird lediglich der physikalische Weg der Zellen durch die ATM-Netzabschnitte festgelegt. Jeder ATM-Switch speichert jeweils den nächsten Wegteil für eine virtuelle Verbindung. Die virtuelle Verbindung wird abschnittsweise (von ATM-Switch zu ATM-Switch) aus einem virtuellen Pfad und virtuellen Kanälen gebildet; der virtuelle Pfad wird beim Aufbau einer Verbindung als erstes ausgewählt.[111] Der Verbindung werden also abschnittsweise virtuelle Pfad-/Kanal-Kombinationen zugeordnet. Die Aneinanderreihung der einzelnen Abschnitte mit diesen Kombinationen bildet die Verbindung. Zur Unterscheidung verschiedener Verbindungen auf der gleichen physikalischen Teilstrecke erhält jede Verbindung pro Teilstrecke Pfad- und Kanal-Identifikatoren (Virtual Path Identifier (VPI) und Virtual Circuit Identifier (VCI)). Abbildung 2-17 zeigt die Zuordnung von VPI/VCI-Wertepaaren innerhalb eines ATM-Switches (z.B. 12/12 als Eingangs- und 9/221 als Ausgangswertepaar).

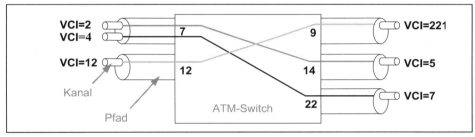

Abb. 2-17: Vermittlung von ATM-Zellen
(Quelle: Nonnenmacher (1997), S. 143)

Die Identifikatoren werden im Header der Zellen pro Teilstrecke niedergelegt. Die ATM-Vermittlungsstellen wiederum führen Wertetabellen, die die jeweils einer Verbindung zugehörigen Paare von Eingangs- und Ausgangskanälen der VPI/VCI-Kombinationen beinhalten. Aus Sicht der Switches stellt sich die Vermittlung von Daten einer bestehenden Verbindung somit relativ leicht dar: Empfangen der Zellen, Lesen der VPI/VCI-Information im Kopffeld, Zuordnen der entsprechenden virtuellen Pfad-Kanal-Kombination für die nächste Teilstrecke über die Wertetabelle, Ändern der Identifikatoren im Kopffeld der Zelle entsprechend der Teilstrecke auf den neuen Wert und Senden zum nächsten ATM-Switch bzw. Netzknoten auf dem entsprechenden virtuellen Pfad und Kanal. Anders als beim synchronen Zeitmultiplexverfahren (Datex-P), bei dem unterschiedliche Verbindungen auf dem gleichen Übertragungsmedium durch die Zuordnung zu ganz bestimmten Zeitschlitzen definiert werden, benutzt ATM das Zeitmultiplexing nicht für den eigentlichen Verbindungsaufbau (dieser erfolgt über den Header der Zellen). Vielmehr dient das Zeitmultiplexverfahren hier zur Anpassung

---

[111] Vgl. Badach (1994), S. 406ff.

unterschiedlicher Übertragungsgeschwindigkeiten und schwankendem Kapazitätsbedarf. Die zu übertragenden Daten einer bestimmten Verbindung werden asynchron von den ATM-Switches in Abhängigkeit von der Übertragungsgeschwindigkeit in die leeren Zellen gepackt; bei niedrigen Bitraten des Nutzsignals folgen die zusammengehörigen Zellen in großen Abständen, bei hohen Bitraten entsprechend dicht hintereinander. Abbildung 2-18 visualisiert dieses Verfahren beispielhaft für drei unterschiedliche Übertragungsgeschwindigkeiten.

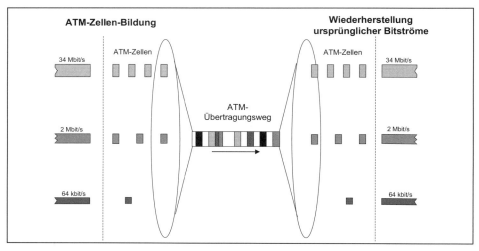

Abb. 2-18: ATM als asynchroner Zeitmultiplexer
(Quelle: Kauffels (1996), S. 162)

ATM wurde von international agierenden Netzbetreibern zunächst vornehmlich als integrierende Backbone-Technik zum Aufbau öffentlich zugänglicher Breitband-Netze eingesetzt, da ATM die Möglichkeit bietet, die vom Anwender bislang genutzten breitbandigen Netze, die überwiegend auf den Standards DQDB oder Frame Relay basieren, zu integrieren. Zunehmend werden die Datenübertragungsdienste auf ATM-Basis auch als direkte Zugänge für Endkunden angeboten. Von der Deutschen Telekom existieren direkte Anschlussmöglichkeiten mit 2, 34 oder 155 Mbit/s. Zusätzlich besteht die Möglichkeit, sich via T-DSL[112] über die flächendeckend vorhandenen Kupferdoppeladerleitungen (Fernsprechnetz) mit einer Übertragungsgeschwindigkeit von bis zu 6 Mbit/s für den Daten-Download und 600 kbit/s für den Daten-Upload an das ATM-Netz anzuschließen.

---

[112] Siehe Abschnitt 2 5.4.5 zu T-DSL.

2.5.4.4 T-InterConnect

T-InterConnect ist ein *Hochgeschwindigkeits-Internetzugang* für geschäftliche Nutzer. Herzstück ist ein glasfaserbasiertes Internetbackbone, das als Maschennetz derzeit 74 Einwahlknoten bietet und auf 220 Einwahlknoten ausgebaut wird. Die Übertragungsbandbreite reicht von 64kbit/s bis 155 Mbit/s. Das Backbone verfügt über leistungsfähige Verbindungen zu wichtigen internationalen Internet-Knotenpunkten. Der Zugang erfolgt direkt oder aber über T-DSL.[113]

2.5.4.5 T-DSL

Hinter dem Kürzel DSL verbergen sich spezielle Netzzugangstechniken, deren besonderes Charakteristikum darin besteht, *breitbandige Informationsübertragung* über traditionelle Kupferdoppeladerleitungen zu realisieren.[114] Sie nutzen die Tatsache aus, dass das verlegte Kabelsystem aus symmetrischen Kupferdoppeladern einen Frequenzbereich bis zu 1,1 Mhz bietet, während für das Fernsprechen lediglich Frequenzen bis 4 kHz belegt werden. DSL steht für *D*igital *S*ubscriber *L*ine (digitale Anschlussleitung). Für die DSL-Zugangstechniken existieren mehrere Ausprägungen. ADSL (*A*symmetric *D*igital *S*ubscriber *L*ine) wird derzeit von der Telekom eingesetzt. Hiermit können Daten bis 768 kbit/s (i.V.m. T-InterConnect 6 Mbit/s) empfangen und mit bis zu 128 kbit/s (i.V.m. T-InterConnect 576 kbit/s) gesendet werden. Ein DSL-Anschluss erfordert ein spezielles DSL-Modem und einen sogenannten Splitter, ein Gerät zur Trennung der verschiedenen Anwendungen, die über den Anschluss laufen können. Mit den DSL-Zugangstechniken lassen sich speziell *multimediale Internetanwendungen*, *Video-on-Demand* und bitratenasymmetrische Anwendungen relativ kostengünstig über vorhandene Leitungsinfrastrukturen realisieren.

Von der Deutschen Telekom AG werden die Zugangstechniken zu breitbandigen Kommunikationsdiensten auf der Grundlage von Kupferkabel unter dem Namen T-DSL angeboten.[115] T-DSL lässt sich mit ISDN kombinieren und bietet im Zusammenspiel mit T-Net ATM und T-InterConnect Zugang zu Hochgeschwindigkeitsnetzen ohne eigenen Glasfaseranschluss.

---

113 Vgl. Deutsche Telekom AG (2000b).
114 Vgl. zu diesem Abschnitt Deutsche Telekom AG (2000c).
115 Das Kürzel DSL wird von der Telekom allerdings mit dem Begriff 'Digital Service Line' belegt.

2.5.5 Festverbindungen

Bei den Festverbindungen handelt es sich um *fest geschaltete Verbindungen zur Übertragung verschiedenster Informationsarten* (Sprache, Text, Daten, Grafik/Bild, Bewegtbild).[116] Die Verbindungen sind nicht frei wählbar, wie es bei den bislang vorgestellten Diensten der Fall war, sondern es besteht eine direkte permanente Leitungsverbindung zwischen den Anschlussteilnehmern. Festverbindungen stellen kein eigenes Netz i.e.S. dar, sondern vielmehr ein speziell definiertes Angebot des Netzbetreibers für schnelle und sichere Kommunikation. Das aktuelle Angebot an Festverbindungen der Deutschen Telekom AG firmiert unter dem Namen 'LeasedLink' und ist aus den Standardfestverbindungen (SFV), den Datendirektverbindungen[117] (DDV) und internationalen Mietleitungen (IML) hervorgegangen. Letztere dienen insbesondere der grenzüberschreitenden Datenübertragung. Es lassen sich analoge sowie schmalbandige und breitbandige digitale Festverbindungen aufbauen, mit Übertragungsgeschwindigkeiten von unter 64 kbit/s bis zu 155 Mbit/s. Die mögliche räumliche Ausdehnung reicht von Ortsverbindungen über Verbindungen deutscher und europäischer Großstädte bis hin zu weltweiten Festverbindungen. Die Preise sind unabhängig von dem übertragenen Datenvolumen; der Festpreis richtet sich nach Länge und Leistungsfähigkeit der Verbindungsstrecke. Besonderer qualitativer Vorteil von Festverbindungen ist ihre Sicherheit: Es wird eine Verfügbarkeit bis zu 99 % auch für internationale Verbindungen garantiert. Ihren speziellen Nutzen finden sie bei der Übertragung großer Datenmengen, wenn die Teilnehmer feststehen, bei Verbindungen, die ständig verfügbar sein müssen, oder wenn häufig (mehrmals täglich) die gleichen Anschlüsse (Endgeräte) erreicht werden müssen. Insbesondere im Hinblick auf den grenzüberschreitenden Verkehr bieten sie bei einem hohen Datenverkehrsaufkommen im Vergleich zu den Wählverbindungen eine kostengünstigere Alternative. Beispielhafte Einsatzbereiche sind die Verbindung von digitalen TK-Anlagen (i.S.v. Nebenstellenanlagen) international agierender Unternehmen, die Durchführung von Videokonferenzen, die Fernüberwachung und -steuerung kritischer Produktionsprozesse in der Industrie oder der Internetzugang. Aber auch wenn es lediglich um die Übertragung von Sprache, Telefaxen oder geringen Datenmengen geht, können Festverbindungen in Form einer analogen Verbindung kostengünstiger als entsprechende Wählverbindungen sein. Zu den typischen Anwendern von Festverbindungen gehören Banken, Versicherungen, Industrieunternehmen, Hochschulen oder Gebietskörperschaften.

---

[116] Vgl. Deutsche Telekom AG (1997) i.V.m. Deutsche Bundespost Telekom (1993/94), S. 244-261.
[117] Datendirektverbindungen sind seit 1974 verfügbar. Sie waren früher als Direktrufverbindungen oder Standleitungen bekannt.

2.6 Mobile Telekommunikationssysteme

Mobilkommunikation bildet einen wichtigen Teilbereich unternehmensweiter technikvermittelter Kommunikation. Rechnernetztechnik i.S.v. LAN- oder WAN-Technik allein kann den aus der Unternehmenskommunikation erwachsenden Anforderungen nicht gerecht werden. Denn zum einen beträgt der Anteil sprachbezogener Kommunikation mehr als 80%, zum anderen orientieren sich aktuelle unternehmensbezogene Organisationskonzepte verstärkt an Geschäftsprozessen und zeigen speziell im Dienstleistungssektor eine ausgeprägte Tendenz zu mehr Kundennähe. Somit werden Systeme erforderlich, die standortunabhängig einsetzbar sind und neben der Sprachübertragung die mobile Übertragung von Text und Daten unterstützen. Damit diese Art der Mobilität realisiert werden kann, bestehen *mobile Telekommunikationssysteme* (MTKS) zumindest in Teilbereichen aus Funksystemen. Grob lassen sich MTKS nach drei Gruppen klassifizieren:[118] mobile Telefonsysteme (MTS) für den Nah- und Fernbereich, reine Funkdienstnetze (Betriebsfunk-, Bündelfunk- und Funkrufsysteme) und satellitengestützte Mobilkommunikationssysteme.[119] Abschnitte 2.6.1 und 2.6.2 behandeln die mobilen Telefonsysteme, Abschnitt 2.6.3 stellt die Funkrufdienste und 2.6.4 die Satellitensysteme vor. Abbildung 2-19 gibt zunächst einen Überblick der genannten Systeme.

---

[118] Für diese Klassifizierung und ihre weitere Unterteilung wurden die Übermittlungstechnik, die Intensität der Anbindung an das feste Telefonnetz und die Art der Endgeräte als Abgrenzungskriterien herangezogen. Weitere Unterschiede zwischen den verschiedenen MTKS liegen in der Netzarchitektur, dem verwendeten Frequenzbereich und den angebotenen Diensten. Vgl. auch Biala (1995), S. 2.

[119] Auf eine Darstellung des Radio Data Systems (RDS), einem seit 1989 europaweit in Betrieb befindlichen Verkehrsinformationssystem der Europäischen Rundfunkanstalten, wird an dieser Stelle verzichtet, da es sich um ein Broadcasting-System handelt. Vgl. hierzu Bohländer/Gora (1992), S. 46f. Die Klassifikation der unterschiedlichen Systeme in der Literatur ist nicht einheitlich: als Oberbegriffe werden z.B. 'Mobilfunk', 'Mobilfunknetze', 'Mobilkommunikation' oder 'mobiler Datenfunk' gewählt. Vgl. Bohländer/Gora (1992); Eberhardt/Franz (1993); Miserre (1995) und David/Benkner (1996).

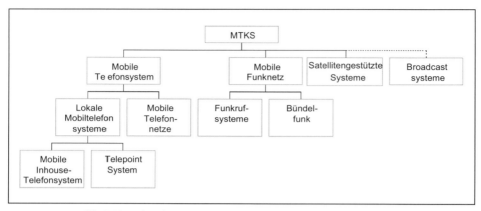

Abb. 2-19: Klassifizierung mobiler Telekommunikationssysteme (MTKS)

2.6.1 Lokale Mobiltelefonsysteme

Lokale Mobiltelefonsysteme (bzw. mobile Telefonsysteme (MTS) für den Nahbereich) können prinzipiell nach Systemen für den überwiegenden Einsatz innerhalb geschlossener Bereiche (Inhouse-MTS) und für den Einsatz im öffentlichen Bereich (Telepointsysteme) unterschieden werden.

Hinter der Bezeichnung 'Inhouse-MTS' verbergen sich die als *'schnurlose Telefone'* bekannten Endgeräte und die sich daraus entwickelnden Dienste.[120] In der Bundesrepublik sind schnurlose Telefonsysteme seit 1986 zugelassen. Schnurlose Telefone (CT: *c*ordless *t*elephone) ersetzen im Prinzip lediglich das Kabel zwischen dem Telefonapparat und dem Telefonhörer durch eine Funkstrecke; genau besehen handelt es sich bei den Telefonapparaten eigentlich um Funkgeräte. Inhouse-MTS erweitern somit den Einsatzbereich für die Teilnehmer am leitungsgebundenen Telefonnetz. Der zusätzliche Nutzen bzw. Komfort für den Anwender variiert je nach eingesetzter Gerätegruppe (Einzelsysteme, kleine Telefonanlagen oder Nebenstellenanlagen).

Im Laufe der Zeit entwickelten sich Geräte nach unterschiedlichen technischen Spezifikationen bzw. Standards: CT0, CT1 und CT1+ mit analogem sowie CT2, CT3 und DECT mit digitalem Übertragungsverfahren[121]. Derzeit aktuell für Inhouse-MTS ist der DECT-Standard. DECT (*D*igital *E*uropean *C*ordless *T*elecommunications) wurde von

---

[120] Verbreitet ist der Begriff 'schnurlose Telefone'. Er ist nicht zu verwechseln mit den Endgeräten der Mobiltelefonnetze (siehe Abschnitt 2.6.2), bei denen es sich ebenfalls um schnurlose Geräte handelt. Vgl. im Folgenden, sofern nicht anders angegeben, Bohländer/Gora (1992), S. 120ff.; David/Benkner (1996), S. 374; Eberhardt/Franz (1993), S. 31ff. und Lobensommer (1994), S. 92ff.

[121] Zu den verschiedenen Standards vgl. Eberhardt/Franz (1993) und Bohländer/Gora (1992).

ETSI (*E*uropean *T*elecommunications *S*tandards *I*nstitute) unter Beteiligung nationaler Fernmeldeorganisationen und der TK-Industrie entwickelt und wird als europaweiter einheitlicher Standard vorangetrieben. Das System arbeitet im 1800 MHz-Bereich und bietet eine hohe Abhörsicherheit und eine große Verkehrsdichte. Da der Standard auf engem Raum hohe Teilnehmerzahlen zulässt und zudem erlaubt, mehrere Basisstationen zu einem System aus mehreren Zellen zusammenzufassen, eignet er sich insbesondere für die Bürokommunikation. DECT dient als einheitlicher Standard für schnurlose Telefone, schnurlose Nebenstellenanlagen[122] und schnurlose LAN.

Mobile Telefonsysteme für den Nahbereich existieren nicht nur in Form der schnurlosen Telefone; darüber hinaus existiert das Konzept der *Telepointsysteme*.[123] Hierbei handelt es sich im Prinzip um schnurlose Telefonzellen: An öffentlich stark frequentierten Stellen, z.B. Fußgängerzonen oder Bahnhöfen, werden sogenannte Basisstationen errichtet, über die man sich im Umkreis von ca. 200 m mit einem schnurlosen Handgerät in das öffentliche Telefonnetz einwählen kann. Allerdings können keine Gespräche empfangen werden. Der Einsatz von Telepointsystemen in Großbritannien und Pilotversuche in Deutschland brachten jedoch nicht die erhoffte Resonanz, so dass in Deutschland bislang kein Anbieter ein derartiges System aufgebaut hat. Gründe hierfür lassen sich u.a. in den hohen Infrastrukturkosten für den Anbieter in Zusammenhang mit dem vergleichsweise geringen Kommunikationsaufkommen der überwiegend privaten Zielgruppe finden.[124]

2.6.2 Mobiltelefonnetze

Derzeit existieren in Deutschland vier Mobiltelefonnetze. Es handelt sich um die nach dem GSM-Standard aufgebauten und ISDN-fähigen D1- und D2-Netze sowie das E-Plus-Netz und das E2-Netz. Im Vordergrund steht bei sämtlichen Mobiltelefonnetzen der Dienst der Sprachübertragung, jedoch sind auch andere Dienste (z.B. Telefax, Datenübertragung) und Dienstübergänge in andere Telekommunikationsnetze möglich und gewinnen zunehmend an Bedeutung.

---

[122] Speziell für schnurlose Nebenstellenanlagen wurde der auf DECT basierende CT3-Standard entwickelt.
[123] Das Telepoint-Konzept basiert im Wesentlichen auf dem CT2-Standard; daneben wurden auch Systeme nach CT1+- und DECT-Standard entwickelt.
[124] Für weitergehende Informationen zum Telepoint-Konzept vgl. z.B. Eberhardt/Franz (1993), S. 80-89.

2.6.2.1 Netze und Dienste im Überblick

Die unverständlich anmutende Namensgebung für die Mobiltelefonnetze (C, D, E) erklärt sich aus der historischen Entwicklung der mobilen Telefonie in Deutschland.[125] Begonnen hat der öffentliche Mobilfunk im Jahre 1958 mit einem handvermittelten Funknetz, das für 10.000 Teilnehmer ausgelegt war. Es erhielt die willkürliche Bezeichnung Netz A und erreichte im Endausbaustadium eine Flächendeckung von 80%. Der Betrieb des Netzes wurde 1977 eingestellt. Das Folgenetz, Netz B, wurde 1972 eingeführt und ermöglichte den Selbstwählverkehr, besaß aber die entscheidenden Nachteile, dass ein Anrufer den Aufenthaltsort des Gerufenen kennen musste und dass bei Bewegungen über größere Strecken u.U. die Verbindung aufgelöst und eine erneute Anwahl notwendig wurde. Aufgrund technischer Restriktionen war es auf 27.000 Teilnehmer beschränkt. Der Betrieb wurde Ende 1994 eingestellt. Um die steigende Nachfrage zu decken, wurde ab 1985 das C-Netz aufgebaut. Es handelte sich um das erste zellulare Mobiltelefonnetz[126] in Deutschland und besaß eine Kapazitätsgrenze von 600.000 Teilnehmern. Der Betrieb wurde zum 01.01.2001 eingestellt.

Im Unterschied zu den bisher genannten analogen Netzen basieren die *D- und E-Netze* auf digitaler Technik. 1992 begann die Einführung von D1 und von D2, 1994 startete E-Plus den Netzbetrieb, und 1998 folgte E2. Die angebotenen Dienste und Leistungsmerkmale der Netze sind vergleichbar. Die Leistungsmerkmale im D1-Netz für den Dienst des Fernsprechens umfassen u.a. die Rufumleitung, die Nutzung von Mobilboxen als Anrufbeantworter, Rufnummernanzeige, Anklopfen, Gespräch halten oder Konferenzschaltung. Des Weiteren werden als Informationsdienste z.B. Hotel- und Restaurantführer, Verkehrsinformations- oder Sekretariats-Services angeboten. Außerdem bestehen Übergänge zum Telefax- und T-Online-Dienst und die Möglichkeit zur Datenübertragung. Verfügbar sind die Dienste der Netze vielfach auch in anderen Ländern und Kontinenten. Dies wird durch spezielle rechtliche Regelungen (sog. Roaming-Abkommen) zwischen den Netzbetreibern im In- und Ausland ermöglicht. Auch die länderübergreifende Nutzung von speziellen Endgeräten in Netzen unterschiedlicher Standards (z.B. GSM oder DCS)[127] ist möglich. Es handelt sich um sogenannte Dual-Band-Handies, die es ermöglichen, per Knopfdruck zwischen Netzen im 900 und 1800 MHz-Bereich umzuschalten.

---

[125] Vgl. im Folgenden, sofern nicht anders angegeben, Bohländer/Gora (1992), S. 27f. und 59ff.; David/Benkner (1996), S. 7; Deutsche Bundespost Telekom (1993/94), S. 158ff. und Eberhardt/Franz (1993), S. 28ff. und S. 43ff.
[126] Siehe zum Thema zellulares Netz Abschnitt 2.6.2.3.
[127] Siehe Abschnitt 2.6.2.2 zu den Standards der Mobilkommunikationssysteme.

Aktuell wurde als weiterer Dienst der Internetzugang per Handy etabliert. Da die Datenübertragungsrate der GSM-Netze jedoch lediglich 9,6 kbit/sec. beträgt, wurden neue Übermittlungstechniken erforderlich. Derzeit konkurrieren als Techniken *H*igh-*s*peed *C*ircuit *s*witches *D*ata (HSCSD) und *G*eneral *P*acket *R*adio *S*ervice (GPRS) um die Gunst der Netzanbieter. Neben der Datenübertragungsrate stellt die Darstellung der Internetseiten auf dem Handy-Display besondere Anforderungen. Zur Lösung wurde die sogenannte WAP-Technik (*W*ireless *A*pplication *P*rotocol) entwickelt, die Internetseiten entsprechend umformatiert und auf dem Display spezieller Handys darstellt.

2.6.2.2 Standards für Mobiltelefonnetze

Europa- und weltweit entstanden im Laufe der Zeit z.T. technisch inkompatible Netze mit nationaler oder regionaler Begrenzung. Einige Netze, genau genommen die Netztechnik, haben jedoch eine Verbreitung über nationale Grenzen hinaus gefunden und europa- oder weltweite Bedeutung erlangt, so dass bei diesen quasi von Standards gesprochen werden kann.[128] Die Inkompatibilität nationaler Mobiltelefonnetze birgt jedoch u.a. den Nachteil, dass die Netzteilnehmer die Endgeräte im jeweiligen Ausland nicht benutzen können. Des Weiteren bleibt die Leistungsfähigkeit der Endgeräte bei einem gleichzeitig relativ hohen Preis unter den technischen Möglichkeiten, da der Konkurrenzdruck der Hersteller und die zu produzierende Stückzahl geringer ist. Daher wurde 1982 seitens der CEPT (*C*onferénce *E*uropéenne des Administrations des *P*ostes et des *T*élécommunications) eine spezielle Arbeitsgruppe, die *G*roupe *S*pécial *M*obile (GSM), gegründet, mit der Aufgabe, ein europaweites Mobiltelefonnetz nach einem einheitlichen Standard zu entwerfen. Zielsetzungen und Anforderungen der GSM-Entwicklung waren:

– Die Netzteilnehmer sollen vielfältige Sprach- und Datendienste nutzen und auf die leitungsgebundenen Netze durchgreifen können.

– Der Teilnehmer ist unabhängig von seinem Aufenthaltsort unter seiner Rufnummer erreichbar.

– Der Teilnehmer ist nicht an bestimmte Funkeinzugsbereiche gebunden. Sämtliche Aktivitäten zur Standortbestimmung und zur Aufrechterhaltung von Verbindungen beim Wechsel in einen neuen Funkbereich (Funkzelle) werden automatisch vom System durchgeführt.

---

[128] Hierzu zählen das skandinavische NMT 450 und dessen Weiterentwicklung NMT 900 (Nordic Mobile Telephone), das US-amerikanische AMPS (Advanced Mobile Phone System) und das britische TACS (Total Access Communication System). Vgl. im Folgenden, sofern nicht anders angegeben, Biala (1995), S. 159; Bohländer/Gora (1992), S. 29ff., S. 56ff. und S. 90ff.; David/Benkner (1996), S. 309; Eberhardt/Franz (1993), S. 28 und S. 43ff. sowie Miserre (1995), S. 45.

- Dem Teilnehmer soll ein breites Spektrum von Endgeräten zur Verfügung stehen.
- Die Kosten für die Endgeräte und den Aufbau der Infrastruktur sind gering.
- Man bleibt unabhängig von Herstellerfirmen.
- Das zur Verfügung stehende Frequenzspektrum wird effizient ausgenutzt.
- Sowohl die Signalisierung als auch die Übertragung der Nutzinformation erfolgt digital.

Mit dem 'Memorandum of Understanding on the Introduction of the Pan-European Digital Mobile Communication-Service' haben sich 1987 zahlreiche europäische Staaten entschlossen, den Mobilfunk nach den GSM-Spezifikationen einzuführen. Die Aufgabe der Standardisierung übernimmt seit 1989 ETSI (European Telecommunications Standards Institute), 'GSM' steht seitdem für *Global System for Mobile Communication'*. Dieser europäische Standard beschreibt ein digitales, zellulares Netz im 900 MHz-Bereich.

Die angebotenen Dienste lassen sich in die drei Hauptgruppen Teledienste, Trägerdienste und Zusatzdienste unterteilen. *Trägerdienste* unterstützen speziell die Datenübertragung im GSM-Netz. Hierzu zählt z.B. der Zugang zu leitungsvermittelter Datenübertragung. Es handelt sich um reine Transportdienste, die sich auf die Schichten 1 bis 3 des OSI-Referenzmodells beziehen. Die *Teledienste* hingegen umfassen alle sieben Schichten des Referenzmodells, inkl. der Funktionen der mobilen Endgeräte. Sie ermöglichen es einem Teilnehmer, mit einem weiteren Nutzer nach standardisierten Protokollen zu kommunizieren. Man unterscheidet u.a. die Kategorien Telefondienst, Notrufdienst, Kurznachricht,[129] Btx- (bzw. Online-Dienst-)Zugang und Telefax. Bei den *Zusatzdiensten* schließlich handelt es sich um zusätzliche Leistungsmerkmale, die auf den zuvor beschriebenen Dienstegruppen aufbauen und die den Teilnehmern optional zur Verfügung stehen. Hierzu zählen u.a. geschlossene Benutzergruppen, Rufumleitung, Teilnehmeridentifikation und Konferenzschaltungen. Neben dieser Einteilung der GSM-Dienste in drei Hauptgruppen werden jeweils die Kategorien '*obligatorische Dienste*' (essential: 'E') und '*zusätzliche Dienste*' (additional: 'A') unterschieden. E-Dienste der jeweiligen Hauptgruppe müssen von dem Betreiber eines GSM-Netzes zur Verfügung gestellt werden, bei A-Diensten liegt es im Ermessen des Netzbetreibers, die Dienste anzubieten; wenn sie jedoch angeboten werden, dann muss dies nach der entsprechenden GSM-Spezifikation erfolgen.

---

[129] Teledienste der Kategorie Kurznachricht ermöglichen z.B., dass elektronische Textnachrichten bis zu einer Länge von 140 Zeichen von einem E-Mail-System an das mobile Endgerät weitergegeben werden. Sie lassen sich als das Pendant zum Cityruf betrachten.

GSM-Netze stehen nicht nur in Europa zur Verfügung sondern auch in Indien, afrikanischen Staaten, Australien und der arabischen Welt. Weltweit sind sie in über 100 Staaten vorhanden. Sofern zwischen den Staaten bzw. den Netzbetreibern ein sogenanntes Roaming-Abkommen getroffen wurde, können die Endgeräte in den Netzen der entsprechenden Länder betrieben werden. Längerfristig soll das GSM-Netz somit die nationalen Netze ablösen. Allerdings bedeutet dies nicht, dass ein einziges zentral gesteuertes Netz geschaffen wird; vielmehr bestehen nationale GSM-Netze, die den Netzteilnehmern eine transparente Kommunikation ermöglichen. In Deutschland wird der GSM-Standard durch die D-Netze repräsentiert.

Als ein weiterer digitaler Standard wurde 1990 der ETSI-Standard *DCS* 1800 (*Digital Cellular System*) festgelegt. Er baut auf dem GSM-Standard auf und arbeitet im 1800 MHz-Bereich.[130] In Deutschland ist dieser Standard durch die E-Netze vertreten.

Die unterschiedlichen Standards zur mobilen Telekommunikation werden verschiedenen 'Generationen' zugeordnet. Die analogen zellularen Netze (z.B. C-Netz oder NMT 900), schnurlose Telefone nach CT1- und CT2-Standard und Telepointsysteme, Funkrufsysteme wie Cityruf oder Euromessage oder Bündelfunk nach MPT- oder Mobitex-Standard[131] werden als MTKS der *ersten Generation* bezeichnet. DECT, GSM und DCS gehören zu den Vertretern der *zweiten Generation*.[132]

Die *dritte Generation* der mobilen Telekommunikation soll die unterschiedlichen Systeme zusammenführen und dem Anwender mit einem einzigen kleinen Endgerät, dem Personal Communicator, Zugriff auf die Kommunikationsdienste für möglichst viele Einsatzgebiete ermöglichen. Technisch gesehen ist die Anbindung an breitbandige Netze von besonderer Bedeutung. Zu den heute schon bewährten mobilen Anwendungen werden neue Verkehrsleitsysteme und insbesondere mobile Multimedia-Anwendungen treten können. Als Kennzeichen des Konzeptes für ein MTKS der dritten Generation gilt die durchgängige Ausrichtung auf personenbezogene Kommunikation. Hierunter ist in diesem Zusammenhang zu verstehen, dass die Rufnummer nicht auf ein Endgerät sondern auf eine Person bezogen ist und weltweit Gültigkeit besitzen soll, ein Ansatz, der sich bei den GSM- und DCS-Mobiltelefonnetzen schon wiederfindet.

Europaweit erfolgte unter maßgeblicher Beteiligung von ETSI die Standardisierung eines MTKS der dritten Generation mit dem Namen *UMTS* (*U*niversal *M*obile *T*elecommunication *S*ystem); weltweit wird das Konzept als IMT 2000 (*I*nternational

---

130 Vgl. Bohländer/Gora (1992), S. 163.
131 Siehe zu den Funkrufsystemen und zum Bündelfunk Abschnitt 2.6.3.
132 Vgl. im Folgenden, sofern nicht anders angegeben, Bohländer/Gora (1992), S. 157ff.; David/Benkner (1996), S. 417ff. und Huber (1997), S. 15ff.

Mobile Telecommunications), vormals FPLMTS (Future Public Land Mobile Telephone System) von der ITU vorangetrieben. Unterstützt wird u.a. weltweites Roaming, der Einsatz leichter, komfortabler Handies für gleichzeitigen Einsatz innerhalb und außerhalb von Gebäuden[133] und eine umfangreiche Dienstpalette in Festnetzqualität inkl. Bildübertragung. UMTS operiert im Frequenzbereich von 1900 bis 2025Mhz sowie 2110 bis 2200 Mhz. Im Unterschied zu den bisherigen Mobiltelefonnetzen werden die Daten bei UMTS als Pakete übertragen, so dass bei einem Gesprächsaufbau keine dauerhafte Belegung von Funkkanälen erfolgt. Mit dem Betrieb eines UMTS in Deutschland ist innerhalb der nächsten drei Jahre zu rechnen.

2.6.2.3 Architektur und Funktionsweise zellularer Funknetze

Die im Einsatz befindlichen Mobiltelefonnetze (D- und E-Netze) basieren auf dem *Prinzip des zellularen Funknetzes*.[134] Ein zellulares Netz besitzt den Vorteil, dass der Aufenthaltsort des Gerufenen automatisch vom System ermittelt wird und die Gesprächsverbindung auch dann aufrecht erhalten bleibt, wenn sich die Teilnehmer über weite Strecken bewegen. Innerhalb des Mobiltelefonnetzes (MTN) wird ein Gespräch vom mobilen Telefon aus über eine Funkstrecke zu einer Funkfeststation geleitet. Diese ist mit einer speziellen Vermittlungsstation verbunden, die das MTN mit dem terrestrischen Telefonnetz koppelt. In Abhängigkeit von der im Funknetz angewandten Übertragungstechnik spricht man von einem analogen oder digitalen Mobiltelefonnetz. Die Funkstrecke besitzt wesentlichen Einfluss auf die Gesprächsqualität des MTN; im Vergleich zu leitungsgebundenen Netzen ist ein deutlich höherer technischer Aufwand erforderlich. Da es sich bei den zur Verfügung stehenden Funkfrequenzen um eine knappe Ressource handelt, musste eine Architektur gefunden werden, die eine Wiederholung gleicher Frequenzen erlaubt. Dies hat zur Entwicklung des Zellularprinzips geführt. Der Kern dieses Prinzips besteht in der räumlichen Aufteilung des Versorgungsgebietes in sogenannte Zellen, die im Idealfall eine regelmäßige Sechseck-Form besitzen. Abbildung 2-20 zeigt beispielhaft den Aufbau eines zellularen Mobiltelefonnetzes.

Der Entwurf der Zellenstruktur ist in erster Linie von den Ausbreitungseigenschaften elektromagnetischer Wellen (und damit auch von lokalen Bedingungen wie der Topographie) und dem gewählten Frequenzspektrum abhängig. Jeder Zelle wird eine Funkstation mit bestimmter Kanalfrequenz zugeordnet, deren Sendeleistung nach der jeweiligen Zellengröße bemessen ist. Ab einer bestimmten Schutzentfernung kann das einer

---

[133] Die Trennung von schnurlosen Telefonendgeräten und Handys wird somit aufgehoben.
[134] Vgl. im Folgenden, sofern nicht anders angegeben, Biala (1995), S. 59ff.; Eberhardt/Franz (1993), S. 52ff. und Hloch (1994), S. 19ff.

Zelle zugeordnete Frequenzspektrum wieder einer anderen Zelle zugeordnet werden. Wichtigstes Ziel bei dem Aufbau eines Mobiltelefonnetzes ist es daher, das Verhältnis von Teilnehmeranzahl, Zellenstruktur und Frequenzband zu optimieren. Der theoretische Funkzellenradius variiert bei einem GSM-Netz zwischen 300 m und 35 km.

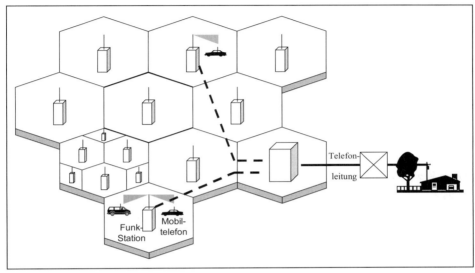

Abb. 2-20: *Aufbau eines zellularen Mobiltelefonnetzes*
(Quelle: Bosch; aus Duelli (1991), S. 20)

Im Folgenden werden Architektur und Funktionsweise für die nach dem GSM-Standard aufgebauten digitalen Netze erläutert. Digitale Mobilfunknetze nach dem GSM-Standard bestehen aus einem Funksubsystem, einem Vermittlungssubsystem und einem Betriebs- und Wartungssubsystem.

Das *Funksubsystem* unterteilt sich in die mobilen Stationen und die Basisstationen (siehe Komponente BSS in Abbildung 2-21). Bei den mobilen Stationen handelt es sich um die Endgeräte beim Kunden, die über die Funkschnittstelle den Zugriff auf das Netz ermöglichen. Um die Gebühren nicht in Abhängigkeit vom Endgerät sondern personenbezogen abrechnen zu können, erfolgt der Betrieb des Endgerätes mit einer persönlichen Chipkarte, der *S*ubscriber *I*dentity *M*odule (SIM) Card. Sie enthält u.a. die Telefonnummer, einen persönlichen Zugangscode und Software für den Mobilfunkbetrieb.[135] Die Basisstation (*B*ase *S*tation *S*ystem, BSS) besteht aus einer Steuereinheit mit

---

135 Vgl. Welchering (1995), S. 19. Im Vergleich zu der bei den früheren C-Netz-Geräten benutzten Telefonkarte besitzt sie den Nachteil, nicht für öffentliche Kartentelefone der Telekom geeignet zu sein. Die Gründe hierfür sind nicht technischer Natur oder auf den GSM-Standard zurückführbar, sondern sie liegen an der gewählten Markteinführungsstrategie durch die sog. 'Provider'.

mindestens einer Sendestation (*B*ase *T*ransceiver *S*tation, BTS) und bedient eine oder mehrere Funkzellen.

Vom Funksubsystem gelangen die zu übertragenden Informationen in das *Vermittlungssubsystem*, indem sie über Festleitungen oder Richtfunkstrecken von der Basisstation an eine zugeordnete Mobilvermittlungsstelle gesendet werden. Die Vermittlungsstellen (*M*obile *S*ervices *S*witching *C*enter, siehe Komponente MSC in Abbildung 2-21) sind untereinander vermascht.[136] Sie speisen das Gespräch in ein Partnernetz, z.B. das leitungsgebundene Telefonnetz, ein. Neben den Mobilvermittlungsstellen gehören als weitere Komponenten Datenbanken mit dem sogenannten Heimatregister (*H*ome *L*ocation *R*egister, siehe Komponente HLR in Abbildung 2-21) und dem Besuchsregister (*V*isitor *L*ocation *R*egister, siehe Komponente VLR in Abbildung 2-21) zu dem Vermittlungssubsystem. Über die Heimatregister sind die Kunden jeweils bestimmten Vermittlungsstellen zugeordnet. Das HLR enthält in codierter Form Kundeninformationen wie z.B. Rufnummer, gebuchte Dienste und aktuellen Aufenthaltsort. Das Besuchsregister führt jeweils sämtliche Kunden, die sich in den zur Vermittlungsstelle zugehörigen Funkzellen befinden und gibt somit Auskunft über den momentanen Aufenthaltsort eines Kunden.

Das *Betriebs- und Wartungssubsystem* besteht aus einer Betriebs- und Wartungszentrale (*O*peration and *M*aintenance *C*entre, OMC), dem Geräteregister (*E*quipment *I*dentity *R*egister, EIR) und der Authentisierungszentrale (*A*uthentication *C*entre, AUC). Es dient dem Netzbetreiber nicht nur zur Systemüberwachung, sondern auch zur Verwaltung der Teilnehmer, Endgeräte, Gebühren etc. Die Authentisierungszentrale dient der Sicherheit und Geheimhaltung der Teilnehmerdaten; sie ist u.a. zuständig für die Zugangsberechtigung zum Netz und Chiffrierung der Teilnehmerdaten. Im Hinblick auf die Einhaltung des Datenschutzes ist sie daher ein äußerst sensibler Bereich.

Ein Mobiltelefonnetz wird jedoch nicht nur durch seine Zerlegung in technische Subsysteme und Komponenten beschrieben, sondern läßt sich auch als eine *Hierarchie geographisch gegliederter Einheiten* betrachten (siehe Abbildung 2-21).

---

[136] Vgl. Burgmer/Ehritt (1995), S. 162ff.

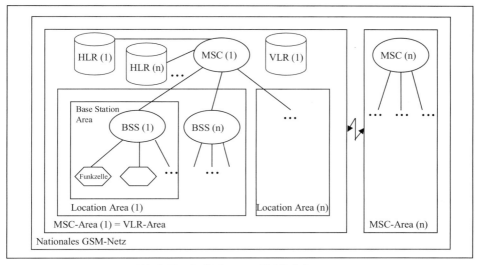

Abb. 2-21: Architektur von Mobiltelefonnetzen

Die kleinste dieser Einheiten bildet die Funkzelle. Mehrere Funkzellen werden zu einem Base Station-Bereich zusammengefasst; ein oder mehrere Base Station-Bereiche bilden einen Aufenthaltsbereich, der mit einer eindeutigen Kennung (Location Area Identification, LAI) versehen ist. Mobilvermittlungsbereiche wiederum fassen zusammengehörige Funkzellen bzw. Aufenthaltsbereiche zusammen. Daneben existieren die sogenannten Visitor Location-Bereiche, die ebenfalls einen oder mehrere Aufenthaltsbereiche zusammenfassen und jeweils von dem Besucherregister (VLR) verwaltet werden. I.d.R. entspricht einem Vermittlungsbereich ein VLR-Bereich. Jedem Mobilvermittlungsbereich ist eine Vermittlungsstelle (MSC) und damit auch ein Besuchs- und mindestens ein Heimatregister zugeordnet, wobei die Anzahl der benötigten Heimatregister stark von der Teilnehmerzahl des Netzes abhängt. Sämtliche Mobilvermittlungsbereiche eines Betreibers zusammengenommen bilden ein Mobiltelefonnetz (z.B. D1). Fasst man schließlich sämtliche GSM-Netze zusammen, erhält man das europaweite Mobilfunknetz.

2.6.3 Mobile Funknetze

Mobile Funknetze (MFN) werden nach der möglichen Kommunikationsrichtung in unidirektionale (Funkrufsysteme) und bidirektionale Netze (z.B. Betriebs- und Bündelfunk) unterschieden. Letztere grenzen sich von den bisher dargestellten mobilen Telekommunikationssystemen durch den ausschließlichen Gebrauch der Funkverbindung zur Informationsübertragung ab. Sie benötigen zum Betrieb nicht die Anbindung an ein terrestrisches Partnernetz (Telefonnetz). Bei den Funkrufsystemen erfolgt der Zugang zur Vermittlung der Funknachricht hingegen über ein Partnernetz.

2.6.3.1 Funkrufsysteme

Netze mit *einseitiger Kommunikationsrichtung* (unidirektionale Netze) sind die sogenannten 'Funkrufsysteme' (Paging-Systeme).[137] Hierbei geht es um die Übertragung zumeist kurzer Nachrichten an einen bestimmten Empfänger, dessen Standort unbekannt ist. Der Empfänger kann über seinen Personenrufempfänger (Pager) Nachrichten entgegennehmen, jedoch nicht senden. In der BRD werden (öffentliche) Funkrufdienste z.B. von der T-Mobil, einer Tochter der Deutschen Telekom AG, angeboten, die im Folgenden kurz vorgestellt werden.[138] *Eurosignal* wurde 1974 als erster öffentlicher Paging-Dienst eingeführt und hat eine Flächendeckung von 95% erreicht, vorausgesetzt der Empfänger ist im Besitz einer leistungsstarken Antenne.[139] Mit diesem Dienst lassen sich vier verschiedene optische und akustische Signale empfangen, deren Bedeutung zwischen den Kommunikationsteilnehmern vorab festgelegt werden muss. Die Nachricht kann über jedes Telefon abgesetzt werden. Erreichbar ist man mit Eurosignal in Deutschland, der Schweiz, Frankreich und den Grenzregionen der Niederlande und Belgien. Neben dem Einzelruf ist ein Gruppenruf möglich, bei dem mehrere Teilnehmer auf einmal erreicht werden können. Das *Cityruf*-Netz, seit 1989 in Betrieb, bietet innerhalb regionaler Rufzonen, die insgesamt den Großteil Deutschlands abdecken, die Übertragung von bis zu vier unterschiedlichen Tonsignalen, 15 Ziffern oder Texten bis zu 80 Zeichen. Darüber hinaus lässt sich der Cityruf-Dienst mit dem C- oder D1-Netz koppeln oder mit speziellen Anrufbeantwortern kombinieren, so dass man sich auf den Eingang von Nachrichten in der Mobilbox oder auf dem Anrufbeantworter hinweisen lassen kann. Der Empfang ist mit äußerst handlichen Geräten auch innerhalb von Gebäuden möglich. Die Absendung der Mitteilungen erfolgt z.B. per Telefon oder den T-Online-Dienst direkt an die Rufnummer des Empfängers oder aber über einen speziellen Auftragsdienst der Deutschen Telekom AG. Als spezielles Dienstangebot innerhalb des Cityruf-Netzes wird Inforuf angeboten. Es handelt sich um einen Informationsdienst, der aktuelle Wirtschaftsinformationen wie Börseninformationen zur Ver-

---

[137] Vgl. im Folgenden, sofern nicht anders angegeben, Bohländer/Gora (1992), S. 127ff.; Deutsche Bundespost Telekom (1993/94), S. 172ff. und Eberhardt/Franz (1993), S. 73ff. Der Begriff 'Paging' leitet sich übrigens von dem Hotelpagen ab, der u.a. die Aufgabe besitzt, einen ankommenden Gesprächswunsch für einen bestimmten Hotelgast auszurufen.

[138] Neben den öffentlichen Paging-Systemen gibt es private Systeme für abgegrenzte Benutzergruppen wie z.B. Feuerwehr, Polizei und den Versorgungsbereich privater Grundstücke wie Krankenhäuser oder Fabriken.

[139] Die Flächendeckung bezieht sich auf die alten Bundesländer, Stand 1993.

fügung stellt.[140] Im Hinblick auf unterschiedliche Benutzergruppen (Adressaten) sind neben dem klassischen Cityruf Dienste wie Scall und Skyper mit unterschiedlichen Leistungsmerkmalen entstanden, die jedoch eher auf den rein privaten Markt zielen. Als spezieller Dienst innerhalb des Cityruf-Netzes wird seit 1990 *Euromessage* bzw. *Cityruf International* angeboten. Die Länder BRD, Frankreich, Großbritannien und Italien einigten sich 1989 in einem 'Memorandum of Understanding', ihre nationalen Paging-Dienste zu vernetzen. Mittlerweile sind die Teilnehmer des Dienstes Cityruf International neben den bundesdeutschen Rufzonen auch in weiten Regionen Frankreichs und der Schweiz, ganz England sowie den Großstädten Italiens zu erreichen. Allerdings muss der Teilnehmer dem Dienstbetreiber sowohl die Rufzone als auch den Zeitraum mitteilen, damit die Informationen weitergeleitet werden können. Schließlich wurde *ERMES* (*E*uropean *R*adio *M*essaging *S*ystem) als europaweiter Funkrufdienst konzipiert. 25 europäische Postverwaltungen und Systembetreiber unterzeichneten 1990 eine Absichtserklärung, den Dienst bereitzustellen. Gegenüber Eurosignal werden zusätzliche Leistungsmerkmale wie Datenübertragung und eine höhere Übertragungsrate geboten.

2.6.3.2 Bidirektionale Funknetze

Auch wenn die bislang vorgestellten Netze und Dienste z.T. die Einrichtung geschlossener Benutzergruppen erlauben, handelt es sich grundsätzlich um öffentlich frei zugängliche Netze mit einer mehr oder weniger starken Anbindung an das Telefonnetz.[141] Die reinen Funknetze (z.B. Betriebs- und Bündelfunk) stehen speziell abgegrenzten Anwendergruppen zur Verfügung. Im klassischen *Betriebsfunk* werden die zur Verfügung stehenden Frequenzen fest an bestimmte Benutzergruppen zugeteilt. Da eine große Anzahl von Funknutzern um die *knappe Ressource Frequenz* konkurriert, muss die Sendeleistung relativ gering gehalten werden, um die Frequenzen in geringen Abständen wiederholen zu können.[142] Abgesehen von der geringen Reichweite (ca. 10 km) entstehen als Nachteile häufige Wartezeiten und eine geringe Abhörsicherheit. Es ist daher davon auszugehen, dass der Betriebsfunk dieser Ausprägung an der Grenze seiner Leistungsfähigkeit angekommen ist. Als Ausweg aus der Situation der Frequenzknappheit bietet sich der Bündelfunk an.

---

140 Die Börsendienste werden z.B. von der VWD-Vereinigte Wirtschaftsdienste GmbH oder der Reuters AG angeboten.
141 Vgl. im Folgenden, sofern nicht anders angegeben, Bohländer/Gora (1992), S. 103ff.; David/Benkner (1996), S. 399f.; Deutsche Bundespost Telekom (1993/94), S. 180ff. sowie Eberhardt/Franz (1993), S. 90ff.
142 So gab es 1990 ca. 110.000 private Funknetze, zuzüglich der Funksysteme für 'Behörden und Organisationen mit Sicherheitsaufgaben' (BOS), für die Bundeswehr und im Inland stationierte ausländische Truppen und für Institutionen wie der Deutschen Bundesbahn.

Beim *Bündelfunk* wird einer Benutzergruppe nicht eine einzige Frequenz sondern ein Frequenzbündel zur Verfügung gestellt, um zu einer möglichst gleichmäßigen Auslastung der Funkkanäle zu gelangen. Das Frequenzspektrum in Deutschland liegt zwischen 410 und 430 MHz.[143] Gesteuert von einem Rechner des Bündelfunknetzes wird dem Funkteilnehmer bei einem Verbindungswunsch eine freie Frequenz aus dem Frequenzbündel exklusiv zugeordnet, die nach Gesprächsende wieder als freier Kanal im Bündel zur Verfügung steht. Der Verbindungsauf- und -abbau wird ebenso wie die Anforderung eines Gesprächskanals von der Mobilstation und die Zuweisung entsprechender Nutzkanäle an die Mobilstation über einen speziellen Organisationskanal abgewickelt. Ähnlich wie die Mobiltelefonnetze sind Bündelfunknetze zellular aufgebaut; sie erreichen Ausdehnungen bis zu 100 Kilometern.

Unter anderem aufgrund der zentralen Verwaltung der Verkehrskanäle und dem Einsatz moderner Hard- und Software bietet der Bündelfunk eine Reihe von Leistungsmerkmalen über den einfachen Funkbetrieb hinaus, z.B. Gruppenruf, Notrufe zu vorab festgelegten Zielen, Konferenzrufe, Rufweiterleitung, Begrenzung der Gesprächsdauer sowie Verbindungen zu Nebenstellenanlagen und zum Telefonnetz.[144]

Als zentraler Standard für den Bündelfunk hat sich das auf Sprachübertragung ausgerichtete MPT 1327-Protokoll und eine Reihe eng damit zusammenhängender Protokolle herausgebildet. Es zeichnet sich insbesondere durch die flexible Netzgrößengestaltung aus.[145] Weitere Standards für den Bereich des Bündelfunks sind TETRA (*T*rans *E*uropean *T*runked *R*adio) als europäischer Standard für ein umfassendes Angebot an Sprach- und Datendiensten incl. Multimedia-Anwendungen sowie die speziell für die Datenübertragung konzipierten Protokolle Mobitex und Modacom.

Die Deutsche Telekom AG (T-Mobil) bietet 'Chekker' als *Bündelfunkdienst zur Sprachkommunikation* in bestimmten deutschen Wirtschaftsregionen an. Es bestehen Verbindungsmöglichkeiten zum öffentlichen Fernsprechnetz, Cityruf, Eurosignal und Mobiltelefonnetz. Zur reinen Datenübertragung wird von der Telekom (T-Mobil) das *nationale mobile Datenfunknetz* MODACOM (Mobile Data Communication) angeboten. Über ein mobiles Funkterminal kann ein direkter Kontakt zu einem (unternehmensinternen) Rechner hergestellt werden, so dass Datenabfrage und -eingabe ermöglicht wird. Die Übertragung erfolgt paketvermittelt mit einer Übertragungsrate von 9.600 bit/s. Einen weiteren Datenfunkdienst bietet die Gesellschaft für Datenfunk mbH (GfD) auf der Grundlage des Mobitex-Standards an. Netze nach diesem Standard existieren in

---

[143] Vgl. Computer Zeitung (3/1997), S. 18.
[144] Vgl. ebenda.
[145] 'MPT' steht für Ministry of Post and Telecommunication, Großbritannien. Das Protokoll wurde maßgeblich von Philips, Motorola und dem Department of Trade and Industry entwickelt.

mehreren Ländern[146], so dass entsprechende Anwendungen länderübergreifend genutzt werden können.[147] Um das Angebot der Deutschen Telekom AG an mobilen Funknetzen für unterschiedliche Anwendungsbereiche zu vervollständigen, sei noch der Rheinfunkdienst für Verbindungen zwischen Schiffen auf Rhein und einigen wichtigen deutschen Binnengewässerstraßen mit dem Telefonnetz und der Seefunkdienst für Verbindungen mit Schiffen auf den Weltmeeren erwähnt. Bei beiden Diensten müssen die Gesprächswünsche bei speziellen Vermittlungsstellen der Telekom angemeldet werden.

Die Liberalisierung bzw. Deregulierung bisheriger staatlicher Monopole im Fernmeldewesen gilt auch für den Bereich des Bündelfunkes. Neben der T-Mobil können daher auch andere private Wirtschaftsunternehmen Bündelfunknetze anbieten. Um die Frequenzproblematik regeln zu können, wurden vom ehemaligen Bundesministerium für Post- und Telekommunikation verschiedene Lizenzen, differenziert nach vier Typen regionaler Ausdehnung, für den Betrieb öffentlicher Bündelfunknetze vergeben. Darüber hinaus werden Bündelfunknetze in Form privater (abgeschlossener) Netze betrieben. Prädestiniert für derartige Fälle sind Unternehmen, die an einem lokalen Standort ein besonders hohes Funkaufkommen haben, z.B. das Bündelfunknetz der Flughafen Frankfurt AG.

2.6.4 Satellitengestützte Mobilkommunikationssysteme

Der Einsatz von Satelliten im Bereich der Telekommunikation gewinnt eine immer größere Bedeutung. Zur Herstellung weltweiter Kommunikationsverbindungen stehen allein über 500 *geostationäre*[148] *Satelliten* über dem Äquator.[149] Betrieben werden die Satelliten von Satellitenbetreibergesellschaften; die wichtigsten international tätigen Organisationen sind Intelsat, Inmarsat, Eutelsat und Intersputnik.[150] Die Satellitensysteme dienen einerseits zur Unterstützung standortgebundener oder mobiler terrestrischer Dienste. Andererseits werden von Satellitengesellschaften aber zusätzliche Kommunikationsdienste angeboten, die unabhängig von den bisher dargestellten Diensten existieren. Besondere Bedeutung besitzt die Satlitenkommunikation für die mobile Telekommunikation, da mit ihr unabhängige interkontinentale Mobilkommunikationsinfra-

---

146 Hierzu zählen die Benelux-Staaten, Frankreich, Großbritannien, Skandinavien, Polen, Australien sowie Länder in Asien und Nord- und Südamerika.
147 Vgl. Klauke (1995), S. 87.
148 'Geostationär' bedeutet, dass die Satelliten scheinbar fest über einem bestimmten Punkt des Äquators stehen. Der Satellit wird in eine Höhe von 36.000 km geschossen, in der sich die Fliehkraft des Satelliten und die Anziehungskraft der Erde ausgleichen.
149 Vgl. im Folgenden, sofern nicht anders angegeben, Bohländer/Gora (1992), S. 135ff. und S. 146ff.; David/Benkner (1996), S. 405ff.; Deutsche Bundespost Telekom (1993/94), S. 191 und S. 273ff.; Eberhardt/Franz (1993), S. 38ff. und Miserre (1995), S. 70ff.
150 Die Deutsche Telekom ist Mitglied in allen vier Organisationen.

strukturen aufgebaut werden können. Im Folgenden wird eine Übersicht der Systemkomponenten und bedeutender Satellitensysteme (Netze, Dienste) gegeben. *Hauptkomponenten eines Satellitenkommunikationssystems* sind die Satelliten inkl. Bodenkontrollstationen, die Endgeräte der (mobilen) Teilnehmer und Stationen für den Übergang in terrestrische Kommunikationsnetze (siehe Abbildung 2-22).

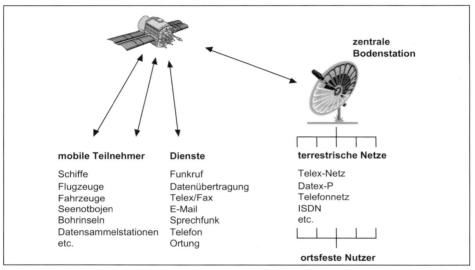

Abb. 2-22: Netzkomponenten und Dienste der Satellitenkommunikation
(Quelle: Vgl. Bohländer/Gora (1992), S. 136)

Die zum Einsatz kommenden Endgeräte, die sogenannten *M*obilen *E*rdfunk*s*tellen (MES), unterscheiden sich je nach Einsatzzweck (z.B. Datenübertragung, Telefax, Electronic Mail, Funkruf etc.) und Satellitendienst in Größe, Gewicht und Funktionalität. Prinzipiell bestehen sie aus einer ausgeprägten Antennen- und Verstärkerkomponente sowie einem Bedienteil. Landterminals für den Inmarsat-A-Dienst beispielsweise besitzen eine Parabolantenne von 0,8 m bis 1,2 m Durchmesser und wiegen ca. zwischen 30 und 75 kg. Verstärker und Bedienteil sind je nach Modell in einem oder mehreren Koffern eingebaut. MES für den Inmarsat-C-Dienst hingegen bestehen aus einer kompakten Antenne, wiegen ca. 5 kg und setzen als Bedienteil z.B. ein Notebook ein. Sogenannte *L*and-*E*rdfunk*s*tellen (LES) schließlich stellen die Verbindung zwischen terrestrischen Netzen und den Satelliten her. In dem von einem Satelliten erreichbaren Gebiet, dem Ausleuchtbereich, existieren i.d.R. mehrere LES, die ihre Dienste konkurrierend anbieten. Nach ihrem Einsatzgebiet lassen sich satellitengestützte Kommunikationssysteme einteilen in einen maritimen, aeronautischen und landmobilen Bereich, wobei die Entwicklung auf integrierte Systeme für alle Bereiche zusteuert. Außerdem ist der Einsatz von Satellitensystemen zur Unterstützung der terrestrischen Netze zu berücksichtigen. Im Folgenden werden einige bedeutende Systeme kurz vorgestellt.

Als größter Betreiber eines Satellitenkommunikationssystems stellt *Intelsat* (*International Telecommunication Satellite Organization*) mit 200 Erdfunkstellen in über 100 Ländern für standortgebundene Netze Dienste zur Übertragung von Sprache, Daten und Bewegtbildern bereit.

1976 ging mit Marisat das erste Satellitsystem in Betrieb, das für Sprach- und Telexverkehr auf den Ozeanen konzipiert wurde. Hieraus wurde 1979 *Inmarsat* (*International Maritime Satellite Organization*) gegründet, eine internationale Satellitenorganisation mit inzwischen über siebzig Mitgliedstaaten, die weltweit verfügbare mobile Satellitenkommunikation für mittlerweile alle drei Bereiche (Land, Wasser, Luft) anbietet. Die Übertragung von und zu den Satelliten erfolgt bei den Endgeräten in den Frequenzbereichen von 1,5 GHz bzw. 1,6 GHz und bei den Land-Erdfunkstationen bei 4 GHz bzw. 6 GHz. Inmarsat bietet unterschiedliche Dienstgruppen an, die in Deutschland von der T-Mobil bereitgestellt werden. Der Inmarsat-A-Dienst umfasst Fernsprech-, Telefax- und Telexverbindungen, Datenübertragung per Modem bis 9.600 bit/s und spezielle Anwendungen wie Rundfunkübertragung und Video. Speziell für den Flugverkehr bietet Inmarsat den Dienst Inmarsat Aero, der Flugpassagieren erlaubt, während ihrer Flugreise zu telefonieren, zu faxen oder Daten zu übertragen. Inmarsat B ist ein durchgängig digitaler Dienst für Fernsprechen, Telefax und Datenübertragung bei 9.600 bit/s und 64 kbit/s. Der Inmarsat-C-Dienst bietet u.a. Telex- und Datex-P-Verbindungen sowie Verbindungen zu Mailboxsystemen für die Übertragung von Text und Daten bei einer Übertragungsrate von 600 bit/s. Weitere Leistungsmerkmale sind z.B. automatische Datenabfrage oder -aussendung, automatische Positionsmeldung oder -abfrage in Verbindung mit einem Navigationsempfänger, geschlossene Benutzergruppen oder Gruppenruf. Inmarsat M schließlich ermöglicht u.a. digitales Fernsprechen, Telefax, Positionsbestimmung und Datenübertragung bis zu 4800 bit/s mit einem Aktenkoffergroßen Terminal.

Zur Navigation und Positionsbestimmung zu Lande, zu Wasser und in der Luft dient das *Global Positioning System* (*GPS*), das aus 24 Satelliten besteht, die die Erde in einer Höhe von 20.000 km umkreisen. Es arbeitet im Bereich von 1,6 GHz. Betrieben wird es von der US-Regierung[151] und war ursprünglich für den militärischen Einsatz geplant, um Atomraketen metergenau ins Ziel zu tragen. Für die zivile Nutzung ist derzeit eine Genauigkeit von ca. 100 m bei der Zielbestimmung erreichbar. Zur Positions-

---

[151] Es sei darauf hingewiesen, dass ein ähnliches System von der ehemaligen Sowjetunion existiert (Glonass).

bestimmung zu Lande und auf dem Wasser müssen die Signale von drei Satelliten empfangen werden; zusätzliche Höhenangaben machen das Signal eines vierten Satelliten erforderlich. Diese Voraussetzungen sind nach der Konzeption des Systems auf der ganzen Welt erfüllt. Neben der Positionsangabe sind auch Geschwindigkeit, Kurs, Kursabweichung und andere Navigationsgrößen ermittelbar. Der GPS-Empfänger kann darüber hinaus mit einem Inmarsat-C-Endgerät gekoppelt werden, so dass z.B. Positionsdaten eines Fahrzeuges direkt an die Fahrzeugzentrale übertragen werden können.

Im europäischen Rahmen tätig ist *Eutelsat* (*E*uropean *T*elecommunication *S*atellite *O*rganization). Angeboten werden u.a. die Dienste Fernsprechen und Fernsehen. Von besonderer Bedeutung ist der Dienst Euteltracs, der speziell für die Kommunikation mobiler Landfahrzeuge mit einer Feststation (z.B. Lastkraftwagen und Speditionszentrale) konzipiert ist. Wesentliche Funktionen dieses Systems sind der Datenaustausch mit 600 bit/s, Fernsprechen und die Positionsbestimmung unter Rückgriff auf GPS.

Während es sich bei den zuvor beschriebenen Satellitensystemen um Organisationen handelt, die satellitengestützte Kommunikationsdienste und/oder eigene Satelliten betreiben, verbirgt sich hinter der Bezeichnung '*VSAT*' (*V*ery *S*mall *A*perture *T*erminal) eine spezielle Technik, die sich auf kleine, nur bis zu 500 kg schwere Satelliten stützt. Ein VSAT-System besitzt eine sternförmige Topologie: die Endstationen sind über die Funkstrecke zum Satelliten mit einer Zentralstation verbunden. Bei der Verbindung zweier Endstationen werden die Daten i.d.R. zweimal über den Satelliten geleitet.[152] Besondere Flexibilität erreicht VSAT dadurch, dass durch eine Zentralstation mehrere völlig unabhängige Netze betrieben werden können. VSAT-Dienste werden zum einen von den Betreibern entsprechender Satelliten angeboten, zum anderen existieren private Netzbetreiber (Provider), die Satellitenübertragungskapazitäten bei den Satellitenbetreibergesellschaften mieten und dem Endkunden Kommunikationsdienste anbieten. Als Betreiber bietet die Deutsche Telekom über ihren Satelliten Kopernikus den nationalen Dienst DASAT zur Datenübertragung mit kleinen stationären Empfangsgeräten an. Ein weiteres VSAT-Netz betreibt die Telekom über einen Satelliten von Eutelsat unter dem Namen 'DAVID' speziell für den ost- und westeuropäischen Wirtschaftsraum. Möglich sind u.a. Sprach- und Standbildübertragung, Telefax und Datenübertragung von 300 bis 64.000 bit/s. Die Netztopologie unterscheidet sich allerdings in dem Punkt, dass die Datenströme von der Zentrale des Kunden über Zubringerleitungen an die Land-Erdfunkstelle des Netzes und von dort via Satellit an die Außenstelle des Kunden übertragen werden. Weitere VSAT-Dienste der Telekom sind FVSAT und Datex S. FVSAT

---

[152] Dieses Verfahren wird als 'double hop' bezeichnet.

überträgt bei 64 oder 128 kbit/s Sprache, Text, Telefax oder Daten. Die Besonderheit des Dienstes liegt in der Satellitenfestverbindung; die Teilnehmerstationen sind direkt via Satellit permanent verbunden. Datex S bietet ebenfalls Festverbindungen, allerdings als Wählverbindung bei Bedarf. Die Übertragungsraten für Digitalsignale liegen bei 64, 384, 768 oder 2.048 kbit/s.

Weitere Satellitenprojekte streben den Aufbau weltweiter mobiler Telekommunikationsnetze mit einer einheitlichen persönlichen Telefonnummer an. Gemeinsam ist allen Projekten, dass keine geostationären Satelliten eingesetzt werden, sondern solche, die in relativ geringer Höhe die Erde umkreisen. Es werden zwei Gruppen von Satelliten unterschieden: *LEO-Satelliten* (*L*ow-*E*arth-*O*rbit), die ihre Bahnen in Höhen zwischen 600 km und 1000 km ziehen, und *MEO-Satelliten* (Medium-Earth-Orbit), die die Erde zwischen 5000 km und 10000 km Höhe umkreisen.[153] Als Endgeräte dienen relativ handliche Mobiltelefone, die direkten Kontakt zum nächsten Satelliten aufnehmen können. Die Konzepte sehen z.T. vor, dass eine Satellitenverbindung nur dann aufgenommen wird, wenn kein terrestrisches Mobiltelefonnetz erreichbar ist.

Inwieweit sich eigenständige satellitengestützte Mobiltelefonsysteme durchsetzen bleibt abzuwarten. Aufgrund der hohen Investitions- und Betriebskosten scheint der wirtschaftliche Betrieb dieser Systeme fraglich, wie z.B. der Beinahe-Konkurs des ehrgeizigen Satellitenkommunikationsprojektes Iridium gezeigt hat.

In Kapitel zwei wurden grundlegende Techniken beschrieben, mit denen die Infrastruktur zur technisch vermittelten Kommunikation in Unternehmungen gelegt werden kann. Die Kommunikationsinfrastruktur stellt die technische Basis dar, auf der spezielle Anwendungssoftwaresysteme realisiert werden, um die komplexe Informationsarbeit in den Unternehmungen zu bewältigen. Sie ist lediglich *ein* Baustein für den Aufbau eines computergestützten Informations- und Kommunikationssystems. Die folgenden Kapitel beschäftigen sich mit den weiteren Komponenten. Kapitel drei führt die unterschiedlichen Ausprägungen der Informationsarbeit aus, Kapitel 4 stellt die verschiedenen Kategorien der Anwendungssoftwaresysteme dar. In Kapitel 5 werden schließlich Konzepte zur Gestaltung eines umfassenden Informations- und Kommunikationssystems beschrieben.

---

[153] Vgl. Klostermann (1996), S. 23.

# Kapitel 3

Die Unternehmung als Informations- und Kommunikationssystem

Ane-Kristin Reif-Mosel

3.1 Der Bürobereich als Zentrum der Informationsverarbeitung und der Kommunikation einer Unternehmung — 101
    3.1.1 Charakterisierung des Untersuchungsgegenstandes — 102
    3.1.2 Analyseebenen der Informationsverarbeitung und -kommunikation — 108

3.2 Formen der Informationsarbeit in Unternehmungen — 112
    3.2.1 Informationsverarbeitung — 112
    3.2.2 Kommunikation — 114
    3.2.3 Kooperation und Koordination — 119

3.3 Konzepte der Computerunterstützung — 126
    3.3.1 Aufgabenspezifische Computerunterstützung — 127
        3.3.1.1 Aufgabenspezifität als Ansatzpunkt der Unterstützung — 127
        3.3.1.2 Aufgabenspezifische Informationsverarbeitung — 130
        3.3.1.3 Aufgabenunspezifische Informationsverarbeitung — 132
    3.3.2 Computerunterstützung multipersoneller Aktivitäten — 133
        3.3.2.1 Formen multipersoneller Informationsarbeit als Ansatzpunkt der Unterstützung — 134
        3.3.2.2 Workflow Computing — 139
        3.3.2.3 Workgroup Computing — 141
        3.3.2.4 Information Sharing — 144

3.4 Implikationen der technischen Unterstützung — 147
    3.4.1 Implikationen technikvermittelter Kommunikation — 147
    3.4.2 Wirkungskomplexe der technischen Unterstützung multipersoneller Informationsverarbeitung — 149

3 Die Unternehmung als Informations- und Kommunikationssystem

Die Ausführungen des vorangehenden Kapitels beschreiben grundlegende Informations- und Kommunikationstechnik in unterschiedlichen Ausprägungsformen. Informations- und Kommunikationstechnik stellt eine Ressource dar, mittels derer Informationsarbeit und Kommunikation in Unternehmungen unterstützt werden kann. Die Wirksamkeit ihres Einsatzes hängt jedoch wesentlich von ihrer Passung zu den zu unterstützenden Aufgaben ab. Zur Herstellung dieser Passung ist es deshalb notwendig, Funktion und Charakter von Informationsarbeit und Kommunikation in der Unternehmung zu verstehen.

Ziel des dritten Kapitels ist es, die Informations- und Kommunikationsaufgaben zu analysieren und zu strukturieren. Zur Charakterisierung kann dabei auf Erkenntnisse der Büroforschung zurückgegriffen werden (Abschnitt 3.1). Darauf aufbauend werden grundlegende Klassifizierungen der Aktivitäten der Informationsverarbeitung und der Kommunikation herausgearbeitet (Abschnitt 3.2). In diesem Zusammenhang sind die Phänomene der Kommunikation, Koordination und Kooperation zu differenzieren. Die Ausführungen in Abschnitt 3.3 verwenden schließlich einen aufgabenorientierten Systematisierungsrahmen für informationsbezogene und kommunikative Aktivitäten in Unternehmungen. Eine solche Systematisierung dient dazu, funktionale IuK-Technik für die Unterstützung der Lösung betrieblicher Aufgabenstellungen zu identifizieren. Der abschließende Abschnitt 3.4 zeigt Implikationen der technischen Unterstützung für die Informationsarbeit in Unternehmungen auf.

3.1 Der Bürobereich als Zentrum der Informationsverarbeitung und der Kommunikation einer Unternehmung

Bevor über Konzepte der Computerunterstützung der Informationsverarbeitung und Kommunikation in Unternehmungen nachgedacht werden kann, ist es notwendig, den *Gegenstand der Unterstützung* zu studieren (Abschnitt 3.1.1). Die folgenden Ausführungen nähern sich dem Betrachtungsgegenstand über die Terminologie der Systemtheorie und charakterisieren Unternehmungen als Systeme, in denen Arbeit an Informationen verrichtet und Informationen zwischen Menschen ausgetauscht (kommuniziert) werden. Der Umgang mit Informationen stellt ein grundlegendes, wesensbestimmendes Merkmal der Arbeit im als 'Bürobereich' bezeichneten Teil von Unternehmungen dar. Im Gegensatz zur Produktion bzw. zur Fabrik wird der Kern der Leistungserstellung und Wertschöpfung dort an Informationsobjekten und nicht an materiellen Objekten erbracht. Die Auseinandersetzung mit dem Wesen des Bürobereichs bildet hier die Grundlage für die Charakterisierung des IuK-Systems von Unternehmungen.

Gleichzeitig verdeutlichen die folgenden Ausführungen, dass bei der Auseinandersetzung mit der Informations- und Kommunikationsarbeit in Unternehmungen verschiedene Perspektiven eingenommen werden können (Abschnitt 3.1.2). Neben der tätigkeitsorientierten Sicht, die sich mit Fragestellungen der Informationsarbeit an einzelnen Arbeitsplätzen befasst, existieren Phänomene, die sich erst erschließen, wenn man die Einbindung der Aktivitäten in Informationsflüsse zwischen verschiedenen Akteuren bzw. Organisationseinheiten untersucht. Die Perspektive der Geschäftsprozesse stellt demgegenüber auf höher aggregiertem Niveau die Wertkette der Unternehmung und den Beitrag der Informationsverarbeitung zur Wertschöpfung und zu Erlangung von Wettbewerbsvorteilen in den Mittelpunkt der Betrachtung. Je nachdem welche Perspektive im Vordergrund steht, sind unterschiedliche Aspekte bei der Gestaltung des Einsatzes von Informations- und Kommunikationstechnologien zu beachten.

3.1.1 Charakterisierung des Untersuchungsgegenstandes

In Anlehnung an den allgemeinen Modellrahmen und die Terminologie der Systemtheorie sind Unternehmungen abstrakt als Systeme zu kennzeichnen.[154] Ein *System* bildet eine gegenüber der Umwelt abgegrenzte Gesamtheit von Elementen, die durch Beziehungen miteinander verknüpft sind. Ein Element stellt einen Grundbestandteil eines Systems dar, der nicht weiter zerlegt werden kann oder im relevanten Betrachtungszusammenhang nicht weiter zerlegt werden soll. Elemente lassen sich anhand ihrer Attribute beschreiben und mittels ihrer Beziehungen zu anderen Elementen in das Gesamtsystem einordnen. Je nach gewünschtem (De-)Aggregationsniveau sind Systeme in Subsysteme zu zergliedern, welche wiederum aus Elementen und Beziehungen bestehen. Eng mit dem Systemgedanken in Verbindung steht die Vorstellung, dass das Ganze nicht als blosses Aggregat der Teile begriffen werden kann, sondern vielmehr spezifische Eigengesetzlichkeiten entwickelt, ebenso wie umgekehrt die Teile nicht isoliert, sondern nur in Zusammenhang mit dem Ganzen analysiert werden können.

Von den verschiedenen Charakterisierungsmerkmalen für Systeme interessiert im Rahmen der vorliegenden Betrachtung vor allem der Aspekt der Offenheit. Ein System ist

---

[154] Zur Systemtheorie siehe Bertalanffy (1972), S. 32ff. sowie Grochla/Lehmann (1980) und auch Fuchs (1973).

dann offen, wenn Beziehungen zu Elementen außerhalb der Systemgrenzen bestehen.[155] Bei dem System 'Unternehmung' handelt es sich um ein offenes System. Informationen werden aus dem Umsystem aufgenommen, beispielsweise indem Informationen über die Konkurrenten oder die Kunden aufgenommen werden, im Inneren, etwa bei der Gestaltung nutzenstiftender Produkte, verarbeitet, und an das Umsystem zurückgegeben werden, indem das Angebot an die potenziellen Kunden kommuniziert wird.

Unternehmungen bilden Systeme mit den Elementarten bzw. Subsystemen Menschen, Sachmittel und betriebliche Aufgaben und zwischen diesen Elementen und zur Systemumwelt bestehenden Beziehungen. Die Elemente sind über Beziehungen miteinander verknüpft, wobei prinzipiell Beziehungen energetischer, materieller oder informationeller Art unterscheidbar sind. Die Art der Beziehungen ermöglicht eine erste Unterscheidung zwischen Produktions- und Bürosystem in einer Unternehmung und verdeutlicht gleichzeitig die Verbindung verschiedener Elementarten des Subsystems *'Bürobereich'* über die informationellen Beziehungen.

Das Subsystem *'Produktionsbereich'* ist im Kern durch materielle Beziehungen zwischen den Elementen zu charakterisieren, obgleich die Materialflüsse in der Produktion stets von Informationsbeziehungen begleitet werden. Zwischen den Elementen des Bürobereichs bestehen dagegen informationelle Beziehungen. Informationsbeziehungen realisieren sich dadurch, dass Informationen ermittelt, bearbeitet und/oder kommuniziert oder in anderer Art verarbeitet werden. Zur Lösung einer Aufgabe benötigt das Personal einer Unternehmung eine bestimmte Art und Menge von Informationen (zweckorientiertes Wissen), d.h. es entsteht ein Informationsbedarf und eine informationelle Beziehung zwischen Mensch und Aufgabe. Eine Aufgabe verkörpert inhaltliche, mengenbezogene und zeitliche Aussagen über die zu erstellenden und intern oder extern abzusetzenden Güter und Dienstleistungen. Ihre Formulierung erfolgt durch Angabe der an einem Objekt zu vollziehenden Tätigkeiten.[156] Werden Informationen mittels Kommunikation erlangt, entsteht eine informationelle Beziehung zwischen Menschen. Der Einsatz von Sachmitteln zur Verarbeitung der Informationen bzw. deren materiellen Träger[157] formt eine informationelle Beziehung zwischen Mensch und Sachmittel.

---

155 Vgl. Fuchs (1973), S. 40 und Fuchs (1972), S. 51f., siehe auch Kosiol/Szyperski/Chmielewicz (1972), S. 63, 79 und 91. Andere Attribute von Systemen stellen beispielsweise statisch vs. dynamisch, künstlich geschaffen vs. natürlich dar (ebenda).
156 Vgl. Grochla (1971), S. 17 und Bleicher (1972), S. 174.
157 Wie in Abschnitt 3.2.1 zu zeigen sein wird, vergegenständlichen sich informationelle Beziehungen in Materialflüssen z.B. durch Speicherung einer Information in einem Dokument. Im Gegensatz zum Produktionsbereich bildet nicht das Papier als materieller Träger, sondern die enthaltene Information den primären Gegenstand der Verarbeitung.

Im Bürobereich von Unternehmungen werden Informationen ermittelt, bearbeitet und/oder kommuniziert oder in anderer Art verarbeitet.[158] Man spricht deshalb auch von einem Informationsverarbeitungs- und Kommunikationssystem.

Bei der Informationsverarbeitung und Kommunikation eingesetzte Sachmittel können technischer (etwa Telefonanlage, Faxgerät, Schreibmaschine, Personal Computer, Computernetze) oder nicht-technischer Art (z.B. Papier, Aktenordner) sein. Hier ist die Betrachtung auf solche Sachmittel beschränkt, die einerseits computertechnischer Art sind und andererseits Informationen und nicht materielle Gegenstände verarbeiten. Ihre Summe bildet das *(computer)technische Subsystem* von Informations- und Kommunikationssystemen. Dagegen konstituiert die Summe der beschäftigten Menschen das *personale Subsystem*, während sich die Ziele der Unternehmung in ihrem *Aufgabensystem* konkretisieren.

Unter Vernachlässigung anderer Sachmittelkomponenten wäre es für den hier vorliegenden Untersuchungsgegenstand demnach präzise, vom *'computergestützten Informationsverarbeitungssystem'* von Unternehmungen oder vom *'Informations- und Kommunikationssystem'* zu sprechen. Zur Vereinfachung sei im Folgenden die verkürzte Form *'IuK-System'* verwendet. Zur Bezeichnung des technischen Subsystems, das der formalen und inhaltlichen Verarbeitung bzw. Kommunikation von Informationen zur Unterstützung der Mitarbeiter dient, wird der Begriff *'IuK-Technik'* verwendet. Damit vernachlässigen die Ausführungen an dieser Stelle, dass sich dieses Subsystem beispielsweise in die Elemente Hardware, Software und Anwendungsdaten weiter zergliedern lässt.

Stehen die Elemente eines Systems in einem relativ stabilen Anordnungs- und Beziehungsmuster, spricht man auch von der Struktur oder der Ordnung eines Systems. Diese Struktur i.S. einer Ordnung wird maßgeblich von den geltenden Regeln beeinflusst. Die *Organisation* einer Unternehmung umfasst in einem abstrakt-institutionellen Organisationsverständnis die Summe der organisatorischen Regeln.[159] Regeln können prinzipiell sowohl die Elementarten Aufgabe, Mensch und/oder Technik als auch die zwischen ihnen bestehenden Beziehungen betreffen. Organisatorische Regeln kennzeichnet jedoch, dass die Aufgaben bzw. deren Beziehungen zu den anderen Elementarten des Gefüges deren Anknüpfungspunkt darstellen. Der Zweck dieser Regeln besteht darin, das Verhalten der Unternehmungsmitglieder auf die Unternehmungsziele auszurichten. Organisatorische Regeln drücken Verhaltenserwartungen an das Personal bzw. Funktionserwartungen an die Technik in Bezug auf die Aufgabenerfüllung und die damit

---

[158] Bezüglich der Arten von Informationsverarbeitung siehe Abschnitt 3.2.1.
[159] Vgl. Bühner (1994), S. 2 und Scharfenkamp (1987), S. 17 und 21.

verfolgten Ziele aus. Damit bilden die Aufgaben den zentralen Bezugspunkt organisatorischer Regeln, indem sie einerseits die Verteilung von Aufgaben, Personen und Sachmitteln (Aufbauorganisation) und andererseits die Arbeitsbeziehungen zwischen den entstehenden Subsystemen (Ablauforganisation) festlegen.[160]

Organisatorische Regeln liegen in einer abstrakten Metaebene als ein Netz von Beziehungen über den beschriebenen Elementen und bestimmen Art und Umfang der zwischen den Elementen bestehenden Informationsbeziehungen. Beispielsweise münden die Regeln, die die Hierarchie einer Unternehmung betreffen, in einer Berichtspflicht unterer gegenüber höheren Ebenen, d.h. dass konkrete Informationen aufgrund einer abstrakten Regel geliefert werden. Zwischen der Metaebene der abstrakten organisatorischen Regeln und der konkreten Objektebene der Elemente und deren informationellen Beziehungen und damit auch deren technischen Unterstützung bestehen also enge Verflechtungen.

Die Literatur bringt den Bürobereich bzw. die Informationsverarbeitung in Unternehmungen häufig mit einem bestimmten lokal begrenzten Arbeitsbereich *(Ort)* oder mit bestimmten *organisatorischen Einheiten* z.B. den Exekutivorganen des Staates sowie den Administrations- und originär kaufmännischen Abteilungen von Unternehmungen des Industrie- und Dienstleistungssektors in Verbindung. Die traditionelle Büroforschung betrachtet dagegen die *Tätigkeiten* oder deren *Tätigkeitsgegenstand* als das konstitutive und definitorische Merkmal des Bürobereichs.[161] Nach diesem auch im Rahmen dieser Arbeit vertretenen Verständnis repräsentiert der Bürobereich ausdrücklich keine formal oder lokal abgrenzbare organisatorische Einheit, sondern eine virtuelle Zusammenfassung informationsbezogener betrieblicher Tätigkeiten, „die sich gewöhnlich in dem als Büro bezeichneten Raum abspielen, aber in keiner Weise an ihn gebunden sind"[162].

Bürotätigkeiten dienen direkt oder indirekt der Verarbeitung von Informationsobjekten. Bei den Informationsobjekten handelt sich um geistige Objekte (z.B. in Form einer Verkaufsstatistik, eines Buchungsvorganges, eines Geschäftsbriefes oder eines Versicherungsvertrages) und nicht um physische Gegenstände (z.B. das Produkt Auto).

---

160 Vgl. Grochla (1980), Sp. 1832 und Bleicher (1972), S. 175.
161 Vgl. Kosiol (1961); Szyperski (1961); Staehle/Sydow (1986); Szyperski/Grochla/ Höring/Schmitz (1982); Höring (1990); Zangl (1987); Nippa (1988); Baethge/Oberbeck (1986) und Picot/Reichwald (1987).
162 Kosiol (1961), S. 14. Aufgrund der Tatsache, dass Tätigkeiten der Informationsverarbeitung eben nicht an einen physischen Ort mit der Bezeichnung 'Büro' gebunden sind, wird im Folgenden auch von Bürobereich gesprochen. Ein Beispiel für die fehlende Bindung an einen bestimmten Ort ist die Vertriebsmitarbeiterin, die unterwegs auf ihrem Laptop eine Kalkulation oder eine Reisekostenabrechnung erstellt, oder der Sachbearbeiter, der Vertragsausfertigungen in der Organisationsform der Telearbeit erledigt.

Bürotätigkeiten stehen damit im Gegensatz zu gewerblich-technischen Tätigkeiten im Produktionsbereich, die eine materielle (physische) Leistung erbringen.[163] Der Umgang mit Informationen erstreckt sich netzartig auf alle Funktionsbereiche und Ebenen einer Organisation und ist dabei nicht auf die betriebswirtschaftlichen Abteilungen einer Unternehmung (wie Personalwesen, Rechnungswesen, Planung und Organisation) beschränkt.

Spezifisch und typisch für das IuK-System einer Unternehmung sind Tätigkeiten, deren Zwecksetzung darin besteht, betriebliche Informationen zu verarbeiten, indem Informationen beschafft, ausgewertet, manipuliert, zur Überbrückung zeitlicher und örtlicher Diskrepanzen auf einem Trägermedium gespeichert und/oder weitergeleitet werden.[164] Die Literatur vertritt teilweise in einer engen Auslegung die Ansicht, dass nur die ausführenden Tätigkeiten, z.B. die Niederschrift eines Dokumentes, als Büroarbeit anzusehen seien, während alle „gedanklichen Aktivitäten des Menschen zur Erfüllung von Entscheidungsaufgaben, kreativen Schöpfungen und zur Wahrnehmung von Leitungsfunktionen"[165] keine Bürotätigkeit darstellten. Dieser Ansicht wird hier nicht gefolgt. Büroarbeit umfasst sowohl gedankliche als auch ausführende Tätigkeitsbestandteile.

Seit der Entwicklung und dem breitem Einsatz kommunikationsunterstützender Techniken werden kommunikative Aspekte der Büroarbeit - also der Informationsaustausch zwischen Menschen als spezifische Folge verschiedener Informationsverarbeitungsaktivitäten - verstärkt beachtet. Dieses beruht vor allem darauf, dass an einem Vorgang der Informationsverarbeitung regelmäßig mehrere unternehmensinterne oder -externe Akteure beteiligt sind. Der (Weiter-)Verarbeitung von Informationen entsprechend der Aufgabenspezialisierung gehen zumeist kommunikative Prozesse voraus. Nur in Ausnahmefällen geschieht die Weiterverarbeitung sofort und direkt am Ort der Informationsübermittlung. Häufig wird eine empfangene Information zunächst abgelegt, um sie bei Bedarf zur weiteren Verarbeitung abzurufen. Damit sind die Interdependenzen zwischen kommunikativen Tätigkeiten und anderen Tätigkeiten der Informationsverarbeitung vor dem Hintergrund von Arbeitsteilung und Aufgabenspezialisierung im Büro angedeutet. Gleichzeitig wird auch vom Informations- und Kommunikationssystem von Unternehmungen gesprochen, um die Bedeutung der Kommunikation insbesondere

---

[163] Vgl. Höring/Bahr/Struif/Tiedemann (1983), S. 6. Problematisch bleibt die Abgrenzung in den Randbereichen z.B. der Konstruktion, der Steuerung einer Fabrikanlage oder der Verwaltung eines Lagers. Auch in Fabriken, Werkstätten und logistischen Arbeitsbereichen werden Tätigkeiten durchgeführt, die kaufmännische bzw. administrative Sachverhalte (z.B. Stundenauswertung von Arbeitern) betreffen, also Informationsverarbeitung bzw. Büroarbeit darstellen.
[164] Vgl. Szyperski (1961), S. 87ff.; Grochla (1971) 18ff. und Höring (1985), S. 101. Vgl. auch die Ausführungen in Abschnitt 3.2.1.
[165] Höring (1985), S. 101.

auch im Verhältnis zur Dokumentenverarbeitung als weitere für den Bürobereich typische Form der Informationsverarbeitung herauszustellen.

Bezugnehmend auf die *unternehmerische Zwecksetzung* wird der Bürobereich - insbesondere vor dem Hintergrund industrieller Produktionsprozesse - auch als informatorische Infrastruktur für die primären Leistungsprozesse oder als Zentrum der Informationsverarbeitung bezeichnet,[166] das als Schnittstelle zwischen unterschiedlichen Funktionsbereichen und der Umwelt der Unternehmung agiert. Büroprozesse können sowohl leistungserstellender, also wertschöpfender Art sein (primärer Prozess), als auch einen nicht wertschöpfenden, unterstützenden Charakter aufweisen (sekundärer Prozess). So stellt beispielsweise die Erstellung eines Vertragstextes in einer Versicherung einen primären Leistungsprozess dar, während die Bearbeitung eines Urlaubsantrages eines Mitarbeiters einen sekundären Informationsverarbeitungsprozess bildet.

Die Funktion des IuK-Systems liegt in der zielorientierten Beschaffung, Bereitstellung, Übertragung und Sicherung von Informationen zur Durchführung der Aufgaben der Unternehmung und zur Planung, Regelung, Steuerung und Kontrolle der Unternehmung durch zeit-, mengen- und wertbezogene Anpassungsprozesse.

Informationen stellen keine freien Güter dar.[167] Ihre Sammlung, Auswertung, Speicherung und Übertragung verursacht Kosten und soll Nutzen erbringen. Die Informationsqualität hängt von der Korrektheit, der Genauigkeit, der Vollständigkeit und vor allem von der Problemrelevanz und der rechtzeitigen Verfügbarkeit der Information ab. Zur Wahrnehmung der Funktion des Bürobereichs als Zentrum der Informationsverarbeitung bedarf es deshalb eines geeigneten internen Problemlösungs- und Koordinationspotenzials. Das Büropersonal nimmt mittels Kommunikation eine doppelte Schnittstellenfunktion wahr: extern zwischen der Unternehmung und ihrer Umwelt (z.B. zum Beschaffungs- und Absatzmarkt) und intern zwischen den einzelnen Funktionsbereichen (z.B. zwischen Produktion und Vertrieb). Die damit verbundenen, teilweise komplexen Prozesse der formalen, inhaltlichen, zeitlichen und räumlichen Verarbeitung von Informationen bedingen deshalb ein Geflecht von Kooperations- und Koordinationsbeziehungen.[168]

Die wichtigsten Charakterisierungsmerkmale des Bürobereichs seien noch einmal zusammengefasst: Der Bürobereich ist ein *System* aus den Elementen bzw. Subsystemen Menschen, Sachmitteln und Aufgaben, die durch informationelle Beziehungen

---

166 Vgl. Picot (1982) S. 367; Reichwald (1982), S. 11 und Grochla (1971), S. 18ff.
167 Zur Diskussion der Frage, ob Informationen einen eigenständigen Produktionsfaktor im betriebswirtschaftlichen Sinn darstellen, vgl. Lehner/Maier (1994) und Streubel (1996).
168 Siehe Abschnitt 3.2.3.

verbunden sind. Er ist nicht auf einen bestimmten Ort und eine bestimmte organisatorische Einheit begrenzt, sondern stellt eine *virtuelle Zusammenfassung bestimmter Tätigkeiten* dar, deren Tätigkeitsgegenstand *Informationsobjekte* bilden. Diese Objekte betreffen die kaufmännische oder administrative (betriebswirtschaftliche) Leistungserstellung, während die materielle (technisch-gewerbliche) Leistungserstellung nur mittelbar berührt ist. Der *Zweck* des Bürobereichs besteht darin, die Aufgabenerfüllung der Unternehmung und deren Steuerung und Kontrolle durch die zielorientierte Verfügbarmachung und Sicherung von Informationen zu unterstützen. Er stellt somit ein Problemlösungs- und Koordinationspotenzial und gegebenenfalls eine informationelle Infrastruktur für die materiellen Leistungsprozesse zur Verfügung.

3.1.2 Analyseebenen der Informationsverarbeitung und -kommunikation

Der Umgang mit Informationen in der Unternehmung lässt sich aus verschiedenen Perspektiven betrachten. In Verknüpfung mit einer prozessorientierten Sicht sind drei interdependente Ebenen voneinander abzugrenzen, die jeweils unterschiedliche Blickwinkel auf Information und Kommunikation in Unternehmungen und damit unterschiedliche Zielsetzungen für den Einsatz von Anwendungen der Informations- und Kommunikationstechnik beinhalten.

Die *tätigkeitsorientierte Sicht* bzw. die *Sicht des Individuums bzw. der Stelle* analysiert die Realisierung konkreter Tätigkeiten oder Tätigkeitsfolgen der Informationsverarbeitung und der Kommunikation eines Individuums oder einer Stelle[169], die direkt oder indirekt der Lösung einer betrieblichen Problemstellung dienen. In der Regel bilden einzelne logisch zusammenhängende Arbeitsschritte (synonym: Tätigkeiten) Tätigkeitsfolgen bzw. mehrere Tätigkeitsfolgen einen Teilprozess, der der Erstellung einer Leistung oder der Veränderung eines Objektes dient. Der Teilprozess der 'Angebotserstellung' kann beispielsweise aus den Tätigkeitsfolgen 'Preis ermitteln', 'möglichen Liefertermin feststellen' und 'Vorgang dokumentieren' bestehen, die wiederum in einzelne Tätigkeiten der Informationsverarbeitung zerlegt werden könnten (z.B. in 'Angebot auf Papier fixieren', 'Dokument archivieren' etc.). Zentraler Augenmerk dieser Perspektive ist die Effektivität und Effizienz der Aktivitäten einzelner Stellen oder einzelner Mitarbeiter. Wie zu zeigen sein wird, lassen sich auf Grundlage unterschiedlicher Inhalte und For-

---

[169] Die traditionelle deutsche Organisationslehre betrachtet die Stelle als kleinste organisatorische Einheit. „Als Stelle soll jede abstrakt gedachte Einheit von einem oder mehreren Aufgabenträgern bezeichnet werden, der im Rahmen einer Gesamtorganisation ein bestimmter Aufgabenkomplex zur Erfüllung übertragen worden ist und die mit den dazu notwendigen Kompetenzen, den entsprechenden Verantwortlichkeiten und den für die Koordination benötigten Verbindungswegen zu anderen Stellen ausgestattet ist." Hill/Fehlbaum/Ulrich (1994), S. 130.

men der Informationsverarbeitung und der Kommunikation unterschiedliche Aufgabentypen identifizieren, die als Grundlage für die Konzipierung computergestützter Anwendungssysteme dienen.[170]

Eine zweite Perspektive betrachtet das IuK-System aus der *Sicht der Arbeitsflüsse* und der mit ihnen verbundenen *multipersonellen Einheiten*. Zur Erfüllung übergeordneter Aufgaben sind die Aktivitäten i.d.R. auf das Zusammenwirken der am Arbeitsprozess beteiligten Personen angewiesen. Die Tätigkeitsbereiche einzelner Individuen stehen somit nicht isoliert nebeneinander, sondern sind über einen - nicht notwendigerweise linearen - Arbeitsfluss miteinander verbunden und in einen größeren Zusammenhang integriert. Multipersonelle Leistungserstellungsprozesse[171] basieren auf arbeitsplatzbezogenen Tätigkeiten oder Tätigkeitsfolgen, durch die Informationen verarbeitet werden. So lassen sich etwa die Teilprozesse 'Angebotserstellung' und 'Neukunden kontaktieren' als Teile des Prozesses 'Auftragsanbahnung' interpretieren, bei dem Kooperation oder Koordination zwischen Mitarbeitern des Vertriebs und Sachbearbeitungskräften notwendig ist. Gleichzeitig stellt die Aufgabenerfüllung im Vertrieb ein Beispiel dafür dar, dass sowohl interne und als auch externe Kommunikation erfolgt.

Für die Büroarbeit wird die Aufgabenerfüllung unter Beteiligung mehrerer Individuen bzw. Stellen als Ausdruck des hohen Arbeitsteilungsgrades hervorgehoben. Die arbeitsteilige Aufgabenerfüllung mit zum Teil parallel ablaufenden Teilprozessen erfordert, dass die Durchführung von Prozessen sachlich, räumlich und zeitlich koordiniert wird bzw. dass Mitarbeiter kooperieren. Während auf der Ebene des Individuums konkrete Tätigkeiten bzw. Teilprozesse im Vordergrund stehen, betrachtet diese zweite Perspektive die Kommunikation, Koordination und/oder Kooperation in multipersonellen Einheiten und deren Beitrag zur Effizienz und Effektivität von Leistungserstellungsprozessen. Multipersonelle Einheiten entstehen über den Aufgabenzusammenhang verschiedener Stellen unterschiedlicher Hierarchieebenen und Funktionsbereichen (z.B. Abteilungen), fallen aber nicht notwendigerweise mit aufbauorganisatorisch verankerten Funktionseinheiten zusammen.[172]

---

[170] Die Ausführungen zur Informationsverarbeitung in Abschnitt 3.2.1 weisen einen engen Zusammenhang zu dieser Betrachtungsebene auf.

[171] Vorgänge und Prozesse sollen hier derart unterschieden werden, dass ein Prozess bzw. eine Prozesskette eine abstrahierte Abfolge darstellt (z.B. Schadensbearbeitung), während ein Vorgang eine konkrete Durchführung eines Prozesses repräsentiert (z.B. die Schadensbearbeitung im Fall Meier). In der Literatur werden die Begriffe 'Vorgang' und 'Prozess' dagegen häufig synonym verwendet.

[172] Siehe die Abschnitte 3.2.2 und 3.2.3 bezüglich detaillierterer Ausführungen zum Charakter von Kommunikation, Kooperation und Koordination.

Als dritte Sicht auf die Informations- und Kommunikationsprozesse kann die *Geschäftsprozess- bzw. prozesskettenorientierte Sicht (Ebene der Unternehmung)* eingenommen werden. Eine an den Zielen der Unternehmung, d.h. an der Effektivität orientierte Betrachtung des Bürobereichs erlangte verstärkt im Zusammenhang mit der in den 1980er Jahren einsetzenden Diskussion um die strategische Bedeutung der IuK-Technik im Rahmen des Informationsmanagements an Bedeutung.[173] Die Debatte um Geschäftsprozesse (business processes) und E-Business belebten diese Diskussion erneut. Danach zeigt sich der Leistungsbeitrag von Informationsarbeit und deren technische Unterstützung weniger in der Durchführung von Einzeloperationen am Arbeitsplatz, sondern vielmehr in zusammenhängenden, funktionsübergreifenden Wertschöpfungsketten, die auch über die Unternehmungsgrenzen hinausreichen und tief in die Geschäftsmodelle der Unternehmungen eingreifen. Strategisches Informationsmanagement befasst sich in diesem Zusammenhang mit der Erzielung oder Sicherung von Wettbewerbsvorteilen unter Einsatz von Informations- und Kommunikationstechnik.

Die Relevanz des Bürobereichs für die Erzielung von Wettbewerbsvorteilen resultiert einerseits aus seiner Funktion als Schnittstelle zwischen Unternehmung und Markt, die gezielt zum Aufbau von Erfolgspotenzialen genutzt werden kann, indem die Gesamtheit der Tätigkeiten und Prozesse marktorientiert auf solche Informationen gelenkt wird, die direkt (d.h. wertschöpfend) oder indirekt der Erstellung von Produkten oder Dienstleistungen dienen. Andererseits sind Wettbewerbsvorteile auch aus beschleunigten Arbeitsabläufen und qualitativ verbesserten Leistungen, z.B. bei Service- und Beratungsleistungen oder einer gesteigerten Reaktionsfähigkeit der Unternehmung am Markt zu erreichen. Dazu sind die Informationsflüsse einer Unternehmung im Sinne einer Informationslogistik[174] zu koordinieren und auf die Ziele der Unternehmung auszurichten.

Die Ausschöpfung von Wettbewerbsvorteilen wird in der betrieblichen Praxis häufig durch bestehende tayloristische Organisationsprinzipien, eine Vielzahl von Hierarchieebenen mit langen Entscheidungswegen und einen umfangreichen Verwaltungsapparat erschwert. Ziel von Reorganisationsbemühungen ist es deshalb vielfach, durch das Überdenken und Umstrukturieren der Geschäftsprozesse (Business Process Reengineering) und den Wegfall von Hierarchieebenen zu einer 'schlanken' Struktur und Größe des Bürobereichs zu gelangen (Lean Organization).

Eine Prozesskette stellt eine logische Verbindung mehrerer funktional miteinander verbundener Prozesse dar, die erforderlich sind, um eine bestimmte Leistung ziel- bzw.

---

[173] Siehe u.a. Eichhorn/Schreier (1983); Porter/Millar (1986); Mertens/Plattfaut (1986); Diebold (1987); und auch Zahn (1990). Zur Bedeutung der IuK-Technik im Rahmen des Informationsmanagements vgl. Seibt (1993); Biethahn/Mucksch/Ruf (1994); Hildebrand (1995) und Heinrich (1996).

[174] Zu Begriff und Konzept der Informationslogistik siehe Augustin (1990) und Szyperski/Klein (1993).

marktgerecht zu erbringen. Geschäftsprozesse (synonym: Haupt- oder Primärprozesse) sind solche Prozessketten, die unmittelbar zur Wertschöpfung bei der Erstellung, Vermarktung bzw. Betreuung eines Produktes oder einer Dienstleistung beitragen und somit direkten Kundenbezug aufweisen. Dagegen tragen Nebenprozesse bzw. Sekundärprozesse lediglich mittelbar zur Leistungserstellung bei, indem sie eine Infrastruktur bereithalten, um die Fähigkeit zur Leistungserstellung sicherzustellen und die kontinuierliche Ausführung der Hauptprozesse zu unterstützen.

Geschäftsprozesse abstrahieren von konkreten Tätigkeiten und beinhalten in der Regel fach- und funktionsübergreifende Informations- und Kommunikationsprozesse. Informationsverarbeitende Prozessketten können sowohl - wie z.B. bei der Auftragsbearbeitung - Hauptprozesse darstellen, so dass am Ende der Prozesskette eine für externe Zwecke erzeugte Information (ein Produkt) steht, als auch lediglich unterstützenden Charakter aufweisen wie z.B. bei einer Kostenabweichungsanalyse. In Industriebetrieben finden sich kaum durchgängig im Bürobereich angesiedelte Geschäftsprozesse, da enge Verflechtungen zwischen informationellen und physischen Leistungsprozessen bestehen, wie z.B. die Prozesse 'Auftragsanbahnung' und 'Auslieferung der Ware' als Teile des Geschäftsprozesses 'Auftragsabwicklung' verdeutlichen. In einer Versicherung als Dienstleistungsunternehmen bilden 'Erstbearbeitung', 'Schadensbearbeitung' und 'Kündigung' mögliche Beispiele für Hauptprozesse, wobei diese vollständig im Bürobereich angesiedelt sind. 'Einstellung von Mitarbeitern', 'Aus- und Weiterbildung von Mitarbeitern' und 'Rechenzentrumsbetrieb' bilden dagegen Nebenprozesse.

Die vorausgehend dargestellte Ebenenbetrachtung darf nicht zu der Annahme verleiten, dass der Übergang von einer zur anderen Ebene allein durch Zerlegung bzw. Aggregation geleistet werden kann. Die Aggregation von Tätigkeiten auf der Stellenebene beinhaltet nicht notwendigerweise eine schlüssige Betrachtung auf der Ebene der Informationsverarbeitung in und zwischen multipersonellen Einheiten. Darüber hinaus entspringt die Definition dessen, was als Prozess abzubilden ist, der subjektiven Problemsicht des Betrachters. Ein Prozess kann dann als abgeschlossen gelten, wenn er im Zusammenhang mit der Erstellung und Verwertung betrieblicher Leistungen steht und der Organisator ihn isoliert von vor-, neben- oder nachgeordneten Prozessen betrachten kann. Die Spanne dessen, was unter einem Prozess zu verstehen ist, kann demnach von der Abwicklung einer isolierten Teilaufgabe bis zur Abwicklung der gesamten Aufgabe einer Organisation reichen.[175]

---

[175] Vgl. Gaitanides (1983), S. 65.

3.2 Formen der Informationsarbeit in Unternehmungen

Ziel dieses Abschnittes ist es, verschiedene Klassen der Informationsarbeit einer detaillierten Untersuchung zu unterziehen. Die Bedeutung der Informationsarbeit als konstitutives Merkmal des Bürobereichs wurde bereits im vorangegangenen Abschnitt betont. Im FolgendenAbschnitt 3.2.1 wird der Begriff der Information definiert und einführend verschiedene Aktivitäten des Umgangs mit Informationen beschrieben. Abschnitt 3.2.2 kennzeichnet Kommunikation als einen Prozess, dem bei Informationsarbeit eine besondere Wichtigkeit zukommt. Aus diesem Grund wird er in diesem gesonderten Abschnitt mit Blick auf Potenziale und Grenzen der Technikunterstützung untersucht. Darüber hinaus ist die Aufgabenerfüllung bei der Ausführung informationsverarbeitender Aufgaben durch Koordinations- und Kooperationsprozesse zu charakterisieren (Abschnitt 3.2.3). Diese unterschiedlichen Merkmale der Informationsarbeit werden in Abschnitt 3.3 dazu dienen, verschiedene Systematisierungskonzepte der Informationsverarbeitung und Kommunikation und ihrer technischen Unterstützung abzuleiten.

3.2.1 Informationsverarbeitung

Ein entscheidendes Merkmal der Büroarbeit besteht in ihrer Tätigkeit an Informationsobjekten. Verschiedene Wissenschaftsdisziplinen verwenden den Begriff der Information uneinheitlich. In der Literatur der Betriebswirtschaftslehre, der Informatik und der Wirtschaftsinformatik existieren eine Vielzahl von Definitionen.[176] Die vorliegenden Ausführungen basieren auf folgendem Verständnis: *Wissen* bezeichnet Kenntnisse über Teile der realen oder gedachten 'Welt', über Sachverhalte, Normen, Personen, Werte, Handlungen etc. Information ist aus betriebswirtschaftlich-pragmatischer Sicht der Teil des Wissens, der an einen spezifischen Verwertungszusammenhang gebunden ist: *Information* stellt danach zweckorientiertes Wissen über betriebliche Sachverhalte und Abläufe dar, das der Vorbereitung individueller und/oder kollektiver Handlungen bzw. Entscheidungen dient (pragmatische Ebene der Semiotik).[177] Gleichzeitig wird eine Bindung an die Verwendung durch den Menschen impliziert, da nach dem hier vertrete-

---

[176] Vgl. Bode (1993), S. 275f.; Lehner/Maier (1994), S. 76f.; Hesse/Barkow/Braun et al. (1994), S. 42 und Kluwe (1990), S. 175.

[177] Zum pragmatischen Informationsbegriff vgl. Wittmann (1959); zur Kritik an Wittmanns Begriffsbildung aus Sicht der Wirtschaftsinformatik vgl. Lehner/Maier (1994), S. 9. Die Syntaktik beschäftigt sich mit sprachlichen Zeichen und deren Verknüpfungen (z.B. zu Wörtern), wobei allein auf die (formalen) Regeln zu deren Kombination abgestellt wird. Die Semantik untersucht die Beziehung zwischen dem sprachlichen Zeichen und dem bezeichneten Objekt und stellt damit auf die inhaltliche Bedeutung der Zeichen ab. Gegenstand der Pragmatik ist die Zweckorientierung bzw. die Bedeutung und Funktion der verwendeten Sprachelemente für deren Verwender. Vgl. Gabler Wirtschaftslexikon (1993), S. 2623.

nen Verständnis nur Menschen Aufgabenträger sein können.[178] Information kann außerhalb des Menschen physikalisch auf einem Trägermedium fixiert sein, aber auch lediglich im menschlichen Gehirn existieren. Entscheidend ist, dass das Wissen eine zweckbezogene Auswertung durch den Menschen erfährt.[179]

Informationen liegen in unterschiedlichen Darstellungsformen als Sprache, Text, alphanumerische Zeichen, Grafik oder Bild vor (syntaktische Ebene der Semiotik). *Daten* umfassen die gegenständliche Teilmenge von Wissen oder Informationen, die maschinell verarbeitbar ist.

Der Terminus *'Informationsverarbeitung'* stellt einen Sammelbegriff für den Umgang mit Informationen dar und umfasst Tätigkeiten wie

– die *Generierung* von Informationen, d.h. die Erstellung und Beschaffung von Informationen, z.B. durch Sammeln, Erheben, Zugreifen auf, Beobachten, Fragen;

– die *Auswertung und Interpretation* von Informationen (Informationsverarbeitung i.e.S.), d.h. das Ein- und Umsetzen von Wissen zur Entscheidungsvorbereitung bzw. für einen bestimmten Zweck;

– die *Manipulation*, d.h. die Veränderung von Informationen, z.B. durch Auswählen, Extrahieren, Zusammenfassen und Kombinieren, Sortieren, Berechnen, Verdichten, Ändern der Inhalte;

– die *Speicherung* von Informationen, d.h. die Fixierung zur Schaffung einer zeitlichen Existenz, und die damit verbundenen Probleme der Ablage, der Aufbewahrung, des Wiederauffindens, des Abrufens und des Verwaltens;

– die *Bearbeitung von Informationen*, d.h. die Änderung der Darstellungsart beispielsweise durch Übertragung von einem physischen Informationsträger auf einen anderen, z.B. durch Schreiben, Drucken, Zeichnen, Vervielfältigen;

– die Übertragung von Informationen als Überbrückung räumlicher Distanzen, z.B. durch das Senden einer Nachricht.[180]

Für die einzelnen Tätigkeiten werden in der Literatur allerdings unterschiedliche Bezeichnungen gewählt.

---

178 Vgl. Schmitz (1992), Sp. 958. Für die folgenden Ausführungen wird davon ausgegangen, dass nur der Mensch Aufgabenträger sein kann, der allerdings vordefinierte Teilaufgaben an technische Teilsysteme delegieren kann, die aber vom Menschen kontrolliert werden und für die ein menschlicher Aufgabenträger die Verantwortung trägt.
179 In Datenbanken vorgehaltenes Wissen trägt demnach zunächst einmal den Charakter von Daten, für die allerdings der Informationscharakter nicht allgemeingültig festgestellt werden kann.
180 Stellvertretend für viele andere Autoren vgl. z.B. Wainwright/Francis (1984), S. 3 sowie Nippa (1988), S. 38 und die dort angegebenen Quellen.

Da zur Erfüllung einer konkreten Aufgabe in der Regel eine Folge mehrerer Tätigkeiten der Informationsverarbeitung durchgeführt wird, kann darüber hinaus synonym auch vom 'Informationsverarbeitungsprozess' gesprochen werden. Zur näheren Erläuterung einzelner Informationsverarbeitungsaktivitäten sei auf die Ausführungen im Zusammenhang mit dem Begriff der Kommunikation im nächsten Abschnitt verwiesen. Wie dort gezeigt wird, stellt Kommunikation eine Folge verschiedener Informationsverarbeitungstätigkeiten dar.

3.2.2 Kommunikation

Im Rahmen der organisatorisch vernetzten Infrastrukturen von Unternehmungen verarbeiten die dort tätigen Mitarbeiter Informationen nicht isoliert, sondern werden auch kommunikativ tätig, da die arbeitsteilig angelegten Aktivitäten auf das abgestimmte Zusammenwirken der am Arbeitsprozess Beteiligten angewiesen sind. Empirische Untersuchungen belegen, dass zwei Drittel der Führungstätigkeiten mit dem Austausch und der Übertragung von Informationen verbunden sind.[181] Die Notwendigkeit einer abgestimmten Verarbeitung beschaffter und erzeugter Informationen kennzeichnet die Bedeutung der Kommunikation für die Leistungserbringung von und in Unternehmungen.

Der Bedeutungsinhalt der vielzähligen Definitionsansätze des Begriffes 'Kommunikation' reicht von einer engen Auslegung als „Nachrichtentransport zwischen einer Nachrichtenquelle und einer Nachrichtensenke"[182] im Sinne der Übertragung von Signalen bis zur Beschreibung als „Vorgang der Verständigung, der Bedeutungsvermittlung zwischen Lebewesen"[183]. Somit bestehen sowohl Auffassungen, nach denen nur der Informationsaustausch zwischen Menschen als Kommunikation bezeichnet wird, als auch solche, die auch die Informationsübertragung zwischen Maschinen unter Ausschluss des Menschen einschließen.[184]

Hier wird die folgende Auffassung vertreten: *Kommunikation* ist „ein Prozess, bei dem Informationen zwischen Personen [...] ausgetauscht werden. Kommunikation beginnt beim intuitiven, begrifflichen und modellhaften Denken einer Person, die eine Aussage

---

[181] Vgl. Picot/Reichwald (1987), S. 30f. Von ähnlichen Größenordnungen gehen auch andere Autoren aus.
[182] Shannon/Weaver (1949).
[183] Szyperski/Grochla/Höring et al. (1982), S. 292.
[184] Vgl. z.B. Hesse/Barkow/Braun et al. (1994), S. 42 und Reichwald (1993), Sp. 2174.

übertragen will, und endet im Denkprozess der empfangenden Person."[185] Wie zu zeigen sein wird, spielen Interpretationsleistungen bei der Kommunikation eine wesentliche Rolle. Dieses schließt eine Begriffsverwendung aus, die sowohl Informationsübertragung zwischen Mensch und Maschine als auch zwischen Maschinen unter den Kommunikationsbegriff subsumiert.[186] Der Einsatz von Technik dient jedoch häufig der Unterstützung von Kommunikation (z.B. Austausch von Nachrichten zweier entfernter Partner über E-Mail), so dass Mensch-Maschine-Mensch-Beziehungen entstehen. In diesem Fall soll von *technikvermittelter Kommunikation* gesprochen werden. Sind die beteiligten Instanzen dagegen allein Maschinen, z.B. wenn verteilte Datenbanken Daten zu Replikationszwecken oder zu Zwecken der Lastverteilung in Netzen an verschiedene Standorte verteilen, liegt nach dem hier vertretenen Verständnis nicht Kommunikation sondern lediglich ein Prozess der Datenübertragung vor.

Die sich mit Kommunikationsprozessen im Büro befassenden Wissenschaftsdisziplinen gehen auch der Frage nach, wie Kommunikation durch technische Werkzeuge unterstützt werden kann. Ein Teil der Untersuchungen verfolgt das Ziel, kommunikative Aktivitäten in elementare Komponenten zu differenzieren, um auf Grundlage der so gebildeten Analyseeinheiten zu überprüfen, welche durch Technik substituiert werden können. Die Unterteilung in die informationellen Stufen 'Phänomene' (d.h. reale Gegebenheiten, Sinneswahrnehmungen), 'Symbole' (z.B. Worte und Sätze in einer Sprache), 'Zeichen' (Elemente einer Sprache) und 'Signale' (physische Realisierung wie z.B. Graphitpunkte auf Papier, Zustand eines Magnetbandes) erläutert den Kommunikationsprozess (siehe Abb. 3-1, linker Teil).

---

[185] Szyperski/Grochla/Höring et al. (1982), S. 8. Analog zum Begriffspaar Informationsverarbeitung/ Informationsverarbeitungsprozess kann auch bei der Kommunikation von Kommunikationsprozess gesprochen werden, da es sich um eine Folge von Aktivitäten handelt.

[186] Die Bindung der Kommunikation an den Menschen ist konform zum psychologischen Verständnis, nach dem Kommunikation eine Verhaltenseinheit darstellt und eine Mitteilung neben dem Sachinhalt immer auch gleichzeitig die jeweilige Sender-Empfänger-Beziehung zum Ausdruck bringt und damit zusätzliches Wissen über den Sachinhalt hinaus vermittelt. Dabei kann unterschieden werden zwischen Informationen darüber, was der Sender beim Empfänger erreichen will, Informationen über die Person des Senders und Informationen über das Verhältnis zwischen Sender und Empfänger. Vgl. Watzlawick/Beavin/Jackson (1990), S. 53ff.

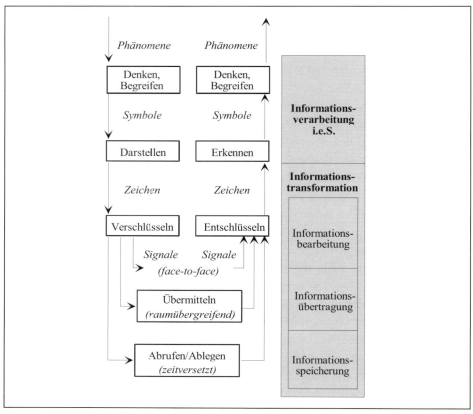

Abb. 3-1: Teilaktivitäten in Kommunikationsprozessen
(in Anlehnung an Knittel (1995), S. 123; ähnlich auch Wahren (1987), S. 91)

Die Differenzierung in Teilaktivitäten geht davon aus, dass die mit dem Inhalt einer Mitteilung zu transportierenden Wahrnehmungen realer *Phänomene* (z.B. die Wahrnehmung eines Baumes mit den Augen) erst kommunizierbar sind, wenn sie vom Kommunikator 'begriffen' bzw. interpretiert, also Gegenstand des Denkens werden. Um sich über die gewonnene Vorstellungswelt verständigen zu können, sind Aussagen (z.B. Charakterisierung des Baumes als Organismus oder als Baumaterial) als *Symbol*kombinationen darzustellen, d.h. in einer bestimmten Sprache zu formulieren (z.B. 'Baum', 'Tree'), welche wiederum aus *Zeichen* (z.B. griechische oder lateinische Schrift, Morsezeichen) bestehen. Andere Personen können Zeichen erst dann wahrnehmen, wenn sie 'codiert' sind, d.h. ihnen eine wahrnehmbare physikalische Existenz in Form von *Signalen* zugewiesen wurde (z.B. Sprechen, Schreiben). Auf der Empfangsseite laufen entsprechende Prozesse ab.[187]

---

[187] Vgl. Szyperski/Grochla/Höring et al. (1982), S. 285-288.

Die Verständigung zwischen den Kommunikationspartnern ist einerseits auf das Vermögen des Nachrichtensenders angewiesen, die beschriebenen informationellen Stufen umzusetzen. Andererseits muss der Nachrichtenempfänger gleichartige Fähigkeiten zur Wahrnehmung und Erkenntnis der verschlüsselten Kommunikationsinhalte besitzen. Denn er versteht den vom Sender intendierten Kommunikationsinhalt nur dann, wenn er über denselben Signal-, Zeichen- und Symbolvorrat sowie identische Verknüpfungsregeln (Syntax), den gleichen Bedeutungsgehalt (Semantik) und einen vergleichbaren Kontextbezug (Pragmatik) der betreffenden Informationen verfügt.[188]

Kommunikation in Unternehmungen stellt keinesfalls eine problemlose Aktivität dar. Jede Störung auf einer der semiotischen Ebenen verursacht Effizienzverluste in Kooperationsprozessen. So treten beispielsweise bewusste Verfälschungen, überkomplexe Darstellungen, zu lange Informationswege, unzureichende Aufnahmekapazitäten, abweichende sprachliche Begriffsbildungen und Fehlinterpretationen auf.[189] Dieses gilt es, auch beim Einsatz von IuK-Technik in Kommunikationsprozessen zu beachten.[190]

Zur Untersuchung der Möglichkeiten einer technischen Unterstützung ist es sinnvoll, die Operationen zur Verknüpfung der informationellen Stufen während eines Kommunikationsprozesses begrifflich zu unterscheiden: „Prozesse, die nicht direkt die Erstellung oder das Aufnehmen von Signalen betreffen"[191] stellen *Informationsverarbeitung [i.e.S.]* dar. Es handelt sich hier um durch kognitive Programme gesteuerte *gedankliche Aktivitäten*, die sich mit inhaltlichen Wahrnehmungs-, Erkennungs-, Verstehens- und Lernprozessen befassen. Sie umfassen z.B. das Entstehen der Kommunikationsabsicht beim Sender und die nachgelagerte Interpretation und Auswertung für die Entscheidungsfindung und Handlungsvorbereitung beim Empfänger.[192] Informationsverarbeitung i.e.S. beinhaltet den Einsatz von Wissen zur Entscheidungs- bzw. Handlungsvorbereitung, also der Zuführung von Informationen zu ihrem wesenbestimmenden Zweck. Dieses Verständnis bindet Informationsverarbeitung i.e.S. an den Menschen, da nur er in der Lage ist, Wissen zu interpretieren und auszuwerten. Die Verarbeitbarkeit von Informationen durch Technik müsste demnach bei einer konsequenten Verwendung der Begrifflichkeiten bestritten und deshalb von Daten- statt von Informationsverarbeitung gesprochen werden.

---

188 Vgl. Watzlawick/Beavin/Jackson (1990), S. 22-23.
189 Vgl. Wiswede (1981b), S. 227. Zu Kommunikationsstörungen vgl. Wahren (1987), S. 287; Coenenberg (1966), S. 43ff.; Seiwert (1992), Sp. 1135; Wiswede (1981b), S. 227 und Hoefert (1976), S. 151f.
190 Zu den Implikationen technikgestützter Kommunikation und Kooperation vgl. auch Abschnitt 3.4.
191 Szyperski/Grochla/Höring et al. (1982), S. 10.
192 Vgl. Reichwald (1993), Sp. 2179 und Gebert (1992), Sp. 1111.

Die ausführenden Aktivitäten, die den gegenständlichen, d.h. wahrnehmbaren Umgang mit Signalen, also insbesondere die Umformung von Zeichensystemen auf entsprechenden Trägermedien (z.B. in Form von Textdokumenten) betreffen und von einer inhaltlichen Verarbeitung der Informationen abstrahieren, werden mit dem Begriff 'Informationstransformation' belegt. Diese gegenständliche Behandlung von Information lässt sich entsprechend des rechten Teils von Abb. 3-1 wie folgt weiter differenzieren:

- Die *Informationsbearbeitung* bezieht sich auf die syntaktische Umwandlung von Zeichen zu Signalen und umgekehrt und umfasst codierende Handlungen wie Schreiben, Sprechen, Hören, Zeichnen, Lesen usw.[193] Bearbeitung beinhaltet demnach auch die Änderung der Darstellungsart von Informationen durch Wechsel des Informationsträgers. Von der Form der Codierung hängt ab, welche Informationen aufgenommen und wie sie weiterverarbeitet werden können.

- Bei der *Informationsübertragung* handelt es sich um die Vorgänge des Sendens und Empfangens von Signalen „zur Überbrückung des räumlichen Auseinanderfallens von Informationsgewinnung und -verwendung"[194].

- Die *Informationsspeicherung* schließt Zeitsprünge zwischen den einzelnen Kommunikationsschritten und bereitet notwendige Ablage- bzw. Abrufprozesse auf und vor, indem sie Informationen eine dauerhafte physische Existenz verleiht.

Kommunikationsvorgänge stellen entsprechend dieser Terminologie Prozesse dar, die gemäß dieser als Schichtenmodell angelegten Darstellung mindestens zwei Aktivitäten durchlaufen. Dieses ist erstens der das individuelle Denken umfassende Akt der menschlichen Informationsverarbeitung i.e.S., der das Erkennen und die Darstellung von Symbolen sowie das Einsetzen der Information für einen bestimmten Zweck betrifft, sowie zweitens der ausführende Teil dieser Handlung, der im einfachsten Fall die Informationsbearbeitung umfasst. Sollen Informationen nicht face-to-face, sondern an eine ferne Stelle übermittelt werden, so sind die Signale nicht nur zu bearbeiten, sondern darüber hinaus an diesen Ort zu transportieren. Besteht eine zeitliche Lücke zwischen der Informationserstellung und -(weiter)nutzung, ist neben der Informationsbear-

---

[193] Die unmittelbare Kommunikation durch Sprechen oder Gestikulieren könnte als ein Prozess der Informationsbearbeitung und -übertragung interpretiert werden. Im Rahmen des hier untersuchten Zusammenhanges geht es jedoch um die Unterstützung der Kommunikation durch Medien. Diese Medien – von Rauchzeichen über Papier bis zum Telefon – dienen letztendlich dazu, die Grenzen der menschlichen Sinne und insbesondere des Sprechens bzw. Gestikulierens als natürlichen Ausdrucksformen des Menschen zu überwinden. Die mit den menschlichen Sinnen ohne Medien durchführbaren Umwandlungsprozesse von Zeichen zu Signalen werden deshalb als Informationsbearbeitung begriffen, während der mediengestützte räumliche oder zeitliche Transport neben der Bearbeitung auch das Speichern und Übertragen erfordert.

[194] Scherff (1987), S. 4.

beitung für das Ablegen, Aufbewahren, Auffinden und Abrufen der Signale auf und von Informationsträgern zu sorgen (Informationsspeicherung).

Vereinfacht dargestellt werden etwa beim Telefonieren die Zeichen der Sprache durch das Sprechen zu technisch verarbeitbaren Signalen umgeformt (bearbeitet) und anschließend über die Telefonleitung räumlich übertragen. Dagegen stellt eine Notiz an einer Pinnwand ein Beispiel für einen Kommunikationsprozess dar, bei dem die Information zunächst durch das Schreiben bearbeitet und auf Papier gespeichert wird, ohne dass ein räumlicher Transport erfolgt. Die Verständigung per Brief kann dagegen als Prozess der Informationsverarbeitung bzw. der Kommunikation interpretiert werden, der neben Bearbeitungs- sowohl Speicherungs- als auch Übertragungsaktivitäten erfordert.

Die technische Flankierung von Kommunikationsprozessen bezieht sich lediglich auf deren ausführenden Teile, also auf die Aktivitäten der Informationsbearbeitung, -übertragung und -speicherung (Informationstransformation). Die gedanklichen Vorgänge der Informationsverarbeitung i.e.S. können dagegen nicht durch Technik ersetzt werden.

3.2.3 Kooperation und Koordination

Ausgehend von Veränderungen der technischen, organisatorischen, ökonomischen und gesellschaftlichen Rahmenbedingungen diskutieren Wissenschaft und Praxis intensiv neue Gestaltungskonzepte für Unternehmungen. In diesem Zusammenhang zählen kooperative Arbeitsformen für die Informationsarbeit zu den grundlegenden Instrumenten verschiedener Konzepte. Für das gestiegene Interesse an multipersonellen Arbeitsprozessen sind verschiedene Faktoren verantwortlich:[195]

– Die gestiegene Dynamik der Märkte (Zeit-, Qualitäts-, Kosten- und Innovationswettbewerb) mit kürzeren Produktlebenszyklen und Amortisierungsphasen führt zu einer geringeren Bedeutung des Massengeschäfts und zu Leistungsprogrammen, die weniger standardisierte Leistungen beinhalten. Die Komplexität der Leistungen und Leistungsprozesse, die Vielfältigkeit und der Umfang der anfallenden Aufgaben lassen eine effektive Aufgabenerfüllung häufig nur noch in bisweilen unternehmungsübergreifenden Kooperationseinheiten möglich erscheinen. Um der internatio-

---

[195] Vgl. Goecke (1997), S. 76, dort in bezug auf Veränderungen von Fragestellungen der Führung; Grüninger (1996), S. 66f.; Schneider/Knebel (1995), S. 7f.; Wendel (1996), S. 2; Friedrich/Rödiger (1991), S.11f.; Teufel (1993), S. 31; Picot/Reichwald (1994), S. 548; Bendixen (1980), Sp. 2228; Fromm (1986), S. 13f. und Brummund (1983), S. 16ff. Zu einer Auseinandersetzung mit den Phänomenen der Kooperation und der Kommunikation vgl. auch Reif-Mosel (2000).

nalen Konkurrenz und den sich ständig verändernden Märkten gewachsen zu sein, bedarf es der permanenten und beschleunigten Entwicklung innovativer, bedarfsorientierter Produkte. Die effektive Gewinnung, Filterung und Bewertung von Informationen aus sich wandelnden Märkten und relevanten Fachgebieten erhält dabei einen noch höheren Stellenwert und übersteigt vielfach die Verarbeitungskapazität einzelner Individuen oder Unternehmungen. Gleichzeitig kann der gestiegene Bedarf an Prozess- und Produktinnovationen häufig nicht mehr allein durch geniale Einzelerfindungen, sondern nur mittels systematischer Verfahren der Ideengewinnung und -umsetzung in multipersonellen Einheiten gedeckt werden.

– In vielen Bereichen sind fortschreitende Internationalisierungs- und Globalisierungstendenzen der Unternehmungen und Wirtschaftsbeziehungen zu beobachten. Hierdurch verstärkt sich die Notwendigkeit, räumlich und zeitlich verteilt in und zwischen Unternehmungen zu kooperieren.

– Die durchschnittlich höhere Qualifikation der Mitarbeiter führt vielfach zu gestiegenen Anforderungen an Autonomie und Verantwortung bei der Aufgabenerledigung am Arbeitsplatz. Die Einbindung der Mitarbeiter in Kooperationseinheiten mindert gleichzeitig das Delegationsrisiko für die Unternehmungen.

Gleichzeitig zu den obigen Entwicklungen hat eine Diffusion fortgeschrittener Netz- und Kommunikationstechnologien sowie die Verbreitung von Standardanwendungssoftware an den Büroarbeitsplätzen stattgefunden, die die Computerunterstützung multipersoneller Aktivitäten erleichtern.

Die folgenden Ausführungen beschreiben Kooperation eingehend und charakterisieren sie als eine Form der multipersonellen Interaktion, bei der die Akteure kommunizieren, ihre Tätigkeitsanteile koordinieren und/oder gemeinsame Objekte verarbeiten (vgl. Abb. 3-2).

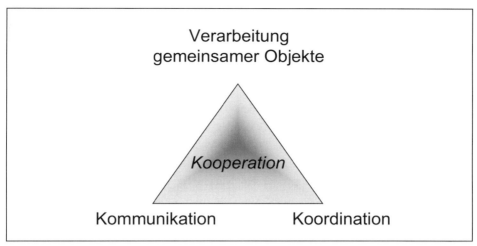

Abb. 3-2: Elemente kooperativer Informationsarbeit

Der lateinische Wortstamm 'cooperare' des Begriffs der *Kooperation* bedeutet 'zusammenarbeiten, mitarbeiten, mitwirken'. Angewendet wird der Kooperationsbegriff sowohl auf die Zusammenarbeit zwischen Personen oder Gruppen als auch zwischen Institutionen. Die Diskussion bewegt sich zwischen der Auffassung, dass jede Form der Arbeit kooperativ ist und der Definition über enge Bedingungen wie z.B. Hierarchiefreiheit. In einer intuitiven Näherung lässt sich Kooperation abgrenzen vom 'Nebeneinander-' oder 'Gegeneinander-' Arbeiten. Kooperation stellt eine Form der sozialen Interaktion dar, also eine Art wechselseitigen Einwirkens von Personen, das sich im Verhalten von Individuen äußert. Im Gegensatz zu anderen Formen der Interaktion (beispielsweise Konkurrenz) stehen die Beteiligten in einer gleichgerichteten Wechselbeziehung und beabsichtigen dabei nicht, dem anderen zu schaden.[196]

Eine psychologisch geprägte Sicht beschreibt Kooperation als „das Tätigsein von zwei oder mehr Individuen, das bewusst, planvoll, aufeinander abgestimmt die Zielerreichung eines jeden beteiligten Individuums in gleichem Maße gewährleistet."[197]

Durch die Betonung des abgestimmten und bewussten Verhaltens wird dabei zum einen der Ansicht widersprochen, dass jede Form der Arbeit Kooperation beinhaltet und zum anderen ausdrücklich ausgeschlossen, Arbeitssituationen ex-post als kooperativ zu interpretieren. Kooperative Handlungen haben einen gemeinsamen Bezugspunkt und stehen nicht nur zufällig bzw. rein faktisch in Zusammenhang. Im Gegensatz zur

---

[196] Vgl. Piepenburg (1991), S. 81; Grunwald (1981), S. 72; Bannon/Schmidt (1991), S. 5; Wimmer/Neuberger (1981), S. 191f.; Fiehler (1980), S. 71f. und Deutsch (1981), S. 28.

[197] Piepenburg (1991), S. 82; vgl. auch Maaß (1991), S. 12; Herrmann (1991a), S. 73 und Oberquelle (1991b), S. 4.

Kooperation kann Koordination auch durch eine dritte, i.d.R. formal übergeordnete, Instanz herbeigeführt werden, die nicht direkt am Leistungserstellungsprozess beteiligt ist. Im Extremfall bedeutet dieses, dass koordinierte Akteure nicht voneinander wissen und somit nur unbewusst zur Erreichung des übergeordneten Ziels zusammenwirken. In lediglich koordinierten Arbeitszusammenhängen können die Beteiligten passiv in einen Gesamtzusammenhang eingeordnet werden. Demgegenüber erfordert Kooperation eine aktive gegenseitige Bezugnahme der Akteure.[198]

Ein weiteres Merkmal für Kooperation ist eine für alle Beteiligten gleichermaßen gegebene Chance der Zielerreichung oder ein Nutzen für jeden Teilnehmer. Ist nur eine Teilgruppe Nutznießer, liegt allenfalls koordiniertes oder konkurrierendes Handeln vor. Dass ein Ziel nur gemeinsam erreichbar ist, stellt sich als wichtig für die Beständigkeit einer Kooperation dar. Kooperation wird dann erwogen, wenn die Beteiligten glauben, dadurch mehr zu erreichen als allein und die Vorteile der Kooperation für den einzelnen Kooperationspartner größer sind als deren Nachteile.[199] Die Koordinations-, Informations- und Entscheidungskosten müssen in einem akzeptablen Verhältnis zum Ertrag stehen, wobei auch nicht-ökonomische Aspekte in die Überlegungen einzubeziehen sind.

Kooperation ist an verschiedene *Bedingungen* gebunden. Man geht im allgemeinen von zumindest partieller Übereinstimmung der Handlungsziele und der Handlungspläne sowie von einer Koordination der Einzelhandlungen durch den involvierten Personenkreis selbst aus. Darüber hinaus manifestiert sich kooperative Arbeit als „gemeinsame Nutzung knapper Ressourcen durch Austausch oder gleichzeitige Nutzung"[200]. Uneinigkeit besteht darüber, ob kooperative Arbeit alle genannten Faktoren - also einander überlappende Ziele *(partielle Zielidentität)*, gemeinsame Pläne *(Plankompatibilität)*, selbstverantwortliches Regulieren und Kontrollieren der Handlungsabstimmung *(Selbstkoordination)* und auszutauschende bzw. zeitgleich zu verwendende Ressourcen *(Ressourcenverbund)* - voraussetzt oder ob das Vorliegen einer Eigenschaft ausreicht. Während einerseits die Existenz einer der genannten Determinanten (z.B. die Nutzung gemeinsamer Ressourcen) als hinreichend für Kooperation angesehen wird, wird andererseits die Auffassung vertreten, dass die Existenz aller genannten Faktoren Bedingung für das Vorliegen von Kooperation ist.[201]

---

[198] Vgl. Fiehler (1980) S. 68 und Piepenburg (1991), S. 81f.
[199] Vgl. Friedrich/Früchtenicht/Hoheisel (1993), S. 105; ähnlich auch in der Definition von Oberquelle (1991a), S. 4 und Roß (1991), S. 167 und bei Boettcher (1974), S. 45f. ausgeführt. Ein 'Mehr' an Zielerreichung kann dabei heißen besser, schneller, sicherer, verläßlicher, effizienter etc. Vgl. Schmidt (1991), S. 3.
[200] Oberquelle (1991b), S. 4.
[201] Vgl. Herrmann (1991a), S. 73 und Piepenburg (1991), S. 82.

Letztere Ansicht lässt sich durch einige Beispiele untermauern: Liegen selbst bei partieller Zielidentität keine Schnittstellen zwischen den Handlungsplänen der Akteure vor (z.B. bei paralleler Erzeugung eines identischen Produktes ohne Interdependenz) oder sind vorliegende Handlungspläne nicht abzustimmen (etwa wenn keine Einigung auf einen bestimmten Fertigstellungstermin möglich ist), kann keine Kooperation erfolgen. Kooperation ist mit dem Austausch von Ressourcen z.B. in Form gemeinsam genutzter Informationen, Rahmendaten, eingesetzten Mitteln und Werkzeugen verbunden. Die gemeinsame Nutzung von Ressourcen (beispielsweise in Form von Rechnerkapazitäten oder einer Datenbank) stellt alleine jedoch kein hinreichendes Kriterium für Kooperation dar.

Kooperative Handlungen lassen sich nach ihrer Intensität und zeitlichen Dauer grob ordnen in[202]

– Verhandeln und Aushandeln von Sachverhalten,

– Austausch von Hilfeleistungen,

– Abstimmung einer arbeitsteiligen oder gemeinsamen Leistungserstellung durch die Beteiligten in Form verteilter Aufgaben bzw. Terminabsprachen,

– Durchführung gemeinsamer Tätigkeitsanteile beispielsweise beim Treffen von Entscheidungen, bei der gemeinsamen Bearbeitung von Objekten oder der Organisation der täglichen Arbeit.

Anhand eines Beispiels aus der Sachbearbeitung einer Versicherung seien die verschiedenen Formen der Kooperation verdeutlicht: Zwei Mitarbeiter aus unterschiedlichen Projekten verhandeln über mögliche Formen und Bedingungen der Zusammenarbeit (Verhandeln und Aushandeln). Ein Sachbearbeiter hilft einem neuen Kollegen beim Umgang mit der eingesetzten Anwendungssoftware (Austausch von Hilfeleistungen). Die beiden Sachbearbeiter führen jeweils unterschiedliche Teilprozesse innerhalb der Vorgangsbearbeitung bei einer Schadensregulierung durch und stimmen sich diesbezüglich ab (Abstimmung arbeitsteiliger Leistungserstellung). Die Sachbearbeiter einer Gruppe sammeln im Rahmen eines Brainstorming Verbesserungsvorschläge für ihren Arbeitsprozess (Durchführung gemeinsamer Tätigkeitsbestandteile).

Zu diskutieren ist insbesondere, welche Koordinationsvariante kooperative Arbeit konstituiert. Wo die notwendige *Koordination* in der Steuerung interdependenter Informationsarbeit endet und Zusammenarbeit beginnt, wird zum Teil sehr unterschiedlich beurteilt.

---

[202] Vgl. Piepenburg (1991), S. 89 i.V.m. Seitz (1995), S. 22.

'Koordinieren' bedeutet 'in die Reihe bringen, ordnen, regeln'[203] oder wird auch als „wechselseitige Abstimmung (das Beiordnen) von Elementen eines Systems"[204] definiert. *Koordination* dient dazu, wechselseitige Abhängigkeiten der Einzelaktivitäten interdependenter Arbeitsprozesse aufeinander abzustimmen, damit sich die Tätigkeitsanteile ergänzen und nicht behindern. Koordination organisiert und verknüpft sich funktional aufeinander beziehende Informationsarbeit verschiedener Akteure. Die Dependenzen und Schnittstellen der Handlungspläne und die mit ihnen verbundenen Einzelaktivitäten und Entscheidungen der beteiligten Akteure sind wechselseitig abzustimmen und zu verknüpfen und das Zusammenwirken zu organisieren, um Einzelaktivitäten zu einem Ganzen zusammenzufügen.[205]

Die Organisationstheorie unterscheidet als strukturelle - d.h. die formelle Organisationsstruktur betreffende - *Instrumente der Koordination*: Weisung (hierarchische Abstimmung), Selbstabstimmung, Programme (im Sinne genereller Handlungsempfehlungen etwa in Form von Verfahrensrichtlinien, Handbüchern und Standards)[206] und Pläne (im Sinne von Vorgaben im Rahmen institutionalisierter Planungsprozesse). Während die Weisung und die Selbstabstimmung unmittelbar durch persönliche Kommunikation zustande kommen, was die Verwendung von Medien nicht ausschließt, beinhalten Programme und Pläne einen verselbständigten Charakter, da sie auch unabhängig von ihren Urhebern existieren bzw. diese nicht notwendigerweise identifizierbar sein müssen. Weisung und Selbstabstimmung erlauben sowohl Ex-ante-Koordination (vorausschauende Abstimmung) als auch eine Ex-post-Koordination (Reaktion auf Störungen). Dagegen erlaubt die Koordination über Programme und Pläne lediglich Ex-ante-Koordination.[207]

Koordinierende Handlungen dienen auch außerhalb des Vorliegens von Kooperation der Handhabung von Interdependenzen indem sie[208]

---

[203] Vgl. Lilge (1981), S. 212, siehe dort für eine Aufzählung in der Literatur verwendeter Definitionen von Koordination.
[204] Rühli (1992), Sp. 1165.
[205] Vgl. Paetau (1991), S. 144; Grunwald (1981), S. 73f. und Dittrich (1991), S. 109
[206] Die Begriffe Programmierung, Standardisierung und Formalisierung sind nach Pugh/Hickson (1976), S. 82 zit. nach Gaitanides (1983), S. 21 wie folgt zu unterscheiden: 'Standardisierung' bezeichnet den Grad, in dem sich wiederholende Tätigkeiten durch Routineverfahren spezifizieren und generalisieren lassen. 'Programmierung' bezeichnet den Grad, in dem Tätigkeits- bzw. Aktivitätsfolgen durch eine Folge von Instruktionen bzw. Handlungsanweisungen vorstrukturiert sind. 'Formalisierung' gibt das Ausmaß an, in dem Verfahren, Regeln, Instruktionen, Aufgaben und Handlungsanweisungen schriftlich fixiert sind.
[207] Vgl. Kieser/Kubicek (1992), S. 103ff. i.V.m. Schanz (1994), S. 71f. Während Programme prinzipiell auf Dauer angelegt sind, werden Pläne periodisch erneuert. Als nicht-strukturelle Koordinationsinstrumente lassen sich darüber hinaus Koordination über Märkte, durch die Organisationskultur und mittels der Standardisierung von Rollen unterscheiden. Vgl. Kieser/Kubicek (1992), S. 114-120.
[208] Vgl. Dittrich (1991), S. 109ff. i.V.m. Seitz (1995), S. 22.

– gemeinsam genutzte Betriebsmittel zuweisen bzw. zuordnen,

– Reihenfolgen herstellen,

– parallele oder sequentielle Abläufe synchronisieren.

Einige Beispiele verdeutlichen die Ausführungen: Koordination in Form der Zuweisung gemeinsam genutzter Betriebsmittel stellt beispielsweise die Zuweisung von Speicherkapazitäten auf einem Server dar. Die Festlegung der Fristen für ein Projekt mit verteilter Aufgabendurchführung beinhaltet auch die Festlegung einer Reihenfolge für die verschiedenen Aktivitäten. Eine synchronisierende Handlung bildet etwa die Abstimmung verschiedener Aktivitäten im Rahmen einer Werbekampagne für ein neues Produkt, das rechtzeitig vor der Präsenz in den Verkaufsstellen in verschiedenen Medien beworben werden soll.

Kooperation setzt autonome Handlungs- und Entscheidungsspielräume voraus, was es auch bei der Gestaltung von Hilfsmitteln zur Unterstützung von Kooperation zu beachten gilt. Die Beteiligten müssen über die Fähigkeit und die Möglichkeit zur Kontrolle bzw. Regelung ihrer Handlungsanteile verfügen. Diskriminierendes Kriterium ist somit, auf Handlungen des anderen einwirken zu können (Aktivität), sie also nicht als Datum hinnehmen zu müssen (Passivität): „Prozesse der Koordination sind dann die Folge einer erreichten Übereinkunft zwischen den Teilsystemen."[209] Bei der Selbstabstimmung und der Weisung ist die Eignung bzw. die fehlende Eignung als Koordinationsinstrument innerhalb kooperativer Arbeitssituationen eindeutig. Dagegen bleibt die Abgrenzung bei den Programmen und Plänen schwierig, weil unterschiedliche Abstufungen der Handlungsspielräume möglich sind, so dass nur im Einzelfall entschieden werden kann.[210]

Das im vorangehenden Abschnitt beschriebene Phänomen der *Kommunikation* dient in multipersonellen Arbeitszusammenhängen dazu, Intentionen zu übermitteln und kann deshalb „als Bindeglied verstanden werden, das die Regelung und Steuerung kooperativer Prozesse ermöglicht und effektiviert."[211] Kooperation kann nicht ohne Kommunikation stattfinden, während umgekehrt Kommunikation ohne Kooperation möglich ist (etwa bei einem Streit).

---

[209] Piepenburg (1991), S. 81. Piepenburg (1991), S. 83ff. nennt die Kriterien der Kontrolle und der Regelbarkeit als eigenständige Bedingungen für das Vorliegen von Kooperation.
[210] Als Beispiel sei eine Antragsbearbeitung innerhalb einer Behörde genannt, die über Formulare als Formen von Programmen geregelt wird und dabei sehr unterschiedliche Handlungsspielräume beinhalten kann.
[211] König/Zoche (1991), S. 292-293.

Neben der Existenz kommunikativer und bestimmter Formen koordinierender Aktivitäten lässt sich Kooperation auch dadurch kennzeichnen, dass mehrere Personen über die sprachliche Auseinandersetzung hinausgehend gemeinsame Objekte verarbeiten. Die *Verarbeitung gemeinsamer Objekte* äußert sich beispielsweise im Erzeugen physisch fixierter Informationen (z.B. bei der Erstellung eines gemeinsamen Forschungsbeitrags, der Speicherung von Informationen in einer gemeinsamen Datenbank oder der Dokumentation von Sitzungsergebnissen) oder im Archivieren, Wiederfinden und Abrufen von Dokumenten, die arbeitsteilig von verschiedenen Akteuren erstellt werden. Gemeinsame Objekte werden umso bedeutender für multipersonelle Arbeitssituationen, je kreativer und intensiver die Interaktion bei der Informationsarbeit ist. Gleichzeitig ergeben sich aus dem Zugriff auf gemeinsame Objekte neue Koordinationsprobleme, die daraus resultieren, dass eine umfassende Kenntnis der Arbeit der anderen Teilnehmer erzielt werden soll, ohne die anderen bei der Arbeit zu stören oder von ihnen gestört zu werden und ohne in deren Privatsphäre einzudringen.

Bei der Verarbeitung gemeinsamer Objekte wird zwischen dem 'Interfacing' und dem 'Sharing' unterschieden. 'Interfacing' mittels gemeinsamer Objekte beinhaltet, dass Akteure physischen Zugriff auf ein gemeinsames Objekt nehmen, indem sie beispielsweise aus einer gemeinsamen Datenbank Informationen abrufen, welche die Grundlage für kommunikative Prozesse bilden. Der Aspekt des 'Sharing' geht einen Schritt weiter und umfasst die Bildung eines gemeinsamen Informationsraumes, indem die Objekte jederzeit für alle beteiligten Akteure zugänglich sind und z.B. strukturiert, sortiert, erweitert oder kombiniert werden können. Eine wesentliche Eigenschaft der Objekte liegt dabei darin, dass sie als Träger von Informationen sowie als gemeinsame Bezugspunkte dienen und damit den Anknüpfungspunkt für das 'Sharing' und den Aufbau eines gemeinsamen Verständnisses über das Problemfeld bilden.[212] Diese Objekte können entweder gemeinsame Materialien, also in das Ergebnis einfließende Objekte (z.B. Texte, Grafiken, Modelle) oder Werkzeuge zur Verarbeitung solcher Materialien darstellen.

3.3 Konzepte der Computerunterstützung

Nachdem die vorangehenden Ausführungen die Charakteristika der Informations- und Kommunikationsarbeit in Unternehmen erläutert haben, sind nun Überlegungen zu einer effektiven Computerunterstützung anzustellen. Der Optionscharakter moderner Informations- und Kommunikationstechnik eröffnet vielfältige Einsatz- und Gestaltungsmöglichkeiten. Zur Orientierung differenzieren die folgenden Ausführungen unter-

---

[212] Vgl. Petrovic (1993), S. 83.

schiedliche Konzepte der Computerunterstützung, indem Charakteristika der Informationsarbeit aufgegriffen und korrespondierende Konzepte der Computerunterstützung aufgezeigt werden.

Zum einen wird ein Konzept beschrieben, das Computerunterstützung auf Grundlage der Identifizierung aufgabenspezifischer gegenüber allgemeinen, aufgabenunspezifischen Informationsbedürfnissen zur Verfügung stellt und damit tendenziell die individuellen Arbeitsanteile anspricht (Abschnitt 3.3.1). Zum anderen wird ein Systematisierungskonzept erörtert, das sich auf unterschiedliche Formen multipersoneller Arbeit bezieht und für diese adäquate Formen der Technikunterstützung sucht (Abschnitt 3.3.2).

3.3.1 Aufgabenspezifische Computerunterstützung

Das erste Konzept der Computerunterstützung systematisiert Aktivitäten auf Grundlage der Differenzierung aufgabenspezifischer gegenüber aufgabenunspezifischen Informationsverarbeitungsbedürfnissen. Diese Systematisierung geht von der Annahme aus, dass einerseits universelle informationsverarbeitende Tätigkeiten existieren und andererseits von unterschiedlichen Stellentypen und den damit verbundenen Aufgaben spezielle informationsverarbeitende Tätigkeiten durchgeführt werden (Abschnitt 3.3.1.1). Auf dieser Grundlage werden computergestützte Arbeitsmittel in für spezifische Anforderungen zugeschnittene Spezialtechnik (Abschnitt 3.3.1.2) und universell einsetzbare Basistechniken (Abschnitt 3.3.1.3) eingeteilt.

3.3.1.1 Aufgabenspezifität als Ansatzpunkt der Unterstützung

Technische Konzepte der Unterstützung der Informationsverarbeitung im Büro werden häufig aus aufgabenbezogenen Anforderungen abgeleitet:[213] Die adäquate Gestaltung der Arbeitsorganisation und der informationstechnischen Infrastruktur ist ohne genaue Kenntnisse der Aufgabenstrukturen nicht möglich. Die Erledigung der unterschiedlichen Aufgaben verschiedener Stellen setzt einerseits ein entsprechend qualifiziertes bzw. spezialisiertes Personal voraus. Deren nutzungsgerechte Unterstützung bedarf wiederum der Berücksichtigung der charakteristischen Anforderungen der jeweiligen Informationsarbeit, die mit einem Stellentyp verbunden sind. Andererseits sind die an jedem Arbeitsplatz durchzuführenden Aktivitäten vergleichbar, da Informationen verar-

---

213 Vgl. Keen/Scott Morton (1978); Szyperski/Grochla/Höring et al. (1982) und Picot/Reichwald (1987).

beitet werden und sich das Zusammenwirken der Stelleninhaber auf Basis einer personell, organisatorisch und technisch ausgeformten Infrastruktur vollzieht.

Stellt man entsprechend präzise Anforderungen an Anwendungen der IuK-Techik, so zeigt sich, dass sich zum einen Basisfunktionalitäten identifizieren lassen, die die Informationsarbeit eines jeden Mitarbeiters unterstützen können; zum anderen wird insbesondere von den hochqualifizierten Teilen der Stabs- und Fachabteilungen sowie dem Management spezielle Technik nachgefragt, die bei der Erledigung der spezifischen Aufgabenstellungen Hilfestellung leisten kann. Die damit angedeutete Klassifikation unterscheidet zwischen dem allgemeinen Unterstützungsbedarf der Tätigkeiten in Unternehmungen und typischen Anforderungen spezieller Aktivitäten. Softwareapplikationen sollten entsprechend „entweder auf spezielle Anwendungsbereiche zugeschnitten oder in der Lage sein, eine Vielzahl von Aufgaben [...] zu unterstützen, ohne dass die betrieblichen Aufgaben direkt organisatorisch vorgegeben sind"[214]. Es wird also im Folgendenzwischen solchen Formen der Informationsverarbeitung unterschieden, die unabhängig von den Besonderheiten eines bestimmten Aufgabenbereichs universell von allen Aufgabenträgern durchgeführt werden *(aufgabenunspezifische Informationsverarbeitung)*, und solchen Formen, die durch spezifische Erfordernisse bestimmter Aufgabenbereiche bzw. Stellentypen gekennzeichnet sind *(aufgabenspezifische Informationsverarbeitung).*[215] Das auf dieser Systematisierung beruhende Konzept der Computerunterstützung von Büroarbeit wurde bereits in den 1980er Jahren im Zusammenhang mit dem Stichwort 'technikgestützte Bürokommunikation' verfolgt.

Die sich mit dieser Thematik befassende Literatur differenziert Aufgabenbereiche nach verschiedenen Kriterien und klassifiziert diese schließlich in Typen.[216] Die im Folgenden dargestellte stellenorientierte Einteilung basiert im Wesentlichen auf charakteristischen Problemstellungen, Inhalten, unterschiedlichen Ausprägungen der Strukturierbarkeit bzw. Programmierbarkeit sowie einem unterschiedlichen Ausmaß an benötigtem Fachwissen,[217] mithin auf verschiedenen Formen und Inhalten der Verarbeitung von Informationen, die mit der Erledigung bestimmter Büroaufgaben verbunden sind. Stellenorientiert können vier idealisierte *Aufgabenbereiche* unterschieden werden:[218]

---

[214] Höring (1990), S. 68.
[215] In Höring/Bahr/Struif/ et al. (1983), S. 139 wird auf dieser Grundlage zwischen allgemeiner Basis- und spezieller Bürokommunikation unterschieden. Scherff (1987); Walbrück (1986), S. 330; Höring (1990), S. 68f. u.a. entwickeln diese Klassifikation weiter.
[216] Typologisierungen finden sich bei Szyperski/Grochla/Höring et al. (1982), S. 14ff.; Höring/Bahr/ Struif et al (1983), S. 8ff. und Zangl (1987), S. 25ff. Eine Weiterentwicklung wird beispielsweise von Nippa (1988), S. 125ff. angeboten.
[217] Vgl. Nippa (1988), S. 84 und Peters (1989), S. 82.
[218] Vgl. Szyperski/Grochla/Höring et al. (1982), S. 3ff. Zur Kritik der Gleichsetzung von Stellentypen und Aufgabentypen vgl. Nippa (1988), S. 125.

– *Führungsaufgaben* umfassen vorwiegend anspruchsvolle, eher unstrukturierte, nur zu einem geringen Anteil formal abbildbare Tätigkeiten der Planung, Entscheidung, Organisation, Steuerung und Kontrolle des Betriebsgeschehens.[219] Hierzu gehören z.B. das Leiten und Motivieren von Mitarbeitern, das Treffen weitreichender Entscheidungen, die Lösung komplexer und innovativer Problemstellungen, die Konsensbildung sowie Repräsentationsaufgaben. Spezielles (i.S. von detailliertem) Fachwissen ist nur in geringem Umfang erforderlich; es dominieren organisatorische, strategische und entscheidungsorientierte Aufgabenstellungen.

– *Fachaufgaben* erfordern Spezialkenntnisse in einem abgegrenzten Aufgabengebiet (Expertenwissen). Fachaufgaben sind tendenziell schlecht strukturiert und umfassen die selbständige Lösung spezieller Fachprobleme, die Detaillierung von Konzepten und die Abstimmung mit anderen Fachleuten. Eine Gesamtschau charakteristischer Aktivitäten dieses Aufgabentyps kann es nicht geben. Einerseits ist die Abgrenzung gegenüber der Sachbearbeitung oder den stärker strategisch wirkenden Führungsaufgaben nicht immer eindeutig. Andererseits zeichnen sich Fachaufgaben durch ein hohes Maß an Unterschiedlichkeit aus.

– *Sachbearbeitungsaufgaben* umfassen weitgehend strukturierte und wiederkehrende Tätigkeiten, für die weniger spezielles Fachwissen erforderlich ist. Der Sachbearbeitung obliegt die ausführende, transaktionsorientierte Abwicklung wiederkehrender, täglicher Geschäftsvorfälle. Typische Arbeitsbereiche dieses Stellentyps sind die Abteilungen Rechnungswesen, Auftragsbearbeitung und Materialbeschaffung.

– *Unterstützungsaufgaben* stellen einen abgeleiteten Typ dar, der vorwiegend strukturierte Hilfstätigkeiten für die drei vorgenannten Aufgabenfelder umfasst. Den Unterstützungskräften kommt insofern eine Sonderstellung zu, als sie ihre Aufgaben ausschließlich nach Vorgabe und Auftrag anderer Büromitarbeiter erledigen. Neben der Verwaltung und Pflege von Texten und der Dateneingabe ist dieser Stellentyp vorwiegend durch die enge Zusammenarbeit mit dem jeweiligen internen Auftraggeber gekennzeichnet.

Die Differenzierung verschiedener Typen kann als Unterscheidung anhand verschiedener individueller Informationsverarbeitungsbedürfnisse bei der Aufgabenausführung interpretiert werden. Die Differenzierung der Computerunterstützung geht dann alterna-

---

[219] Es darf nicht geschlossen werden, dass Führungsaufgaben ausschließlich unstrukturierter Art sind, stattdessen ist lediglich eine tendenzielle Zuordnung möglich. Der Aufgabentyp 'strukturierte' Aufgabe unterscheidet sich von den Aufgabentypen 'unstrukturiert' und 'teilweise strukturiert' hinsichtlich der Komplexität der Aufgabenstellung, der Planbarkeit des Informationsbedarfes, des Ausmaßes der Festlegung der Kooperationspartner und des Standardisierungsgrades des Lösungsweges. Vgl. Picot/Reichwald (1987), S. 63-72.

tiv vom Unterstützungsbedarf informationsverarbeitender Arbeit im allgemeinen oder den typischen Anforderungen spezieller Aufgaben aus. Abb. 3-3 greift diese Unterscheidung auf und systematisiert die folgend zu erläuternden Konzepte zur technischen Flankierung der Informationsarbeit.

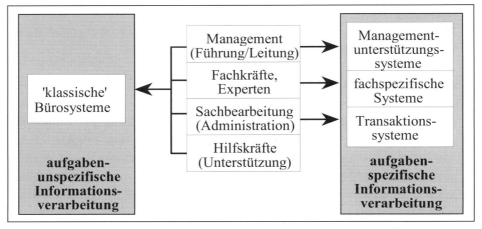

Abb. 3-3: Systematisierung von IuK-Technik anhand der Aufgabenspezifität der Informationsarbeit

Die vorzunehmenden informationsverarbeitenden Arbeitshandlungen sind allerdings auch auf das Zusammenwirken des Personals angewiesen. Die Ausgrenzung der Koordinations- und Kooperationsaufgaben wird der Realität deshalb nicht vollkommen gerecht. Dies gilt insbesondere für solche Aufgabenbereiche, deren Arbeitshandlungen von enger Interaktion mit Kollegen und Vorgesetzten gekennzeichnet sind.

3.3.1.2 Aufgabenspezifische Informationsverarbeitung

Aufgabenspezifische Informationsverarbeitung umfasst die Aktivitäten der Informationsverarbeitung, die charakteristisch für bestimmte Stellentypen und die damit verbundenen Tätigkeiten sind. Die technische Unterstützung zielt im Wesentlichen darauf, jeweils die formalisierbaren Anteile der *aufgabenspezifischen Informationsverarbeitung* am Arbeitsplatz zu übernehmen. Computergestützte Spezialanwendungen gehen davon aus, dass etwa Führungsaufgaben andere Hilfsmittel erfordern als Sachbearbeitungsaufgaben. Von Spezifität ist dort sinnvoll zu sprechen, wo die besondere Beschaffenheit einer Aufgabe Werkzeuge erforderlich macht, deren Einsatzzweck (und -potenzial) sich auf diesen eindeutig abgrenzbaren Aufgabenbereich bezieht.

Je nach Strukturiertheitsgrad der verschiedenen Aufgaben und Lösungswege dienen solche Konzepte und Techniksysteme entweder der Unterstützung, der Steuerung oder der Automation der Informationsverarbeitung. Unterstützung, Steuerung und Automation unterscheiden sich hinsichtlich der Eingriffstiefe in die Handlungsspielräume des Menschen durch IuK-Techniken. Unterstützende Technik kanalisiert die Problemlösungskompetenz des Benutzers lediglich, indem sie die notwendigen Hilfsmittel als frei verwendbare Ressourcen zur Verfügung stellt. Von Steuerung ist dagegen dann zu sprechen, wenn der Handlungsspielraum des Menschen beschränkt wird, indem die Bearbeitungsreihenfolge, die Art der Ausgestaltung der Arbeitsschritte und die Ausgestaltung der Kommunikation vom Techniksystem vorgegeben werden. Automatisierende Techniken drängen den Einfluss des Menschen ganz zurück, indem sie Prozesse und Aktivitäten ohne Eingriffe des Menschen durchführen.[220] Je stärker ein Arbeitsplatz also in die Abwicklung sich wiederholender, gut strukturierter betrieblicher Prozesse eingebunden ist, desto eher lässt sich die Aufgabenerledigung formalisieren und auf Techniksysteme übertragen.

Entsprechend der oben dargestellten vier Aufgabenbereiche lassen sich die aufgabenspezifischen Informationsverarbeitungsaktivitäten charakterisieren und entsprechende Konzepte der Computerununterstützung zuordnen (vgl. Abb. 3-3):

– *Führungsaufgaben* entziehen sich einer Steuerung nach streng algorithmischen Mustern und lassen sich durch *Managementunterstützungssysteme* (Management Support Systeme) lediglich *unterstützen*. Diese haben zum Ziel, die Qualität der Entscheidungen in der Unternehmung zu verbessern.[221] „In aller Regel sind Manager in Entscheidungsprobleme verstrickt, die im Rahmen multipersonaler Prozesse auszuhandeln und zu lösen sind. [...] Es handelt sich [...] häufig um ein Konfrontieren völlig unterschiedlicher Problemsichten, die sich nicht im Rahmen einer gemeinsamen Sprachregelung darstellen und 'lösen' lassen."[222] Neben Personalführungsaufgaben sind demnach vor allem die vielfältigen Sachaufgaben zu nennen, die von hoher unternehmerischer Bedeutung und Komplexität sind, wie z.B. Entscheidungen im Rahmen einer Standort- oder Investitionsplanung. Technische Hilfsmittel müssen diesen aufgabenspezifischen Anforderungen gerecht werden.

– Ein sachgerechter Technikeinsatz für *Fachaufgaben* muss sich am Bedarf der höchst unterschiedlichen speziellen Fachaufgaben selbst ausrichten. Fallorientierte Fachauf-

---

[220] Vgl. Baethge/Oberbeck (1986), S. 70 und Baethge/Oberbeck (1990), S. 163f. Außerhalb der folgenden Absätze wird der Begriff 'Unterstützung' jedoch auch benutzt, um den Einsatz von Computern allgemein zu bezeichnen.
[221] Vgl. Krallmann (1987), S. 109; Gluchowski/Gabriel/Chamoni (1997) und die Ausführungen in Abschnitt 4.3.
[222] Sorg (1982), S. 307.

gaben lassen sich wegen ihres hohen Spezialisierungsgrades kaum automatisieren, sind aber eher als Führungsaufgaben durch entsprechende *fachspezifische Softwaresysteme* zu steuern. Die charakteristischen Funktionen liegen vorwiegend in der modell- und methodenbasierten Planungs- und Entscheidungsunterstützung wie z.B. in der Produktionsplanung- und -steuerung. Darüber hinaus stehen hier diejenigen Applikationen zur Disposition, die sich auch zur Unterstützung für Führungs- und Sachbearbeitungsaufgaben als nützlich erweisen.

- Das *Automatisierungs*potenzial der vorgangsorientierten *Sachbearbeitungsaufgaben* ist als sehr hoch einzustufen, so dass klassische *Transaktionssoftware* zum Einsatz kommen kann. Automatisierungsvorhaben zielen auf eine Verbesserung der handwerklichen Effizienz. Diese wird derzeit vorwiegend durch den Einsatz konventioneller Datenverarbeitungssysteme gewährleistet. Sie wickeln als Transaktionssysteme große Mengen gleichbleibender Geschäftsfälle ab, wie sie etwa in der Finanzbuchhaltung, dem Zahlungsverkehr oder der Lohnabrechnung auftreten. Ziel ihres Einsatzes ist die Rationalisierung mittels Kostensenkungen. Softwaretechnische Anwendungen in diesem Aufgabenfeld werden zunehmend mit Hilfe von Standardsoftwarepaketen realisiert.

- Spezielle Systeme für *Unterstützungsaufgaben* existieren nicht. Bei der Ausfüllung dieses Tätigkeitsprofils kann – wie bei allen anderen Arbeitsbereichen auch – aufgabenunspezifische Informationsverarbeitungssoftware helfen.

3.3.1.3 Aufgabenunspezifische Informationsverarbeitung

Softwaresysteme zur Unterstützung *aufgabenunspezifischer Informationsverarbeitung* (vgl. Abb. 3-3, linke Spalte) können als eine Art 'Infrastruktur' betrachtet werden, die grundsätzlich zur Verfügung gestellt wird, ohne dass ihre Anwendung zur Lösung bestimmter Aufgaben oder in bestimmten Abläufen vorgedacht ist. Diese Form der Informationsverarbeitung deckt im Wesentlichen 'klassische' Bürosoftware ab. Die technische Unterstützung abstrahiert hier von der Unterschiedlichkeit der konkreten Arbeitsinhalte der verschiedenen Aufgabenbereiche und bezieht sich auf vergleichbare Aktivitäten zur Bewältigung unspezifischer Bürotätigkeiten. Hier sind insbesondere auch technische Systeme zur Kommunikationsunterstützung einzuordnen.[223]

Die für die technische Unterstützung der Informationsverarbeitung relevanten Innovationsschübe haben ihren Ursprung in der Nachrichten-, Computer- und Bürotechnik.

---

[223] Vgl. hierzu die Ausführungen in Kapitel 2.

Eine Integration des Softwareangebotes setzte das Zusammenwachsen dieser drei grundlegenden Techniken hinsichtlich Systemhardware (Endgeräte/Arbeitsplatzausstattung, Netze), Grundfunktionen (Bearbeitung, Speicherung, Übertragung) und Informationsformen (Texte, Daten, Bilder, Sprache) voraus. Die Unterstützung der aufgabenunspezifischen Informationsverarbeitung erfordert 'pufferbare', zeitlich entkoppelbare Dienste und Anwendungen, verteilte, räumlich entkoppelbare Systeme und einheitliche, ineinander transformierbare, also gekoppelt bearbeitbare Darstellungsformen. Den Bedarf an zeitlich und räumlich entkoppelten Diensten und Anwendungen versuchen die *klassischen Bürosysteme* zu decken. Es handelt sich dabei um universell einsetzbare Software- und Hardwareprodukte, die bei den ausführenden Tätigkeiten der Informationsverarbeitung, d.h. der Bearbeitung, Speicherung und Übertragung von Dokumenten und der technikvermittelten Kommunikation helfen. Die integrierte Nutzbarkeit dieser Unterstützungsformen wird heute durch viele Softwaresysteme angeboten.

Zunächst erwiesen sich die Einbindung herstellerspezifischer Endgeräte und heterogener Netze sowie die uneinheitliche Vorstellungen der Anbieter von den Einsatzgebieten sowie der Schwerpunkte und Bestandteile einer universell einsetzbaren Software als das Haupthindernis einer technischen Integration. Heute orientiert sich das Leistungsangebot der kommerziell verfügbaren Applikationen nicht mehr an den drei historischen Techniklinien Informationsaustausch (Nachrichtentechnik), Datenverarbeitung (Computertechnik) oder Dokumentenverwaltung (Bürotechnik). Stattdessen werden heute vielfach integrierte Softwarepakete angeboten, die auch auf heterogenen DV-Plattformen einsetzbar sind, internationale Standards des technikvermittelten Nachrichtenaustausches unterstützen, persönliche Speicherressourcen zur Verfügung stellen und Hilfe bei der Lösung allgemeiner, aufgabenunspezifischer Büroaufgaben leisten.[224]

3.3.2 Computerunterstützung multipersoneller Aktivitäten

Die vorangehenden Ausführungen stellen Aufgaben- bzw. Stellentypen als Orientierungsmaßstab zur Systematisierung der Informationsarbeit und der darauf basierenden Computerunterstützung dar. Der Schwerpunkt liegt dabei auf der Betrachtung der individuellen Aktivitäten der Leistungserstellung. Die Stelleninhaber im Büro leisten jedoch nicht nur individuelle Beiträge, indem sie die zugewiesenen Arbeitsaufträge ausführen, also die im Aufgabenkontext relevanten Sachverhalte zweckgebunden bearbeiten. Sie werden auch in multipersonellen Koordinations- und Kooperationsprozessen tätig, so dass die Verflechtung mit den Aktivitäten anderer Aufgabenträger nicht vernachlässigt

---

[224] Vgl. die Ausführungen in Abschnitt 4.1.

werden darf. Die folgenden Abschnitte beschreiben deshalb Möglichkeiten zur Computerunterstützung multipersoneller Informationsarbeit. Hierzu wird zunächst ein Überblick über grundlegende Formen multipersoneller Informationsarbeit als Ansatzpunkt der Unterstützung vermittelt (Abschnitt 3.3.2.1). Während das Konzept des *Workgroup Computing* (Abschnitt 3.3.2.3) primär die Kooperation in Gruppen oder Teams unterstützt, indem nutzungsoffene Infrastrukturen zur Verfügung gestellt werden, zielt *Workflow Computing* (Abschnitt 3.3.2.2) darauf, die Koordination von Arbeitsprozessen auch innerhalb größerer Benutzergruppen zu steuern und steht somit in der Tradition der Büroautomation. Das Konzept des *Information Sharing* stellt dagegen die Verarbeitung gemeinsamer Informationsobjekte in den Mittelpunkt der Unterstützung (Abschnitt 3.3.2.4). Alle drei Einsatzkonzepte lassen sich unter dem Oberbegriff 'Multipersonal Computing' zusammenfassen.

3.3.2.1 Formen multipersoneller Informationsarbeit als Ansatzpunkt der Unterstützung

Seit neuerem rückt die Multipersonalität informationeller Leistungserstellung verstärkt in den Blickwinkel der Betrachtung. Im Vergleich zu den 1980er Jahren wird der Begriff der 'Bürokommunikation' gegenwärtig in der Fachliteratur nur noch selten erörtert. Unter dem Begriff '*Computer Supported Cooperative Work*' (CSCW) wird dagegen sowohl eine Klasse von Arbeitskonstellationen beschrieben als auch ein Forschungsgebiet, das sich mit kooperativen Arbeitsprozessen und situationsgerechter Gestaltung entsprechend unterstützender IuK-Technik befasst. Der Bürokommunikationsansatz und die unter dem Stichwort CSCW gebündelten Bemühungen unterscheiden sich dadurch, dass ersterer vor allem die Effizienz und Effektivität der individuellen bzw. stellenbezogenen Informationsaktivitäten im Büro betrachtet. Währenddessen stellt die Diskussion um CSCW die Effektivität und Effizienz multipersoneller Aufgabenerfüllung und das Problemlösungs- und Koordinationspotenzial im Bürobereich in den Vordergrund. Das den individuellen Charakter der technikgestützten Informationsverarbeitung am Arbeitsplatz betonende 'Personal Computing' rückt gegenüber dem 'Multipersonal Computing' als Bezeichnung für die technikvermittelte Kooperation und Koordination in den Hintergrund.

Die *Zielsetzung des Einsatzes kooperationsunterstützender Technologien* besteht darin, die Effizienz und Effektivität der multipersonellen informationsverarbeitenden Aktivitäten zu steigern. Im einzelnen werden in der Literatur die folgenden Ziele genannt:[225]

---

[225] Vgl. Olson/Bly (1991), S. 222 und Borghoff/Schlichter (1995), S. 79.

- Überwindung räumlicher und zeitlicher Barrieren, um getrennte in gemeinsame Umgebungen zu wandeln;

- Erhöhung der Effizienz kooperativer Arbeit durch Bereitstellung einer größeren Anzahl oder neuer Kommunikations- und Koordinationsmechanismen, welche die Ineffizienzen innerbetrieblicher Leistungsprozesse beseitigen, die beispielsweise aufgrund von Koordinationsproblemen, Informationsüberlastung, unvollständiger Informationsverteilung oder durch die Dominanz einzelner Personen in Kooperationsprozessen entstehen;

- Erhöhung der Verarbeitungskapazität interdependenter Aktionseinheiten durch Verbesserung des Zugriffs auf gemeinsame Informationen und Aufhebung von Produktivitätshemmnissen dadurch, dass mehrere Personen gleichzeitig an einem Objekt arbeiten können;

- Erreichung neuer Arbeitsformen und Arbeitsabläufe, die zuvor wirtschaftlich, sozial oder strukturell nicht umsetzbar waren, durch den Einsatz von CSCW-Technologien.[226]

Zur Erreichung dieser Ziele bestehen an verschiedenen Stellen Eingriffspotenziale von CSCW-Technologien. Kooperative Arbeit ist dann computergestützt, wenn mindestens für eine Komponente des Arbeitssystems Computerunterstützung eingesetzt wird. Einen ersten möglichen Ansatzpunkt stellt die *Kooperationseinheit* selbst dar, indem die Technologie die Bildung von Kooperationseinheiten erleichtert, Kommunikationsbarrieren beseitigt und die Beiträge der Teilnehmer anonymisiert werden. Durch den Einsatz neuer *Werkzeuge* gibt man einer Kooperationseinheit die Möglichkeit, mit deren Hilfe (computergestützte oder konventionelle) Materialien zu verwenden und/oder zu verändern. Die Technologie kann auch eingesetzt werden, um *Materialien* mit neuartigen Eigenschaften zur Verfügung zu stellen oder *Produkte* der Kooperation verfügbar zu machen. Ein weiterer Ansatzpunkt der technischen Unterstützung besteht darin, den *Arbeitsprozess* einer Kooperationseinheit zu verändern, indem man ihn strukturiert oder parallelisiert. Schließlich bestehen Ansatzpunkte bei den *Arbeitsaufgaben*, wenn der Kooperationseinheit Kombinationen von Werkzeugen, Materialien, Arbeitsprozesstypen und zu erzeugenden Produkten zur Verfügung gestellt werden.[227]

Im Hinblick auf die Gestaltung und Auswahl von Techniken wird multipersonelle Arbeit vielfach anhand der zeitlichen und räumlichen Umstände des Zusammentreffens

---

[226] Vgl. Oberquelle (1991b), S. 5 und Schwabe/Krcmar (1996), S. 209.
[227] Vgl. Schwabe (1995), S. 153.

der Akteure differenziert, nämlich danach, ob sie sich an gleichen oder an verschiedenen Orten, zur gleichen oder zu unterschiedlichen Zeiten aufhalten (Abb. 3-4). Die technische Flankierung kooperativer Arbeit lässt sich damit anhand der zeitlichen und räumlichen Umstände des Zusammentreffens der Teilnehmer kategorisieren. Dieser Bezugsrahmen dient in verschiedenen Publikationen zum Thema CSCW zur Klassifikation kooperationsunterstützender Software.[228]

Zur Differenzierung multipersoneller Leistungserstellungsprozesse seien darüber hinaus die folgenden Formen von Arbeitsbeziehungen unterschieden, die hinsichtlich der Intensität der Interdependenzen verschiedener Aufgabenträger differieren. Auf Grundlage der Art der Interdependenzen sind Rückschlüsse auf das Ausmaß der kooperativen oder koordinierenden Handlungen[229] zur Erfüllung einer Aufgabe zu ziehen.[230] Die Abb. 3-5 fasst die beschriebenen Zusammenhänge zusammen.

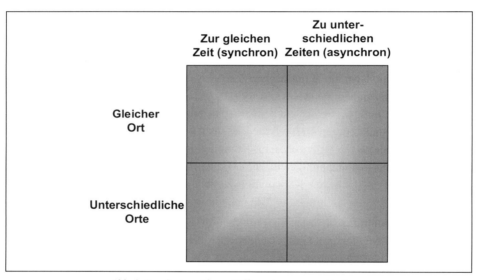

Abb. 3-4: Systematik zur Differenzierung verschiedener Kooperationssituationen

---

[228] Vgl. stellvertretend etwa Lewe/Krcmar (1991), S. 345f.; Woitass (1991), S. 13 und Maaß (1991), S. 12. Siehe auch Abschnitt 4.5.1.
[229] Vgl. Abschnitt 3.2.3.
[230] Vgl. Hacker (1986), zit. in Piepenburg (1991), S. 82 i.V.m. Sandholzer (1990), S. 29 und Seitz (1995), S. 22. Vgl. auch Gaitanides (1995), S. 74 und Gaitanides (1983), S. 160ff.

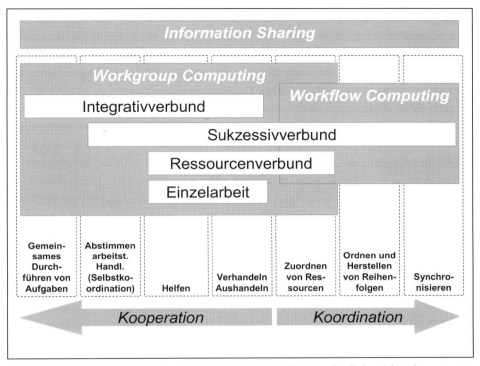

Abb. 3-5: Kooperative und koordinative Handlungen innerhalb unterschiedlicher Arbeitsformen sowie Abdeckungsgrad zugehöriger Konzepte der Computerunterstützung

- Bei *Einzelarbeit* besteht keine Verflechtung mit der Aufgabenerfüllung anderer Aufgabenträger. Es handelt sich also naturgemäß nicht um eine Form multipersoneller Leistungserstellung. Kooperative Handlungen beschränken sich hier auf fachliche Diskussionen oder Hilfeleistungen.

- Auch beim *Ressourcenverbund* erfolgt die Aufgabenerfüllung verschiedener Aufgabenträger unabhängig voneinander, d.h. ohne eine inhaltliche Verflechtung, die den Austausch von Informationen und/oder Arbeitsergebnissen erforderlich macht. Die Verflechtung ergibt sich allein aus der gemeinsamen Nutzung von Ressourcen wie z.B. gemeinsam genutzten Werkzeugen oder Rechnerkapazitäten. Der Ressourcenverbund erfordert also mindestens die Zuordnung gemeinsam genutzter Betriebsmittel.

- Bei der *Arbeit im sukzessiven Verbund* führt jeder beteiligte Mitarbeiter mit einer individuell verschiedenen (Teil-)Aufgabe die Tätigkeit am gleichen Gegenstand fort. Voraussetzung ist somit die Fertigstellung des vorherigen Arbeitsschrittes. Die Art der Beziehung kann temporal, kausal oder funktional sein. Sukzessive Verbünde können weiter differenziert werden in *sequentielle* und *reziproke Verbünde*. Bei sequentiellen Verbünden besteht eine einseitig gerichtete Input-Output-Beziehung, so dass kein wechselseitiger Austausch von Informationen stattfindet. Innerhalb eines *reziproken Verbundes* sind die Teilnehmer aufgrund gegenseitiger leistungsbezogener Interdependenzen über einen zweiseitigen Austausch von Informationen und Arbeitsergebnissen miteinander verknüpft. Als Beispiel eines sukzessiven Verbundes kann der Kreditbearbeitungsprozess in einer Bank gelten: Ein Kunde beantragt einen Kredit, der Sachbearbeiter holt eine Lohnbestätigung ein und prüft die Kreditwürdigkeit des Kunden, der Kredit wird genehmigt, abgelehnt oder an eine höhere Stelle weitergeleitet. Sukzessive Verbünde erfordern mindestens die Herstellung einer Arbeitsfolge oder sogar eine Synchronisation der Handlungen. Hier erfolgt die Koordination demnach durch dritte an der Leistungserstellung nicht direkt beteiligte Instanzen. Bei komplexeren Leistungserstellungsprozessen (beispielsweise, wenn die Schnittstellen nicht klar definiert werden können) wird der Sukzessivverbund jedoch kooperativ ausgestaltet sein, so dass die Handlungsträger sich selbst koordinieren.

– *Arbeit im Integrativverbund* meint die netzwerkartig verknüpfte, gemeinsame Arbeit mehrerer Mitarbeiter an einer Problemlösung. Zur Ausführung der Aufgabe bedarf es eines gegenseitigen Austausches von Informationen und Arbeitsergebnissen. Die Arbeit im Integrativverbund erfordert die Abstimmung der Leistungserstellung durch die Beteiligten selbst und/oder die gemeinsame Durchführung von Arbeitsschritten. Ein Beispiel stellt die Planung eines Reorganisationsprojektes in einer Projektgruppe dar.

Für die folgenden Ausführungen sind vor allem die sukzessiven und integrativen Verbünde als Formen der multipersonellen Leistungserstellung von Interesse.

Prinzipiell kann man vermuten, dass sukzessive Verbünde stark strukturierter Aufgaben erlauben, die Kopplungsstellen der Teilpläne oder den Austausch von Ressourcen a priori festzulegen, so dass die Koordination auch durch unbeteiligte Dritte oder versachlichte Medien (d.h. Programme im Sinne genereller Handlungsempfehlungen in Form von Verfahrensrichtlinien, Standards etc.) oder Pläne hergestellt werden kann. Diese können in eine Anwendungssoftware umgesetzt werden, die dem Ansatz des Workflow Computing folgt. Dagegen erfordern komplexe integrative Verbünde mit schwach strukturierten Aufgabenstellungen eine kontinuierliche und flexible Regelung z.B. der Aufgabenzuordnung, der Ablaufstrukturierung sowie Möglichkeiten zur Verständigung über Mitteleinsatz, Bearbeitungsbedingungen und/oder Zielanpassung durch die beteiligten Personen, so dass kooperative Handlungen höherer Ordnung durch die Beteiligten selbst erforderlich werden und der Ansatz des Workgroup Computing angemessen erscheint.

Unabhängig von der Unterscheidung, ob es sich bei multipersonellen Aktivitäten um koordinierte oder kooperative Arbeit handelt, spielt bei multipersonellen Aktivitäten neben der Kommunikation und Koordination auch die Verarbeitung gemeinsamer Objekte eine bedeutende Rolle, welche vor allem durch das Konzept des Information Sharing unterstützt wird.

3.3.2.2 Workflow Computing

Workflow Management und dessen technische Umsetzung in entsprechende Anwendungssoftware geht u.a. auf die betriebswirtschaftlichen Ansätze der prozessorientierten Organisationsgestaltung und auf die Ursprünge der Büroautomation der 1970er und 1980er Jahre zurück. *Workflow Computing* stellt entsprechend seiner Bedeutung im Wortsinn den Arbeitsfluss in den Mittelpunkt der technischen Unterstützung, wobei der dynamische Ablauf eines Prozesses oder einer Prozesskette von seiner Initiierung bis zum Abschluss betrachtet wird.[231] Das Konzept legt also den Schwerpunkt der Unterstützung auf die Koordination arbeitsteiliger Aktivitäten und die damit verbundenen Objekt- und Arbeitsflüsse. Es steht weniger die gemeinsame Lösung einer Aufgabe als vielmehr die notwendige Koordination als Folge der Aufteilung eines Teilproblems in Teilaktivitäten im Vordergrund. Der Anknüpfungspunkt der technischen Unterstützung liegt nicht primär bei den Interaktionen einer Arbeitsgruppe, sondern im Arbeitsprozess und dem damit verbundenen Informationstransport, der die rechtzeitige Bereitstellung von Informationen an der richtigen Stelle gewährleisten soll. Vergleichbar der Steuerung physischer Erzeugnisse durch die Fertigung werden Informationsobjekte, i.d.R. in Form von Dokumenten, durch die informationsverarbeitenden Instanzen geschleust.

Primäres Ziel des Workflow Computing ist es, die Durchlaufzeit von Vorgängen und/oder Dokumenten zu verringern, indem Liegezeiten und Transportzeiten verringert und Medienbrüche durch den Austausch und Zugriff auf elektronische Dokumente bzw. elektronische Umlaufmappen beseitigt werden. Der Informationsfluss wird gesteuert, indem Zustände von Objekten nach festgelegten Kriterien untersucht und entsprechende Maßnahmen wie z.B. das Senden einer E-Mail veranlasst werden. Es geht also darum, den Arbeitsfortschritt über den Einsatz von Computersystemen zu *automatisieren* oder zu *steuern*, um die „Abwicklung von Prozessen [...] schneller, sicherer und zuverlässiger [zu] machen"[232].

---

231 Vgl. Heilmann (1994), S. 9.
232 Kirn (1995), S. 101. Vgl. auch Hasenkamp/Syring (1994), S. 27.

Der Workflow-Ansatz beruht primär auf unpersönlicher Koordination, die durch eine weitgehende Versachlichung geprägt ist, in der die Arbeitsabläufe und Handlungsfolgen ex-ante fixiert und die anzuwendenden Verfahren festgelegt werden (Koordination durch Programme). Ein Prozess kann dann über die Festlegung von Bearbeitungsregeln standardisiert werden, wenn eine Gruppe von Vorgängen immer den gleichen, gut strukturierbaren und formalisierbaren Ablauf aufweist und die Kommunikationsbeziehungen und Entscheidungskompetenzen dauerhaft festgelegt sind. In ein technisches System implementierbar ist ein Prozess dann, wenn die Folge der Teilprozesse und Tätigkeiten durch grundlegende Ablaufstrukturen (Sequenz, Nebenläufigkeit, Alternative) beschreibbar ist.[233]

Der derzeitige Entwicklungsstand der Technik erlaubt vor allem die Unterstützung stark strukturierter Arbeitsprozesse mit sequentieller oder einfach reziproker Leistungsinterdependenz und hoher Wiederholungshäufigkeit. Hierzu werden der Zugriff auf gemeinsame Ressourcen geregelt, die Reihenfolge der Bearbeitung der Informationsobjekte festgelegt und software-technisch abgebildet sowie parallele und sequentielle Abläufe synchronisiert (Aktivitätenklasse 'Koordination'). Die unterstützten Prozesse sind häufig dokumenten- oder formularbasiert und in hohem Ausmaß an formelle Regeln gebunden, welche die Kommunikationsbeziehungen und Entscheidungskompetenzen regeln sowie mit bestimmten Rollen- bzw. Tätigkeitserwartungen an die Aufgabenträger verbunden sind. Die unterstützten Arbeitsprozesse können dabei über formelle Einheiten einer Unternehmung hinwegreichen, wobei Abteilungsgrenzen überwunden werden und häufig eine große Anzahl von Beteiligten involviert ist. Prinzipiell umfasst das Nutzungskonzept des Workflow Computing auch die Unterstützung von Arbeitsflüssen in schwach strukturierten Arbeitsprozessen.[234]

Umfassende Workflow-Management-Systeme erlauben die Ist-Modellierung eines Vorganges (Darstellung des Arbeitsflusses in einer Organisation), dessen Analyse (z.B. mit Hilfe von Animation oder Simulation) und die Modellierung der Sollprozesse, die Zuordnung, aktive Weiterleitung und Terminierung durch aktive Einleitung von Arbeitsschritten und deren Verfolgung (Prozesssteuerung) sowie die Protokollierung und Archivierung der Ergebnisse und der Modelle (Prozessverwaltung). Darüber hinaus ist vielfach arbeitsplatzbezogene Standardsoftware wie Textverarbeitung, Kommunikationssoftware, Dokumenten-Management-Software sowie Groupware integrierbar.[235]

---

[233] Vgl. Kreifelts (1983), S. 221ff.
[234] Siehe Kapitel 4.5 zur Beschreibung zugehöriger Softwaresysteme.
[235] Vgl. Heilmann (1994), S. 16f. Ähnliches findet sich auch bei Lippold/Hett/Hilgenfeldt et al. (1993), S. 4 und Bodendorf/Langer/Schmidt (1993), S. 17.

Da beim Workflow-Ansatz aufgrund des derzeitigen Entwicklungsstandes primär einfache Aufgaben mit hohem Strukturierungsgrad und hohem Ausmaß an formeller Regelung unterstützt werden, geht mit diesem Konzept ein hohes Automatisierungs- und Steuerungspotenzial einher. Automatisierende und steuernde Varianten des Workflow Computing stehen einem Gestaltungsleitbild nahe, das in der Tradition der Büroautomation und hierarchisch-bürokratischer Organisationsmodelle steht.[236] In solchen Konzepten des Workflow Computing wird der Mensch als ein Störfaktor angesehen, dessen Handlungsspielräume möglichst gering gehalten werden sollen. Davon verspricht man sich eine höhere Schnelligkeit, Sicherheit und Zuverlässigkeit der Arbeitsabläufe. Die Prozesse werden durch Organisatoren gestaltet und zur Implementierung vorbereitet. Steuerungs- und Kontrollaktivitäten werden software-technisch implementiert. Dieses führt dazu, dass die Mitarbeiter ihre Arbeit als fremdgesteuert und ihre Handlungsspielräume als eingeschränkt erleben. Inzwischen bemühen sich verschiedene Forschergruppen darum, Systeme zur Unterstützung des Prozesscharakters der Leistungserstellung zu entwickeln, die auf der Werkzeug-Material-Metapher beruhen und ein hohes Ausmaß an Selbststeuerung und Autonomie der Mitarbeiter erlauben.[237]

3.3.2.3 Workgroup Computing

Während beim Workflow Computing der Arbeitsfluss zwischen arbeitsteilig agierenden Aufgabenträgern koordiniert und gesteuert werden soll, ist es Ziel des *Workgroup Computing*, die Kooperation zwischen den Beteiligten bei der Lösung eines gemeinsamen Problems zu unterstützen. Bei den unterstützten Arbeitsformen handelt es sich primär um integrative Leistungszusammenhänge in Kooperationseinheiten von überschaubarer Größe, wie etwa in Projektgruppen, in Sitzungen oder bei der Lösung spezieller Aufgaben, beispielsweise der gemeinschaftlichen Erstellung eines Dokumentes. Nicht die Arbeitsteilung, sondern die gemeinsame Leistungserstellung steht im Vordergrund. Die bearbeiteten Aufgaben sind häufig nicht ex ante durch Verfahrensvorschriften geregelt und bedürfen in hohem Ausmaß der Selbstkoordination der Akteure. Dies gilt umso mehr, je geringer die Wiederholungshäufigkeit und je größer die Komplexität einer Aufgabe ist. Die ausgeführten Gründe für Workgroup Computing dürfen jedoch nicht zu der Annahme verleiten, dass Gruppen oder Teams in Unternehmungen nur komplexe und schwach strukturierte Aufgaben erledigen. Workgroup Computing setzt dennoch vor allem dort an, wo Integrativverbünde oder schwach strukturierte reziproke Verbünde vorliegen oder geschaffen werden. Hierbei wird keine Vorauskoordination durch organisatorische Regelungen und eine technische Implementierung von Arbeitsabläufen

---

236   Vgl. Höller/Kubicek (1990), S. 14.
237   Zum Spannungsverhältnis zwischen fremdgesteuerten und selbstbestimmten Arbeitsprozessen vgl. die Erläuterungen in Abschnitt 5.1.

vorgenommen, sondern Kooperation und flexible Selbstkoordination von Gruppen und Teams durch die Bereitstellung einer entsprechenden Infrastruktur unterstützt. Im Mittelpunkt steht, „gemeinsam mit Informationen umzugehen, sie zu erzeugen, zu sammeln, zu kommentieren und zu verteilen, kurz sie vielfältig für die täglichen Aufgaben einzusetzen."[238]

Beim Workgroup Computing erfolgt der Computereinsatz ausdrücklich zur Unterstützung der kooperierenden Aufgabenträger und nicht zur Automatisierung der Aufgabenerledigung. Somit unterscheidet sich dieser Ansatz von solchen Ansätzen des Workflow Computing bzw. der Büroautomation, bei denen stark strukturierte, verkettete und sich wiederholende Büroarbeitsprozesse automatisiert oder zumindest durch die Software gesteuert werden. Anders als beim Workflow Computing, bei dem die Unterstützung koordinativer Handlungen im Vordergrund steht, kann beim Workgroup Computing keine eindeutige Zuordnung zu einer kooperativen Teilaktivität vorgenommen werden. Die Computerunterstützung bezieht sich sowohl auf die Koordination, die Verarbeitung gemeinsamer Informationsobjekte als auch auf die Kommunikation. Das Ziel der Technikunterstützung besteht weniger in der Effizienzerhöhung als vielmehr in der Erhöhung der Flexibilität und der Leistungsqualität der Kooperationseinheit.

Den unter dem Stichwort 'Groupware' gebündelten Softwarekategorien ist eine spezifische Sicht auf die Erledigung der zu unterstützenden Arbeit gemeinsam. "The focus is on designing for the structure of the group activity."[239] Demzufolge werden unter Groupware die EDV-Werkzeuge gebündelt, „die nur im Gruppenzusammenhang sinnvoll eingesetzt werden können, von einem Individuum alleine nicht oder nur begrenzt"[240]. Die spezifischen Leistungsmerkmale derartiger Techniksysteme hängen allerdings vom jeweiligen Anwendungsfeld ab.

Groupware zielt darauf, die Effektivität, Flexibilität, Produktivität und Arbeitszufriedenheit der wechselseitigen Arbeitsbeziehungen zwischen Mitgliedern von Projektteams und Arbeitsgruppen zu fördern.[241] Dies geschieht dadurch, dass auf elektronischem Wege Ressourcen zur Verfügung gestellt werden, mit deren Hilfe es unter anderem möglich ist, Information und sonstige Materialien auszutauschen und gemeinsame Materialien in gemeinsamen Speichern zu bearbeiten. Beispiele für Groupware bilden

---

[238] Hansen (1996), S. 249ff.
[239] Winograd (1989), S. 198.
[240] Lewe/Krcmar (1991), S. 346.
[241] Vgl. Hansen (1996), S. 249ff. i.V.m. S. 918; Gappmaier/Heinrich (1992), S. 340; Heinrich (1993), S. 99; Lewe/Krcmar (1991), S. 345; Krcmar/Lewe (1992), S. 32f. und Kirn/Unland (1993), o.S.

E-Mail-, (Video-)Konferenz-, Coautoren-, Termin-, Projektmanagement-, Screen-Sharing- oder Group Decision Support-Systeme.[242]

Bei der Umsetzung von Konzepten des Multipersonal Computing sind die Vorteile situationsanpassbarer, sozialvermittelter Interaktionen gegenüber den starren, technikgesteuerten Ausprägungen computergestützter IuK-Systeme abzuwägen. Insgesamt darf nicht vernachlässigt werden, dass nicht allein Technikeinsatz, sondern dessen Abstimmung mit geschäftsspezifischen und organisatorischen Sachverhalten und die Beachtung psychosozialer Anforderungen der Mitarbeiter über den Erfolg eines computergestützten IuK-Systems entscheiden. Der effektive und effiziente Einsatz von IuK-Technik muss im Einklang mit den übergeordneten Strategien der Unternehmung stehen und kann nur im Kontext einer adäquaten organisatorischen Gestaltung erfolgen. In der Art und Weise der Gestaltung IuK-technischer Systeme vergegenständlichen sich bestimmte organisatorische Strukturen. So ist beispielsweise der Einsatz von Anwendungen des Workgroup Computing nur dort sinnvoll, wo der Aufgabenzuschnitt kooperatives Arbeitshandeln erfordert bzw. zulässt.

Mit dem Ansatz des Workgroup Computing wird insbesondere die Hoffnung verbunden, kooperative Interaktionsprozesse zu fördern. Bezüglich dreier, die Verwendung von Computertechnik im Büro bedingender und beeinflussender Faktoren (Arbeitsaufgabe, Arbeitsorganisation, Arbeitspersonal) wird deshalb gefordert,[243]

— dass integrierte computergestützte Anwendungssysteme die für die Aufgabenerfüllung erforderlichen individuellen und kooperativen Arbeitsbestandteile unterstützen, nicht jedoch steuern sollten (Aufgabenangemessenheit),

— dass ein umfassender Computereinsatz im Büro bestehende organisatorische Freiheitsgrade belassen, nicht jedoch bestimmte Organisationsformen determinieren sollte (Organisationsneutralität) und

— dass vernetzte Applikationen das Zusammenwirken der Büromitarbeiter ergänzen, nicht jedoch ersetzen sollten; es sollte vielmehr im Zuständigkeitsbereich des jeweils involvierten Personenkreises liegen, die im Einzelfall erforderlichen Kooperationsformen und -konventionen selbst festzulegen (Arbeitsautonomie).

---

242 Vgl. Oberquelle (1991b), S. 5; vgl. auch Gappmaier/Heinrich (1992), S. 340; Lewe/Krcmar (1991), S. 346 und die Ausführungen in Abschnitt 4.5.
243 Vgl. Oberquelle (1991c), S. 50f. i.V.m. Oberquelle (1991a), S. 39ff.

3.3.2.4 Information Sharing

Ein zentraler Aspekt der Unterstützung kooperativer Arbeit besteht in der Bereitstellung und Nutzung gemeinsamer Informationsbestände. Das Nutzungskonzept des *Information Sharing* stellt diese gemeinsamen Informationsbestände in den Mittelpunkt der Unterstützung und strebt dabei eine erhöhte Transparenz bezüglich der in der Unternehmung vorhandenen Informationen an. Das Ziel besteht darin, das Leistungspotenzial der Kooperationseinheiten, die Reaktionsfähigkeit sowie die Flexibilität der Unternehmung durch einen breiten Zugang zu Informationen in formalen und informalen Darstellungsformen zu erhöhen. Eine wesentliche Funktion des Technikeinsatzes liegt darin, Informationen zu verteilen, zum Zweck der Wiedergewinnung strukturiert zu speichern, einen leichten, wahlfreien Zugang auch zu räumlich verteilten Informationsbeständen zu eröffnen sowie die kontextabhängige Suche in Informationsbeständen zu erleichtern. Die technische Unterstützung erfolgt vor allem mit Hilfe von E-Mail-Systemen, Computerkonferenzen sowie Datenbanksystemen, die auf der Basis der Bulletin-Board-Funktionalität agieren.

Unternehmungsweite Adressverwaltungen, Archive mit Präsentationsunterlagen, Kataloge und Preislisten stellen einfache Anwendungsbeispiele dar, bei denen die Erhöhung der Aktualität und die Verbesserung der Wartbarkeit von Informationsbeständen im Mittelpunkt steht. Fortgeschrittene Anwendungen versuchen mit Hilfe eines Wissensmanagement (Knowledge Management), das in der Unternehmung bzw. bei den Akteuren verfügbare Know-how in speziellen verteilten Datenbanken in Form semi-strukturierter Dokumente zu speichern. Mögliche Inhalte solcher Dokumente sind die Dokumentation von Referenzprojekten oder Vorgängen. Der Einsatzzweck dieses Wissensbestandes und die Anzahl der Beteiligten sind dabei nicht notwendigerweise ex ante bestimmbar. Die Wissensbasis trägt den Charakter eines Informationspotenzials, wobei das sogenannte Meta-Wissen bezüglich des Kontextes der Informationen, also des Entstehungshintergrundes, sowie bezüglich des Zweckes der Informationserzeugung und -sammlung etc. eine wesentliche Rolle spielt.

Anwendungsbeispiele eines solchen Einsatzkonzeptes finden sich beispielsweise in Unternehmungen der Beratungsbranche oder anderen Wirtschaftszweigen, die Aufgaben mit ausgeprägtem Projektcharakter wahrnehmen. Die Möglichkeit des Zugriffs auf verschiedene Wissensquellen etwa im Zusammenhang mit der Angebotserstellung für ein komplexes Projekt, die Dokumentation der Erfahrungen mit einem bestimmten Verfahren oder die Sammlung spezieller Branchendaten kann sowohl Kosten- als auch Zeiteinsparungen sowie eine höhere Leistungsqualität ermöglichen und unterstützt gleichzeitig die Lernprozesse in einer Unternehmung. Aber auch bei Aufgaben mit hoher Wiederholungshäufigkeit und geringen Variationen finden sich geeignete Anwendungsgebiete.

Im Zusammenhang mit Information Sharing kann man auch vom 'Knowledge-Networking' sprechen. Hierbei findet Kooperation insofern statt, als dass Informationen nicht als privat oder quasi 'gruppen-privat' behandelt, sondern einer breiteren Nutzergruppe zur Verfügung gestellt werden. In der Unternehmung bereits erworbene Erfahrungen und gesammeltes Wissen werden demnach einer erneuten Nutzung zugänglich gemacht, um aktiv zur Verbesserung kooperativer Arbeit beizutragen. Gleichzeitig findet über den Zugriff auf gemeinsame Informationsobjekte eine indirekte Koordination statt. Die gemeinsame Wissensbasis kann darüber hinaus als Medium zur Anbahnung von Arbeitsbeziehungen dienen.

Die Tab. 3-1 stellt die Nutzungskonzepte 'Workflow Computing', 'Workgroup Computing' und 'Information Sharing' gegenüber.

	Workgroup Computing	Workflow Computing	Information Sharing
primäre Form der Interaktion	gemeinsame Lösung einer Aufgabe durch die Akteure	Aufteilung von Aktivitäten zwischen Akteuren	unbestimmt
unterstützte Teilaktivität der Kooperation	Koordination, Verarbeitung gemeinsamer Objekte, Kommunikation	Koordination	Verarbeitung gemeinsamer Objekte
primäre Ziele des Technikeinsatzes	bisher: Erhöhung der Flexibilität und der Qualität der Leistungserstellung	bisher: Effizienzorientierung (Kostensenkung, Reduzierung der Durchlaufzeiten)	Erhöhung der Informationsqualität und Flexibilität der Unternehmung durch Erhöhung von Know-how und Transparenz
zeitliche Verteilung	zur gleichen Zeit/ zu unterschiedlichen Zeiten	bisher: zu unterschiedlichen Zeiten	zu unterschiedlichen Zeiten
räumliche Verteilung	unterschiedlicher Ort/gleicher Ort	unterschiedlicher Ort/gleicher Ort	unterschiedlicher Ort/gleicher Ort
primär unterstützter Aufgabentyp	bisher: Einzelfall- und Projektaufgaben	bisher: Routine- und Regelaufgaben	alle Typen
Wiederholungsfrequenz der unterstützten Aufgaben	eher niedrig	eher hoch	niedrig bis hoch
Art der Interdependenzen	primär: komplexe reziproke und integrative Leistungsinterdependenzen, sekundär: Ressourceninterdependenz	sequentielle, parallele oder einfache reziproke Leistungsinterdependenzen	Ressourceninterdependenz
Anzahl der Beteiligten	primär: wenige	wenige bis viele	wenige bis viele
Bedeutung organisatorischer Regeln	niedrig	hoch	niedrig
inhaltlicher Anknüpfungspunkt des Technikeinsatzes	Interaktion der Mitglieder einer Kooperationseinheit	Arbeitsfluss (häufig in Dokumenten vergegenständlicht)	gemeinsame Informationsobjekte
Rolle der Benutzer / der Technik	aktiv, Pull-Prinzip / passiv	passiv, Push-Prinzip / aktiv	aktiv oder passiv; Pull- oder Push-Prinzip / aktiv oder passiv

Tab. 3-1: Unterscheidung verschiedener Einsatzkonzepte von Technologien zur Unterstützung multipersoneller Arbeit

3.4 Implikationen der technischen Unterstützung

Der Bürobereich bildet ein System der informationellen Leistungserstellung, in dem Menschen arbeitsteilig und mit technischer Hilfe zur Erfüllung der betrieblichen Gesamtaufgabe beitragen. Die menschlichen Aufgabenträger leisten einerseits ihren individuellen Beitrag, indem sie die ihnen zugewiesenen Arbeitsaufträge ausführen, also die im Aufgabenkontext relevanten Sachverhalte und Vorgänge zweckgebunden verarbeiten. Sie sind andererseits in multipersonelle Zusammenhänge eingebunden, in denen sie die erforderlichen Informationen kommunizieren, kooperativ und/oder koordiniert erarbeiten und gemeinsame Objekte verarbeiten. Je nach Schwerpunktsetzung existieren Ansätze einer technischen Unterstützung, die diese Charakteristika der Informationsarbeit in Unternehmungen berücksichtigen.

Gleichzeitig ist jedoch zu berücksichtigen, dass Computerunterstützung einer Reihe von Grenzen unterliegt. Abschnitt 3.4.1 befasst sich zunächst mit den Grenzen und Auswirkungen der technikvermittelten Kommunikation. Abschnitt 3.4.2 setzt sich mit Wirkungskomplexen der softwaretechnischen Unterstützung multipersoneller Arbeitszusammenhänge auseinander.

3.4.1 Implikationen technikvermittelter Kommunikation

Technikvermittelte Kommunikation ist mit einigen grundsätzlichen Schwierigkeiten verknüpft. Hier seien die Charaktistika von Kommunikation noch einmal kurz rekapituliert. *Kommunikation* bildet einen Prozess, der an den Menschen gebunden, aber technisch unterstützbar ist und sich aus zwei Aktivitätenkomplexen zusammensetzt: Erstens findet die gedankliche Aktivität der *Informationsverarbeitung i.e.S.* statt, die das Erkennen und Darstellen von Symbolen betrifft, eine menschliche Interpretationsleistung voraussetzt und nicht technisch unterstützbar ist. Zweitens werden Signale bei der gegenständlichen, d.h. ausführenden *Informationstransformation* bearbeitet und eventuell auch übertragen und gespeichert. Die Informationstransformation abstrahiert von der Bedeutung der zu kommunizierenden Inhalte und ist deshalb einer technischen Unterstützung zugänglich.

Kommunikation umfasst den Umgang mit akustisch, optisch, elektromagnetisch oder anders kodierten Informationen. Die Verständigung mittels dieser Darstellungsarten von Information hängt entscheidend vom Ausdruckspotenzial des Senders und den Aufnahmemöglichkeiten des Empfängers einer Nachricht ab. Um sich unmittelbar, d.h. face-to-face, zu verständigen, übermitteln und empfangen Menschen optisch oder akustisch kodierte Signale z.B. mit Hilfe von Sprache, Mimik und Gestik. Entsprechende (u.U.

technische) Hilfsmittel erlauben Menschen unter anderem alphanumerische Zeichen, Sprache und Töne, Texte, Zeichnungen, Bewegt- und Festbilder elekromagnetisch, optisch oder anders zu verschlüsseln und dann zeit- oder raumübergreifend zu übermitteln, so dass sie von anderen oder den gleichen Personen gehört, gelesen oder gesehen werden können.

Technikvermittelte Kommunikation ist jedoch mit einigen grundsätzlichen Schwierigkeiten verknüpft, die die wechselseitige Informationsversorgung der im Büro tätigen Mitarbeiter behindern können statt sie fördern,[244]

– weil die Ausdrucksmöglichkeiten der beteiligten Personen insbesondere durch das Wegfallen non-verbaler Kommunikationsbestandteile reduziert werden und der Unmittelbarkeit und Kontextabhängigkeit der Kommunikation eine besondere Bedeutung zukommt,

– weil die Wahrnehmbarkeit des Kommunikationspartners und seiner Reaktionen verringert sind und infolge dessen ein verändertes Partnerbild erzeugt wird,

– weil sich der Zugang zu Informationen und Kommunikationspartnern nicht unbedingt erleichtert, sondern bisweilen erschwert wird, um eine potenzielle Datenüberflutung der Systembenutzer zu vermeiden,

– weil nicht ausreichend Möglichkeiten zu unkontrollierter, vertraulicher Kommunikation zur Verfügung stehen,

– weil Kommunikationsinhalte etwa durch formular- und menüorientierte Benutzungsoberflächen und Dialogformen vielfach aufgabenunangemessen und kontextverengend formalisiert werden und

– weil die notwendige Rekonstruktion der Intention und des Informationsstandes eines Kommunikationspartners eingeschränkt wird, da Rückfragen und Erläuterungen (insbesondere bei asynchronen Mitteilungen) nur bedingt möglich sind.

Der zuletzt genannte Punkt ist besonders gravierend. Eine nicht am möglichst unverzerrten Nachrichtentransport, sondern am Verhalten der Akteure orientierte Sicht versteht Kommunikation als absichtsvolles Handeln, das sich auf die Vorstellungswelt anderer Menschen bezieht. Sich verständigen heißt, mit Hilfe von Mitteilungen dem Erfahrungshorizont des Adressaten möglichst nahe zu kommen. Weil es jedoch prinzipiell unsicher ist, ob eine Verständigung zustande gekommen ist oder ob Missverständnisse vorliegen, werden Kommunikationsprozesse durch Aktivitäten der Verständigungssicherung in Form von Nachfragen oder Beobachtungen begleitet. Da jeder einzelne Kommunikationsvorgang in einen fortlaufenden Kommunikationszusammenhang

---

[244] Vgl. Herrmann (1991b), S. 62 und Erb/Herrmann (1995), S. 178.

eingebettet ist, bedienen sich die Kommunizierenden darüber hinaus des Kontextes, um zu verstehen, über welche Inhalte mit welchem Ziel kommuniziert wird.

Über elektronische Medien vermittelte Kommunikation weist grundlegende Unterschiede zu direkter, persönlicher Kommunikation auf. Neue Kommunikationstechnologien erhöhen nicht nur die Reichweite menschlicher Kommunikation und die Geschwindigkeit der Informationsübermittlung, sondern beeinflussen sowohl die Kommunikationsinhalte als auch den Kommunikationsstil und verändern Informationsverarbeitungsprozesse quantitativ und qualitativ. Elektronisch vermittelte Kommunikation kann Face-to-face-Kommunikation nicht vollkommen ersetzen, aber dazu beitragen, bestimmte Schwierigkeiten, Unannehmlichkeiten oder Breakdowns zu vermeiden oder zu verringern. Insgesamt scheint es erfolgversprechend, computergestützte Kommunikationsmedien nicht als Ersatz, sondern als Ergänzung bestehender Kommunikationskanäle zu konzipieren. Die Herausforderung besteht darin, sie in solchen Interaktionssituationen einzusetzen, die von den neuen Medien profitieren.[245] Dieses erfordert eine ausgeprägte Kompetenz der Akteure im Hinblick auf die situationsgerechte Auswahl der Kommunikationsmedien. Jede Arbeitssituation muss dahingehend analysiert werden, in welchem Ausmaß direkte Kommunikation erforderlich ist, welche elektronisch vermittelte Kommunikationsform sich eignet, um den jeweiligen Aufgabenerfüllungsprozess effektiv zu unterstützen und wie sich elektronisch vermittelte und nicht elektronisch vermittelte Kommunikationsformen sinnvoll verschränken lassen.

3.4.2 Wirkungskomplexe der technischen Unterstützung multipersoneller Informationsverarbeitung

Aus einem anderen Blickwinkel betrachtet wurde Informationsarbeit in den vorangehenden Ausführungen als koordiniert und/oder kooperativ charakterisiert und korrespondierende Konzepte der Computerunterstützung wie das Workgroup Computing, das Workflow Computing und das Information Sharing vorgestellt. *Kooperation* bezeichnet das bewusste, aufeinander abgestimmte Tätigsein von Individuen, das die Zielerreichung aller beteiligten Partner ermöglicht. Das Vorliegen von Kooperation ist an die Bedingungen der partiellen Zielidentität, der Plankompatibilität, der Selbstkoordination und des Ressourcenverbundes geknüpft und von der *Koordination* abzugrenzen: Koordination beinhaltet auch durch eine dritte Instanz durchführbare Abstimmung. Während Koordination also die passive Einordnung der Elemente in den Gesamtzusammenhang erlaubt, erfordert Kooperation im Gegensatz dazu die aktive gegenseitige Bezugnahme der Beteiligten. Neben kommunikativen und bestimmten Formen koordinativer Tätig-

---

[245] Vgl. Ellis/Gibbs/Rein (1991), S. 44.

keiten ist Kooperation darüber hinaus auch durch die Verarbeitung gemeinsamer Objekte zu kennzeichnen.

Der Einsatz von Informationstechnik zur Unterstützung multipersoneller Arbeitsprozesse ist mit einer Reihe von Wirkungskomplexen verbunden:[246]

- räumliche und zeitliche Entkopplung der Aktivitäten,
- Effizienzveränderungen,
- Veränderungen der Informationsversorgung,
- Veränderungen der Transparenz und Kontrollierbarkeit von Kooperationsaktivitäten,
- Veränderungen der Handlungsspielräume der Akteure,
- strukturelle Implikationen,
- Veränderung persönlicher und informaler Beziehungen sowie
- Veränderung der Anforderungen an die Qualifikation der Akteure.

Diese Wirkungskomplexe werden im Folgenden kurz erläutert.

Der Einsatz von Technologien zur Unterstützung multipersoneller Arbeit ermöglicht Arbeitsformen, die ohne elektronische Unterstützung nicht wirtschaftlich umsetzbar oder praktikabel wären und erlaubt veränderte Formen der räumlichen und zeitlichen Arbeitsverteilung unter Ausnutzung der zeitlichen und geografischen Gegebenheiten, d.h. eine *räumliche und zeitliche Entkopplung der Aktivitäten*. Dieses kann Zeit-, Kosten- und/oder Flexibilitätsvorteile mit sich bringen, beispielsweise indem Unternehmungseinheiten in die Nähe bestimmter Kunden oder Lieferanten verlagert oder Kostenvorteile verschiedener Standorte (z.B. Programmierung in Asien) genutzt werden. Asynchrone oder raumüberspannende Kooperation und Koordination mittels komfortablerer Kommunikationsmedien kann nicht nur die in Meetings verbrachte Zeit, sondern auch die mit ihnen verbundene Reisezeit[247] und -kosten sowie allgemein die Häufigkeit von Arbeitsunterbrechungen reduzieren. Die Anzahl von synchronen Meetings am selben Ort zwecks Austausch von Sachinformationen und das als 'telephone tag'bezeichnete Phänomen können vermindert oder die parallele Verarbeitung gemeinsamer Objekte ermöglicht werden. Die räumliche und zeitliche Entkopplung beinhaltet jedoch zugleich auch eine personelle Entkopplung, die persönli-

---

[246] Die Gruppierung der Wirkungsdimensionen orientiert sich an Bornschein-Grass (1995), S. 38ff.; ähnlich Hutchison (1994), S. 316f.
[247] Andererseits ist jedoch auch denkbar, dass es zu einer Zunahme von Reisen kommt, weil häufiger räumliche Dezentralisierungsstrategien verfolgt werden.

che Kontakte und Beziehungen reduziert. Der Einsatz von Technik reißt demnach nicht nur (bewährte oder weniger bewährte) (räumliche) Schranken (wie z.B. das Vorzimmer) ein, sondern errichtet auch neue.[248]

Technologien zur Unterstützung multipersoneller Arbeitsprozesse dienen der *Effizienzsteigerung* von Arbeitsprozessen durch Verringerung von Durchlaufzeiten, durch verbesserte Archivierung und Verteilung von Informationen, durch Vermeidung von Redundanzen sowie Verringerung von Doppelarbeiten und Medienbrüchen. Gleichzeitig können Aktivitäten teilweise oder vollständig automatisiert werden. Der Einsatz der IuK-Technik erfordert jedoch auch zusätzliche, effizienzsenkende Aufwendungen etwa für die Pflege von Datenbeständen oder Netzwerkstrukturen.[249]

Der Einsatz von Software zur Unterstützung multipersoneller Arbeitsprozesse unterstützt eine hinsichtlich Geschwindigkeit, Qualität, Umfang und Verfügbarkeit bessere *Informationsversorgung* bei, im Vergleich zu papiergestützten Medien, relativ geringem Aufwand. Möglichkeiten für einen breiten Zugang zu personellen oder nicht-personellen Informationen beispielsweise über Projekte, Kunden und/oder andere Rahmenbedingungen werden geschaffen. Darüber hinaus erhofft man sich eine schnellere Verarbeitung und umfassendere Sichtung relevanten Wissens. Dabei kann die Verfügbarkeit und Verwertung von Informationen auch über Leistungsprozesse und Trennungslinien konventioneller Unternehmungskommunikation hinweg erhöht werden. Die Möglichkeit, über gemeinsame Informationsbasen zu kommunizieren, Informationen verteilt zu speichern sowie anwendungs- und situationsbezogen abzufragen, senkt die zeitlichen und monetären Aufwendungen für Informationsbeschaffungsprozesse und kann zur Verkürzung von Lern- und Leistungsprozessen beitragen.[250] Abzuwägen sind diese Vorteile mit den Risiken der Überflutung mit Wissen und den damit verbundenen erhöhten Aufwendungen zur problemgerechten Auswahl des relevanten Wissens.

Die aktive technologische Unterstützung multipersoneller Arbeitprozesse setzt die Offenlegung von Aufbau- und Ablaufstrukturen, von Rollen und Interaktionsmechanismen sowie die daraus resultierenden Informationen wie Prozessstatus, Verfügbarkeit von Personen und Ressourcen voraus. Dies erhöht die Transparenz der Geschehnisse in Kooperationseinheiten. Transparenz erleichtert das Nachvollziehen von Kooperationsprozessen, die Identifikation von Fehlern, Engpässen, Redundanzen sowie freien Kapazitäten, was sich positiv auf die Koordination der Akteure auswirkt.[251] *Transparenz*

---

[248] Vgl. Bornschein-Grass (1995), S. 38 und Oberquelle (1991a), S. 51.
[249] Vgl. Bornschein-Grass (1995), S. 39 und Wendel (1996), S. 92.
[250] Vgl. Opper/Fersko-Weiss (1992), S. 43; Huber (1990), S. 53ff.; Grüninger (1996), S. 37 und Bornschein-Grass (1995), S. 38f.
[251] Vgl. Bornschein-Grass (1995), S. 39 und Kueng (1997), S. 54.

führt einerseits zu einem besseren Verständnis der Aktivitäten anderer und ist in Kooperationssituationen notwendig, weil die Aktivitäten der Partner den Kontext für die eigenen Handlungen darstellen. Gleichzeitig steigert Transparenz die Möglichkeiten, Entscheidungen und Interpretationen zu reflektieren und zu diskutieren. Andererseits schwächt die Transparenz die Bedeutung solcher Aspekte ab, die auf der Kommunikation impliziter kultureller Normen über Gesten, Rituale und Metaphern beruhen, was nicht notwendigerweise positiv sein muss.[252]

Transparenz besitzt einen ambivalenten Charakter, weil sie gleichzeitig auch das *Kontrollpotenzial* erhöht und einen höheren Legitimationsdruck für den Einzelnen verursacht. Beim Einsatz von Technik zur Unterstützung kooperativer Arbeit werden auch Informationen, Strukturen und Prozesse transparent, deren Kenntnis bisher einem bestimmten Personenkreis vorbehalten war, bis zur entsprechenden Aktivität im individuellen Arbeitsbereich blieben (z.B. Entwürfe für Dokumente) oder nur unter großem Aufwand zu erheben waren.[253] Letztlich kann Informationstechnik hier zur erhöhten individuellen und kollektiven sozialen Kontrolle durch Kollegen und Vorgesetzte verwendet werden. Die Akteure in Kooperationseinheiten kooperieren nicht immer perfekt, da sie auch eigene Ziele und Motive verfolgen. Die Transparenz der individuellen Aktionen und auch der Interaktionen mit anderen und der damit verbundene Verlust an Privatheit kann zu einer lähmenden Starrheit führen, anstatt die Reflexion der Handlungen zu vereinfachen und effektives organisationales Lernen zu unterstützen.[254] Deshalb bedarf es einer Einschränkung der Transparenz und einer geeigneten formalen Regulierung.

Die technische Unterstützung multipersoneller Aktivitäten kann sowohl dazu beitragen, die *Handlungsspielräume* der Aufgabenträger in der Unternehmung zu erhöhen als auch dazu, diese einzuschränken. Unter dem Handlungsspielraum sei dabei an dieser Stelle die Möglichkeit verstanden, nach eigenen Ermessen über das Arbeitsverhalten zu entscheiden. Dieses beinhaltet auch, zwischen verschiedenen Arbeitsverfahren wählen zu können. Die Entkopplung von Raum und Zeit durch den Einsatz von Technik steigert die Handlungsspielräume einerseits, indem eine höhere Kontrolle über den eigenen Arbeitsablauf ermöglicht wird. Andererseits beinhaltet die Normierung von Kommunikationsschnittstellen, die Vorstrukturierung multipersoneller Arbeitsprozesse und die einheitliche Modellierung von Informationen, Koordinations- und Kooperationsprozessen die Verringerung von Handlungsspielräumen und die Steigerung der Transparenz der individuellen Arbeitsleistungen.[255] Schließlich verändert der Einsatz

---

[252] Vgl. Wagner (1991), S. 181f. und Dourish/Belotti (1992), S. 107.
[253] Vgl. Wagner (1991), S. 177; Bornschein-Grass (1995), S. 39 und Opper/Fersko-Weiss (1992), S. 56.
[254] Vgl. Bannon/Bjørn-Andersen/Due-Thomsen (1988), S. 300f.; ähnlich Howard (1987), S. 183ff.
[255] Vgl. Oberquelle (1991a), S. 46.

von Technik auch die Arbeitsgewohnheiten der Akteure und den Arbeitsstil der multipersonellen Einheiten, beispielsweise wenn Software zur Bearbeitung elektronischer Dokumente nicht das farbige Markieren oder das Anbringen von Notizen auf Papierdokumenten anbietet. Diese Veränderungen beinhalten Einschränkungen der Handlungsspielräume der Aufgabenträger bei der Wahl der Arbeitswerkzeuge. In diesem Zusammenhang ist auch zu berücksichtigen, dass der Technikeinsatz zwar die Arbeitstätigkeit einer Kooperationseinheit als Ganzes unterstützt, die Aufgabenerfüllung einzelner Akteure aber auch stören kann.

Nicht nur im Hinblick auf die räumliche Verteilung ist der Einsatz von Computern eng mit der Anwendung struktureller Parameter der Gestaltung verbunden. Der Einsatz kooperationsunterstützender Techniken kann sowohl den Abbau von Hierarchien als auch die Machtsicherung in hierarchisch strukturierten Unternehmungen unterstützen und kann deshalb *strukturelle Implikationen* beinhalten. Strukturelle und politische Aspekte in Applikationen abzubilden, die multipersonelle Arbeitszusammenhänge unterstützen, erfordert ihre explizite Diskussion und kann zuvor verborgene Interessenskonflikte an die Oberfläche bringen.

Kooperative Büroprozesse sind kommunikationsintensiv und die Kontakte zu Kollegen stellen sich als wichtig für die Leistungsprozesse dar. Kommunikation dient jedoch nicht nur der aufgabenbezogenen Information und Koordination in formalen Strukturen. In Unternehmungen bestehen auch solche Beziehungen, die zwar aufgabenbezogen, aber nicht in den formalen Strukturen vorgesehen sind, oder solche, die nicht primär der Aufgabenerfüllung, sondern der Befriedigung sozialer Bedürfnisse dienen. Beide Aspekte formen informale Beziehungen. Die Arbeit in Kooperationseinheiten, die Aktionen und Entscheidungen der Kooperanden sind in hohem Ausmaß durch informale Konventionen und die Kenntnis der Personen sowie ihrer Rollen innerhalb der Kooperationseinheit bestimmt. Informale Beziehungen bilden sich dazu heraus, um (bewusst oder unbewusst gelassene) Lücken der formalen Strukturierung der Unternehmung zu schließen oder sie in Sondersituationen zu überwinden. Informale Kommunikation dient dazu, das soziale Netz am Arbeitsplatz aufzubauen und zu pflegen. Informale Interaktionen stellen wesentliche psychologische Funktionen wie emotionale Unterstützung und Kollegialität bereit, die sich auch auf die Leistungserstellung auswirken. Aus den genannten Gründen darf die Bedeutung informaler Aspekte für die Leistungsprozesse nicht unterschätzt werden. Die Strukturierung von Kommunikationswegen und die Formalisierung der Kommunikation führen zu einer Reduktion der informalen Kontakte. Beispielsweise sinkt beim Einsatz elektronischer Umlaufmappen und indirekter Kommunikation über gemeinsame Informationsbestände die Anzahl der persönlichen, informalen Kontaktmöglichkeiten, die häufig face-to-face oder per Telefon zustande kommen. Gleichzeitig entstehen jedoch mit der Einführung neuer Kommunikationsmedien neue Möglichkeiten, lose informale Kontakte auch über Abteilungs- und Hierarchiegrenzen hinweg zu pflegen.[256] Insgesamt sind also *Veränderungen persönlicher und informaler Beziehungen* durch die Technologieunterstützung zu beachten.

Die Technisierung multipersoneller Aktivitäten beinhaltet, stärker als die Computerunterstützung individueller Aktivitäten, auch die Formalisierung und Standardisierung sozialer Strategien. Dies hat die Zuspitzung der Wahrnehmung der Akteure auf spezifische Kriterien und die Vereinheitlichung sozialer Praktiken und kognitiver Stile zur Folge, welches *veränderte Anforderungen an die Qualifikation der Akteure* impliziert. Beispielsweise versucht man bei Softwaresystemen zur Unterstützung der Koordination die organisatorischen Regeln, das Know-how und die Erfahrungen von Vorgesetzten und Mitarbeitern hinsichtlich des Ablaufes von Informationsverarbeitungsprozessen in einem Softwaresystem abzubilden. Dies erfordert, diese transparent zu machen, zu kommunizieren, eindeutig zu regeln und als verbindlich zu erklären. Als individuelle Könnensvoraussetzung und Quelle der Motivation wird das erforderliche Wissen somit entwertet.[257] Dies kann bei den Betroffenen die Befürchtung hervorrufen, dass Know-how-Vorsprünge verringert werden. Gleichzeitig eröffnet sich durch die Transparenz und Kommunikation jedoch die Möglichkeit, neue Qualifikationen zu erlangen. Den Mitarbeitern bieten sich mittels des breiten Zugangs zu Informationsquellen neue Möglichkeiten, ihr Wissen beispielsweise zu aktuell diskutierten Themen zu vergrößern und ihre Qualifikationen zu erweitern. Nicht vernachlässigt werden darf auch, dass Kooperation selbst hohe Anforderungen an die Qualifikation der Mitarbeiter stellt.

Die vorausgehenden Ausführungen zeigen, dass der Einsatz von Informations- und Kommunikationstechnik im Bürobereich unterschiedliche Wirkungsdimensionen beinhaltet, die sich je nach ihrer Ausgestaltung sowohl ein Nutzen- als auch ein Risikopotenzial darstellen können. Dies stellt hohe Anforderungen an die Gestaltungsprozesse des Einsatzes von Informations- und Kommunikationstechnologien, wenn eine zielgerechte Unterstützung multipersoneller Informationsarbeit erfolgen soll. Gleichzeitig verdeutlichen die Ausführungen die enge Verknüpfung struktureller, personeller und technischer Aspekte. Dieses gilt es zu bedenken, wenn im folgendenKapitel 4 grundlegende Kategorien von Anwendungssoftwaresystemen dargestellt werden und im Anschluss in Kapitel 5 Konzepte der Gestaltung computergestützter Informations- und Kommunikationssysteme diskutiert werden.

---

256 Vgl. Bornschein-Grass (1995), S. 40; Pickering/King (1992), S. 357f. und Grote (1994), S. 71.
257 Vgl. Falck (1992), S. 164 und Wagner (1991), S. 177.

Kapitel 4

Anwendungssoftwaresysteme zur Unterstützung der Informationsverarbeitung und der Kommunikation

Roland Gabriel

4.1	Isolierte und integrierte Einsatzformen computergestützter Anwendungssoftwaresysteme	159
	4.1.1 Isolierte Anwendungssysteme zur 'Individuellen Datenverarbeitung' (IDV)	160
	4.1.2 Integrierte Anwendungssoftwaresysteme zur 'Interpersonellen Datenverarbeitung'	165
4.2	Operative integrierte Anwendungssoftwaresysteme zur Ausführung des Tagesgeschäftes	169
	4.2.1 Anwendungsintegration im Handel durch Warenwirtschaftssysteme (WWS)	170
	4.2.2 Anwendungsintegration in der Industrie durch Produktionsplanungs- und -steuerungssysteme (PPS-Systeme)	175
	4.2.3 Weitere operative integrierte Systeme im Überblick	180
4.3	Analyseorientierte Anwendungssoftwaresysteme zur Unterstützung des Managements	183
	4.3.1 Management Support Systeme (MSS)	184
	4.3.2 Management Information Systeme (MIS) und Executive Information Systeme (EIS)	186
	4.3.3 Decision Support Systeme (DSS)	188
	4.3.4 Data Warehouse-Systeme (DWS)	189
	4.3.5 Einsatzbereiche analyseorientierter Informationssysteme in der betrieblichen Praxis	191
	4.3.5.1 Database Marketing	192
	4.3.5.2 Vertriebscontrolling	193
	4.3.5.3 Konzerncontrolling	194
	4.3.5.4 Unternehmungsführung	195
	4.3.6 Entwicklungstendenzen der analyseorientierten Systeme	195

4.4　Anwendungssoftwaresysteme auf der Basis vernetzter Rechnersysteme　196

 4.4.1　Interne Anwendungssoftwaresysteme auf Basis lokaler Rechnernetze　197

 4.4.2　Übergreifende (internetbasierte) Anwendungssoftwaresysteme auf Basis (welt-) weiter Netze und Telekommunikationssysteme　199

4.5　Anwendungssoftwaresysteme zur Unterstützung der Kooperation (Groupware und CSCW-Systeme)　202
(Ane-Kristin Reif-Mosel)

 4.5.1　Grundlegende Charakterisierung und Klassifikation der Groupware-Systeme　203

 4.5.2　E-Mail-Systeme　207

 4.5.3　Bulletin-board-Systeme und Computerkonferenzsysteme　209

 4.5.4　Telekonferenzsysteme (Audio-Conferencing-, Video-Conferencing- und Desktop-Conferencing-Systeme)　211

 4.5.5　Sitzungsunterstützungssysteme (E-Meeting-Rooms- und Group Decision Support Systeme)　214

 4.5.6　Termin- und Projektmanagementsysteme　217

 4.5.7　Prozessunterstützungssysteme (Workflow Management-Systeme)　219

 4.5.8　Coautoren- und Screen-sharing-Systeme　225

 4.5.9　Gemeinsame elektronische Arbeitsbereiche　227

 4.5.10　Intelligente Agenten　228

4.6　Enterprise Resource Planning-Systeme (ERP-Systeme)　229

 4.6.1　Eigenschaften von Standardanwendungssystemen und ERP-Systemen　230

 4.6.2　Kommerzielle ERP-Systemprodukte　233

4.7　Entwicklungstendenzen von Anwendungssoftwaresystemen　236

4 Anwendungssoftwaresysteme zur Unterstützung der Informationsverarbeitung und der Kommunikation

Jede Unternehmung lässt sich als Informations- und Kommunikationssystem (IuK-System) darstellen, das man beispielsweise, wie im ersten Kapitel erläutert, als sozio-technisches System durch seine Aufbau- und Ablauforganisation beschreiben kann.[258] Die Darstellung der Unternehmung bzw. der Organisationsstruktur 'Büro' als IuK-System, in dem durch Informationsverarbeitung und Kommunikation die betrieblichen Aufgaben ausgeführt und die Probleme gelöst werden, ist Gegenstand des dritten Kapitels. Die systemtechnische Infrastruktur als Basis eines betrieblichen computergestützten Informations- und Kommunikationssystems wird im zweiten Kapitel beschrieben. Im Folgendenvierten Kapitel werden Softwaresysteme mit ihren Anwendungs- und Einsatzmöglichkeiten als wichtiger Bestandteil eines IuK-Systems diskutiert, die der Informationsverarbeitung und der Kommunikation in Unternehmungen dienen. Gegenstand sind somit die Anwendungssoftwaresysteme.

Eine grobe Einteilung der Anwendungssoftwaresysteme, die sich an dem hierarchischen Aufbau einer Unternehmung orientiert, lässt sich auf drei Ebenen vornehmen. Auf der unteren Ebene sind die operativen Anwendungssoftwaresysteme angeordnet, die beispielsweise die Aufgaben in den betrieblichen Funktionsbereichen Beschaffung, Produktion, Absatz und Rechnungswesen unterstützen. Auf der mittleren Ebene sind die taktischen Anwendungssysteme zu finden, die sich durch Planungs-, Analyse- und Kontrollaufgaben in den verschiedenen Funktionsbereichen auszeichnen. Auf der oberen Ebene sind die Unternehmungsführungsaufgaben angesiedelt, die vor allem strategische Anwendungssoftwaresysteme beinhalten. Ziel ist es, die Aufgaben auf allen Ebenen und in allen Funktionsbereichen durch computergestützte Informationsverarbeitungs- und Kommunikationssysteme bzw. Anwendungssoftwaresysteme zu unterstützen. Abbildung 4-1 gibt einen Überblick über die betrieblichen Anwendungssoftwaresysteme, die sich in drei Gruppen einteilen lassen.

---

[258] Vgl. hierzu auch z.B. die Beiträge in Picot/Reichwald/Wigand (1996).

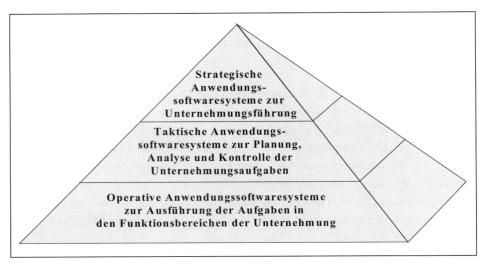

Abb. 4-1: Betriebliche Anwendungssoftwaresysteme

Ziel der Arbeits- und Geschäftsabwicklung in Unternehmungen ist die Durchführung der Aufgaben, die auf Informationsverarbeitungs- und Kommunikationsprozessen basieren und der Erreichung der Unternehmungsziele dienen. Voraussetzung für die Zielerreichung ist die Planung der Arbeitsabläufe und die systematische Ausführung der Tätigkeiten mit entsprechenden Kontrollen im Sinne vorbeugender Qualitätssicherungsmaßnahmen. Moderne IuK-Techniken (vgl. Kapitel 2) bieten hervorragende Unterstützungsmöglichkeiten zur effizienten und effektiven Realisierung der Arbeits- und Geschäftsabwicklung. Da der erfolgreiche Einsatz der Hard- und Softwaretechniken auch in hohem Maße von der Akzeptanz der Angestellten einer Unternehmung als Benutzer abhängt, ist eine partizipative und benutzungsgerechte Gestaltung und Einführung der Systeme eine notwendige Voraussetzung hierfür (vgl. Kapitel 5).

Im vorliegenden vierten Kapitel sollen *Anwendungssoftwaresysteme* mit entsprechender Implementierung auf geeigneten Hardwaresystemen und bei sinnvoller Einbindung in die Organisation einer Unternehmung als wichtige Komponenten eines IuK-Systems erläutert werden, die die Aufgabenausführung und die Lösung der Probleme unterstützen.

Betriebliche Anwendungssoftwaresysteme stellen Softwaresysteme dar, die an die entsprechenden individuellen Gegebenheiten einer Unternehmung angepasst werden müssen, d.h. sie müssen sich an den konkreten betrieblichen Organisationsformen und Zielsetzungen orientieren. Die meisten Informationsverarbeitungsaufgaben werden in dem sozio-technischen System 'Büro' ausgeführt. Das Büro muss somit für diejenigen Bereiche, für die die Computerunterstützung Vorteile bringt, in ein IuK-System abgebildet werden (*computer based office system*). Die Anwendungssoftwaresysteme als wichtiger Bestandteil eines computergestützten IuK-Systems werden häufig in *Individualsoftware* und *Standardsoftware* eingeteilt.[259] In letzter Zeit gewinnen offene Standardanwendungssysteme immer mehr an Bedeutung, die auf herstellerunabhängigen Standards basieren und als *ERP-Systeme* (Enterprise Resource Planning-Systeme) für den Einsatz in der betrieblichen Praxis angeboten werden.[260]

Das vorliegende Kapitel behandelt die Anwendungssoftwaresysteme aus verschiedenen Sichten, die unterschiedliche Schwerpunkte ihrer Eigenschaften betrachten. Der erste Abschnitt stellt zunächst mögliche Einsatzformen computergestützter Anwendungssoftwaresysteme im Überblick vor (Abschnitt 4.1), wobei isolierte und integrierte Nutzungsformen unterschieden werden. Anschließend werden einerseits die Informationsverarbeitungsformen in Unternehmungen behandelt, die durch operative Anwendungssysteme im Tagesgeschäft geleistet werden (Abschnitt 4.2), und andererseits die Informationsverarbeitungsformen zur Planungs- und Entscheidungsunterstützung und zur Unternehmungsführung, die durch analyseorientierte Systeme im Management unterstützt werden (Abschnitt 4.3). Eine besondere Bedeutung kommt den vernetzten Systemen zu, die die Basis für die Nutzung lokaler und (welt-)weiter Anwendungen bilden (Abschnitt 4.4), und speziell den Systemen zur Unterstützung der Kooperation (Abschnitt 4.5). Weiterhin werden in Abschnitt 4.6 die ERP-Systeme mit ihren Eigenschaften beschrieben und ausgewählte kommerzielle Softwareprodukte im Überblick vorgestellt. Abschließend werden Entwicklungstendenzen von Anwendungssoftware in Abschnitt 4.7 aufgezeigt.

4.1 Isolierte und integrierte Einsatzformen computergestützter Anwendungssoftwaresysteme

Computergestützte Anwendungssoftwaresysteme lassen sich als von Aufgabenträgern eingesetzte Softwaresysteme zur Informationsverarbeitung und zur Kommunikation beschreiben. Die *Softwaresysteme* dienen letztlich dazu, den Aufgabenträgern Informationen aus den verschiedenen betrieblichen Aufgabenbereichen zur Verfügung zu stellen (z.B. mit Hilfe von Datenbanksystemen) bzw. Informationen aufzubereiten und zu verarbeiten (z.B. mit Hilfe von Dispositions- und Planungssystemen). Die computergestützte *Kommunikation* soll vor allem die Koordination der arbeitsteiligen Aufgabenprozesse in Unternehmungen unterstützen (z.B. auf der Basis interner bzw. externer

---

[259] Vgl. Hansen (1996), S. 172ff.
[260] Standardanwendungssysteme als ERP-Systeme werden z.B. von den Firmen SAP und BAAN als modulare Systeme angeboten und in Unternehmungen weltweit genutzt. Vgl. z.B. Wenzel/Post (1998) und Appelrath/Ritter (2000).

elektronischer Postsysteme). Die computergestützten Anwendungssoftwaresysteme kann man einerseits in *isolierte Systeme* (vgl. Abschnitt 4.1.1) und andererseits in *integrierte Anwendungssoftwaresysteme* (vgl. Abschnitt 4.1.2) einteilen, die beide auf allen Ebenen und in allen Funktionsbereichen einer Unternehmung gegeben sind.

Kriterien zur Einordnung eines Anwendungssoftwaresystems in die Gruppe der isolierten Systeme sind vor allem

– die Beschränkung des Anwendungssoftwaresystems auf die spezifischen Anforderungen des betreffenden Arbeitsplatzes in einer Unternehmung und

– der fehlende Zugriff auf die Daten anderer Unternehmungsmitarbeiter, die Daten für die gegebene Anwendung erzeugen, verändern und/oder abrufen.

Bei den integrierten Anwendungssoftwaresystemen sind beide Kriterien aufgehoben, d.h. es besteht keine Beschränkung auf spezifische Anforderungen eines bestimmten Arbeitsplatzes. Weiterhin ist ein Zugriff auf solche Daten gegeben, die von anderen Arbeitsplätzen verwaltet werden (sofern eine Zugriffsberechtigung gegeben ist). Integrierte Anwendungssysteme bieten vielfältige Vorteile und bestimmen heute den Einsatz computergestützter Systeme in der Praxis. Die isolierten Systeme bilden jedoch eine wichtige Basis integrierter Nutzungsformen und werden deshalb zur besseren Erklärung der Zusammenhänge im Folgenden auch kurz vorgestellt.

4.1.1 Isolierte Anwendungssysteme zur 'Individuellen Datenverarbeitung' (IDV)

Die isolierten Anwendungssoftwaresysteme unterstützen das 'Personal Computing' bzw. die *'Individuelle Datenverarbeitung' (IDV)* durch den Einsatz persönlicher Anwendungssysteme am Arbeitsplatz und weitgehend eigenständige Nutzung von *Endbenutzersystemen* mit dem Ziel, fachliche Aufgaben auszuführen. Merkmale der isolierten Anwendungen und der Individuellen Datenverarbeitung (IDV) sind:

– die Gestaltung einer DV-gestützten Individuallösung als eigenes Anwendungssoftwaresystem,

– die selbständige Entwicklung bzw. Änderung des eigenen Anwendungssoftwaresystems,

– die Nutzung des eigenen Systems als persönliches Arbeitsmittel, für das man selbst verantwortlich ist.

Bei den isolierten Anwendungssoftwaresystemen besteht keine informations- bzw. kommunikationstechnische Verbindung zu dem Umfeld des gegebenen Arbeitsplatzes, der somit nicht in einen computergestützten Arbeitsprozess eingebunden ist. Die Verbindung mit der Umwelt erfolgt mittels konventioneller Techniken wie z.b. Formulare, Telefon und mündliche Kommunikation. Am Arbeitsplatz selbst kann jedoch ein sehr leistungsfähiger Personal Computer vorhanden sein, der mit entsprechender Anwendungssoftware ausgestattet, aber nicht in ein vernetztes System eingebunden ist. Bei der Individuellen Datenverarbeitung ist ein Zugriff auf Daten bzw. ein Versenden von Daten über ein Rechnernetz möglich, ohne dass dabei eine integrierte Datenverarbeitung vorgenommen wird.

Die Benutzungsoberfläche der Arbeitsplatzsysteme soll einen 'elektronischen Schreibtisch'[261] darstellen, der auf dem Bildschirm des Rechners abgebildet wird. Moderne Oberflächen weisen objektorientierte Schnittstellen auf, d.h. der Benutzer arbeitet direkt mit den ihm bekannten Objekten, die graphisch am Bildschirm als Symbol dargestellt werden, wie z.B. Aktenschrank, Ordner, Dokumente. Die Objekte lassen sich vom Benutzer erstellen, verarbeiten und verwalten. Häufig sind noch weitere Programme wie Uhrzeit, Taschenrechner, Notizblock und privater Kalender gegeben, die als Dienstprogramme bzw. Hilfsprogramme (utilities) bekannt sind.

Endbenutzersysteme (Enduser-Tools) sind die Hilfsmittel (Werkzeuge/Tools) zur Individuellen Datenverarbeitung. Sie werden in vielfältiger Form am Markt als Softwareprodukte angeboten.[262] Es handelt sich dabei um Anwendungssysteme, die es auch einem EDV-Laien erlauben, fachliche Problemlösungen ohne Aneignung vertiefender EDV-Kenntnisse weitgehend selbständig zu erarbeiten. Selbstverständlich werden die Endbenutzersysteme auch von DV-Experten zum Aufbau individueller Problemlösungen und innerhalb integrierter Anwendungssoftwaresysteme genutzt (vgl. Abschnitt 4.1.2). Grundlegende Endbenutzersysteme (Produktbezeichnungen sollen hier nur exemplarisch genannt werden) lassen sich folgenden Systemklassen[263] zuordnen:

- *Textverarbeitungssysteme* dienen dem Entwurf, der Erfassung, der Umformung und der Weiterverarbeitung von Texten. Individuelle Lösungen liegen z.B. in der Erstellung von Formatvorlagen für spezielle Berichte, Formulare, Briefe oder Gutachten. Bekannte und weit verbreitete Textverarbeitungssysteme, die kommerziell angeboten werden, sind z.B. das Produkt WORD der Firma Microsoft bzw. WordPerfect der Firma Corel.

---

261   Vgl. Hansen (1996), S. 222ff.
262   Vgl. Stahlknecht/Hasenkamp (1999), S. 428ff.
263   Vgl. Rautenstrauch (1997); Hansen (1996), S. 224ff. und Jaros-Sturhahn/Schachtner (1998).

- *Tabellenkalkulationssysteme* bzw. *Tabellenkalkulationsverarbeitungssysteme* sind Anwendungssoftwaresysteme bzw. Endbenutzersysteme zur Gestaltung individueller Verarbeitungstabellen in Form von Arbeitsblättern (spread sheets). Individuelle Lösungen sind z.B. die vielfältigen Erstellungsmöglichkeiten spezieller Anwendungssoftwaresysteme zur Abrechnung der Reisekosten der Mitarbeiter, zur Zusammenstellung von Vertriebsstatistiken bzw. zur Produktkalkulation und zur Angebotserstellung (z.B. mit Hilfe des Produkts EXCEL von Microsoft bzw. Quattro Pro von Corel).

- *Graphische Systeme* lassen sich vor allem zur Erstellung von Geschäftsgrafiken (business graphics) nutzen, d.h. zur Umsetzung betriebswirtschaftlicher Kennzahlen in Linien-, Säulen-, Balken- oder Kreisdiagramme (z.B. mit Hilfe des Produktes CorelDraw von Corel). Eine weitere Nutzungsmöglichkeit liegt in der Präsentationsgraphik, d.h. in der Erstellung und Darstellung von Graphiken auf Papier, Folie, Dia, Video oder Bildschirm (z.B. für einen automatischen Ablauf von Präsentationen am Bildschirm mit dem Produkt POWERPOINT von Microsoft).

- Die *persönlichen Verwaltungssysteme*, die auch als Personal Information Management Systeme (PIMS) bezeichnet werden, stellen Endbenutzersysteme zur Verwaltung der eigenen persönlichen Informationen dar, z.B. von Anschriften, Telefonnummern, Verzeichnissen. Sie basieren auf allgemeinen Informationsverwaltungssystemen. Wichtige Zusatzsysteme bieten Zeit-, Notizblock- und Taschenrechnerfunktionen und einen Terminkalender, der die rechnergestützte Planung zeitabhängiger Tätigkeiten (z.B. Geschäfts- und Sitzungstermine) erlaubt. Die Definition von Terminen (Ereignissen), die zu einem bestimmten Zeitpunkt wahrgenommen (ausgelöst) werden sollen, ermöglicht dabei zeitgesteuerte Erinnerungsmeldungen.

- Eine spezielle Form der Verwaltungssysteme bieten die *Datenverwaltungssysteme*, die vor allem in Form von Datenbanksystemen in der Praxis genutzt werden. Benutzungsfreundliche und leistungsfähige Datenbanksprachen dienen der arbeitsplatzbezogenen Verwaltung, Verknüpfung und Auswertung von Datenbeständen. Ein Angestellter ist somit in der Lage, seine eigene Datenbank aufzubauen, diese zu pflegen und für seine Belange zu nutzen. Dieses gilt z.B. für einen Vertriebsbeauftragten, der eine eigene Produktdatenbank nutzt, oder für den Produktionsleiter, der auf eine Maschinen- und Verfahrensdatenbank zugreift (z.B. mit Hilfe des Produkts ACCESS von Microsoft).

- Bei den *Dokumentenmanagementsystemen* handelt es sich um Anwendungssoftwaresysteme zur Erfassung und Archivierung (Imaging), Suche und Wiedergewinnung (Retrieval) von Dokumenten in elektronischen Ordnern und Aktenschränken. Bei einem Dokument kann es sich um Daten- und Textdokumente, um Grafik-, Bild- oder Sprach- bzw. Tondokumente handeln. Sind mehrere Informationsformen in einem Dokument enthalten, so spricht man von einem Verbunddokument oder von einem multimedialen Dokument.[264] Ein Angestellter kann beispielsweise mit einem Dokumentenmanagementsystem seine Korrespondenz bzw. seine Aktennotizen oder Gutachten verwalten.

- *Elektronische Postsysteme* (Electronic Mailbox-Systeme bzw. E-Mail-Systeme)[265] setzen eine technische Kommunikationsmöglichkeit am Arbeitsplatz voraus, d.h. der eigene Arbeitsplatz muss mit weiteren Arbeitssystemen verbunden (vernetzt) sein. Somit wird der 'isolierte Zustand', der bei den oben genannten Endbenutzersystemen gegeben sein kann, quasi aufgehoben und ein erster Schritt in Richtung Integration vollzogen. Das Elektronische Postsystem, das sowohl unternehmungsintern (Inhouse-System) als auch -extern (sogar weltweit) genutzt werden kann, dient zunächst nur zur Unterstützung des Austausches von Informationen. So kann z.B. ein Angestellter über ein E-Mail-System einen Brief an einen Arbeitskollegen im Nachbarbüro oder an einen Kunden in Übersee (z.B. über das weltweite Netz Internet) senden und Briefe empfangen.

Bei den hier beschriebenen sieben Arten von Endbenutzersystemen, die sich auch in Kombination nutzen lassen, handelt es sich um Anwendungssoftwaresysteme, die die Individuelle Datenverarbeitung (IDV) unterstützen. Sie lassen sich jedoch auch in vernetzte und integrierte Systeme einbinden und bilden dann die Grundlage für die 'interpersonelle Datenverarbeitung' (vgl. den folgenden Abschnitt 4.1.2). In der Praxis finden sich nur noch vereinzelt 'isolierte Anwendungssoftwaresysteme', da leistungsfähige Kommunikationstechnologien bereitstehen und da vernetzte und integrierte Systeme große Nutzenpotenziale aufweisen.

Hersteller der aufgeführten Endbenutzersysteme bieten die Produkte vor allem als sogenannte *'Integrierte Bürosoftware'* an, wobei sich der Integrationsbegriff hier auf die Zusammenfassung der unterschiedlichen Systeme bezieht (so z.B. beim Produkt Office der Firma Microsoft).

In Abschnitt 3.3 des dritten Kapitels werden Systematisierungskonzepte der Informationsverarbeitung und Kommunikation vorgestellt. Dabei werden die Aktivitäten zunächst bezüglich der Aufgabenspezifität geordnet, wobei die Büroarbeit, die sich vier Aufgabenbereichen zuordnen lässt (vgl. Abschnitt 3.3.1), nach aufgabenspezifischer

---

264 Vgl. Hansen (1996), S. 225ff.
265 Vgl. auch die Ausführungen in Abschnitt 4.5.2.

und aufgabenunspezifischer Informationsverarbeitung eingeteilt wird (vgl. Abbildung 3-3). Die obigen Softwaresysteme lassen sich vor allem der letztgenannten Gruppe zuordnen, die auch als *'klassische Bürosysteme'* bezeichnet und in allen Aufgabenbereichen in Unternehmungen eingesetzt werden. Sie bilden aber auch häufig die Basis für die Durchführung aufgabenspezifischer Informationsverarbeitung in allen Aufgabenbereichen. So lässt sich z.B. ein Tabellenkalkulationssystem als Managementunterstützungssystem von einem Geschäftsführer nutzen oder ein Datenbanksystem als fachspezifisches System von einen Marketingexperten oder einem Controller in einer Unternehmung.

Der *Anwender* bzw. *Endbenutzer* der isolierten Anwendungssoftwaresysteme ist verantwortlich für seine Anwendung, die er selbständig nutzt. Das Anspruchsniveau der Anwendung und das des Systems kann sehr unterschiedlich sein. Die größte Ausnutzung der *Potenziale* der Anwendungssysteme ist dann gegeben, wenn der Endbenutzer sowohl Anwendungsexperte (Fachexperte) als auch DV-Experte (Informatiker) ist. Er wird dann in der Lage sein, seine individuellen Probleme 'optimal' zu lösen, indem er seinen computergestützten Arbeitsplatz entsprechend den Erfordernissen seiner Aufgabenstellung gestaltet.

Die *Gestaltung und der Einsatz der 'isolierten' Anwendungssysteme* bzw. der Individuellen Datenverarbeitung als Führungsaufgabe ist Gegenstand des Informationsmanagements. Im Rahmen eines *strategischen Informationsmanagements*[266] muss z.B. ein Gesamtkonzept für die 'Individuelle Datenverarbeitung' erstellt und realisiert werden. *Das operative Informationsmanagement* hat beispielsweise den wirtschaftlichen Einsatz der Anwendungssoftwaresysteme in den einzelnen Fachabteilungen zu gewährleisten. Da die isolierten Anwendungssysteme sowohl für die *Erfüllung operativer als auch strategischer Aufgaben* genutzt werden können, sind sie auch wichtige computergestützte Werkzeuge für das Management, so z.B. in Form von Tabellenkalkulationssystemen und grafischen Systemen oder als Verwaltungssysteme im Sinne eines Personal Information Management Systems (PIMS).

Die Durchführung der Gestaltung von Anwendungssoftwaresystemen ist letztlich in einem ganzheitlichen Ansatz durchzuführen, bei der alle individuellen Arbeitsplätze in einem vernetzten System zu betrachten sind (vgl. Kapitel 5). Ziel ist der Aufbau eines integrierten Anwendungssystems zur interpersonellen Datenverarbeitung.

---

[266] Vgl. Krcmar (2000).

4.1.2 Integrierte Anwendungssoftwaresysteme zur 'Interpersonellen Datenverarbeitung'

Die integrierten Anwendungssoftwaresysteme können beispielsweise auf der Basis einer systematischen Konzeption aus der Verbindung der oben beschriebenen isolierten Systeme zu einem Gesamtsystem entstehen, das als vernetztes System abteilungs- bzw. unternehmungsweit, eventuell auch unternehmungsübergreifend oder gar weltweit aufgebaut ist. Leistungsfähige integrierte Systeme basieren auf Ansätzen der Vorgangsbearbeitung bzw. der Prozessorientierung (Automatisierung von Arbeitsprozessen bzw. Prozessketten) und der Informationsverarbeitung für Gruppen.

Das Wort 'Integration' beinhaltet die 'Wiederherstellung eines Ganzen' (abgeleitet von integrare = heil, unversehrt machen, wiederherstellen, ergänzen)[267] und wird in unterschiedlicher Interpretationsform in Theorie und Praxis genutzt. Auch die Informatik bzw. Wirtschaftsinformatik benutzt den Begriff der Integration vielfältig, wobei darunter vor allem auf einer allgemeinen Ebene die Verknüpfung von Menschen, Aufgaben und Techniken zu einer Einheit innerhalb eines IuK-Systems verstanden wird.[268] Aus einer anderen Sicht lassen sich beispielsweise Daten (Datenintegration), Funktionen (Funktionsintegration) oder Prozesse (Prozessintegration) verbinden.

Auf der Basis der Auf- und Ablauforganisation zur Arbeits- und Geschäftsabwicklung in einer Unternehmung werden *arbeitsplatzübergreifende Anwendungssoftwaresysteme* entwickelt und genutzt, die sich an Arbeitsvorgängen, -abläufen bzw. -prozessen orientieren. Voraussetzung ist hierbei die Erstellung eines Konzeptes, das die Anforderungen der beteiligten Angestellten berücksichtigt. In der folgenden Abbildung 4-2 wird ein betrieblicher Arbeitsprozess dargestellt. Es handelt sich hierbei um eine vereinfachte Darstellung der Abwicklung einer Bestellung. Der Bestellvorgang versteht sich als Prozess, der automatisiert ablaufen soll.

Der Prozess beginnt mit einem Ereignis (Eingang der Bestellung eines Kunden), das eine Folge von Arbeitsschritten nach sich zieht. Falls die bestellte Ware auf Lager ist, endet der Prozess mit dem Versenden und Fakturieren. Ist die Ware nicht auf Lager, so wird umgehend der Kunde benachrichtigt. Vorerst ist auch hier der Prozess beendet. Falls der Kunde die Ware später haben möchte, wird ein neuer Prozess erstellt.

---

[267] Vgl. Mertens (1997), S. 1.
[268] Vgl. Mertens (1997), S. 1ff.

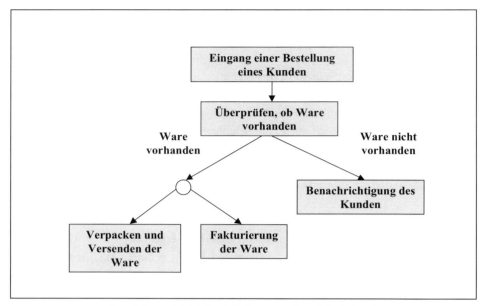

Abb. 4-2: Betrieblicher Arbeitsprozess (Bestellabwicklung)

Integrierte Systeme beinhalten im Gegensatz zur rein 'Personellen Datenverarbeitung' bzw. 'Individuellen Datenverarbeitung' (IDV) Unterstützungsmöglichkeiten für *'Interpersonelle Datenverarbeitung'* bzw. *'Multipersonelle Datenverarbeitung'* (vgl. Abschnitt 3.3.2). Der Aufbau integrierter Anwendungssysteme kann nur durch entsprechend vorgebildete DV- und Organisations-Fachkräfte durchgeführt werden, da für deren Entwicklung und Betrieb ein hohes Maß DV-technischen Wissens und organisatorischer Koordination und Kooperation vorausgesetzt wird. Der Endbenutzer integrierter Systeme kann bei entsprechender Schulung auch ein DV-Laie sein, der vor allem als Anwendungs- bzw. Fachexperte anspruchsvolle Anwendungen ausführt.

In Abschnitt 3.3.2 des dritten Kapitels wird eine Systematisierung von Informationsverarbeitungsaktivitäten nach individueller und multipersoneller Informationsverarbeitung vorgenommen. Unterschieden werden dabei das *Workflow Computing*, das *Workgroup Computing* und das *Information Sharing* (vgl. hierzu die Abschnitte 3.3.2.2 - 3.3.2.4 und auch Abbildung 3-5), für die auch entsprechende Anwendungssoftwaresysteme vorliegen (vgl. Abschnitt 4.5).

Charakteristisch für *integrierte Anwendungssoftwaresysteme* sind im Gegensatz zu isolierten Systemen folgende Eigenschaften (vgl. Beispiel in Abbildung 4-2):

– die unterstützten Aufgaben berühren mehrere Arbeitsplätze, die durch computergestützte Systeme vernetzt sind;

– für die Aufgabenerfüllung sind einheitliche Funktionen und/oder Datenbasen erforderlich, die von allen Arbeitsplätzen aus genutzt werden können;

– betriebliche Vorgänge, Abläufe bzw. Prozesse werden durchgehend ganzheitlich durch Informations- und Kommunikationstechniken unterstützt und ausgeführt.

Folgende *Vorteile der Integration* lassen sich erreichen:[269]

– die Abbildung des Informationsflusses erlaubt eine ganzheitliche Sicht, da sie über die Grenzen des Arbeitsplatzes bzw. der Abteilung hinweggeht und damit die Gesamtunternehmung betrifft;

– der Aufwand durch die Datenerfassung kann auf ein Minimum reduziert werden, da der größte Teil der Daten automatisch übergeben werden kann und Medienbrüche vermieden werden;

– die Erfassungsfehler werden durch die Verminderung des (manuellen) Eingabeaufwands minimiert, und die Datenqualität wird somit verbessert;

– die Datenbasis erlaubt vielseitige Auswertungen, die individuell und flexibel durchgeführt werden können.

Es existieren vielfältige *Ausprägungen der integrierten Systeme*, die man beispielsweise nach dem Gegenstand (z.B. Daten-, Funktions-, Prozess-, Methoden-, Programm-Integration), nach der Integrationsrichtung (horizontale und vertikale Integration) oder nach der Reichweite und dem Automationsgrad unterscheiden kann[270]. Beim Automationsgrad lässt sich bei betrieblichen Anwendungssystemen die Vollautomation unterscheiden, d.h. das System löst Vorgänge bzw. Aktionen automatisch aus, weiterhin die Teilautomation, bei der verschiedene Formen des Mensch-Maschine-Dialogs möglich sind. Schwache Automatisierungsformen liegen in einer Unterstützung durch das System, das lediglich Vorschläge unterbreitet (vgl. hierzu den Prozess in Abbildung 4-2).

Integrierte Anwendungssoftwaresysteme in Unternehmen, die im Folgenden näher behandelt werden, kann man grob in die zwei Bereiche 'operative bzw. transaktionsorientierte Softwaresysteme' und 'informationsauswertungs- bzw. analyseorientierte Softwaresysteme' unterteilen.

Die *'operativen bzw. transaktionsorientierten Softwaresysteme'* unterstützen das Tagesgeschäft in den verschiedenen Funktionsbereichen einer Unternehmung, das sich durch Anforderungen an einen hohen Datendurchsatz, an schnelle Antwortzeiten und an eine stets aktuelle Datenbasis auszeichnet. Zu operativen Systemen zählen die *Administra-*

---

[269] Vgl. Mertens (1997), S. 9f.
[270] Vgl. Mertens (1997), S. 1ff.

tionssysteme, die überwiegend Massendaten in Standardanwendungen verarbeiten (z.B. in der Finanzbuchhaltung), und die *Dispositionssysteme*, die gut-strukturierte Planungsaufgaben in Routinearbeit ausführen (z.B. bei der Lagerdisposition)[271]. In Abgrenzung zu den analyseorientierten Softwaresystemen werden sie als transaktionsorientierte Softwaresysteme bzw. *OLTP-Systeme (Online Transaction Processing-Systeme)* bezeichnet. Im folgenden Abschnitt 4.2 gehen wir näher auf die operativen Anwendungssoftwaresysteme ein, die vor allem der Durchführung und Koordination des Tagesgeschäftes dienen.

Die *'informationsauswertungs- bzw. analyseorientierten Softwaresysteme'* unterstützen *Planungs-* und *Führungsaufgaben (Managementaufgaben)* in einer Unternehmung. Sie orientieren sich an dem Informationsbedarf der Fach- und Führungskräfte und der Entscheidungsträger und sollen dementsprechend die Versorgung mit entscheidungsrelevanten Informationen gewährleisten. Diese Systeme lassen sich auch als *Planungs- und Kontrollsysteme*[272], als Führungssysteme oder als Managementunterstützungssysteme bzw. *Management Support Systeme (MSS)* bezeichnen.[273] In Abgrenzung zu den transaktionsorientierten Softwaresystemen (OLTP-Systeme) werden sie als analyseorientierte Softwaresysteme bzw. *OLAP-Systeme (Online Analytical Processing-Systeme)* bezeichnet. Abschnitt 4.3 geht näher auf die Analyse- bzw. Managementunterstützungssysteme ein.

Im Folgenden werden die integrierten Anwendungssoftwaresysteme behandelt, die heute im Vordergrund der computergestützten Informations- und Kommunikationssysteme im betrieblichen Einsatz stehen. Diese Systeme lassen auch eine 'Individuelle Informationsverarbeitung' bzw. ein 'Personal Computing' zu, so dass auch isolierte Einsatzformen innerhalb einer integrierten Informationsverarbeitung möglich sind. Die integrierten Anwendungssoftwaresysteme werden zunächst einmal unter dem Aspekt der operativen Softwaresysteme (Abschnitt 4.2) und der analyseorientierten Softwaresysteme (Abschnitt 4.3) behandelt. Spezielle Aspekte, die besonders hervorgehoben werden sollen, bieten die Vernetzungsmöglichkeiten (Abschnitt 4.4), weiterhin die vielfältigen Formen der Kooperation (Abschnitt 4.5) und schließlich die am Markt angebotenen ERP-Systeme (Abschnitt 4.6).

---

[271] Vgl. Mertens (1997); Stahlknecht/Hasenkamp (1999), S. 352ff. und S. 384ff. und Schwarze (1997), S. 309ff.
[272] Vgl. Mertens (1997), S. 12f.
[273] Vgl. Gluchowski/Gabriel/Chamoni (1997); Stahlknecht/Hasenkamp (1999), S. 410ff. und Hansen (1996), S. 261ff. Vgl. hierzu auch die Abbildung 4-1.

4.2 Operative integrierte Anwendungssoftwaresysteme zur Ausführung des Tagesgeschäftes

Integrierte Anwendungssoftwaresysteme unterstützen die Koordination betrieblicher Abläufe. Der *Koordinationsbedarf* begründet sich durch den hohen Informationsaustausch, der in und zwischen unterschiedlichen Bereichen gegeben ist, so

– innerhalb einer Abteilung bzw. eines Funktionsbereichs einer Unternehmung,

– zwischen den Abteilungen bzw. Funktionsbereichen einer Unternehmung,

– zwischen den verschiedenen Standorten einer Unternehmung im nationalen und internationalen Bereich,

– zu den Geschäftspartnern einer Unternehmung, zu ihren Lieferanten und Kunden, die weltweit gegeben sein können.

Im Folgenden soll die Koordination des Tagesgeschäftes über *operative und integrierte Anwendungssysteme* mit Hilfe betrieblicher Einsatzbeispiele verdeutlicht werden. Operative Anwendungssoftwaresysteme können danach eingeteilt werden, welche Art von Prozessen sie unterstützen. Dabei kann es sich um primäre oder sekundäre Wertschöpfungsprozesse handeln. Zu den operativen Anwendungssystemen zählen auch Workflow-Management-Systeme, die betriebliche Arbeitsvorgänge bzw. -prozesse abbilden und diese bei der Ausführung unterstützen.[274]

Workflow-Systeme bzw. *Workflow-Management-Systeme (WFMS)* sollen Prozesse, die durch eine relativ gute Strukturiertheit mit im voraus festgelegten Arbeitsschritten gekennzeichnet sind, unterstützen und verbessern, indem u.a. Medienbrüche beseitigt werden und die Steuerung der einzelnen Vorgänge auf die Technik übertragen wird. Es handelt sich dabei i.d.R. um Routine- bzw. Standardabläufe, wie sie typisch für operative Aufgaben sind. Die Lösung schlecht-strukturierter bzw. nicht-standardisierbarer Aufgabenstellungen, deren Koordination und Ergebnisse nicht im einzelnen im voraus festgelegt werden können, lässt sich dagegen durch *Groupware* unterstützen, die z.B. E-Mail-, Videokonferenz-, Coautoren-, Termin- und/oder Projektmanagementfunktionen zur Verfügung stellen. Diese Anwendungssoftwaresysteme werden als *Workgroup-Systeme*[275] bezeichnet und später noch eingehend behandelt (vgl. Abschnitt 4.5).

In den folgenden beiden Abschnitten 4.2.1 und 4.2.2 erfolgt eine exemplarische Auseinandersetzung mit operativen Anwendungssystemen, die die primären Wertschöp-

---

274 Vgl. Österle/Vogler (1996); Jablonski/Böhm/Schulze (1997) und die Ausführungen zum Workflow Computing in Abschnitt 3.3.2.2.
275 Vgl. die Ausführungen zum Workgroup Computing in Abschnitt 3.3.2.3.

fungsprozesse einer Unternehmung unterstützen. Es handelt sich dabei um Systeme, die dem logistischen Bereich zuzurechnen sind. Anwendungssoftwaresysteme, die die sekundären Wertschöpfungsprozesse unterstützen, z.B. die Systeme des Rechnungswesens oder der Personalwirtschaft, werden später im Überblick betrachtet (Abschnitt 4.2.3).

Primäre Wertschöpfungsprozesse werden heute in Unternehmungen weitgehend computerunterstützt ausgeführt. Dabei werden Administrations- und Dispositionssysteme, die für die unterschiedlichen betrieblichen Funktionsbereiche bereits in standardisierter Form am Markt angeboten werden, genutzt, so z.B. in Form von ERP-Systemen (vgl. Abschnitt 4.6). Die weiteren Ausführungen beziehen sich auf solche Anwendungsbereiche, für die die Integration eine grundlegende und notwendige Basis bildet. Dabei sollen vor allem die Integrationsmöglichkeiten und -potenziale durch die konkreten Anwendungen verdeutlicht werden.

In Abschnitt 4.2.1 wird zunächst die Anwendungsintegration im Handel anhand des Warenwirtschaftssystems und in Abschnitt 4.2.2 die Anwendungsintegration in der Industrie am Beispiel des Produktionsplanungs- und -steuerungssystems erklärt. Weitere operative integrierte Systeme werden im Überblick in Abschnitt 4.2.3 vorgestellt.

4.2.1 Anwendungsintegration im Handel durch Warenwirtschaftssysteme (WWS)

Die Anwendungsintegration im Handel gewährleisten Warenwirtschaftssysteme (WWS). Sie dienen der computergestützten Koordination der primären Leistungsprozesse innerhalb der Warenwirtschaft und der damit zusammenhängenden Funktionen.

Liegt ein warenwirtschaftlicher Verbund zwischen den primären Funktionsbereichen einer Handelsunternehmung vor, so spricht man von einem Warenwirtschaftssystem im engeren Sinne *(WWS i.e.S.)*. Diese enge Auslegung dient zur Abgrenzung gegenüber übergreifenden Funktionen, die anschließend behandelt werden.

Das Ziel der Integration durch den Einsatz der Warenwirtschaftssysteme liegt in der Realisierung einer abgeschlossenen Logistik- bzw. Wertschöpfungskette von der Beschaffung über die Lagerhaltung bis zum Absatz von Handelsgütern. Dabei sollen folgende Größen 'optimiert' werden:

– Zeiten, z.B. durch Verkürzung der Lieferzeiten bzw. der Durchlaufzeiten der Aufträge;

− Kosten, z.B. der Lagerkosten durch Reduzierung der Lagerbestände und der Transportkosten durch Optimierung der Transportwege;

− Qualität, z.B. durch Einhaltung der Termine gegenüber den Kunden und schnellere Reaktionsmöglichkeiten auf Kundenwünsche (Verbesserung des Service).

Die einzelnen zu integrierenden Funktionen, die der 'Optimierung' bzw. Verbesserung der Warenwirtschaft dienen, sind in der Abbildung 4-3 zusammengefasst. Die Funktionen dienen der Gewinnung, Verarbeitung, Speicherung und Weitergabe von Informationen zur physischen Distribution der Waren und gestalten somit den Warenfluss. Abbildung 4-3 zeigt die Vielfalt der Informationsströme, über die der Warenfluss geplant, koordiniert, gesteuert und kontrolliert wird.[276]

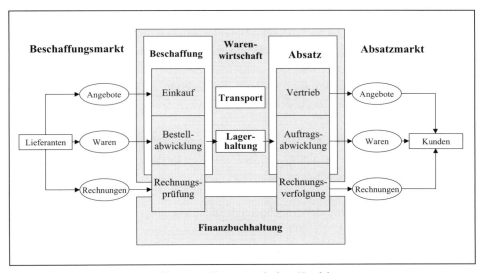

Abb. 4-3:   Warenwirtschaft im Handel

Die grundlegenden Funktionen der *Warenwirtschaft* sind durch die Beschaffung, die Lagerhaltung und den Absatz gegeben. Sie werden durch den Transport (Logistik) verbunden. In allen Bereichen sind vielfältige Informationen gegeben, die zielgerecht weiterverarbeitet und ausgewertet werden.

Die *Beschaffungsfunktion* ist gekennzeichnet durch die Teilfunktionen des Einkaufs, der Bestellabwicklung und der Rechnungsprüfung, die Schnittstellen zu dem Beschaffungsmarkt, d.h. zu den Lieferanten, aufweisen.

---

276   Vgl. hierzu auch die Darstellung der Eigenschaften und der Vorteile der Integration in Abschnitt 4.1.2.

Der *Einkauf* beinhaltet die Aufgabe der Angebotsverwaltung, die z.B. Informationen über Einkaufspreise und -konditionen beschafft und auswertet. Weiterhin ist der Einkauf für die Bestelldisposition verantwortlich, d.h. er führt die Bestellungen auf Basis einer Bedarfsanalyse aus, wobei u.a. die Umsätze der Handelsgüter (Absatz), die Lieferanten, Mindestbestellungen und Konditionen berücksichtigt werden.

Die *Bestellabwicklung* ist für die Bestellverwaltung zuständig, d.h. für die Auswertung der Informationen des Bestellbestandes und Liefertermine. Weiterhin verwaltet sie die Beschaffungstransporte und die Warenannahme einschließlich der Warenkontrolle.

Die *Rechnungsprüfung* verwaltet die Rechnungen der Lieferanten und bildet die Schnittstelle zur Finanzbuchhaltung der Handelsunternehmung.

Die *Lagerhaltungsfunktion* verbindet die Beschaffungsfunktion und die Absatzfunktion mit ihren Teilfunktionen. Die Einzelfunktionen der Lagerhaltung sind durch die Lagerplatzverwaltung, die Lager- und Umlagerungstätigkeiten, die Warenauszeichnung und die Lagerbewertung gegeben. Eine wichtige Teilfunktion der Lagerhaltung, die besonders hervorzuheben ist, bildet die des innerbetrieblichen *Transports*.

Die *Absatzfunktion* besteht aus den Teilfunktionen des Vertriebs, der Auftragsabwicklung und der Rechnungsverfolgung, die Schnittstellen zu dem Absatzmarkt, d.h. zu den Kunden der Handelsunternehmung aufweisen.

Der *Vertrieb* setzt sich mit der Angebotsverwaltung auseinander und ist für die Güterverteilung verantwortlich. Er fällt z.B. Entscheidungen über das Leistungsprogramm, wie beispielsweise über die Gestaltung des Sortiments, der Verpackung, des Service und der Verträge. Der Vertrieb arbeitet eng mit dem Marketing zusammen.

Die *Auftragsabwicklung* verwaltet die Kundenaufträge, so z.B. die Auftragseingänge, -bestände und -rückstände. Sie ist weiterhin zuständig für die Kommissionierung, die Tourenverwaltung und den Abtransport der Waren, ebenso für die Warenausgangskontrolle und die Versandabwicklung.

Die *Rechnungsverfolgung* verwaltet die Rechnungen für die Kunden und bildet die Schnittstelle zur *Finanzbuchhaltung* der Handelsunternehmung. Eine wichtige Aufgabe liegt dabei in der Kontrolle des Zahlungseingangs mit entsprechendem Mahnwesen.

Das *Marketing* bildet eine wichtige Querschnittsfunktion. Es weist zwar einen Schwerpunkt im Absatzbereich zum Kundenmarkt auf, betrachtet als Querschnittsfunktion jedoch die gesamte Unternehmung mit seinen Marktschnittstellen, also auch die zum

Beschaffungsmarkt. Weitere Schnittstellen bestehen zum Kapitalmarkt (z.B. Banken) und zu den Konkurrenten (Unternehmungen im Wettbewerb).

Die Warenwirtschaft i.e.S., die sich, wie bisher beschrieben, nur auf den warenwirtschaftsinternen Verbund zwischen den primären Funktionsbereichen einer Handelsunternehmung bezieht, lässt sich nach unterschiedlichen Kriterien ausweiten.

So bestehen beispielsweise *warenwirtschaftübergreifende, standortgebundene Verbunde*. Diese Verbunde beziehen sich, wie auch oben dargestellt, auf eine Handelsunternehmung an einem Standort, haben jedoch direkte Schnittstellen zu den weiteren Funktionsbereichen der Unternehmung, d.h. vor allem zum gesamten Rechnungswesen (neben der Finanzbuchhaltung auch zur Kostenrechnung), zum Personalwesen, zur Finanzwirtschaft und zum Controlling und letztlich auch zur Unternehmungsführung, d.h. zum gesamten Warenwirtschaftsmanagement. Die technische Realisierung der standortgebundenen Warenwirtschaftssysteme erfolgt auf der Basis lokaler Netze, die später in Abschnitt 4.4 behandelt werden.

Eine weitere Ausweitung des Warenwirtschaftssystems bildet ein *standortübergreifender, jedoch noch unternehmungsinterner Verbund*. Es handelt sich hierbei also um die integrierte Unterstützung von Bereichen innerhalb derselben Unternehmung, die jedoch neben einer Zentrale ein oder mehrere dezentrale Standorte aufweist. So kann z.B. beim Großhandel ein Zentrallager mit mehreren dezentralen Lagern gegeben sein oder beim Einzelhandel eine Zentrale mit mehreren Filialen, die als Verkaufsorte dezentral organisiert sind. Ein entsprechendes Warenwirtschaftssystem muss also zusätzlich die standortübergreifende Funktionen unterstützen, wobei sowohl warenwirtschaftliche Verbunde (Warenwirtschaftssysteme i.e.S.) als auch warenwirtschaftsübergreifende Verbunde realisierbar sind. In der Regel werden die warenwirtschaftsübergreifenden Funktionen und die Funktionen zum Markt in der Zentrale gebündelt. Die warenwirtschaftlichen Funktionen i.e.S. nehmen i.d.R. die einzelnen Standorte wahr, müssen jedoch mit der Zentrale abgestimmt werden.

Die Verteilung der Funktionen auf die einzelnen Standorte hängt von der Organisation der Handelsunternehmung ab, insbesondere davon wie die Unternehmung gesteuert wird. So lassen sich beispielsweise die Daten zentral erfassen und sichern oder dezentral, so z.B. über *POS-Systeme* (Point of Sale-Systeme) mittels elektronischer Kassensysteme. Eine weitere Unterstützung in den Filialen bieten die *Electronic Cash-Systeme (EC-Systeme)*, bei denen über verschiedene Zahlungssysteme direkt mit der Bank des Kunden abgerechnet wird. Da die Datenübertragung bei dem standortübergreifenden Verbund eine wichtige Rolle spielt, werden leistungsfähige Telekommunikationssysteme genutzt, so z.B. geschlossene Standleitungen oder das Internet (vgl. die Ausführungen in Abschnitt 4.4). Sie bilden die Basis von leistungsfähigen E-Commerce-Systemen.

Bisher wurden die Funktionen der Warenwirtschaft stets auf eine einzige Unternehmung bezogen, die sowohl an einem Standort als auch an mehreren Standorten gegeben sein kann. Hebt man diese Bedingung auf, so entstehen *unternehmungsübergreifende* Verbunde, die vor allem auch Zulieferunternehmungen und weiterverarbeitende Unternehmungen in die Betrachtung einschließen. Es handelt sich hierbei nicht mehr um einfache softwaretechnische Schnittstellen zu den Fremdunternehmungen, wie oben bei der Behandlung der Beschaffungsfunktion erläutert, sondern um integrierte Systeme zwischen Handelsunternehmungen und weiteren Handels- bzw. Produktionsunternehmungen (als Zulieferer bzw. Weiterverarbeiter). Sie zielen auf einen integrierten Beschaffungs- bzw. Absatzprozess ab, so z.B. in Form einer vollautomatischen Beschaffung bzw. Verteilung einschließlich einer automatischen Rechnungsabwicklung über mehrere Unternehmungen. Schließlich können auch Schnittstellen zu den Konsumenten gegeben sein, die z.B. über das Internet Waren bestellen und bezahlen. Auch hier werden leistungsfähige Telekommunikationssysteme eingesetzt, die später in Abschnitt 4.4 behandelt werden. Ebenso bietet sich hier ein großer Anwendungsbereich für den Einsatz von E-Commerce-Systemen an.

Eine Zusammenfassung der verschiedenen Verbundmöglichkeiten im Handel zeigt Abbildung 4-4.

Die Abbildung zeigt die kommunikationstechnischen Schnittstellen bei den unterschiedlichen Verbundmöglichkeiten im Handel, aus der sich eine große Herausforderung an die Gestaltung der Systeme ableiten lässt. Warenwirtschaftssysteme dienen „der Integration aller Informationsströme in einem Handelsunternehmen [...] zur stückgenauen Materialbewirtschaftung und zur Erfassung aller Warenbewegungen für Analysen des Käuferverhaltens."[277] Die Ausführungen zeigen die Mächtigkeit der vielfältigen Informationsströme, die nur durch leistungsfähige Informations- und Kommunikationstechniken zu bewältigen sind. Computergestützte Anwendungssysteme gewährleisten nicht nur die Durchführung des operativen Tagesgeschäfts, sondern dienen immer mehr der Analyse und der Planung (vgl. die Ausführungen in Abschnitt 4.3).[278]

---

[277] Thome (1997), S. 435f.
[278] Vgl. hierzu auch Zentes (1984).

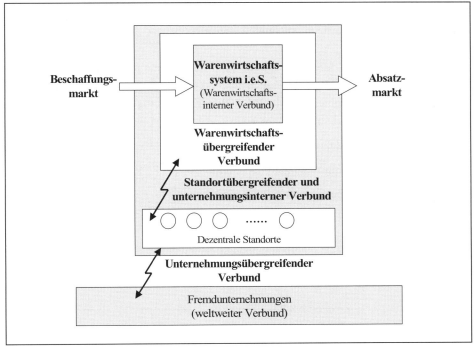

Abb. 4-4: Verbundmöglichkeiten im Handel

4.2.2 Anwendungsintegration in der Industrie durch Produktionsplanungs- und -steuerungssysteme (PPS-Systeme)

Für Industrieunternehmungen bieten *Produktionsplanungs- und -steuerungssysteme (PPS-Systeme bzw. Manufacturing Resource Planning-Systeme/MRP-Systeme)* die Integration der verschiedenen Anwendungen. Sie dienen der computergestützten Koordination der primären Leistungsprozesse, d.h. der Leistungserstellung bzw. der Fertigung in Industrie- bzw. Produktionsunternehmen und der damit zusammenhängenden Funktionen.

Ähnlich wie bei den Warenwirtschaftssystemen in Handelsunternehmungen (vgl. Abschnitt 4.2.1) lassen sich auch die PPS-Systeme bezüglich verschiedener Verbundmöglichkeiten klassifizieren und beschreiben. Liegt ein produktionsinterner Verbund zwischen den primären Funktionsbereichen einer Produktionsunternehmung vor, so spricht man von einem *Produktionsplanungs- und -steuerungssystem im engeren Sinne (PPS-System i.e.S.)*, das wie beim WWS i.e.S. den Kernbereich des Systems beschreibt.

Diese engere Auslegung dient auch hier zur Abgrenzung gegenüber übergreifenden Funktionen in einer Industrieunternehmung, die später behandelt werden.[279]

Das Ziel der Integration durch den Einsatz der PPS-Systeme liegt (wie bei den WWS) in der Realisierung einer abgeschlossenen Logistik- bzw. Wertschöpfungskette von der Beschaffung der Einsatzgüter über die Produktion (bzw. Fertigung) bis zum Absatz der produzierten Güter. Dabei sollen folgende Größen 'optimiert' werden:

- Zeiten, z.B. durch Reduzierung der Beschaffungs- und Fertigungszeiten;
- Kosten, z.B. durch Minimierung der Beschaffungs- und Fertigungskosten;
- Qualität, z.B. durch die Gewährleistung einer hohen Flexibilität der Leistungsbereitstellung am Markt.

Die folgende Abbildung 4-5 skizziert den Produktionswirtschaftsprozess mit seinen Schnittstellen zum Beschaffungs- und Absatzmarkt. Im Kernbereich des Prozesses steht die Produktion bzw. Fertigung selbst, die in eine Logistik eingebettet ist.[280]

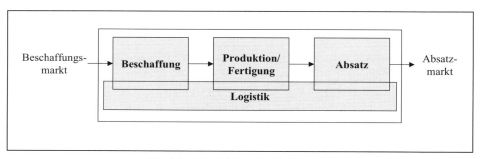

Abb. 4-5: Produktionswirtschaftsprozess

Die folgenden Ausführungen beschränken sich zunächst auf den Kernprozess innerhalb eines Produktionsplanungs- und -steuerungssystems und stellen die Abwicklung des Produktionsauftrags in den Mittelpunkt. Als Integrationsfunktionen werden die Schnittstelle von der Auftragsannahme, die Produktion bzw. Fertigung selbst und die Schnittstelle zum Vertrieb behandelt. Betrachtet werden somit die Bereiche Produktion und Absatz im Rahmen eines PPS-Systems, so wie in der folgenden Abbildung 4-6 dargestellt (die Beschaffung wird hier ausgeklammert).

Die folgenden Ausführungen zeigen auch die vielfältigen und mächtigen Informationsflüsse, die die Produktion durch leistungsfähige PPS-Systeme planen, steuern und auch

---

[279] Vgl. z.B. Fandel/François/Gubitz (1994); Glaser/Geiger/Rohde (1992); Kistner/Steven (1993); Schwarze (1997), S. 342ff. und Knolmayer (1997), S. 323f.
[280] Vgl. Kopfer/Bierwirth (1999) und Tempelmeier (1995).

kontrollieren. Die Integration der Daten, Funktionen und Prozesse ist die Voraussetzung einer erfolgreichen Durchführung der Produktionsaufgaben.[281]

Über die Schnittstelle zur *Auftragsannahme* werden die eingegangenen Aufträge für die Produktionsplanung übernommen. Zur Erstellung des Produktionsprogramms und vor allem zur Beschaffungsplanung gehen neben den konkreten Aufträgen auch Marktprognosen ein.

Innerhalb der *Produktion* bzw. Fertigung werden die Teilfunktionen der Produktionsplanung, der Produktionsfreigabe und der Produktionssteuerung betrachtet.

Die *Produktionsplanungsfunktion* ist gekennzeichnet durch die Einzelfunktionen der Materialbedarfsplanung (Primär- und Sekundärbeschaffung) und der Durchlaufterminierung, die aus einer Termin- und Kapazitätsplanung besteht. Als PPS-Grunddaten werden hierbei Arbeitspläne erfasst, die Informationen über die auszuführenden Arbeitsgänge beinhalten. Weiterhin werden Betriebsmitteldaten als Informationen über die materiellen Güter, die zur Fertigung von Produkten erforderlich sind, zusammengestellt, insbesondere Daten über Maschinen und Werkzeuge.

An der Schnittstelle zwischen der Produktionsplanung und der Produktionssteuerung liegt die *Produktionsfreigabe*. Sie überführt die Aufträge der Planungs- in die Produktionsphase, in der der geplante Produktionsprozess gesteuert und kontrolliert wird. Die Verfügbarkeit der hierfür benötigten Ressourcen wie vor allem Rohstoffe, Maschinen, Werkzeuge und Personal wird überprüft, und die auftragsbezogenen Fertigungspapiere werden erstellt.

---

281 Vgl. hierzu die Darstellung der Eigenschaften und Vorteile der Integration in Abschnitt 4.1.2.

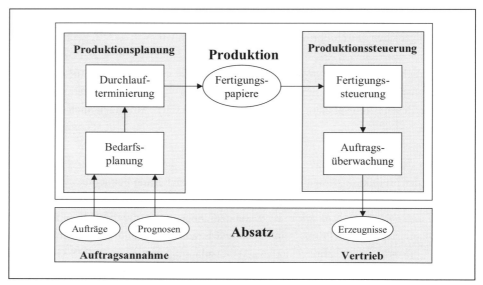

Abb. 4-6: Produktionsplanung und -steuerung in der Industrie

Die *Produktionssteuerung* übernimmt die Fertigungssteuerung und die Auftragsüberwachung (vgl. Abbildung 4-6). Die Steuerung, die z.B. durch einen elektronischen Prüfstand unterstützt wird, übernimmt die Feinplanung der Produktion. Die Fertigungsplanung legt die Auftragsreihenfolge je Betriebsmittel bzw. Maschine fest. Die Auftragsüberwachung nimmt eine kontinuierliche *Betriebsdatenerfassung (BDE)* vor und führt einen Soll-Ist-Vergleich durch, d.h. einen Abgleich von Soll- oder Plandaten und Istdaten, die durch den Produktionsprozess entstehen und durch die Betriebsdatenerfassung aufgenommen werden. Hierbei handelt es sich z.B. um auftragsbezogene Daten wie Fertigungszeiten und -mengen, um maschinenbezogene Daten wie Laufzeiten und Leerzeiten oder um mitarbeiterbezogene Daten wie Arbeitszeiten.

Über die Schnittstelle der Produktion zum *Absatz* werden die Produkte (Erzeugnisse) mit den zugehörigen Informationen übergeben, um eine Auslieferung durchzuführen.

Die Produktionsplanung und -steuerung für den produktionsinternen Verbund (PPS-System i.e.S.) lässt sich wie das WWS i.e.S. ausweiten, so z.B. für einen *produktionsübergreifenden*, aber noch *standortgebundenen Verbund*. Neben den oben aufgeführten Schnittstellen zum Absatzbereich lassen sich nun auch Schnittstellen zur Finanzbuchhaltung und Fakturierung und zur Kostenrechnung definieren. Ebenso ist ein Verbund mit dem Personalbereich, dem Finanz- und zum Investitionsbereich denkbar.

Integrationsansätze wurden in den letzten Jahren in vielfältigen *CIM-Konzepten* in Industrieunternehmungen realisiert (CIM: Computer *I*ntegrated *M*anufacturing)[282]. CIM-Konzepte verfolgen das Ziel, die eher betriebswirtschaftlichen Anwendungssysteme (PPS-Systeme) mit den eher technischen Systemen wie z. B. *CAD/CAM/CAP-Systeme* zu verbinden (CAD: Computer *A*ided *D*esign; CAM: Computer *A*ided *M*anufacturing; CAP: Computer *A*ided *P*lanning). CIM-Konzepte lassen sich sowohl für produktionsinterne als auch für produktionsübergreifende Verbunde entwerfen und realisieren, wobei zur standortgebundenen Datenübertragung lokale Netze genutzt werden.

PPS-Systeme lassen sich weiterhin auf *standortübergreifende Verbunde* ausweiten, und zwar sowohl für einen unternehmungsinternen als auch für einen unternehmungsübergreifenden Verbund. Beispiele für *einen unternehmungsinternen Verbund*, bei dem eine Unternehmung mehrere Produktionsstätten an verschiedenen, sogar internationalen Standorten betreibt, existieren viele, so z.B. in der Schwerindustrie oder in der chemischen Industrie. Obwohl an den verschiedenen Standorten auch Endprodukte entstehen, bestehen darüber hinaus vielfältige Verbundmöglichkeiten, die durch geeignete PPS-Systeme geplant und gesteuert werden können.

Unternehmungsübergreifende Verbundmöglichkeiten sind vor allem bei großen Produktionsunternehmungen zu beobachten, wie z.B. in der Automobilindustrie, die mit ihren Zulieferern durch Informations- und Kommunikationssysteme verbunden ist. Beispielhaft zu nennen sind die *Just-in-Time-Konzepte*, bei denen die Zulieferer ihre Produkte zeit- und bedarfsgerecht (Just-in-Time) direkt zum Produktionsvorgang der Großunternehmung anliefern. Ein Beispiel bildet die Zulieferung von Motoren oder Autositzen von Zulieferfirmen an die Produktionsstraßen der Automobilunternehmungen. Unternehmungsübergreifende Anwendungen werden zur Zeit intensiv unter dem Begriff '*Supply Chain Management*' (SCM) diskutiert.[283]

Der *Gestaltung von PPS-Systemen* kommt in den Industrieunternehmungen eine bedeutende Rolle zu. Die PPS-Systeme (bzw. CIM-Systeme) basieren i.d.R. auf Rechnerverbundsystemen. Dabei lassen sich lokale Netze für standortgebundene Systeme und (welt-)weite Netze für standortübergreifende und internationale Systeme realisieren (vgl. die Ausführungen in Abschnitt 4.4).

Die Ausführungen verdeutlichen die Bedeutung der PPS-Systeme in Industrieunternehmungen. PPS-Systeme stützen sich stets auf leistungsfähige Datenbanksysteme und besitzen zahlreiche Schnittstellen zu unterschiedlichen Anwendungssystemen wie z.B.

---

[282] Vgl. Scheer (1990).
[283] Vgl. hierzu z.B. Knolmayer/Mertens/Zeier (2000) und die Ausführungen in Abschnitt 4.4.2.

Systemen des Rechnungswesens. Neben der Gewährleistung des operativen Ablaufs des Produktionsprozesses, der sich hauptsächlich auf eine Verwaltung der Grunddaten wie Stücklisten, Arbeitspläne und Betriebsmitteldaten stützt, bieten die PPS-Systeme entscheidungsrelevante Daten, die mit entsprechenden Planungs- und Entscheidungsunterstützungssystemen verarbeitet werden (vgl. die Ausführungen in Abschnitt 4.3).

4.2.3 Weitere operative integrierte Systeme im Überblick

Operative integrierte Anwendungssoftwaresysteme finden sich in allen Funktionsbereichen und in allen Branchen, unabhängig von der Größe der Unternehmungen. Exemplarisch wurde in Abschnitt 4.2.1 ein Warenwirtschaftssystem (WWS) für Handelsunternehmungen und in Abschnitt 4.2.2 ein Produktionsplanungs- und Steuerungssystem (PPS-System) für Produktionsunternehmungen vorgestellt. Sehr anschaulich wird die integrierte Informationsverarbeitung mit ihren Funktionen und Prozessen für Industriebetriebe von Mertens beschrieben, dessen Klassifikation der folgenden Auflistung zugrunde liegt.[284] Mertens stellt elf Bereiche vor, die er eingehend anhand von Beispielen erklärt. Im Folgenden sollen die Bereiche nur kurz beschrieben werden.

Schwerpunkte des Bereichs *Forschung sowie Produkt- und Prozessentwicklung*[285] bilden die Aktivitäten der Entwicklung, des Designs bzw. der Konstruktion von Produkten und Prozessen, die durch entsprechende *CAD/CAE-Systeme* (Computer *A*ided Design/Computer *A*ided *E*ngineering) unterstützt werden. Mit den CAP-Systemen (Computer Aided Planning) wird der Übergang vom Entwurf des Produktes zur Produktion vorbereitet. Weitere Anwendungssysteme im *F*orschungs- und *E*ntwicklungsbereich (FuE-Bereich) beinhalten die FuE-Planung und FuE-Kontrolle.

Der *Vertrieb*[286] orientiert sich auf den Absatzmarkt, d.h. auf die Kunden einer Unternehmung. Eine Vielzahl von Anwendungssystemen unterstützt diesen Bereich, so z.B. die Aktivitäten der Vertriebs- und Außendienstmitarbeiter. Weitere Systeme übernehmen die Überwachung der Angebote und die Erfassung und Überprüfung der Aufträge. Moderne Systeme informieren den Kunden über elektronische, internetbasierte Vertriebssysteme.[287]

---

[284] Vgl. Mertens (1997); vgl. hierzu ebenso Schwarze (1997), S. 309ff. und S. 342ff. und Stahlknecht/Hasenkamp (1999), S. 344ff.
[285] Vgl. Mertens (1997), S. 30ff.
[286] Vgl. Mertens (1997), S. 49ff.
[287] Vgl. die Ausführungen in Abschnitt 4.4.

Die *Beschaffung*[288] lässt sich in die Bestelldisposition, Bestelladministration, Lieferüberwachung und Wareneingangsprüfung einteilen. Hierzu sind vielfältige Anwendungssysteme entwickelt worden, die auf verschiedenen Modellen und Methoden basieren. Bei der Bestelldisposition sind es vor allem die Prognosemodelle und -methoden, die im Rahmen von Lagerhaltungssystemen genutzt werden. Anspruchsvolle Systeme, so z.B. in Form von wissensbasierten Systemen bzw. Expertensystemen, werden bei der Lieferantenauswahl und bei den Just-in-Time-Systemen genutzt.[289]

Die *Lagerhaltung*[290] ist eng mit den Bereichen Beschaffung und Vertrieb verbunden. Neben einer mengenmäßigen ist auch eine wertmäßige Bestandsführung sehr wichtig und unverzichtbar. Somit ist hier eine Schnittstelle zur Kostenrechnung gegeben. Computergestützte Systeme in der Lagerhaltung gewährleisten die Lagerbestandsführung, unterstützen die Inventur und die Abläufe bei der Warenein- und -auslagerung.

Der Bereich *Produktion*[291] wurde bereits anhand eines *PPS-Systems* in Abschnitt 4.2.2 eingehend behandelt, so dass hier auf weitere Ausführungen verzichtet werden kann. Es soll jedoch noch einmal auf die hohe Bedeutung dieser computergestützten Systeme hingewiesen werden, die im Rahmen eines übergreifenden *CIM-Konzepts* erfolgreich in der Praxis genutzt werden. Ihre hohen Erfolgspotenziale ergeben sich aus der starken Integration der technischen und betriebswirtschaftlichen Informationsverarbeitung. Weitere Einsatzschwerpunkte der Produktion, die in Abschnitt 4.2.2 nicht angesprochen wurden, liegen in der Materialwirtschaft (z.B. Bedarfsplanung mit Stücklistenauflösung), in der Terminplanung (z.B. Durchlaufterminierung) und in der Kapazitätsplanung. Bei der Werkstattterminierung haben sich unterschiedliche Modelle bewährt, so z.B. Optimierungs- und Simulationsmodelle oder das KANBAN-Prinzip. Die Kontrolle der Produktion wird durch entsprechende CAQ-Systeme (Computer Aided Quality Assurance) gesichert. Wichtig ist schließlich noch die Anlageninstandhaltung, für die Modelle und Methoden der Instandhaltungstheorie entwickelt und in Softwaresysteme umgesetzt wurden.

Der *Versand*[292] ist eng mit dem Vertrieb verbunden. Anwendungssysteme im Versand sollen dazu beitragen, dass die richtige Ware zum richtigen Zeitpunkt beim Kunden eintrifft. Teilfunktionen beziehen sich auf die Zuteilung der Waren, auf die Kommissionierung, die Lieferfreigabe, die Versandpolitik und die Fakturierung. Anspruchsvolle

---

288   Vgl. Mertens (1997), S. 78ff. und Tempelmeier (1995).
289   Vgl. Wildemann (1995).
290   Vgl. Mertens (1997), S. 114ff.
291   Vgl. Mertens (1997), S. 129ff. und die Ausführungen in Abschnitt 4.2.1; weiterhin Hahn/Laßmann (1990); Fandel/François/Gubitz (1994) und Glaser/Geiger/Rohde (1992).
292   Vgl. Mertens (1997), S. 218ff.

Modelle und Methoden werden durch computerunterstützte Tourenplanungssysteme angeboten.[293]

Der *Kundendienst*[294] bzw. Service wird für Unternehmungen immer wichtiger, da sie gerade hier Wettbewerbsvorteile gegenüber ihren Konkurrenten erreichen können. Der Kundendienst bezieht sich vor allem auf die After-Sales- bzw. Nachkauf-Phase innerhalb eines Verkaufsprozesses und bietet u.a. Beschreibungen zur Nutzung und Wartung des verkauften Produktes an. Auch Hilfen zur Fehlerdiagnose und zur Reparatur werden angeboten, ebenso Anleitungen zur Entsorgung des Produktes. Hierzu werden den Kunden benutzungsfreundliche Informations- und Unterstützungssysteme sowohl über CD-ROM als auch über das Internet zur Verfügung gestellt, die vermehrt als leistungsfähige *Help-Desk-Systeme* aufgebaut sind. So werden nicht nur vorhandene Kunden sondern auch potenzielle zukünftige Kunden über solche Systeme im Internet angesprochen, die zu neuen Marketing-Konzepten im *'business-to-consumer'-Umfeld* führen.[295]

Für den *Finanzbereich*[296] (ohne Rechnungswesen) sind vor allem computergestützte Anwendungssysteme zur Finanz- und Liquiditätsplanung (Cash-Mangement) zu nennen. Für international operierende Unternehmungen sind Systeme für ein Währungsmanagement und für Geld- und Devisenhandel von Bedeutung, die auf weltweiten Telekommunikationssystemen basieren.

Anwendungssysteme im *Rechnungswesen*[297] waren die ersten computergestützten Systeme, die in der Praxis genutzt wurden. Hierbei ist zwischen den Programmsystemen für die Kosten- und Leistungsrechnung einerseits und für die Buchhaltung andererseits zu unterscheiden. Für alle Teilbereiche werden leistungsfähige Systeme angeboten, vor allem für die Kostenarten-, -stellen- und -trägerrechnung mit den entsprechenden Betriebsergebnisrechnungen, aber auch für die unterschiedlichen Buchungs- und Kontensysteme, insbesondere für die Debitoren- und Kreditorenbuchhaltung, für die Anlagenbuchhaltung und schließlich für die Bilanzbuchhaltung. Zahlreiche Standardsoftwaresysteme werden angeboten und erfolgreich in der Praxis genutzt.[298]

Im Bereich *Personal*[299] sind auf der operativen Ebene vor allem die computergestützten Anwendungssysteme zu nennen, die die Arbeitszeiten verwalten und eine Entgeltabrechnung durchführen. Diese Systeme waren mit die ersten, die als Lohn- und Gehalts-

---

[293] Vgl. die Beiträge in Kopfer/Bierwirth (1999).
[294] Vgl. Mertens (1997), S. 239ff.
[295] Vgl. die Beiträge von Scheer/Nüttgens (1999) und die Ausführungen in Abschnitt 4.4.2.
[296] Vgl. Mertens (1997), S. 246ff.
[297] Vgl. Mertens (1997), S. 256ff.; Sinzig (1990) und Lackes (1989).
[298] Vgl. Währisch (1998).
[299] Vgl. Mertens (1997), S. 279ff.

abrechnungsprogramme in der Praxis mit Erfolg eingesetzt wurden. Aufgrund der Wichtigkeit des Faktors Personal werden in den letzten Jahren stärker solche Personalplanungssysteme genutzt, die die Förderung der Mitarbeiter gewährleisten sollen. Hierzu wurden entsprechende Modelle und Methoden entwickelt, die z.B. den Einsatz geeigneter Personen für bestimmte Arbeiten planen oder individuelle Qualifizierungsprogramme erstellen. Unterschiedliche Standardsysteme werden als Personalinformationssysteme (PIS) am Markt angeboten.

In einem letzten Bereich wird von Mertens das *Gebäudemanagement*[300] behandelt, das unter der Bezeichnung *Facilities Management* eine große Bedeutung in der Praxis gewonnen hat. Neben der Verwaltung von Gebäuden geht es hierbei vor allem um die Steuerung und Überwachung technisch ausgestatteter Gebäudekomplexe, d.h. um die Regelung physikalischer Prozesse wie z.B. von Heizungs- und Klimaanlagen oder von Sicherheitsmaßnahmen.

Für die vorgestellten Anwendungsbereiche werden spezielle Anwendungs- bzw. Informationssysteme entwickelt, so z.B. Vertriebsinformationssysteme, Lagerhaltungsinformationssysteme oder Finanzinformationssysteme. Ziel ist jedoch, eine sinnvolle Verknüpfung dieser Teilsysteme (Module) zu einem ganzheitlichen System zu schaffen.

Die operativen integrierten Anwendungssysteme haben mittlerweile eine hohe Anwendungsreife mit vielfältigen Nutzungspotenzialen erreicht, wobei die rasante technologische Entwicklung im Hardware- und im Softwarebereich Wegbereiter ist. In allen Bereichen werden zunehmend Standardsoftwaresysteme eingesetzt, welche später als ERP-Systeme in Abschnitt 4.6 vorgestellt werden.

4.3 Analyseorientierte Anwendungssoftwaresysteme zur Unterstützung des Managements

Die *analyseorientierten Anwendungssoftwaresysteme* bieten den Fach- und Führungskräften ein ausgezeichnetes Instrument zur Erfüllung ihrer Aufgaben. Man bezeichnet sie auch als *Managementunterstützungssysteme* bzw. als *Management Support Systeme (MSS)*[301], die vor allem als Planungs- und Entscheidungsunterstützungssysteme sowie als Kontrollsysteme genutzt werden.[302] Die *Analysesysteme* haben die Aufgabe, den Managern die für die Planungs- und Entscheidungsunterstützung und die Unternehmungsführung relevanten Informationen rechtzeitig und in geeigneter Form bereitzu-

---

300 Vgl. Mertens (1997), S. 292ff.
301 Vgl. Gluchowski/Gabriel/Chamoni (1997) und Hansen (1996), S. 261ff.
302 Vgl. Mertens/Griese (2000) und Stahlknecht/Hasenkamp (1999), S. 410ff.

stellen. Die Informationen sind sowohl unternehmungsinterner als auch -externer Herkunft. Alle Anwendungssysteme stützten sich i.d.R. auf leistungsfähige Datenbanksysteme.[303]

In einem ersten Abschnitt 4.3.1 wird zunächst ein Überblick über die Management Support Systeme gegeben. In Abschnitt 4.3.2 werden die eher datenorientierten Systeme vorgestellt, die als MIS (*M*anagement *I*nformation *S*ystem) und als EIS (*E*xecutive *I*nformation *S*ystem) genutzt werden. Entscheidungsorientierte Systeme, so vor allem in Form von *E*ntscheidungs*u*nterstützungs*s*ysteme (EUS) bzw. *D*ecision *S*upport *S*ystemen (DSS) sind Gegenstand von Abschnitt 4.3.3. Mit den aktuell diskutierten *D*ata *W*arehouse-*S*ystemen (DWS) setzt sich Abschnitt 4.3.4 auseinander. Abschließend werden in Abschnitt 4.3.5 Einsatzbereiche und in Abschnitt 4.3.6 Entwicklungstendenzen analyseorientierter Anwendungssysteme aufgezeigt.

4.3.1 Management Support Systeme (MSS)

Management Support Systeme (MSS) bzw. *Managementunterstützungssysteme (MUS)* bilden eine Sammlung aller Einsatzformen von Informations- und Kommunikationstechnologien zur Unterstützung der Fach- und Führungskräfte (Management). Als anspruchsvolle, den Entscheidungsprozess begleitende Werkzeuge reichen MSS weit über die Unterstützungsfunktionalität der sogenannten Basissysteme, die als Endbenutzerwerkzeuge im Rahmen der isolierten Anwendungssysteme zur Individuellen Datenverarbeitung (IDV) behandelt werden, hinaus (vgl. Abschnitt 4.1.1). Es sind vor allem die vielfältigen Systemausprägungen der Führungs- bzw. Chefinformationssysteme, auch als *Executive Support Systeme (ESS)* bezeichnet, die in die eher datenorientierten Systeme wie die *Executive Information Systeme (EIS)* und *Management Information Systeme (MIS)* und in die entscheidungsorientierten Systeme wie die *Decision Support Systeme (DSS)* eingeteilt werden können. Die nachfolgende Abbildung 4-7 vermittelt einen Überblick über die unterschiedlichen Ausprägungen der Management Support Systeme.

Die Informationen, die in die Management Support Systeme einfließen, sind sowohl unternehmungsinterner als auch -externer Art. Die *unternehmungsinternen Informationen* stammen größtenteils aus den vielfältigen operativen Anwendungssystemen, die in den einzelnen Funktionsbereichen der Unternehmung eingesetzt werden, wie z.B. im Rechnungswesen, in der Produktion, im Vertrieb, in der Finanz- und Investitionsplanung, in der Personalwirtschaft und im Controlling. Im Abschnitt 4.2 werden u.a. ope-

---

[303] Vgl. z.B. Gabriel/Röhrs (1995).

rative Systeme im Handel (Warenwirtschaftssysteme) und in der Industrie (Produktionsplanungs- und -steuerungssysteme) vorgestellt. Problemrelevante Daten aus diesen operativen Systemen gehen in aggregierter Form in die analyseorientierten Systeme ein. Eine wichtige Informationsquelle für das Management stellt auch das Data Warehouse-System dar, das später als ein besonderes Management Support System in Abschnitt 4.3.4 behandelt wird.

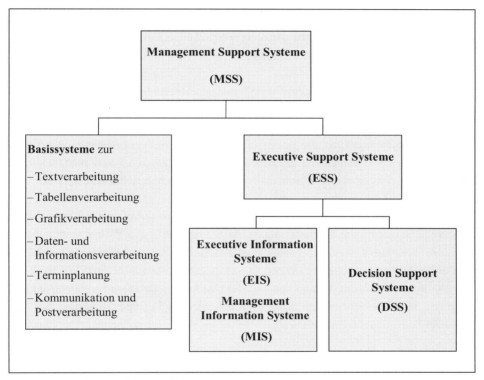

Abb. 4-7: Ausprägungen der Management Support Systeme (MSS)

Unternehmungsexterne Informationen werden von außen bereitgestellt, wobei verschiedene Quellen existieren. So werden Wirtschafts-, Markt- und Branchendaten über verschiedene Medien angeboten, so z.B. über elektronische Medien wie Internet, Online-Dienste, Online-Datenbanken und CD-ROM. Management Support Systeme müssen geeignete Schnittstellen aufweisen, damit die vielfältigen internen und externen Informationen auch aufgenommen werden können.

Management Support Systeme lassen sich als Analyse-, Planungs- und Kontrollsysteme in allen Funktionsbereichen und auf allen Ebenen einer Unternehmung einsetzen. So bieten die in Abschnitt 4.2.3 behandelten betrieblichen Anwendungsbereiche sehr gute Nutzungsmöglichkeiten.[304]

Im Folgenden sollen zunächst die datenorientierten (Abschnitt 4.3.2) und die entscheidungsorientierten Systeme vorgestellt werden (Abschnitt 4.3.3), anschließend das spezielle Konzept eines Data Warehouse-Systems (Abschnitt 4.3.4).

4.3.2 Management Information Systeme (MIS) und Executive Information Systeme (EIS)

*M*anagement *I*nformation *S*ysteme (MIS) und *E*xecutive *I*nformation *S*ysteme (EIS) stellen spezielle Ausprägungen von Management Support Systemen (MSS) dar, die eher datenorientiert sind und demnach eher zur Datenversorgung dienen. Die *Management Information Systeme (MIS)*, die bereits in den 1960er Jahren entstanden sind, übernehmen detaillierte und verdichtete Informationen aus den operativen Systemen und stellen diese entweder in periodischen Berichtssystemen oder nach gezielter Abfrage dar.[305]

Mit Zunahme der Leistungsfähigkeit der Rechner und fortschreitender Vernetzung ist eine neue Basis für eine Verbesserung des MIS-Ansatzes in den 1980er Jahren entstanden. Mit leistungsstarken und benutzungsfreundlichen Personal Computern setzt sich ein neuer Ansatz mit der Bezeichnung *E*xecutive *I*nformation *S*ysteme (EIS) durch. Die neuen Technologien der Bildschirme und der Drucker ermöglichen neue Präsentationsformen; neue Speichertechnologien gewährleisten hohe Speicherkapazitäten und schnelle Zugriffe auf Informationen.

Executive Information Systeme (EIS) sind rechnergestützte, dialog- und datenorientierte Informationssysteme für das Management mit ausgeprägten Kommunikationselementen, die einzelnen Entscheidungsträgern aktuelle entscheidungsrelevante interne und externe Informationen anbieten. EIS sind immer unternehmungsspezifisch aufgebaut. Die Software EIS soll aktuell und flexibel sein und stets in einem Gestaltungsprozess an neue Gegebenheiten anpassbar sein.[306] Im Vergleich zu den im FolgendenAbschnitt darzustellenden DSS (*D*ecision *S*upport *S*ysteme) sind sie eher methodenarm. Die Hauptfunktionen eines EIS, das den Manager unterstützen soll, lassen sich wie folgt beschreiben:

---

[304] Vgl. hierzu auch die Beispiele bei Mertens/Griese (2000).
[305] Vgl. Gluchowski/Gabriel/Chamoni (1997), S. 149ff.
[306] Vgl. Gluchowski/Gabriel/Chamoni (1997), S. 201ff.

– Exception Reporting:
Diese Funktion übernimmt als Überwachungs- und Kontrollinstrument die Aufgabe, den Manager frühzeitig auf Abweichungen vom Soll-Zustand aufmerksam zu machen. Durch farbliche Markierungen bei auftretenden Abweichungen kann sich der Manager 'auf einen Blick' einen umfassenden Eindruck über die aktuelle Situation verschaffen.

– Drill-Down:
Das Drill-Down-Verfahren ermöglicht eine Tiefenanalyse auf die operative Datenbasis. Der Entscheidungsträger kann relevante Sachverhalte auf frei wählbaren Verdichtungsstufen visualisieren und Detailinformationen gezielt abrufen.

– Navigation:
Der Manager muss bei seinen Suchen in Datenbankbeständen unterstützt werden und eine Orientierungshilfe erhalten. Die beschrittenen Wege bei der Informationsrecherche müssen dabei nachvollziehbar dokumentiert werden.

– News:
Neben der Zurverfügungstellung formatierter Grafik- und Zahleninformationen soll es auch möglich sein, den Entscheidungsträger mit unternehmungsexternen und -internen Nachrichten zu versorgen. Der News-Bereich muss stets mit relevanten aktuellen Nachrichten gefüllt werden.

– Trendanalyse:
Das frühzeitige Erkennen von Trends ist für Unternehmungen häufig lebenswichtig. Der Manager benötigt hierzu ein Instrumentarium, das Daten methodisch für Prognosen aufbereitet.

– E-Mail:
Zur Kommunikation bilden E-Mail-Funktionen einen wichtigen Bestandteil von EIS. Der Manager muss die Möglichkeit haben, Post auf elektronischem Wege zu versenden und zu empfangen (mit Hilfe von Electronic Mailbox-Systemen).

– Paperclip:
Oftmals erfahren die elektronischen EIS-Kommunikationsfunktionen eine Erweiterung dahingehend, dass das Weiterleiten von Bildschirmdokumenten mit persönlichen Markierungen und Randbemerkungen (paperclip) versehen werden kann.

Executive Information Systeme, die häufig historisch als Weiterentwicklung der Management Information Systeme gesehen werden, bieten hervorragende Unterstützungsmöglichkeiten für das Management, so z.B. im Controlling und Marketing, aber auch in der Produktion, im Vertrieb und in der Kostenrechnung.

4.3.3 Decision Support Systeme (DSS)

Im Gegensatz zu den MIS und EIS orientieren sich *Decision Support Systeme* (DSS oder EUS/Entscheidungsunterstützungssysteme) stärker an der Abbildung des Verhaltens von Managern bei der Lösung von Fachproblemen. Nicht die Versorgung des Managements mit zeit- und sachgerechter Information steht im Vordergrund der DSS, sondern die effektive Unterstützung im *Planungs- und Entscheidungsprozess* mit dem Ziel, das Urteilsvermögen des Managers und dadurch die Entscheidungsqualität zu verbessern.

Decision Support Systeme (DSS) sind interaktive EDV-gestützte Systeme, die Manager (Entscheidungsträger) mit Modellen, Methoden und problembezogenen Daten in ihrem Entscheidungsprozess bei der Lösung von Teilaufgaben in eher schlecht-strukturierten Entscheidungssituationen unterstützen.[307]

Die Abbildung 4-8 stellt die Komponenten von Decision Support Systemen im Überblick dar.

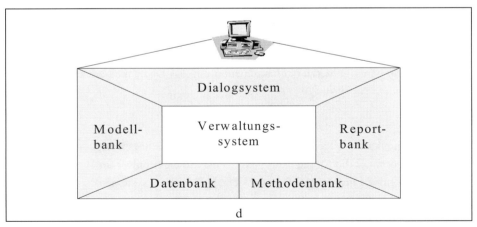

Abb. 4-8: Komponenten eines Decision Support Systems (DSS)

Charakteristisch für die DSS ist somit die ausgeprägte Modell- und Methodenorientierung. Ihr Einsatz ist auf allen Managementebenen für alle Problemstrukturen möglich.

---

[307] Vgl. Gluchowski/Gabriel/Chamoni (1997), S. 165ff.

Ein Anwendungsbeispiel für das operative Management ist beispielsweise die Lösung von Lagerhaltungs- oder von Transportproblemen. Die Planung neuer Produkte oder neuer Standorte für die Fertigung sind Beispiele für das strategische Management. Zur Verbreitung und breiten Akzeptanz von Decision Support Systemen trägt das Fach Operations Research (Unternehmensforschung) entscheidend bei, indem es geeignete Modelle und Methoden zur Problemlösung zur Verfügung stellt.

Neben der *Datenbank* besitzt ein Decision Support System eine *Modellbank* und eine *Methodenbank*, in denen die Modelle bzw. Methoden für die Planung und Entscheidungsunterstützung gespeichert und verwaltet werden. Weiterhin kommt der *Benutzungsschnittstelle* (Dialogsystem) eine große Bedeutung zu, da gerade Fach- und Führungskräfte komfortable und wirksame Steuerungs- und Bedienungsmöglichkeiten erwarten. Mit Hilfe einer Reportbank lassen sich geeignete und aussagekräftige Berichte (Reports) generieren. Häufig basieren die DSS auf leistungsfähigen *Planungssprachen* oder Tabellenkalkulationsprogrammen, die Schnittstellen zu mächtigen Datenbanksystemen aufweisen. Ein Verwaltungssystem steuert und kontrolliert das gesamte Softwaresystem.

4.3.4 Data Warehouse-Systeme (DWS)

Die unverzügliche Bereitstellung problemrelevanter Informationen stellt eine wesentliche Anforderung an Management Support Systeme dar. Management Information Systeme und Executive Information Systeme erfüllen diese Aufgabe schon seit vielen Jahren in der betrieblichen Praxis. Die Sammlung, Verdichtung und Selektion entscheidungsrelevanter Informationen kann nur auf Basis einer konsistenten unternehmungsweiten Datenhaltung geschehen. Aufgrund der Heterogenität operativer Systeme ist eine systematische Zusammenführung der zugehörigen Datenbestände in einem speziellen, von der operativen Basis getrennten Informationssystem vorteilhaft. Dieser Aspekt wird in letzter Zeit unter der Bezeichnung 'Data Warehouse' (DW) intensiv diskutiert. Data Warehouse-Konzepte bzw. *Data Warehouse-Systeme* (DWS) stellen das vorläufige Ergebnis mannigfacher Lösungsversuche dar, die größer werdende 'Datenflut' in Unternehmungen zu beherrschen.[308]

Data Warehouse-Systeme (DWS) haben die Aufgabe, Informationen inhaltsorientiert, integriert und dauerhaft zur Unterstützung von Fach- und Führungskräften zu sammeln,

---

[308] Vgl. Gabriel/Chamoni/Gluchowski (2000).

zu transformieren und zu präsentieren.[309] In der folgenden Abbildung 4-9 wird das Data Warehouse-Konzept mit seinen Schnittstellen dargestellt.

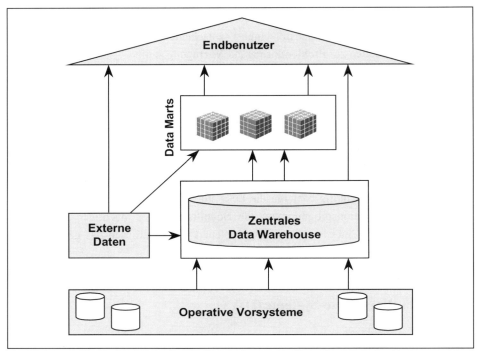

Abb. 4-9: Data Warehouse-Konzept mit seinen Schnittstellen

Als Kernkomponente einer Data Warehouse-Architektur[310] bzw. eines -Konzepts ist der zentrale Datenspeicher (zentrales Data Warehouse) zu verstehen, der heute i. d. R. durch eine relationale Datenbank gebildet wird. Verschiedene funktionale Erweiterungen der marktgängigen relationalen Datenbanken (so z. B. spezielle Indizierungsverfahren [Bit-Indexing] oder Abfragetechniken [Star-Query])[311] tragen dazu bei, dass die spezifischen Anforderungen, die aus den Managementanwendungen erwachsen, auch bei großen Datenmengen erfüllt werden können. Die bekannten Anbieter relationaler Datenbanken wie z. B. IBM, Informix, Microsoft, Oracle und Sybase haben diesen lukrativen Markt längst für sich entdeckt und ihre jeweiligen Kernprodukte um Zusatzfunktionalitäten erweitert, die speziell auf die Anforderungen in Data Warehouse-Umgebungen zugeschnitten sind. In der Regel handelt es sich hierbei um mehrdimensionale Datenbanken, die man auch als OLAP-Datenbanken bezeichnet.

---

[309] Vgl. Gluchowski/Gabriel/Chamoni (1997), S. 26 und die Beiträge in Chamoni/Gluchowski (1999).
[310] Vgl. hierzu z.B. Mucksch (1999).
[311] Vgl. Gluchowski (1997).

Ein hoher Anteil des Aufwandes beim Aufbau eines Data Warehouses resultiert aus der Etablierung geeigneter Zugriffsstrategien auf die (internen) operativen Vorsysteme und externen Informationssysteme. Die hier eingesetzten Import-Komponenten leisten automatische, zeitgesteuerte Aktualisierungen der Data Warehouse-Datenbasis in belastungsarmen Zeiten und führen dabei vielfältige Transformations- und Aufbereitungsschritte auf den einzubindenden Daten durch.[312]

Insbesondere beim interaktiven Zugriff auf die Datenbasis eines unternehmungsweiten, zentralen Data Warehouses kann sich dieses als zu unflexibel und schwerfällig erweisen, um den Anforderungen der Anwender zu genügen. Aus diesem Grunde werden häufig funktionsbereichs- oder personengruppenspezifische Extrakte aus dieser Datenbasis entnommen und als *Data Marts* separat gespeichert.

Data Warehouse-Systeme sollen auf Daten aus unterschiedlichen Quellen zugreifen, die beispielsweise in verschiedenen *Datenbanksystemen* gespeichert und verwaltet werden. Es soll jede Art von Datenmaterial behandelt werden, so z.B. *strukturierte* und *unstrukturierte* oder *multimediale Informationen*, die benutzungsgerecht aufbereitet und präsentiert werden. Dabei sind sowohl *interne* als auch *externe* Informationen zu verarbeiten, die z.B. aus Online-Datenbanken oder aus WWW-Systemen des Internet gewonnen werden. Die Informationen sollen *themenorientiert* bzw. *inhaltsorientiert* aufgebaut werden, und zwar nicht nur aktuelle Daten sondern auch *vergangenheitsorientierte*, d.h. historische Daten. Data Warehouse-Systeme bieten somit im Gegensatz zu den operativen Informationssystemen wichtige Instrumente für das Management und sind ein wichtiger Bestandteil der betrieblichen Analysesysteme bzw. von Managementunterstützungssystemen.

4.3.5 Einsatzbereiche analyseorientierter Informationssysteme in der betrieblichen Praxis

Der potenzielle Anwendungsbereich für analyseorientierte Informationssysteme erweist sich als breit gefächert und facettenreich. Prinzipiell lässt sich ein multidimensionaler Datenpool mit abgestimmten entscheidungsrelevanten Inhalten überall dort nutzen, wo planende bzw. analytische Aufgaben in Organisationen zu lösen sind. Damit finden die Ansätze sowohl im Rahmen einer reinen Informationsversorgung von Fach- und Führungskräften (data support) als auch als Datenbasis für anspruchsvolle statistische oder mathematische Auswertungen (decision support) Anwendung, so zum Beispiel bei Berechnungen im Rahmen von Marktprognosen und Investitionsentscheidungen.

---

[312] Vgl. Müller (2000).

Der Bedarf an einer entscheidungsorientierten Informationsbasis ist in allen betrieblichen Funktionsbereichen und in allen Branchen gegeben. Entsprechende Projekte wurden beispielsweise bei Handelsketten und Versandhäusern, Banken und Versicherungen, Energieversorgern, kommunalen Organisationen, Chemieunternehmen und Stahlerzeugern aufgesetzt.[313] Interessant ist der Aufbau einer verlässlichen analytischen Informationsbasis jedoch nicht nur für Großunternehmungen, sondern ebenso für kleinere und mittlere Organisationen. Der Aufbau eines Data Warehouse-Systems setzt eine systematische Vorgehensweise (Engineering) mit einer anspruchsvollen Modellierung voraus (i.d.R. Modellierung mehrdimensionaler Datenbanksysteme)[314].

Als Nutzer analyseorientierter Systeme kommen Mitarbeiter unterschiedlichster Hierarchiestufen aller Funktionsbereiche von Organisationen in Betracht. Data Warehouse-Lösungen werden meistens für den Marketing- und Vertriebsbereich, für Kunden- und Produktanalysen sowie für den Finanzsektor konzipiert und in Betrieb genommen. Die Einbeziehung anderer Bereiche wie z. B. Personal oder Produktion erfolgt vielfach zu einem späteren Zeitpunkt. In den folgenden vier Abschnitten 4.3.5.1 bis 4.3.5.4 werden vier wichtige mögliche Einsatzbereiche von Data Warehouse-Konzepten herausgegriffen und exemplarisch kurz erläutert.

4.3.5.1 Database Marketing

Im Marketing-Sektor wird derzeit versucht, durch die Nutzung moderner Datenbanktechnologien kundenspezifischere Formen des Direktmarketings zu etablieren. Als Voraussetzung dazu gilt es, eine zielgerichtete Sammlung aller relevanten Informationen über den Einzelkunden aufzubauen, die aus der Kommunikation und Interaktion mit ihm erwachsen. Diese Informationen sollen in einer Datenbasis gespeichert und zur Steuerung der Marketing-Prozesse eingesetzt werden. Dementsprechend ist Database Marketing als „Kern des Zieles einer kunden- und damit auch zukunftsorientierten Unternehmensführung"[315] zu verstehen. Die kundenspezifischen Maßnahmen erstrecken sich auf alle Bereiche des Marketing-Mix.

Link und Hildebrand erklären das Grundprinzip des Database Marketing als Regelkreis.[316] Basis sind die individuellen Kundendaten mit den Grunddaten und den Potenzial-, Aktions- und Reaktionsdaten des einzelnen Kunden. Diese Daten ermöglichen in einem ersten Schritt die Durchführung von Kunden- und Marktanalysen. Die anschlie-

---

313 Vgl. z.B. Martin/von Maur (1997).
314 Vgl. Schelp (2000).
315 Brändli (1997), S. 12. Vgl. hierzu auch Schinzer (1997), S. 107f.
316 Vgl. Link/Hildebrand (1997), S. 19f.

ßende Marketing-Planung zielt vor allem auf die Kommunikationspolitik, die Produkt- und Sortimentgestaltung sowie die Preis- und Distributionspolitik. In einem dritten Schritt werden in einer Marktreaktionserfassung der ökonomische Erfolg und der Wettbewerbserfolg ermittelt. Mit Hilfe der gewonnenen Kundenmodelle lässt sich ein Teilindividualmarketing durchführen, d. h. dem richtigen Kunden kann zum richtigen Zeitpunkt mit den richtigen Argumenten ein Informations- und Leistungsangebot unterbreitet werden[317], so z. B. durch eine dialogorientierte Kommunikation und eine kundenindividuelle Produktanpassung.

Als Vorteil gegenüber einem starren Berichtswesen im Marketing-Bereich muss bei einem derartigen Database Marketing gewertet werden, dass sich durch die interaktive Nutzung einer umfassenden Kundendatenbasis beliebige Gruppierungen und Segmentierungen im Kundendatenbestand nach unterschiedlichsten Kriterien vornehmen lassen. Beispielsweise können so idealtypische Kundenprofile aufgestellt und hinsichtlich ihres Kaufverhaltens analysiert werden. Der Werbemitteleinsatz soll dadurch unmittelbar und möglichst individuell auf den einzelnen Kunden ausgerichtet werden können, was dann zu erheblichen Kosteneinsparungen und ggf. zu einer besseren Kundenbindung führen kann.[318]

Zwar handelt es sich bei derartigen Marketing-Datenbanken um analyseorientierte Datenbanken mit Fokussierung auf einen betrieblichen Funktionalbereich, die gemäß der obigen Abgrenzung eher als Data Marts zu bezeichnen wären, allerdings sind die wesentlichen Charakteristika für einen Data Warehouse-Datenbestand erfüllt. Die Datenbasis soll themenorientiert (am einzelnen Kunden ausgerichtet) und über lange Zeiträume (gesamte Kundenhistorie) Informationen vorhalten und im Bedarfsfall zur Verfügung stellen. Die Informationen gelangen aus unterschiedlichen Datenquellen (z. B. Vertriebssystem, Reklamationssystem und Finanzbuchhaltung) in die Marketing-Datenbank. Wesentlich ist auch die Anbindung an externe Informationslieferanten, wie beispielsweise Marktforschungsinstitute oder Lieferanten von Adressdaten. Eine ausgezeichnete Basis für das Data Base Marketing bietet das E-Commerce, das durch das Internet eine zunehmende Bedeutung gewinnt (vgl. Abschnitt 4.4.2).

4.3.5.2 Vertriebscontrolling

Ein weites Anwendungsfeld für analyseorientierte Datenbanken findet man im Vertriebsbereich. Durch den gezielten Einsatz vorhandener OLAP-Funktionalitäten lassen

---
317 Vgl. Link/Hildebrand (1997), S. 23ff.
318 Vgl. Beiträge in Link/Brändli u.a. (1997).

sich hier etwa Absatzzahlen und Umsatzgrößen nach Regionen, Kunden oder Artikeln sowie zeitlichen Gesichtspunkten aufgliedern (mehrdimensionale Informationssysteme). Der Anwender hat dann die Möglichkeit, im aufgespannten Datenraum frei zu navigieren und sich seine individuellen Perspektiven mit den benötigten Detaillierungsgraden zusammenzustellen. Abweichungen von vorgegebenen Plangrößen lassen sich per Drill-Down bis hinunter auf die elementaren Betrachtungseinheiten bzw. Einflussfaktoren zurückverfolgen. Auch können langfristige Absatzentwicklungen und -trends aufgezeigt und zukunftsgerichtet analysiert werden.

Die Einbeziehung von externem demografischen und makroökonomischen Datenmaterial dient der frühzeitigen Antizipation von Änderungen beim Verbraucherverhalten oder bei den globalen Rahmenbedingungen. Mit speziellen vertriebsorientierten Funktionen wird versucht, den Endbenutzer adäquat zu unterstützen. Beispielsweise können neben den 80/20-Analysen auch Rangfolgenbildungen und Werbewirksamkeitsauswertungen fest hinterlegt sein. Zusätzliche Interaktivität bieten z.B. Quadranten- und ABC-Analysen, die es dem Anwender ermöglichen, die relevanten Bereichsgrenzen festzulegen und nach Belieben zu modifizieren.

4.3.5.3 Konzerncontrolling

Für verteilt operierende Konzerne ist ein umfassendes Controlling und Berichtswesen unerlässlich, insbesondere wenn sie Planungs-, Koordinierungs- und Kontrollaufgaben für viele Tochterunternehmungen unter Umständen über Landesgrenzen und unterschiedliche Hierarchiestufen hinweg wahrnehmen müssen. Die Zusammenführung von Kennzahlen stellt sich jedoch bei derartigen Strukturen als erhebliches organisatorisches, betriebswirtschaftliches und auch technisches Problem dar, zumal die eingesetzten Hardware- und Softwaresysteme häufig sehr heterogen sind.

Data Warehouse-Konzepte mit ihrer Betonung der Transformationskomponente, die für den Transport und den Abgleich von Datenbeständen aus unterschiedlichen Vorsystemen zuständig ist, bieten hier akzeptable Lösungsansätze. Funktionen zur Währungsumrechnung können ebenso hinterlegt sein wie Möglichkeiten zur Saldierung von Leistungsflüssen sowie Konsolidierung von Kapital- und Schuldenbeständen. Aber auch komplexe betriebswirtschaftliche Kennzahlen, die beispielsweise im wertorientierten Beteiligungscontrolling Verwendung finden, lassen sich entweder zum Zeitpunkt der Datenaktualisierung berechnen oder aber beim Zugriff durch den Endbenutzer dynamisch ermitteln.[319]

---

[319] Vgl. Kraege (1999), S. 332f.

4.3.5.4 Unternehmungsführung

Die Unterstützung der Top-Führungskräfte mit adäquatem Informationsmaterial im Rahmen von *Executive Information Systemen* (EIS) bzw. *Führungsinformationssystemen* (FIS)[320] scheint mit dem Aufbau analyseorientierter Datenbanken wieder in greifbare Nähe zu rücken. Schließlich wird das häufig als kritisch eingestufte Problem der Datenversorgung von EIS-Systemen dann auf die analyseorientierte Datenbank verlagert.

Systeme für Führungskräfte zeichnen sich oftmals weniger durch ein ausgeprägtes methodisches Instrumentarium als durch intuitive, leicht zu erlernende Zugangsschnittstellen aus. Die Gestaltung geeigneter Benutzungsoberflächen, mit denen sich die benötigten aggregierten internen und externen Informationen visualisieren und präsentieren lassen, erweist sich jedoch heute mit den verfügbaren Oberflächengeneratoren meist als unproblematisch. Die Generatoren ermöglichen in der Regel auch ein Ausnahmeberichtswesen[321], mit dem die Führungskraft vor der Überfrachtung mit Detailinformationen geschützt und ein 'Management by Exception' forciert werden soll.

Die Liste möglicher Einsatzbereiche für analyseorientierte Informations- bzw. Datenbanksysteme ließe sich verlängern und über alle Funktionsbereiche von Unternehmungen spannen. Obwohl an dieser Stelle nur wenige Anwendungsfelder exemplarisch herausgegriffen wurden, ist der potenzielle Nutzen einer entsprechenden Lösung offensichtlich.

4.3.6 Entwicklungstendenzen der analyseorientierten Systeme

Mit den Data Warehouse-Systemen wurden bereits neue Ansätze moderner analyseorientierter Anwendungssoftwaresysteme aufgezeigt. Seinen Wert gewinnt das Data Warehouse mit der schnellen und flexiblen Auswertbarkeit der Daten bei Ad-hoc-Abfragen durch den Entscheidungsträger. Durch eine integrative Verknüpfung von Data Warehouse-Ansätzen und OLAP-Werkzeugen (*Online Analytical Processing*), die auf *mehrdimensionalen Datenbanksystemen* operieren, lassen sich neue Typen von Management Support Systemen konzipieren. Wichtig ist, dass sich auch aufgaben- und/oder personenbezogene Auszüge, die sogenannten Data Marts, aus den Datenbeständen für spezifische Analysetätigkeiten extrahieren lassen.[322]

---

320 Vgl. Gluchowski/Gabriel/Chamoni (1997), S. 204ff.
321 Vgl. Abschnitt 4.3.2.
322 Vgl. die Beiträge in Chamoni/Gluchowski (1999).

Weitere Leistungssteigerungen bei analyseorientierten Systemen sind durch *wissensbasierte Systeme bzw. Expertensysteme* zu erreichen. Besonders in der klassischen Domäne der Decision Support Systeme leisten diese Ansätze wirksame Unterstützungsmöglichkeiten. Die sogenannten *Knowledge Based Decision Support Systeme (KBDSS)* stellen einen neuen innovativen Ansatz zur Entscheidungsunterstützung dar. Leistungssteigerungen bieten weiterhin *lernende* und *neuronale Systeme (Künstliche Neuronale Netze)*[323], die einen großen Einfluss auf zukünftige Entwicklungen im Bereich analyseorientierter Anwendungssysteme haben werden. Speziell die Konzepte des *Data Mining* eröffnen ein hohes Erfolgspotenzial für die Informationsrecherche, -aufbereitung und -analyse. Neue Techniken gewährleisten weiterhin die digitale und integrierte Verarbeitung vielfältiger Informationsformen wie Daten, Texte, Grafiken, Bilder, Videosequenzen, Sprache und Ton. Diese *Multimediasysteme* werden in Zukunft eine große Rolle in der DV-Anwendung spielen, so auch bei den Analysesystemen, bei der z.B. die wirksame Präsentation der Information wichtig ist.[324]

Schließlich sind bei den analyseorientierten Systemen noch die *Kommunikationssysteme* zu nennen, die sowohl als *lokale Systeme* (z.B. als *Local Area Network (LAN)* oder als *Intranet*) als auch als *weite Systeme* (z.B. als Internet) für das Management wichtige Anwendungsmöglichkeiten schaffen und die Arbeit wirksam unterstützen. Diese vernetzten Systeme werden aufgrund ihrer hohen Bedeutung im folgenden Abschnitt 4.4 näher erläutert.

Bei den analyseorientierten Systemen werden sich in Zukunft Innovationen und Leistungspotenziale zeigen, die für die Gestalter neue Herausforderungen darstellen und den Anwendern ausgezeichnete *Chancen* für eine bessere Informationsverarbeitung, speziell für eine erfolgreiche Informationsanalyse bieten. Neue Techniken enthalten jedoch auch *Risiken*, die man erkennen und abwehren muss.

4.4 Anwendungssoftwaresysteme auf der Basis vernetzter Rechnersysteme

Die Anwendungssoftwaresysteme werden in der betrieblichen Praxis zur Zeit und in Zukunft immer stärker auf der Basis vernetzter Rechnersysteme genutzt. Zahlreiche Anwendungsbeispiele in den vorhergehenden Abschnitten haben dies bereits verdeutlicht. Die Kommunikation, die mit ihren technischen Realisierungsmöglichkeiten im Mittelpunkt des zweiten Kapitels steht, spielt hierbei eine zentrale Rolle. Aufgrund der

---

[323] Vgl. z.B. Grauel (1992).
[324] Vgl. Gluchowski/Gabriel/Chamoni (1997), S. 247ff.

hohen Bedeutung vernetzter Systeme in der betrieblichen Praxis soll dieser Aspekt hier besonders herausgestellt werden.

Leistungsfähige Kommunikationstechniken unterstützen sowohl die internen Anwendungssoftwaresysteme auf der Basis lokaler Rechnernetze, die in Abschnitt 4.4.1 beschrieben werden (vgl. hierzu die Erläuterung der technischen Infrastruktur in den Abschnitten 2.2 und 2.3), als auch die standortübergreifenden Anwendungssysteme auf der Basis (welt-) weiter Netze und Telekommunikationssysteme, die in Abschnitt 4.4.2 erörtert werden (vgl. hierzu die Darstellungen der Techniken in Abschnitten 2.5 und 2.6).

4.4.1 Interne Anwendungssoftwaresysteme auf Basis lokaler Rechnernetze

Für die Nutzung interner Anwendungssoftwaresysteme (Inhouse-Systeme) bilden lokale Rechnernetze *(Local Area Networks/LAN)* eine sehr gute technologische Basis. Verschiedene Rechnertypen (Groß- und Mittlere Rechner, Personal Computer) können dabei durch ein Netz miteinander verbunden werden, das unterschiedliche Netzstrukturen (Topologien) aufweisen kann (vgl. hierzu die Ausführungen in Abschnitt 2.2.1). In den letzten Jahren wird hierbei vor allem eine Architekturform realisiert, die als *Client-Server-Architektur* bekannt ist (vgl. die allgemeine Beschreibung in Abschnitt 2.3.2). Man versteht darunter eine „Informationsverarbeitung, bei der die Aufgaben zwischen Programmen auf verbundenen Rechnern aufgeteilt werden. In einem solchen Verbundsystem können Rechner aller Art zusammenarbeiten. Server (= Dienstleister) bieten über das Netz Dienstleistungen an. Clients (= Kunden) fordern diese bei Bedarf an."[325] Typischerweise sind die Client-Programme auf den kostengünstigeren Arbeitsplatzrechnern (Client-Stationen) implementiert, während die Server-Programme auf leistungsfähigen, relativ teuren Rechnern laufen (Server-Stationen, wie z.B. Workstations, Abteilungsrechner oder gar Großrechner). Die Kommunikation zwischen einem Client-Programm und einem Server-Programm basiert auf Transaktionen, die vom Client generiert und dem Server zur Verarbeitung überstellt werden.

Viele Anbieter von Anwendungssoftwaresystemen, insbesondere von Standardsoftwaresystemen und ERP-Systemen (vgl. Abschnitt 4.6), bieten ihre Produkte im Rahmen von Client-Server-Architekturen an. Häufig wird dabei zwischen mehreren Schichten

---

[325] Hansen (1996), S. 64.

unterschieden, so z.B. die drei Schichten der Datenhaltung, der anwendungsbezogenen Funktionen und der Repräsentation bzw. Benutzungsoberfläche.[326]

Client-Server-Architekturen bieten nicht nur für die 'Interpersonelle Datenverarbeitung' (vgl. Abschnitt 4.1.2) sondern auch für die 'Individuelle Datenverarbeitung' (IDV) eine ausgezeichnete Basis (vgl. Abschnitt 4.1.1). So lassen sich beispielsweise Softwaresysteme wie z.B. Textverarbeitungssysteme, Dokumentenverwaltungssysteme und Tabellenverarbeitungssysteme auf einem Server verwalten und von dort bei Gebrauch zentral abrufen. Dies gilt für alle Endbenutzersysteme und für die Entwicklungssysteme und -sprachen, die zur individuellen Programmierung genutzt werden. Aber auch der Terminkalender lässt sich im Netz verwalten, so dass auch die Mitarbeiter und Kollegen auf den Kalender zugreifen können, falls sie dazu berechtigt sind. Besondere Leistungspotenziale bieten die Client-Server-Architekturen bei den vielfältigen Möglichkeiten der interpersonellen bzw. multipersonellen Datenverarbeitung, die arbeitsplatzübergreifende Anwendungssysteme nutzen (vgl. die Ausführungen zu den Groupware-Anwendungen in Abschnitt 4.5). Dies gilt sowohl für das Workflow Computing, das die Vorgangsbearbeitung bei den operativen Anwendungssystemen unterstützt, als auch für das Workgroup Computing, das sich für die Teamarbeit, so z.B. bei analyseorientierten Anwendungsystemen, nutzen lässt.[327] Die meisten Einsätze finden sich zur Zeit bei den Workflow-Systemen, bei denen eher standardisierte Routineabläufe bzw. Vorgänge abgebildet und durch Software unterstützt werden. Beispiele hierfür wurden bereits für die Warenwirtschaft im Handel (vgl. Abschnitt 4.2.1) und für die Produktionsplanung und -steuerung in der Industrie (vgl. Abschnitt 4.2.2) vorgestellt. Moderne Anwendungssoftwaresysteme laufen auf vernetzten Systemen ab, die häufig eine Client-Server-Architektur bilden und bereits Schnittstellen nach außen aufweisen, so z.B. Schnittstellen zum Internet für E-Commerce-Anwendungen (vgl. Abschnitt 4.4.2).

Ein spezielles internes Netz bildet das *Intranet*, das entsprechend der Internet-Technologie aufgebaut ist und als internes Informationssystem sowohl im lokalen als auch im standortübergreifenden Bereich genutzt wird. Häufig werden auch externe Bereiche (z.B. weitere Unternehmungen oder sogar Kunden) angebunden, die jedoch genau definiert werden müssen. Bei den Schnittstellen nach außen sind besondere Sicherheitsmaßnahmen zu treffen, so z.B. durch den Aufbau sogenannter *Firewalls*. Werden mehrere Intranet-Systeme von verschiedenen Unternehmungen, so z.B. Geschäftspartner, zu einer logischen Einheit verbunden, so spricht man von einem *Extranet*. Es ist auch möglich, dass Kunden über ein Extranet Zugriff haben, um beispielsweise Bestellungen vorzunehmen.

---

[326] Vgl. Hansen (1996), S. 65.
[327] Vgl. hierzu auch die Ausführungen in Abschnitt 3.3.2.

4.4.2 Übergreifende (internetbasierte) Anwendungssoftwaresysteme auf Basis (welt-)weiter Netze und Telekommunikationssysteme

Der Aufbau (welt-) weiter *Telekommunikationssysteme (TK-Systeme)* bietet eine sehr gute Basis für standort- und unternehmungsübergreifende Anwendungen. Neben konventioneller telefonischer Datenübertragung und EDI bzw. EDIFACT ist hier vor allem das Internet zu nennen (vgl. die Ausführungen in Abschnitt 2.4). Leistungsfähige Übertragungsmöglichkeiten bieten neben den standortbezogenen Systemen (vgl. Abschnitt 2.5) immer mehr die mobilen Telekommunikationssysteme an (vgl. Abschnitt 2.6).

Der standortübergreifende Verbund in Industrie und Handel wird u.a. über *elektronische Datenübertragungssysteme* vorgenommen, wobei das *EDI-System* das wohl bekannteste darstellt (EDI: *E*lectronic *D*ata *I*nterchange). Das EDI-System gewährleistet den elektronischen Austausch strukturierter Daten zwischen heterogenen Anwendungssystemen verschiedener Geschäftspartner wie z.B. von Bestellungen oder Rechnungen. Es basiert auf standardisierten Datenformaten und Kommunikationsformen und verfolgt das Ziel, einen möglichst interventionslosen Datenaustausch zwischen entfernten betrieblichen Anwendungssystemen zu ermöglichen. Neben dem unternehmungsinternen Nachrichtenaustausch, so z.B. zwischen Betriebsstätten bzw. Zweigstellen oder zwischen Niederlassungen bzw. Filialen, ist auch unternehmungsübergreifender Nachrichtenaustausch zwischen Kunden, Lieferanten und übrigen Geschäftspartnern möglich.

Die *Nutzeffekte von EDI* lassen sich wie folgt zusammenfassen:

– geringe Kosten und bessere Produktivität der Informationsverarbeitung und der Kommunikation, da manuelle Bearbeitung ersetzt und Medienbrüche verhindert werden;
– kurze Übertragungszeiten über elektronische Netze;
– guter Service, da z.B. schnelle und flexible Bestellungen ermöglicht werden.

Als Austauschformat löst die internationale und branchenübergreifende Norm *EDIFACT* (*E*lectronic *D*ata *I*nterchange *f*or *A*dministration, *C*ommerce and *T*ransport) in zunehmendem Maße die Übertragungsprobleme zwischen Geschäftspartnern weltweit.[328]

---

[328] Vgl. Hansen (1996), S. 401ff. und Stahlknecht/Hasenkamp (1999), S. 415ff.

Betriebliche Transaktionen können mit EDIFACT unabhängig von Hardware, Software, Übertragungsort, Branche, Sprache und Land abgewickelt werden. Die Syntax der Übertragungssprache definiert u.a. den verwendbaren Zeichensatz, die einzelnen Bausteine wie Datenelement, Datenelementgruppe und Segment sowie Regeln, wie diese Bausteine zusammengesetzt werden. EDIFACT soll regionale bzw. nationale und/oder branchenspezifische Standards ablösen, die untereinander inkompatible Insellösungen für bestimmte Anwendergruppen bilden.

Die Elektronischen Datenaustauschsysteme (EDI bzw. EDIFACT) werden als standortübergreifende bzw. externe Informations- und Kommunikationssysteme in Zukunft eine noch größere Rolle spielen. Dies gilt ebenso für die weiteren externen Informations- und Kommunikationssysteme wie die Brancheninformations- und Masseninformationssysteme, so z.B. das Internet.

Das *Internet* als ein weltweites, offenes Rechnernetz wird immer häufiger auch von Unternehmungen als kostengünstiges Medium zum Informationsaustausch (z.B. über E-Mail) und zur Informationsrecherche (z.B. über das World Wide Web (WWW)) genutzt.[329] Die Interaktivität lässt sich im Internet durch HTML-Formulare und JAVA-Applets (Programme) realisieren, so z.B. für den Aufbau von Bestellformularen und die Abwicklung von Bestellvorgängen. Die Vorteile der Internet-Technologie werden auch von internen Netzen übernommen, die als *Intranet* bezeichnet werden.[330]

Ein *Brancheninformationssystem* stellt ein gemeinsames Informationssystem vieler Betriebe eines Wirtschaftszweigs (Branche) zur Unterstützung ihrer laufenden Geschäftsbeziehungen dar. Es bietet für viele Branchenunternehmungen eine umfassende Kooperationsbasis, die über die Funktionalitäten der reinen Datenübertragungssysteme wie z.B. EDI bzw. EDIFACT hinausgeht.[331]

Masseninformationssysteme dienen zur interaktiven Kommunikation eines Betriebes und potenziell Tausenden oder Millionen privater Kunden bzw. Interessenten. Die Benutzung der Systeme erfolgt typischerweise im Privatbereich der Personen, die weltweit verteilt sein können. Masseninformationssysteme bieten für Unternehmungen eine hervorragende Basis, um mit ihren Kunden Kontakt aufzunehmen und Geschäfte abzuwickeln, so z.B. durch interaktives *Teleshopping*.[332] Masseninformationssysteme auf

---

[329] Vgl. Hansen (1996), S. 378ff.; Schwarze (1997), S. 139ff. und die Beschreibungen in Abschnitt 2.4.3 des zweiten Kapitels.
[330] Vgl. Hansen (1996), S. 378ff. und die Ausführungen in Abschnitt 4.4.1.
[331] Vgl. Hansen (1996), S. 406ff.
[332] Vgl. Hansen (1996), S. 412ff.

der Basis weltweiter Telekommunikationssysteme (z.B. Internet) fördern das *Electronic Business (E-Business)* bzw. *Electronic Commerce (E-Commerce)*.[333]

Im *E-Commerce* lassen sich zwei wichtige Formen unterscheiden, und zwar die Business-to-Business- und die Business-to-Consumer-Systeme. Bei den *Business-to-Business-Systemen* (B-to-B) handelt es sich um eine zwischenbetriebliche Variante elektronischer Geschäftsabwicklung. Alle am Wertschöpfungsprozess beteiligten Unternehmungen, so z.B. Zulieferer, Produzenten und Händler, können im Rahmen ihres Geschäfts über elektronische Medien zusammenarbeiten.

Bei den *Business-to-Consumer-Systemen* (B-to-C) steht die webbasierte Unterstützung der betrieblichen Funktionen Marketing und Vertrieb im Vordergrund.[334] Oberstes Ziel ist die Absatzsteigerung und Gewinnerhöhung. Die Kunden können individuell über die elektronischen Medien z.B. über das Internet von den Unternehmungen angesprochen werden, und sie können sich ebenso selbst direkt an die Unternehmung wenden. Im Dialog lassen sich so Geschäfte in einem Masseninformationssystem abwickeln. Der Produktnutzen lässt sich durch Individualisierung auf einen Kunden deutlich steigern. Mittels der möglichen Mehrwerte soll ein Kunde langfristig an eine Unternehmung gebunden werden. Der Kunde selbst hat jedoch ausgezeichnete Möglichkeiten sich zu informieren, um geeignete Auswahlentscheidungen beim Kauf zu treffen.

E-Business bzw. E-Commerce ist die Voraussetzung zur Schaffung *elektronischer Märkte* bzw. *Marktplätze* über Masseninformationssysteme. Im weltweiten Netz lassen sich verschiedene Ausprägungen elektronischer Marktplätze finden, so z.B. in Form von *Online-Shops, Online-Malls, Online-Auktionssystemen und virtuell integrierten Netzwerken*.[335]

Online-Shops finden sich vor allem als elektronischer Einzelhandelsmarkt im Internet, auf dem der Kunde Waren und Dienstleistungen einer Unternehmung bestellen kann, die diese über elektronische Produktkataloge anbietet. Da die Produktkataloge multimedial gestaltet werden können, so z.B. mit Hilfe von Sprache und Videosequenzen, sind sie weit attraktiver und liefern bessere Informationen als herkömmliche Kataloge.

Bei einer *Online-Mall* oder *Electronic-Mall*[336] handelt es sich um ein virtuelles Einkaufszentrum, in dem sich mehrere Anbieter mit differenziertem Produktspektrum zusammengeschlossen haben. Hier findet man unter einer einheitlichen Benutzungs-

---

333 Vgl. die Beiträge von Scheer/Nüttgens (1999), Merz (1999), Gersch (2000) und in Weiber (2000).
334 Vgl. Roll (1996).
335 Vgl. Schinzer (1998); Schmid (1995) und Schmid (2000).
336 Vgl. Schumann (2000).

oberfläche mehrere Online-Shops. Elektronische Märkte weisen hohe Erfolgspotenziale auf, die entscheidend von der Gestaltung kundengerechter Seiten im Internet abhängen. Problematisch sind vor allem die Sicherheitsaspekte, die insbesondere im Hinblick auf den elektronischen Zahlungsverkehr beachtet werden müssen.[337]

Im *Business-to-Business-Bereich* lässt sich eine besondere Form der Zusammenarbeit beobachten, die als *'Virtuelle Unternehmungen'* bezeichnet wird. Hier schließen sich in einem Netzwerk unabhängige Unternehmungen kurzfristig und für eine begrenzte Zeit zum Zweck einer gemeinsamen Zielerreichung zusammen. Ist dieses gemeinsame Ziel erreicht, so löst sich das Netzwerk auf, und andere Netzwerke können entstehen.[338]

Ziel ist es, gesamte Wertschöpfungsketten über die Unternehmungen hinaus zu den Zulieferern und den Kunden mit Hilfe elektronischer Kommunikationssysteme zu unterstützen. Unter den Begriffen *Supply Chain Management* (SCM)[339] und *Customer Relationship Management* (CRM) werden zur Zeit solche elektronischen Ketten (E-Chain) aufgebaut, die mit den entsprechenden internen Softwaresystemen verbunden werden.

4.5 Anwendungssoftwaresysteme zur Unterstützung der Kooperation (Groupware- und CSCW-Systeme)

(Ane-Kristin Reif-Mosel)

Kooperative Arbeitsprozesse stellen besondere Formen multipersoneller Leistungserstellung dar, wobei Kommunikation, Koordination und Verarbeitung gemeinsamer Objekte als grundlegende Dimension der Kooperation unterschieden werden.[340] Zahlreiche Anwendungssoftwaresysteme beinhalten entsprechende CSCW-Technologien und unterstützen die kooperativen Arbeitsprozesse, die aufgrund der zunehmenden Bedeutung ihrer technischen Unterstützung hier besonders behandelt werden sollen.[341] Groupware- bzw. CSCW-Systeme basieren auf vernetzten Systemen (vgl. Abschnitt 4.4) und werden auch für analyseorientierte, planende und entscheidungsunterstützende Aufgaben eingesetzt (vgl. Abschnitt 4.3).

---

[337] Vgl. Alpar (1998).
[338] Vgl. Wolter/Wolff/Freund (1998) und Mertens/Faisst (1996).
[339] Vgl. Knolmayer/Mertens/Zeier (2000).
[340] Vgl. die Ausführungen in Kapitel 3, insbesondere in den Abschnitten 3.2.2 und 3.2.3.
[341] Zu den folgenden Ausführungen vgl. auch Reif-Mosel (2000), S. 79ff.

Nach einer grundlegenden Charakterisierung und Klassifikation der Groupware-Systeme bzw. -Technologien in Abschnitt 4.5.1 werden die Funktionalitäten ausgewählter Anwendungssoftwaresysteme vorgestellt (Abschnitt 4.5.2 bis Abschnitt 4.5.10).

4.5.1 Grundlegende Charakterisierung und Klassifikation der Groupware-Systeme

Während 'CSCW' (*C*omputer *S*upported *C*ooperative **W**ork) das Forschungsgebiet bezeichnet, das sich mit der Computerunterstützung multipersoneller und/oder kooperativer Arbeit befasst, benennt der Terminus 'CSCW-Technologie', synonym 'Groupware', die zugehörigen unterstützenden Technologien.[342]

Die *Klassifikation* von CSCW-Systemen erfolgt häufig auf Grundlage der Unterscheidung von Kooperationssituationen mit Hilfe der *Dimensionen Raum und Zeit* (vgl. Abb. 4-10).[343] Die Zeitdimension gibt an, ob die Kooperanden zur gleichen Zeit (synchron) oder zu unterschiedlichen Zeiten (asynchron) an einer Aufgabe arbeiten. Analog unterscheidet die Raumdimension, ob sich die Kooperanden bei der Anwendung an einem Ort (lokal gebündelt) oder an unterschiedlichen Orten (verteilt) befinden. Diese Raum-Zeit-Taxonomie ermöglicht einen ersten Zugang, ist jedoch aus verschiedenen Gründen – beispielsweise der künstlichen Grenzziehung und der Überbetonung des Kommunikationsaspektes – kritisch zu betrachten.

---

[342] Vgl. stellvertretend für andere Oberquelle (1991a); Lewe/Krcmar (1991), S. 345; Maaß (1991), S. 11 und Hasenkamp/Kirn/Syring (1994).
[343] Vgl. Johansen (1988), S. 44 und Lewe/Krcmar (1991), S. 346. Siehe auch Abschnitt 3.3.2.1.

Zeit / Raum	zur gleichen Zeit (synchron)	zu verschiedenen Zeiten (asynchron)
an einem Ort (lokal)	• Sitzungsunterstützungssysteme • Group Decision Support Systeme (GDSS)	• Coautorensysteme • Terminmanagementsysteme • Projektmanagementsysteme • Prozessunterstützungssysteme
an verschiedenen Orten (verteilt)	• Telekonferenzsysteme (Audio- und Videokonferenzsysteme) • Screen-sharing-Systeme • gemeinsame elektronische Arbeitsbereiche	• Group Decision Support Systeme (GDSS) • Electronic-mail-Systeme • Computerkonferenzsysteme • Gemeinsame elektronische Arbeitsbereiche

Abb. 4-10: Raum-Zeit-Klassifikation von Groupware-Technologien (in Anlehnung an Johansen (1988), S. 44.)

Weitere Klassifikationen ordnen CSCW-Systeme beispielsweise hinsichtlich folgender Dimensionen:[344]

– *Art der Unterstützung:* inhaltlich (Bereitstellung gemeinsamer Informationsbestände) versus prozessuell (Unterstützung des Kooperationsprozesses und des Informationsflusses durch Strukturieren, Kontrollieren, Schlichten etc.);[345] Bereitstellung von Strukturen versus Unterstützung der Synergieentfaltung;

– *Grad der Eingriffstiefe* in die Kooperation: Unterstützung durch Reduzierung von Kommunikationsbarrieren und Reduzierung von Unsicherheit durch Einsatz von Entscheidungsmodellen versus aktive Prozesssteuerung;

– *Grad der Restriktivität:* normativ-restriktiv versus individuell anpassbar versus nichtrestriktiv oder automatisierend versus steuernd versus unterstützend;

– *Konzeption menschlicher Interaktion:* mechanistisch (Abbildung von Interaktionen als Mechanismen diskreter Einzelaktionen) versus kontextuell (Abbildung von Kooperation als Ergebnis nicht restringierter Interaktionen zwischen autonomen Individuen).

Auch die obige Systematisierung anhand der Dimensionen Raum und Zeit beruht letztendlich auf einer *anwendungsbezogenen Klassifikation*, da die grundlegende Differen-

---
[344] Vgl. Petrovic (1993), S. 89.
[345] Vgl. Borghoff/Schlichter (1995), S. 101.

zierung eine Sortierung im Hinblick auf spezifische Anwendungsprobleme darstellt. Diese Klassifikation wird in den folgenden Abschnitten verwendet, um einen Zugang zu den verschiedenen Anwendungssystemklassen zu ermöglichen. Dabei unterscheiden die Ausführungen E-Mail-Systeme, Computerkonferenz- und Bulletin-board-Systeme, Telekonferenzsysteme, Sitzungsunterstützungssysteme, Termin- und Projektmanagementsysteme, Prozessunterstützungssysteme, Coautoren- und Screen-sharing-Systeme, gemeinsame elektronische Arbeitsbereiche sowie Intelligente Agenten.

Die Ausführungen in Kapitel 3 stellen Kommunikation, Koordination und die Verarbeitung gemeinsamer Objekte als kennzeichnend für Kooperation dar. Die folgende *funktionale Klassifikation* (siehe Abb. 4-11) ordnet die verschiedenen CSCW-Technologien anhand ihrer Unterstützungsleistung für diese Aktivitätenklassen. Dies erlaubt eine erste Charakterisierung der verschiedenen Technologienklassen und stellt gleichzeitig die Verbindung zu den vorangehenden Ausführungen bezüglich der Charakteristika kooperativer Arbeit her.

Kommunikation stellt eine grundlegende Aktivität in Kooperationsprozessen dar, deshalb wird sie von den vielen CSCW-Technologien mittelbar oder unmittelbar unterstützt. Bei E-Mail-Systemen ist die Funktionalität der Kommunikationsunterstützung offensichtlich. Aber auch Bulletin-board-, Computerkonferenz- und Telekonferenz- sowie Sitzungsunterstützungssysteme versuchen, die Kommunikation zwischen den Mitgliedern einer Kooperationseinheit positiv zu beeinflussen. Je nach Kooperationssituation besteht die Funktionalität dabei in der Überbrückung zeitlicher als auch räumlicher Differenzen.

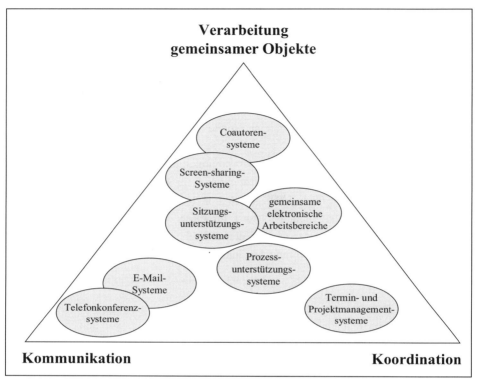

Abb. 4-11: Funktionalitäten von Groupware-Technologien klassifiziert nach kooperationsbezogenen Aktivitätenklassen

Groupware- bzw. CSCW-Technologien tragen mit Hilfe der Bereitstellung von zuvor nicht elektronisch zugänglichen Werkzeugen und Materialien zu einem verbesserten Informationsfluss und zu einer verbesserten Informationsversorgung sowie zur Unterstützung der *Verarbeitung gemeinsamer Objekte* bei. Die Kriterien Geschwindigkeit, Umfang, Qualität, Flexibilität, Verfügbarkeit und Vollständigkeit der Informationsversorgung stellen dabei Orientierungsmaßstäbe dar, deren Erhöhung in einer Produktivitätssteigerung von Kooperationseinheiten resultieren kann. Werden gemeinsame Informationsbestände als Basis für die indirekte Kommunikation genutzt, senken CSCW-Technologien den zeitlichen und monetären Aufwand für die Beschaffung und Speicherung notwendiger Informationen und tragen gleichzeitig zur Verringerung von Redundanzen, Medienbrüchen und Wartungsaufwand bei.[346] Systeme zur Bearbeitung gemeinsamer Objekte dienen zur strukturierten Speicherung, eröffnen den Beteiligten den Zugriff und helfen bei der Erschließung, Veränderung und Ergänzung von Informationen. Ein besonderes Problem liegt dabei in der Visualisierung und Dokumentation von Veränderungen. Vor allem Coautoren- und Screen-sharing-Systeme, gemeinsame

---

[346] Vgl. Bornschein-Grass (1995), S. 38f.

elektronische Arbeitsbereiche, Bulletin-board- sowie Sitzungsunterstützungssysteme stellen diese Funktionalitäten bereit. Die Unterstützung der *Koordination* erfolgt vor allem durch Termin- und Projektmanagementsysteme sowie durch Prozessunterstützungssysteme.

Die Ausführungen in den folgenden Abschnitten 4.5.2 bis 4.5.10 erläutern zunächst die grundlegenden Funktionalitäten der jeweiligen Anwendungssysteme. Gleichzeitig werden auch die spezifischen Vor- und Nachteile der jeweiligen Anwendungssysteme erörtert.

Aufgrund der Vielzahl der vorhandenen Forschungsansätze sowie der explosionsartigen Zunahme diesbezüglicher Publikationen werden die verschiedenen Softwaresysteme innerhalb der verschiedenen Systemklassen lediglich exemplarisch dargestellt. Die Darstellung eignet sich dennoch dazu, einen Einblick in die Funktionalitäten verschiedener CSCW-Technologien bzw. -Systeme zu vermitteln sowie spezifische Chancen und Risiken der einzelnen Systemklassen zu erläutern. Die Kategorien sind nicht vollkommen überschneidungsfrei, da sich bestehende Funktionalitäten teilweise in mehreren Systemklassen wiederfinden. So beziehen beispielsweise sowohl Coautoren- als auch Sitzungsunterstützungssysteme die Funktionalität 'Screen-sharing' in ihr Leistungsspektrum ein. Stärker granulierte Unterscheidungen[347] brechen die Differenzierung deshalb auf die Ebene von Einzelwerkzeugen herunter, vermitteln aber keinen systematischen Überblick über verschiedene Anwendungsformen.

4.5.2 E-Mail-Systeme

Electronic-mail-Systeme (E-Mail-Systeme) als spezifische, personenbezogene Form der Nachrichtenübermittlung (Message Handling) dienen einerseits dazu, Nachrichten elektronisch zu verfassen, zu senden und zu empfangen sowie andererseits dazu, das Schriftgut in einer 'elektronischen Mailbox' zu organisieren und zu verwalten. Sie unterstützen sowohl asynchrone Kommunikation zwischen einem Sender und einem Empfänger (1:1-Beziehung) als auch zwischen einem Sender und einer Mehrzahl von Empfängern (1:n-Beziehung). Letzteres wird über feststehende oder individuell zusammengestellte Verteilerlisten realisiert.

Bei den per E-Mail übermittelten Nachrichten handelt es sich i.d.R. um Nachrichten in unstrukturierter Textform, denen Dateien grafischen oder textuellen Inhalts beigefügt sein können (sogenannte Attachments). Manche Systeme erlauben die Übertragung

---

[347] Vgl. z.B. Schwabe/Krcmar (1996).

jeder Art elektronisch verarbeitbarer Objekte, wie z.B. Videosequenzen oder akustische Objekte (Voice Mail). E-Mail unterstützt die Kommunikation nicht nur zwischen Teilnehmern, die durch räumlich begrenzte, in der Regel unternehmungsinterne lokale Netze verbunden sind, sondern auch zwischen durch internationale Weitverkehrsnetze verbundenen Teilnehmern. Dabei lassen sich geschlossene (z.B. Inhouse-Systeme) und offene Systeme (z.B. E-Mail im Internet) unterscheiden.

Ein entscheidender *Vorteil* von E-Mail liegt in der Möglichkeit zur asynchronen Informationsverarbeitung. Diese vereinfacht es, über verschiedene Zeitzonen hinweg oder trotz verschiedener Arbeitsgewohnheiten zwischen räumlich verteilten Teilnehmern zu kommunizieren. Es substituiert dabei in vielen Fällen den Einsatz synchroner, nicht elektronischer Medien (z.B. Telefon) oder asynchroner Medien (z.B. klassische Briefpost), ohne dass diese jedoch vollkommen ersetzt werden können. E-Mail-Systeme verringern die Anzahl der Störungen am Arbeitsplatz und die Anzahl der gegenseitigen Fehlversuche, einen bestimmten Gesprächspartner zu erreichen. Empirische Studien belegen die Eignung dazu, lose Beziehungen zu anderen (entfernten) Personen oder Gruppen aufzubauen oder aufrecht zu erhalten. Sie erleichtern die Kommunikation auch über Funktions- oder Unternehmungsgrenzen hinweg. In diesem Tatbestand liegt gleichzeitig auch eine Gefahr der Minderung oder Überkompensation der beschriebenen Vorteile, wenn sich 'junk mail' anhäuft und die Adressaten mit Nachrichten überfrachtet werden ('information overload'). Informationsüberlastung führt nicht nur zum Absinken der Entscheidungseffizienz, sondern auch zur Erhöhung von Durchlaufzeiten und zu einer gesundheitlichen Belastung (Stress) der Mitarbeiter.[348] *Nachteile* entstehen jedoch auch dann, wenn Nachrichten ungelesen gelöscht oder archiviert werden und sich Teilnehmer aus Verteilerlisten streichen, über die möglicherweise relevante Informationen gesendet werden. Darüber hinaus erhält die Verbreitung von Viren durch E-Mail-Systeme eine neue Dimension.

Die *Grenzen der Unterstützung* kooperativer Prozesse durch E-Mail-Systeme verdeutlichen die folgenden Aspekte:[349]

- Es werden nur individuelle, aber keine gemeinsamen Informationsbasen für Kooperationseinheiten angelegt. Eine indirekte Kommunikation über gemeinsame Objekte ist nicht möglich.
- Derzeit erfolgt weitestgehend eine Beschränkung auf das Medium Text. Die Übermittlung kontinuierlicher Daten in Form von Video- oder Sprachsequenzen wird deutlich seltener genutzt.

---

[348] Vgl. Pickering/King (1992); Hiltz/Turoff (1985), S. 680ff. und Bork (1994), S. 13.
[349] Vgl. Syring (1994), S. 37-39.

– Kommunikationsstrukturen, Rollen und organisatorische Beziehungen können lediglich über Verteilerlisten repräsentiert werden.

– Es findet keine inhaltliche Unterstützung des Kommunikationsprozesses statt, da semantische und pragmatische Aspekte der Kommunikation nicht berücksichtigt werden. So findet beispielsweise selten eine Klassifikation der Nachrichten nach ihrem Zweck statt.

Zusammenfassend lässt sich festhalten, dass die Unterstützung der kooperativen Aufgabenerfüllung beim Einsatz von E-Mail häufig wenig spezifisch und differenziert bleibt. Dieses trägt gleichzeitig jedoch auch zur hohen Flexibilität und zur universellen Einsetzbarkeit der E-Mail-Technologie bei.

E-Mail-Systeme verfügen über eine große Akzeptanz und werden inzwischen millionenfach eingesetzt. Den größten Netzverbund, auf dem E-Mail-Dienste angeboten werden, stellt das *Internet* dar, an das zunächst primär Universitäten und Forschungseinrichtungen angeschlossen waren, in dem heute aber auch viele Unternehmungen und Privatpersonen präsent sind. Daneben existiert eine Vielzahl von E-Mail-Systemen, die auf Basis von Client-Server-Systemen eingesetzt werden.

4.5.3 Bulletin-board-Systeme und Computerkonferenzsysteme

Bulletin-board-Systeme erlauben die textbasierte, asynchrone oder synchrone Informationsübermittlung zwischen Teilnehmern an verschiedenen Orten durch das Hinterlassen von Nachrichten auf einem gemeinsamen 'Anschlagbrett'. Ihr ursprüngliches Einsatzgebiet war eher die Informationsverteilung und weniger die verteilte, offene, asynchrone Kommunikation. Diese Funktionalität wurde mittels der *Computerkonferenzsysteme* weiterentwickelt. Letztere erlauben nicht nur 1:n-Beziehungen wie Bulletin-boards, sondern auch n:m-Kommunikationsbeziehungen, da jedes Mitglied Beiträge und Antworten zu Themen erstellen kann, die eine ganze Gruppe betreffen. Eine eindeutige Trennung zwischen den beiden Systemklassen ist jedoch bisweilen schwierig.[350] Beide Systemklassen greifen auf E-Mail-Funktionalität zurück. Computerkonferenzsysteme speichern die Diskussionsbeiträge zu vereinbarten Themen (News groups) in Datenbanken, protokollieren die Beiträge und eröffnen allen Interessierten bzw. Berechtigten den Zugang. Den Benutzern stehen Werkzeuge zum Selektieren, Betrachten und Editieren zur Verfügung. Die Beiträge (auch aus verschiedenen Konferenzen) können über Hypertextstrukturen verbunden und um Verknüpfungen (soge-

---

[350] Vgl. die Darstellungen bei Teufel/Sauter/Mühlherr et al. (1995), S. 155 und Petrovic (1993), S. 104.

nannte Links) zu anderen Dokumenten ergänzt werden. Der Informationsaustausch kann somit auch indirekter Art sein, d.h. ohne einzelne Empfänger zu adressieren.

Ein *Vorteil* dieser Technologien gegenüber E-Mail liegt darin, dass sie sowohl den Informationsaustausch als auch den Aufbau einer gemeinsamen und/oder themenspezifischen Informationsbasis unterstützen. Nachteilig wirken sich wie auch bei E-Mail-Systemen die *Grenzen* technikvermittelter Kommunikation aus, indem die Ausdrucksmöglichkeiten nonverbaler Kommunikation verloren gehen. Bei Computerkonferenzen besteht in der Regel eine räumliche und zeitliche Entkoppelung der Teilnehmer, die Face-to-face-Konferenzen wirksam ergänzen kann. Unterstützungspotenziale liegen vor allem dort, wo es eines breiten Austausches von Fakten bedarf. Grenzen bestehen dort, wo Verhandlungen erforderlich oder komplexe Entscheidungsprobleme zu lösen sind, insbesondere wenn sich die Kommunikationspartner nicht kennen.[351]

Öffentlich zugängliche Dienste, die Computerkonferenzen zu verschiedenen Themen offerieren, werden sowohl kommerziell (z.B. *T-Online/Deutsche Telekom*, *America Online/AOL* und *Bertelsmann*) als auch nicht-kommerziell (z.B. *Usenet*) angeboten. Zur Unterstützung der Kooperation in Unternehmungen sind auch Anwendungen von Interesse, die die innerbetriebliche, nicht öffentliche Kommunikation unterstützen (z.B. *Lotus Notes/Lotus*). *Lotus Notes*[352] baut auf dem Konzept der Bulletin-boards auf und stellt eine Entwicklungsumgebung dar, die den Entwurf von Anwendungen zur gemeinsamen, asynchronen Nutzung von Dokumenten in Datenbanken ermöglicht, so dass ein einheitlicher Informationsraum entsteht. Die Benutzer können Datenbanken 'abonnieren' und selbst Dokumente in diese einordnen, so dass eine indirekte Koordination und Kommunikation über gemeinsame Objekte, hier in Form semi-strukturierter Dokumente, erfolgen kann. Im Gegensatz zu herkömmlichen Datenbank- und Bulletin-board-Systemen erfolgt eine automatische Aktualisierung der verteilten Datenbestände, und es stehen vielseitige Strukturierungsmöglichkeiten der Dokumente zur Verfügung. Bei der Replikation werden Kopien der Datenbestände erstellt, an verschiedene Server oder Clients übermittelt und dort technisch unabhängig weiterverwertet. Die wechselseitige Übertragung, Aktualisierung und Synchronisation der Repliken erfolgt in festgelegten Intervallen. Über Zusatzwerkzeuge und die zum System gehörende Makrosprache ist der Ausbau der Applikationen zu Prozessunterstützungssystemen möglich, wobei die Speicherung und die Verteilung von Dokumenten im Vordergrund stehen.[353]

---

[351] Vgl. Wohlenberg (1994), S. 59f. i.V. mit Kilian-Momm (1989), S. 221f.
[352] Vgl. Teufel/Sauter/Mühlherr et al. (1995), S. 156-163. Lotus Notes kann sowohl den Systemklassen der Bulletin-board- als auch der Prozessunterstützungssysteme zugeordnet werden. Gleichzeitig ist, wie erwähnt, auch die Realisierung von E-Mail-Funktionalitäten möglich.
[353] Vgl. Teufel/Sauter/Mühlherr et al. (1995), S. 156-160.

4.5.4 Telekonferenzsysteme (Audio-Conferencing-, Video-Conferencing- und Desktop-Conferencing-Systeme)

Insbesondere mit Fach- und Führungsaufgaben betraute Mitarbeiter verbringen einen großen Teil ihrer Arbeitszeit in Konferenzen und Sitzungen, wobei primär unstrukturierte oder semi-strukturierte Probleme zu bearbeiten sind. Aber auch in der Zusammenarbeit von Sachbearbeitungskräften finden Sitzungen zur Planung, Information, Analyse, Ideenfindung und -beurteilung, Problemlösung und Abstimmung statt. Der hohe zeitliche Aufwand weist auf die Notwendigkeit hin, Sitzungen produktiver zu gestalten, wobei die erforderliche Zeitspanne reduziert werden soll, ohne die Qualität zu beeinträchtigen.

Nachrichtentechnische Einrichtungen, die eine dislozierte, synchrone Kommunikation ermöglichen, werden hier als *Telekonferenzsysteme* bezeichnet. Im Gegensatz zu Computerkonferenzsystemen stellen sie Audio- und/oder Videokanäle zur synchronen Kommunikation zwischen räumlich getrennten Gesprächspartnern zur Verfügung. Dabei sind drei Grundausprägungen zu unterscheiden: Audio-Conferencing, Video-Conferencing und Desktop-Conferencing.

Im einfachsten Fall werden Telekonferenzen über das Telefon abgehalten, so dass Nachrichten nur über das gesprochene Wort ausgetauscht werden, weshalb man auch von *Audiokonferenzen* spricht. Hierbei müssen dem Gespräch eventuell zugrundeliegende Dokumente zuvor per Fax, E-Mail oder Dateitransfer verschickt werden. Vorteile von Audiokonferenzen liegen in den relativ geringen Kosten für das Equipment und der Möglichkeit, sie vielfach direkt am Arbeitsplatz abhalten zu können. Nachteilig wirkt sich wie auch bei textbasierten Konferenzen aus, dass der Gesprächsablauf nicht durch Mimik und Gestik gesteuert werden kann. Wichtige nonverbale Informationen, die im Face-to-face-Gespräch automatisch und unbewusst ausgetauscht werden, gehen verloren oder müssen explizit vermittelt werden.

Videokonferenzsysteme übermitteln neben sprachlichen auch visuelle Informationen und mindern damit die Nachteile text- oder audiovermittelter Kommunikation, da auch nonverbale Informationen – wenngleich gegenüber der Face-to-face-Kommunikation eingeschränkt – übertragen werden. Videokonferenzsysteme ergänzen die Ausdrucksmöglichkeiten normaler Telefongespräche durch nonverbale Kommunikation, so dass ein umfassenderes Bild vom Gesprächspartner und dessen Arbeitsumgebung vermittelt wird. Sie weisen zumeist einen höheren Funktionsumfang und eine bessere Bildqualität als Bildtelefone auf. Hierzu benötigen sie allerdings höhere Übertragungskapazitäten und eine räumlich feste Installation. Die inzwischen großflächig verfügbare ISDN-Technologie bietet geeignete technische Grundlagen für die mittlerweile nennenswerte

Verbreitung von Videotechnologien. Es existieren jedoch auch speziell für das Internet konzipierte Lösungen, bei denen jedoch die insbesondere für die Videoübertragung kaum ausreichende Bandbreite der Übertragungskanäle Probleme bereitet. Videokonferenzstudios, in denen meist Systeme mit sehr hoher Bandbreite angesetzt werden, sind heute vielerorts zu mieten, und einige Großunternehmungen verfügen über eigene Studios. Die derzeitigen Bemühungen zielen vor allem auf die technische Verknüpfung der Videokonferenzen mit elektronischen Sitzungsräumen. Dabei wird die Videotechnologie eingesetzt, um auch dislozierte Gesprächspartner in das Sitzungsgeschehen vor Ort einzubeziehen. Die Möglichkeit der Übertragung von Dokumenten und deren gemeinsame Bearbeitung erschließt weitere Nutzenpotenziale. Auch bei diesen Systemen können allerdings nicht alle Charakteristika der Face-to-face-Kommunikation erzeugt werden, was sich beispielsweise bei der Herstellung oder Vermeidung von Augenkontakt sowie der (Nicht-)Wahrnehmung von Personen im (hier virtuellen) Raum zeigt.

Desktop-Conferencing-Systeme wie verschiedene Systeme von *PictureTel* oder *Vtel* überwinden den Nachteil der Notwendigkeit spezieller Sitzungsräume und verbinden die Funktionalität von Computer- und Telekonferenzen. Synchrone, dislozierte Konferenzen werden dabei von den Arbeitsplätzen der Mitarbeiter ohne Benutzung spezieller Studios geführt. Gleichzeitig verbreitern sich die Möglichkeiten zu informeller und ungeplanter Kommunikation. Neben Videoverbindungen können andere CSCW-Technologien eingebunden, Informationsobjekte verteilt eingesehen (Screen-sharing), mit Hilfe von Telepointern gezeigt und manipuliert werden, wenn gleichzeitig herkömmliche Datenverbindungen zur Verfügung stehen. Jeder Teilnehmer besitzt einen oder mehrere mit Videokamera und Mikrophon ausgerüsteten Monitor(e), die private und öffentliche Bildfenster aufweisen. Eine Screen-sharing-Software realisiert die Kopplung der Teilnehmer, so dass jeder den gleichen Bildschirminhalt oder -ausschnitt auf dem eigenen Monitor einsieht und ein gemeinsamer Arbeitsbereich entsteht.

Desktop-Conferencing-Systeme versuchen darüber hinaus, 'Telepräsenz'[354] zu erzeugen, indem sie den örtlich verteilt arbeitenden Mitarbeitern das Gefühl vermitteln, sie befänden sich am gleichen Ort. Dieses geschieht primär mit dem Ziel, die gewohnten Regeln der Zusammenarbeit wirksam werden zu lassen und informelle Kommunikation zu ermöglichen. Im einfachsten Fall erzeugt die Videotechnologie ein Bild des Kooperationspartners in einem Bildschirmfenster.

Als für Unternehmungen wichtigste quantitative *Nutzenpotenziale* multimedial unterstützter Kommunikationstechnologien werden vor allem die Kostensenkung durch die

---

[354] Vgl. Schwabe/Krcmar (1996), S. 218.

Reduzierung von Reisen sowie die mögliche Zeiteinsparung aufgrund geringerer Rüst- und Vorbereitungszeiten für die Reise genannt. Außerdem kann bei Bedarf eine größere Anzahl von Personen kommunizieren. Face-to-face-Meetings und damit verbundene Reisen werden jedoch nicht vollkommen überflüssig. Selbst bei videounterstützter Telekommunikation geht die persönliche Gesprächsatmosphäre verloren, im Gegensatz zu text- oder audiobasierten Medien können jedoch auch nicht-verbale Feedback-Signale und damit die Stimmungen und Emotionen des Gegenübers erfasst werden. Die redundante Ansprache mehrerer menschlicher Wahrnehmungskanäle reduziert die Wahrscheinlichkeit von Missverständnissen. Die Kommunikation kann darüber hinaus flexibler und spontaner erfolgen.[355]

Bezüglich der qualitativen *Grenzen* von Tele- und Computerkonferenzen sind folgende Aspekte festzuhalten:[356]

- Die Nachteile der technikgestützten Kommunikation bleiben aufgrund der Einschränkungen des informellen, vertraulichen und beziehungsbezogenen Informationsaustausches bestehen. Deshalb werden die Möglichkeiten zur Meinungsbildung innerhalb einer Kooperationseinheit und die Bildung informeller Koalitionen als geringer eingestuft, was sich als nachteilig für Entscheidungsprozesse in Gruppen erweist. Bei fehlender Face-to-face-Kommunikation dominiert der Austausch von Sachinformationen. Der durch persönliche Kommunikation ebenfalls vermittelte Beziehungsaspekt tritt in den Hintergrund, so dass die Vertrauensbildung, das Kennenlernen des Gesprächspartners und auch die Möglichkeit zur Konfliktlösung verringert werden. Der Einsatz dieser Medien ist deshalb auch vor dem Hintergrund der Art der zu erledigenden Aufgabe zu beurteilen.

- Es findet keine Unterstützung im Hinblick auf den Sitzungsprozess und die von den Teilnehmern eingenommenen Rollen statt.

- Insbesondere bei reinen Video- oder Audiokonferenzen stehen keine Speicherungsformen zur Verfügung, die eine anschließende textbasierte Weiterverarbeitung der Ergebnisse ermöglichen.

Als Konsequenz ist festzuhalten, dass diese Technologien ein relativ geringes aktives Unterstützungspotenzial über kommunikative Aktivitäten hinausgehender kooperativer Aktivitäten beinhalten, jedoch die Handlungsspielräume der Kooperationspartner in hohem Umfang erhalten. Computer- und Telekonferenzsysteme eignen sich für die Vor-

---

355 Vgl. Lautz (1995), S. 111ff. und Meier/Schmitt (1995), S. 59.
356 Vgl. Syring (1994), S. 43 und Friedrich/Früchtenicht/Hoheisel et al. (1993), S. 103.

oder Nachbereitung von Meetings oder für die Aufrechterhaltung sowie Intensivierung des Informationsaustausches zwischen Face-to-face-Meetings.

4.5.5 Sitzungsunterstützungssysteme (E-Meeting-Room- und Group Decision Support Systeme)

Der Begriff Sitzungsunterstützungssysteme stellt einen Sammelbegriff für die Technikunterstützung dar, die *E*lectronic-*M*eeting-*R*ooms (EMR) oder *G*roup *D*ecision *S*upport *S*ysteme (GDSS) erbringen. Beide Formen sind typische Vertreter der Unterstützung synchroner Kooperation, bei der die Beteiligten also zur gleichen Zeit am selben Ort zusammenarbeiten. Electronic-Meeting-Rooms wie z.B. *Group Systems/Ventana Corp.* bieten vor allem eine prozessbezogene Unterstützung und versuchen, die Kommunikation zwischen den Teilnehmern zu vereinfachen und Kommunikationsbarrieren zu überwinden. Sie stellen Strukturierungsmethoden zur Vereinfachung von Verhandlungs-, Abstimmungs- Konsensfindungs- und Dokumentationsprozessen zur Verfügung.[357] GDSS entwickelten sich aus *D*ecision *S*upport *S*ystemen (DSS).[358] Ihr Zweck besteht insbesondere darin, die Entscheidungsfindung in Gruppen zu unterstützen, die Qualität der Entscheidungsfindung in Gruppen innerhalb semi- oder unstrukturierter Entscheidungssituationen zu verbessern und die Entscheidungsunsicherheit zu verringern. Sie zielen vor allem auf eine inhaltliche Unterstützung und dabei auf die Aufgabenfelder 'Problemdefinition', 'Ermittlung von Streitpunkten und Entscheidungskriterien', 'Alternativengenerierung und -evaluierung', 'Abstimmungen (Voting)' sowie 'das Einholen von Meinungsbildern (Polling)'.[359] Desweiteren stellen GDSS wie *ThinkTools/ThinkTools* oder *Alliah Think/Alliah* Entscheidungs- und Planungstechniken zur Verfügung.

In *(konventionellen) Sitzungen* treten vielfach die folgenden *Probleme* auf:[360]

- Überbetonung der sozio-emotionalen Komponente und Vernachlässigung der Aktivitätenorientierung,

- Mangel an ausreichender Problemdefinition,

- Reduzierung der Kreativität durch Konformitätsdruck, beispielsweise aufgrund von Macht- und Statusunterschieden sowie dem Problem des Gruppendenkens ('Group think'),

---

[357] Vgl. Petrovic (1993), S. 78 und Lewe/Krcmar (1991), S. 345.
[358] Vgl. die Ausführungen zu DSS in Abschnitt 4.3.3.
[359] Vgl. DeSanctis/Gallupe (1987), S. 589f. und Petrovic (1993), S. 111.
[360] Vgl. Splettstößer (1991), S. 326.

– Gefahr riskanter Entscheidungen durch De-Individualisierung und Verteilung der Verantwortung ('Risky shift').

Prinzipiell ist festzuhalten, dass der Erfolg des Einsatzes von Sitzungsunterstützungssystemen zur Überwindung der genannten Probleme sowie die Produktivität einer Sitzung wesentlich von der Fähigkeit des Moderators abhängt. Qualitative Effekte, die sich in einer größeren Kohäsion der Sitzungsteilnehmer, klareren Problemdefinitionen, einer breiteren Basis qualitativ hochwertiger Lösungen, einem höheren 'Commitment' (Bindung) bezüglich der erarbeiteten Lösungen sowie quantitativen Steigerungen der Produktivität insbesondere hinsichtlich des Zeiteinsatzes und der damit verbundenen Kosten widerspiegeln, werden nicht allein durch den Einsatz eines Sitzungsunterstützungssystems induziert, sondern hängen wesentlich auch vom Stil und der Qualität der Moderation ab.[361]

Sitzungsunterstützungssysteme eignen sich vor allem für Sitzungen, die traditionell mit Hilfe eines Moderators und nicht per Selbststeuerung abgewickelt werden sowie einen gewissen zeitlichen Umfang aufweisen, da ein spezieller Raum aufgesucht werden muss. Ihre *Funktionalität* lässt sich wie folgt kurz beschreiben: Die Ausstattung elektronischer Sitzungsräume besteht zumeist aus Sitzungstischen mit eingelassenen Bildschirmen, vernetzten PCs sowie einem großen Public Screen, auf den der Bildschirminhalt des Moderators oder einzelner Sitzungsteilnehmer projiziert wird. Informationen können aber auch direkt zwischen den einzelnen Teilnehmern ausgetauscht werden. Die Teilnehmer können gleichzeitig aktiv sein und ihre Beiträge in textueller oder grafischer Form eingeben. Ein Moderator oder einer der Teilnehmer übernimmt die Koordination der Sitzungsaktivitäten, beeinflusst den Ablauf der Sitzung (z.B. Reihenfolge und Länge der Beiträge) und wählt die Werkzeuge aus, die den Teilnehmern während der Sitzung zur Verfügung stehen.[362]

Die technischen Hilfsmittel dienen dazu, Sitzungen besser zu strukturieren, den Diskussionsstand permanent für alle Teilnehmer zu visualisieren, alle Beteiligten zu aktivieren und die Dominanz einzelner zu verringern. Neben der Präsentationsunterstützung dient die eingesetzte Software auch der inhaltlichen Unterstützung von Meetings in den verschiedenen Phasen Planung, Generierung von Ideen, Visualisierung und Gruppierung der Ideen und Diskussionsbeiträge, Auswahl von Ideen und Analyse der Ergebnisse. Sitzungsunterstützungssysteme erlauben darüber hinaus das gemeinsame Formulieren einer Tagesordnung sowie ein elektronisch gestütztes Brainstorming. Außerdem stellen

---

[361] Vgl. Nunamaker/Briggs/Mittleman et al. (1997), S. 169.
[362] Vgl. Schwabe (1994), S. 36 und Petrovic (1992a), S. 216.

sie verschiedene Evaluierungs- und Abstimmungsverfahren sowie eine automatische Protokollierung zur Verfügung.[363]

Als *potenzielle Auswirkungen* der Computerunterstützung bei Sitzungen und beim Treffen von Entscheidungen wird eine Reihe von Aspekten genannt, die sich vor allem auf die Sitzungsdauer, die Sitzungsqualität und die Zufriedenheit mit den Sitzungsergebnissen auswirken. Allerdings liegen nicht hinsichtlich aller Punkte übereinstimmende Befunde vor.[364]

Die *Anonymität* bei der Ideengenerierung und -bewertung reduziert den Konformitätsdruck, was vor allem dann wirksam wird, wenn Personen unterschiedlicher Hierarchiestufen beteiligt sind. Sie trägt dazu bei, dass auch ungewöhnliche Ideen und Urteile unbeeinflusst von Status- und Machtunterschieden geäußert werden und insgesamt eine höhere Anzahl qualitativ hochwertiger Ideen produziert wird. Die Anonymität verhindert einerseits die Teilnahmslosigkeit einzelner Personen, die sich durch dominierende Wortführer beeinträchtigt fühlen und verringert andererseits schweigendes 'Trittbrettfahren'. Die Anonymität hat jedoch nicht nur positive Auswirkungen auf die Zufriedenheit mit den Sitzungsergebnissen und deren Qualität. Wichtige politische Informationen bleiben verborgen, da beispielsweise nicht notwendigerweise sichtbar wird, welcher Teilnehmer welche Ideen oder Entscheidungen favorisiert. Die Verringerung sozialer Einflüsse auf die Problemlösung mindert auch die Möglichkeiten zur Beurteilung der Vertrauenswürdigkeit des Inputs.

Elektronisch gestützte Kommunikation führt zur einer *Veränderung des Kommunikationsverhaltens*. Die aufgabenorientierte Kommunikation dominiert gegenüber der sozialorientierten Kommunikation, und die negative soziale Kommunikation überwiegt gegenüber der positiven sozialen Interaktion, was die Konsensfindung erschweren kann. Da die Quellen von Ideen nicht bekannt sind, konzentrieren sich Äußerungen allerdings stärker auf deren Inhalt als auf die sich äußernde Person, wodurch sich der Umgang mit Kritik vereinfacht. Auch die in einem Sitzungsunterstützungsraum durch die Teilnehmer wahrgenommene Distanz kann sich positiv oder negativ auf die Qualität der Ergebnisse sowie die Zufriedenheit der Sitzungsmitglieder mit den getroffenen Entscheidungen oder Sitzungsergebnissen auswirken.

Die konsequente *Visualisierung* erhöht die Konzentration auf die definierten Aufgaben und vermeidet das Abschweifen vom Thema. Die Sammlung der Beiträge dient als

---

[363] Vgl. Petrovic (1991), S. 281 und Petrovic (1993), S. 111. Zur Bewertung der Gültigkeit der Ergebnisse in der praktischen Anwendung vgl. Wohlenberg (1994), S. 68.
[364] Vgl. für die folgenden Ausführungen Nunamaker/Briggs/Mittleman et al. (1997), S. 171ff. und Lewe (1995), S. 471.

Gruppengedächtnis und erzeugt eine gemeinsame Sicht auf das Material, welches im Vergleich zu papierbasierten Medien leichter weiterverarbeitet werden kann.

Die im Gegensatz zur mündlichen Kommunikation parallele Meinungsäußerung erlaubt die Verkürzung der notwendigen *Sitzungsdauer*. Automatisch generierte Berichte stehen ohne Zeitverzögerung zur Verfügung. Die einerseits erwünschte Erhöhung der Anzahl der Beiträge kann andererseits jedoch auch zu einer Erhöhung der Sitzungszeit beitragen und die Zufriedenheit der Teilnehmer mit den Sitzungsergebnissen mindern.

Die Verarbeitungskapazität von Computern begünstigt die *Anwendung komplexer* oder manuell sehr aufwendiger *Bewertungsverfahren*. Beispielsweise erlauben Werkzeuge der Präferenzanalyse oder der Szenarienbildung den Vergleich mehrerer Urteile, um Übereinstimmungs- und Konfliktfelder festzustellen.

Neuere Entwicklungen im Bereich der Sitzungsunterstützungssysteme versuchen, die Sitzungsunterstützung vom Raum unabhängig zu gestalten und integrieren dabei die Funktionalität von Telekonferenzsystemen, um eine durchgängige Prozessunterstützung anzubieten. Die Bemühungen zielen darauf, je nach Bedarf sowohl eine lokale als auch eine dislozierte Kooperationsunterstützung anzubieten und somit 'Ubiquitous Meeting Systems' zu entwerfen, die sowohl lokale (Sub-)Gruppen in verschiedenen elektronischen Sitzungsräumen als auch individuelle Sitzungsteilnehmer an ihren Arbeitsplätzen zusammenführen.

4.5.6 Termin- und Projektmanagementsysteme

Terminmanagementsysteme dienen der Koordination der Termine der Mitglieder einer Kooperationseinheit. Die Terminkoordination beinhaltet insbesondere bei mehreren Beteiligten eine Vielzahl von Abstimmungsprozessen, die traditionell per Telefon, E-Mail oder Briefpost erfolgt. Elektronische Kalender mit Gruppenfunktion finden freie Termine, merken diese vor, verschicken Einladungen an die Teilnehmer, verfolgen die Bestätigung oder Ablehnung eines Terminvorschlages, verfolgen und reservieren automatisch Räume. Grundvoraussetzung ist jedoch, dass jedes Mitglied einer Kooperationseinheit einen individuellen, elektronischen Kalender führt, der sämtliche Termine enthält und der permanent aktualisiert wird.

Bei der Ermittlung möglicher Termine sind mehrere Strategien möglich. Im einfachsten Fall werden nur diejenigen Termine vorgeschlagen, an denen alle potenziellen Teilnehmer verfügbar sind. Prioritätengesteuerte Systeme bestimmen Termine, bei denen die wenigsten der von den Teilnehmern gesetzten Prioritäten verletzt werden. Regelbasierte

Systeme nehmen den Auswahlprozess mittels Entscheidungsregeln vor, die durch den Initiator des Meetings vorgegeben werden.[365] Fortgeschrittene prioritäten- oder regelbasierte Terminkalender haben den Forschungsbereich allerdings noch nicht verlassen.

Als *Vorteile* des Einsatzes von Terminmanagementsystemen werden vor allem die Verkürzung der notwendigen Vorlaufzeit aufgrund höherer Transparenz und die verbesserte Synchronisation durch automatische Verteilung zugehöriger Agenden, Protokollen oder anderen Dokumenten an den adressierten Teilnehmerkreis genannt. Die erhöhte Transparenz der Aktivitäten der Kooperationspartner vereinfacht darüber hinaus nicht nur die direkte sondern auch die indirekte Koordination.[366]

Schwächen dieser Anwendungsklasse liegen vor allem darin, dass die vielfach fehlende Portabilität die Doppelführung sowohl eines privaten als auch eines Gruppenkalenders erfordert. Darüber hinaus empfinden viele Personen die Führung eines Gruppenterminkalenders als schweren Eingriff in den persönlichen Arbeitsstil und die Privatsphäre, der mit einem Verlust an Zeitautonomie einhergeht. Dem wird häufig durch Ausweichstrategien, wie z.B. das Blockieren von Zeiträumen ohne Inhaltsangabe oder die Überpriorisierung der eigenen Termine, begegnet. Gleichzeitig bilden Terminmanagementsysteme ein klassisches Beispiel dafür, dass CSCW-Technologien bisweilen an unterschiedlichen Stellen Aufwand oder Nutzen erzeugen. Alle Beteiligten müssen einen zusätzlichen Terminkalender führen, doch nur der Organisator des Meetings verringert seinen Koordinationsaufwand.[367]

Terminmanagementsysteme sind häufig mit weiteren Funktionalitäten ausgestattet, die Überschneidungen mit *Projektmanagementsystemen* aufweisen. Sie sortieren Aufgaben nach Prioritäten, verwalten regelmäßige Sitzungstermine, stellen eine Wiedervorlagefunktion zur Verfügung und erstellen Termin-, Aufgaben- sowie Ressourcenlisten (insbesondere im Hinblick auf die Inanspruchnahme von Mitarbeitern durch bestimmte Aufgaben). Problematisch und bei der Konzeption der Nutzungsform besonders zu beachten sind die Möglichkeiten der Verhaltens- und Leistungskontrolle von Mitarbeitern.[368]

Software-Lösungen zur Erhöhung der Effizienz des Projektmanagements haben koordinierenden Charakter. Neben der Abstimmung von Terminen und der zeitlichen Projektplanung gehört die Koordination durchzuführender Aktivitäten zum Leistungsspektrum

---

[365] Vgl. Petrovic (1992b), S. 19 und Petrovic (1993), S. 119.
[366] Vgl. Opper/Fersko-Weiss (1992), S. 39.
[367] Vgl. Petrovic (1993), S. 122f.
[368] Vgl. Wächter (1995), S. 321.

wie z.B. des *Task Managers*[369]. Er erlaubt eine gemeinsame Sicht auf die zu bearbeitenden Aufgaben und strukturiert sie durch Attribute, die den aktuellen Bearbeitungszustand beschreiben. Im Idealfall verringert der Einsatz einer solchen Software Reibungsverluste und beschleunigt die Arbeitsprozesse. Aus der Analyse des gemeinsamen Terminkalenders in Verbindung mit den im Rahmen des Projekts zu erledigenden Aufgaben lassen sich darüber hinaus exaktere Kalkulations- und Analysegrundlagen für Reorganisationsmaßnahmen generieren.[370] Eine wirksame Kooperationsunterstützung wird jedoch erst dann erzielt, wenn Projektmanagementsysteme um Instrumente zur Diskussion und Verhandlung erweitert werden.

Gruppenspezifische elektronische Terminkalender und Projektmanagementsysteme sind kommerziell (z.B. *MS Project/Microsoft und PavoSoft Project* oder auf Basis von *Lotus Notes/IBM*) verfügbar. Viele Systeme bündeln die Funktionalitäten des Termin- und des Projektmanagements mit weiteren Zusatzfunktionen wie E-Mail oder Zugriffsmöglichkeiten auf Datenbanken. Die Aufgaben im Terminkalender können direkt aus der Projektplanung resultieren und Personen aus der Adressverwaltung zugeordnet werden. Weitere Funktionen der Projektplanung, wie z.B. das Management von Ressourcen oder die Verrechnung von Kostensätzen, können direkt in die Terminplanung integriert werden. Beispiele für solche Gruppenkoordinationssysteme sind *Schedule+/ Microsoft* oder *WordPerfect Office/Word Perfect*, die E-Mail-Komponenten mit einem Gruppenterminkalender und einer Aufgabenverwaltung verbinden.

4.5.7 Prozessunterstützungssysteme (Workflow Management-Systeme)

Prozessunterstützungssysteme[371] weisen die größte Nähe zu den Technikkonzepten auf, die in der Vergangenheit unter dem Stichwort 'Büroautomation' diskutiert wurden. Sie sollen Prozessorientierung softwaretechnisch umzusetzen.

Prozessunterstützungssysteme wie z.B. *Panagon/FileNet* oder *Staffware/Staffware Plc* unterstützen, steuern oder automatisieren koordinative Aktivitäten in arbeitsteiligen, primär asynchronen Leistungsprozessen. Dazu liegen ihnen digitalisierte Abbildungen der Arbeitsprozesse bzw. der in logischem Zusammenhang stehenden Tätigkeiten

---

[369] Vgl. Kreifelts/Hinrichs/Woetzel (1993).
[370] Vgl. Dier/Lautenbacher (1994), S. 41.
[371] Zur Bezeichnung dieser Softwarekategorie werden die Begriffe Prozesssystem, Workflowsystem oder Vorgangssystem verwendet und je nach Funktionalitätsumfang um Attribute wie Steuerung, Automation, Management oder Unterstützung erweitert, so dass eine Vielzahl von Begriffen entsteht (z.B. Vorgangssteuerungs-, Prozessunterstützungs-, Workflowmanagementsystem). Die folgenden Ausführungen verwenden den Begriff 'Prozessunterstützungssystem'.

zugrunde. Im Gegensatz zu klassischen Administrations- und Dispositionssystemen[372] sowie Techniken zur Dokumentenverwaltung[373] weisen Prozessunterstützungssysteme spezialisierte Werkzeuge auf, die es dem Anwender aufgrund der Trennung von Ablaufkoordination und Anwendungsprogrammierung ermöglichen, Arbeitsflüsse, die zugehörigen Aktivitäten, Rollen, Ressourcen und Kompetenzen etc. abzubilden und diese Abbildung bei Bedarf auch zu verändern. Dieses beinhaltet die Trennung der Lenkung i.S. der Planung, Steuerung und Kontrolle eines Prozesstyps von der eigentlichen Ausführung der Aktivitäten. Die Abläufe sind nicht im Programmcode festgelegt, sondern flexibel in Form eines veränderbaren Ablaufschemas modelliert.

Prozessunterstützungssysteme stellen im Wesentlichen Transport-, Routing- und Synchronisationsmechanismen für informationelle Arbeitsobjekte und -abläufe zur Verfügung, um die Koordination weitestgehend unabhängig von fachspezifischen Erfordernissen zu unterstützen. Letzterem kann man mittels der Einbindung anderer Softwaresysteme entsprechen, wobei das Prozessunterstützungssystem als Server für andere Anwendungen wie z.B. Funktionen zur Bearbeitung von Texten oder Datenbanken dient. Prozessunterstützungssysteme basieren zum Teil auf anderen Softwareklassen, wie z.B. E-Mail, anderen CSCW-Technologien, Datenbanken, Dokumentenverwaltungstechnologien (häufig mit ausgeprägter Imaging-Komponente) und/oder Textverarbeitungssoftware.

Prozessunterstützungssysteme stellen unter Rückgriff auf aufbau- und ablauforganisatorische Daten folgende *Grundfunktionalitäten* zur Verfügung:[374]

– Modellierung, Veränderung und Verwaltung von Prozesstypen,
– Unterstützung, Steuerung und/oder Automatisierung der Verarbeitung von Prozessexemplaren und
– Verfolgung von und Information über Prozesse und Prozessexemplare.

Die Bereitstellung von Werkzeugen zur *Modellierung, Veränderung und Verwaltung von Prozesstypen* bildet eine konstituierende Funktionalität von Prozessunterstützungssystemen. Prozesstypen beschreiben reale Prozesse in abstrakter Form (z.B. Urlaubsbeantragung). Dazu bilden sie die notwendigen Aktivitäten, deren logische und zeitliche Beziehung (z.B. Sequenz, paralleler oder wechselseitiger Arbeitsfluss), die auszutauschenden Informationsobjekte (z.B. Dokumente) sowie die Zuordnung der Aktivitäten

---

[372] Vgl. die Ausführungen in Abschnitt 4.2.
[373] Vgl. Schulze/Böhm (1996), S. 282 und Abschnitt 4.1.1.
[374] Vgl. hierzu und im Folgenden Erdl/Schönecker (1992), S. 25ff.; Bodendorf/Langer/Schmidt (1993), S. 17 und Heilmann (1994), S. 13ff.

und Objekte zu Akteuren ab. Häufig wird dabei auf die Notation der Petri-Netze oder andere Basismethoden der Systementwicklung zurückgegriffen und so die softwaretechnische Implementierung vorbereitet.[375] Die Prozessmodellierung bildet gleichzeitig die Grundlage für deren Analyse und Simulation, um Schwachstellen und Verbesserungspotenziale aufzudecken.

Neben Funktionen zur Modellierung von Prozesstypen stellen Prozessunterstützungssysteme auch Funktionen zur *Unterstützung, Steuerung* oder *Automatisierung der Verarbeitung von Prozessexemplaren* zur Verfügung. Ein Prozessexemplar (synonym: Vorgang) stellt einen mit konkreten Anwendungsdaten gefüllten Prozesstyp dar, also beispielsweise den Urlaubsantrag (Prozesstyp) der Mitarbeiterin Meier für einen bestimmten Zeitraum, welcher mit spezifischen Vertretungs- und Zeichnungsregelungen verbunden ist. Prozessunterstützungssysteme automatisieren, steuern oder unterstützen den Ablauf bei der Ausführung der Prozessexemplare ereignis- oder zeitbasiert. Hierzu stellen sie Funktionalitäten wie die Zuweisung von Arbeitsaufträgen an die Bearbeitenden, die Bereitstellung der notwendigen Informationen, die Aktivierung der notwendigen Softwarewerkzeuge, die Bereitstellung der zur Prozessbearbeitung notwendigen Daten, die Weiterleitung nach Abschluss einer Aktivität und die Einleitung bestimmter Aktivitäten (beispielsweise Benachrichtigung des Stellvertreters, automatische Wiedervorlage, Terminüberwachung, Mitzeichnungsfunktion) bereit. Der Software kommt eine steuernde und/oder automatisierende Funktion zu, wenn sie die Koordination der Abarbeitung eines Prozesses 'selbständig' und aktiv übernimmt (Automatisierung) und kontrolliert oder geringe Handlungsspielräume des Mitarbeiters zulässt (Steuerung). Bei Prozessunterstützungssystemen verbleibt die Steuerung und Kontrolle des Prozesses dagegen beim Benutzer. Das Softwaresystem weist einen eher passiven Charakter auf und hält situativ durch den Benutzer einsetzbare Werkzeuge bereit.

Stark strukturierte Prozesse mit formeller Regelung und hoher Wiederholungshäufigkeit weisen ein hohes Automatisierungs- und Steuerungspotenzial auf. Sie stellen das Kernanwendungsgebiet von *Workflowsystemen mit transaktionsorientiertem Charakter* dar. Solche Softwaresysteme übernehmen die Ablaufsteuerung und Koordinationsfunktionen, indem sie den Bearbeitenden Vorgänge (teil-)automatisch zuweisen, die Weiterleitung nach Abschluss der Bearbeitung veranlassen, die Verfolgung und Kontrolle des Bearbeitungsstatus ermöglichen und die Ablage, Wiedervorlage oder endgültige Archivierung veranlassen.

---

[375] Zur Modellierung von Prozessen vgl. Schwab (1996), S. 299; Malone/Crowston (1994); Jablonski (1995); Oberweis (1996) und die Ausführungen in Kapitel 5.

Ad-hoc-Systeme eignen sich zur Unterstützung nicht strukturierter, einmaliger, hinsichtlich ihrer Komplexität variierender Prozesse, beispielsweise zur Unterstützung des Ablaufs in einer Projektgruppe. Diese Klasse der Prozessunterstützungssysteme dient vor allem dazu, Aufgaben über Meilensteine bzw. Termine zu strukturieren und die Informationssammlung sowie den Zugang zu gemeinsamen Informationen zu unterstützen.[376] Diese Systeme können auch das Workgroup Computing unterstützen.[377]

Die dritte, im Hinblick auf den Strukturierungsgrad der Aufgaben zwischen den beiden genannten Extremen liegende Gruppe, bilden die auf *semi-strukturierte* Prozesse spezialisierten Systeme. Die Steuerung semi-strukturierter Prozesse erweist sich deshalb als problematisch, weil bei diesen die Bearbeitungsreihenfolge bei Initiierung der Prozesse häufig unklar ist, ein geringer Formalisierungsgrad vorliegt, die Stabilität des Ablaufs gering ist oder weil die Beteiligten nicht festlegbare bzw. zusätzliche medienungebundene Kommunikationskanäle und Ressourcen nutzen.[378]

Die Funktionalität der *Prozessinformation und -verfolgung* ermöglicht die umfassende Protokollierung eines Prozesses, d.h. der Fach- und Steuerungsdaten, so dass man Auskunft über den aktuellen Status eines Prozessexemplars, die Ressourcennutzung und Abweichungen vom Sollzustand erteilen und schnell auf Abweichungen bei den Durchlaufzeiten oder bei den Kosten reagieren kann. Die Dokumentation erleichtert die Revision und Verbesserung der Prozesse sowie die Fehlersuche und ist insbesondere dann erforderlich, wenn auf die zusätzliche Informationsspeicherung in Papierform verzichtet wird.

Die *Einsatzziele* von Prozessunterstützungssystemen bestehen vor allem in der Reduzierung der Durchlaufzeit und der Kosten der Prozessabwicklung durch Verringerung der Transport-, Bearbeitungs-, Rüst- und Liegezeiten, verbesserter Lastverteilung und Personalplanung sowie Reduktion der Anzahl der Medienbrüche. Die Software entlastet den Benutzer von Aktivitäten der Abstimmung, der Aufgabenteilung, der Vorgangsverfolgung und -verwaltung, der Terminverfolgung, der Weiterleitung von Vorgängen sowie aufwendiger Papierverarbeitung, indem sie die im Prozessmodell beschriebenen Arbeitsaufträge in der richtigen Reihenfolge und rechtzeitig zu den vorgesehenen Akteuren leitet. Gleichzeitig erhofft man sich eine bessere Transparenz und Qualität der Leistungsprozesse, beispielsweise durch die Unterstützung weniger gut eingearbeiteter Mitarbeiter oder durch die Vereinfachung der Stellvertretung, sowie eine Analysegrundlage für die Verbesserung von Prozessen. Darüber hinaus lässt sich der Service gegenüber den Prozesskunden mittels einer erhöhten Auskunftsfähigkeit bezüglich des

---

[376] Vgl. Palermo/McCready (1992), S. 157 und Picot/Rohrbach (1995), S. 33.
[377] Vgl. die Ausführungen in Abschnitt 3.3.2.3.
[378] Vgl. Weiß/Krcmar (1996), S. 510f.

Bearbeitungsstatus eines Vorgangs verbessern. Ein zusätzliches Motiv bei der Einführung von Prozessunterstützungssystemen stellt die Integration bestehender Softwareinseln entlang bestehender Prozessketten dar. Umfassende Systeme bereiten die eigentliche Verarbeitung vor, indem sie Informationen aus unterschiedlichen Quellen bündeln und nehmen die Funktion einer Middleware ein, indem sie heterogene Individual- und Standardsoftware integrieren. Der Einsatz von Prozessunterstützungssystemen eignet sich derzeit primär für gut strukturierte Prozesse mit sequentiellen und/oder parallelen Arbeitsflüssen. Findet im Zusammenhang mit der Einführung eine Reorganisation statt, ergeben sich vor allem Vorteile im Hinblick auf verringerte Durchlaufzeiten, einen vereinfachten Informationszugriff und eine erhöhte Transparenz der Prozesse.[379]

Die *Klassifikation* von Prozessunterstützungssystemen kann neben der Differenzierung anhand des Strukturiertheitsgrades der Prozesse auch anhand des zugrundeliegenden *Koordinationsmodells* erfolgen:[380]

- *Vorgangsorientierte Koordinationsmodelle* strukturieren Prozesse aus einer zentralen Sicht, wobei die Aktivitätenkoordination im Vordergrund steht. Den Informationsaustausch zwischen den einzelnen Aktivitäten modellieren und realisieren sie als Zugriff auf oder als Veränderung gemeinsamer Ressourcen (z.B. Dokumenten).

- *Objektmigrationsmodelle* stellen die Steuerung des Dokumentenflusses in den Vordergrund. Ein Prozess wird über ein Dokument oder eine zu einer elektronischen Mappe gebündelten Dokumentenmenge modelliert. Das Dokument wandert von einer Bearbeitungsstation zur nächsten und enthält neben dem eigentlichen Inhalt zusätzliche Informationen zur Bearbeitung und Ablaufsteuerung.

- Bei den *Information-sharing-Modellen* (z.B. auf *LotusNotes/Lotus* basierende Anwendungen) erfolgt die Koordination durch Anzeige des Bearbeitungsstatus des Vorgangs innerhalb eines mehreren Benutzern gemeinsam zur Verfügung stehenden Bereiches.[381]

Bestehende Koordinationsmodelle und deren Umsetzung in entsprechende Softwareprodukte sind vor allem durch die folgenden *Problembereiche* gekennzeichnet:[382]

---

[379] Vgl. Götzer (1996), S. 67f. und Schulze/Böhm (1996), S. 283.
[380] Vgl. Schwab (1996), S. 305ff. Er unterscheidet daneben des Weiteren kommunikationsstrukturorientierte Modelle und konversationsstrukturorientierte Modelle. Zur Klassifizierung von Prozessunterstützungssystemen vgl. auch Schulze/Böhm (1996); Schwab (1996) und Weiß/Krcmar (1996). Zur Architektur von Prozessunterstützungssystemen vgl. Jablonski (1995), S. 21ff. und Oberweis (1996), S. 74-97.
[381] Vgl. die Ausführungen in Abschnitt 3.3.2.4.
[382] Vgl. Jacobs (1993), S. 2f.; Kirn (1995), S. 101 und Syring (1992), S. 206.

Wenig strukturierte Aufgaben können häufig a priori nicht als Aktivitätenfolge abgebildet werden, beispielsweise wenn sie sich durch ein hohes Maß gemeinschaftlicher Leistungserstellung auszeichnen. Restriktive Modellierungsanforderungen, vordefinierte Vorgehensweisen und starre Strukturen von Prozessunterstützungssoftware manifestieren sich dort und auch bei stärker strukturierten Aufgaben in unzureichenden Möglichkeiten zur Fehler- und Ausnahmebehandlung. Dies trägt zur Unbeweglichkeit der Software bei, die den Anforderungen realer Aufgabenstellungen bezüglich Flexibilität und Dynamik nicht gerecht wird. Einen nutzbringenden Einsatz erzielen viele Prozessunterstützungssysteme vor allem dort, wo vordefinierte Geschäftsprozesse mit geringer Komplexität vorliegen.

Es fehlt an der Integration mit anderen CSCW-Technologien, die spezifische Kommunikationsmuster unterstützen (synchron/asynchron, formal/informal etc.). In dem Maße, in dem die Prognostizierbarkeit der Ergebnisse eines Prozesses sinkt, steigt die Notwendigkeit zur Kommunikation mit anderen Prozessbeteiligten. Die Modellierung in Prozessunterstützungssystemen beschränkt sich derzeit auf den Informationstransport, wobei sich dieser häufig auf Dokumente bezieht, die zwischen den Informationsträgern fließen, sowie auf an diesen Dokumenten durchzuführende Aktionen. Es fehlt an einer Modellierung und Unterstützung der Kommunikation, Verhandlung und Entscheidung. Es mangelt häufig an der Integrationsfähigkeit anderer Softwaresysteme, wie z.B. Textverarbeitungs- und Tabellenkalkulationsprogrammen. Die Vorgangsverwaltung und die unternehmungsweite Abbildung von Prozessen erfordern intensive Pflege und Wartung, sind aber wesentlich für den Erhalt der Flexibilität der Unternehmung.

Darüber hinaus bestehen einige Probleme, die eng mit den Charakteristika des Anwendungsbereichs verbunden sind und eine Techniksteuerung nicht als vorteilhaft erscheinen lassen. So bildet der Bürobereich ein offenes, sozio-technisches System, in dem das zur Leistungserstellung notwendige Wissen ex ante häufig nicht spezifizierbar ist.

Selbst in gut strukturierten Bereichen des Informationsverarbeitungssystems Büro bilden Ausnahmen die Regel, und ein hoher Anteil der Kommunikationsprozesse erfolgt auf informalen Wegen. Eine Spezifikation, d.h. auch Formalisierung, der Kommunikationsstrukturen sowie die textorientierte, asynchrone Kommunikation tragen zu einem aufgabenorientierten Interaktionsstil bei, der nicht notwendigerweise vorteilhaft ist. Darüber hinaus steht die Rollen- und Aktivitätenorientierung in Prozessunterstützungssystemen im Gegensatz zum stark ausgeprägten Personenbezug im Bürobereich.

Die Benutzer fürchten eine zu enge Führung durch diese Art von Softwaresystemen, wenn diese die Handlungs- und Gestaltungsspielräume einengen und einfachere Kontrollen der Arbeitsleistung ermöglichen. Die gewohnte Aufgabenbewältigung muss u.U.

erheblich verändert werden, wenn beispielsweise statt handschriftlicher Kommentare die Eingabe in den Computer und statt Abarbeitung nach dem persönlichen Dringlichkeitsgefühl eine prozessstatusgesteuerte Prioritätensetzung erfolgen muss. Dieses führt zu einer geringeren Akzeptanz (verstanden als überzeugte Nutzung im Gegensatz zur Hinnahme). Zudem bleibt festzuhalten, dass auch die Entlastung von Routinearbeiten nicht nur Vorteile für die Mitarbeiter mit sich bringt. Bleiben nur noch Problemfälle zur manuellen Bearbeitung übrig, steigen die Arbeitsdichte sowie die Anforderungen an Konzentration und Aufmerksamkeit und somit die Belastungen für die Akteure.

4.5.8 Coautoren- und Screen-sharing-Systeme

Coautoren- und Screen-sharing-Systeme ermöglichen einen gemeinsamen Zugang zu Objekten in Form von Text oder Grafik. Im Gegensatz zu Screen-sharing-Systemen erlauben Coautorensysteme (synonym: Gruppeneditoren) das synchrone oder asynchrone Anbringen von Anmerkungen oder Verändern der Objekte. Beim Screen-sharing steht dagegen die synchrone Vermittlung einer einheitlichen Sicht auf gemeinsame Objekte an verschiedenen Arbeitsplätzen im Vordergrund. Die Hauptfunktionalität der beiden verwandten Anwendungsklassen liegt in der Visualisierung und Verwaltung von Beiträgen, der Versionsverwaltung, der Dokumentation des Autors von Veränderungen sowie der Koordination des Zugriffs auf die gemeinsamen Objekte. Sowohl Coautorensysteme als auch Screen-sharing-Systeme sind häufig in Sitzungsunterstützungs- und Desktop-Konferenzsysteme integriert.

Synchrone Coautorensysteme finden in Sitzungen Anwendung, um die Absprache zwischen den Anwesenden zu unterstützen. Handelt es sich um Systeme, die wie *Smartboard* oder *Matisse/Smart Technologies Inc.* das skizzenhafte Annotieren und Zeichnen ermöglichen, spricht man auch von Whiteboards, während Gruppeneditoren den Autoren erlauben, einen Text zu bearbeiten und zu verwalten. Synchrone Coautorensysteme lassen sich sowohl an einem Ort als auch disloziert einsetzen. Bei synchroner Bearbeitung an einem Ort wird häufig ein für alle einzusehender Großbildschirm installiert, der das gemeinsam bearbeitete Objekt anzeigt.

Group Outliner (Gruppengliederungsentwurf) und *Group Writer* (Gruppen-Textverarbeitung) stellen zwei in *GroupSystems/Ventana* enthaltene synchrone Coautorensysteme dar. *Group Outliner* ermöglicht es den Teilnehmern, Kommentare zu einer Reihe vorgegebener Themen in einer Baum- oder Inhaltsverzeichnisstruktur abzugeben, die für alle Teilnehmer einsehbar sind. Als Ergebnis erhält man eine umfassende und gegliederte Sammlung von Äußerungen der Teilnehmer, die editiert und konsolidiert werden kann. *Group Writer* dient dem Editieren von Texten in Kleingruppen. Das Softwaresystem erlaubt die synchrone Texteingabe durch mehrere Teilnehmer in ein Dokument, wobei dieses in der Regel in Teilabschnitte aufgeteilt wird, die dann von je einem der Teilnehmer bearbeitet werden. Zur abschließenden Fertigstellung kann das Dokument in ein Textverarbeitungssystem übertragen werden, um es weiter zu editieren und zu formatieren.[383]

Andere, speziell für das gemeinsame Schreiben und Kommentieren von Dokumenten entworfene Coautorensysteme erlauben außerdem die Integration handschriftlicher und gesprochener Informationen sowie die Definition bestimmter Benutzer-Rollen wie Mit-Autor, Kommentator oder Leser, welche mit unterschiedlichen Rechten ausgestattet sind. Darüber hinaus zeigen sie an, ob signifikante Änderungen am Dokument vorgenommen wurden oder ob der Fertigstellungstermin naht.

Kommerziell verfügbare Textverarbeitungssysteme werden um Überarbeitungshilfen für Dokumente (Anmerkungen, Korrekturen, verborgener Text etc.) erweitert, so dass sie sich als asynchrone Coautorensysteme nutzen lassen.

Asynchrone Coautorensysteme dienen primär dazu, die Kommunikation zwischen entfernt arbeitenden Autoren zu unterstützen. Sie erlauben jedem Mitglied der Kooperationseinheit, das zu bearbeitende Objekt mit Anmerkungen, wie z.B. Änderungen und Kommentaren, zu versehen, was die Systeme zum Teil auch multimedial unterstützen. Dabei ist für alle ersichtlich, wer die Anmerkungen eingefügt hat. Durch entsprechende Arbeitsschritte kann man die Änderungen annehmen, in das aktuelle Objekt übernehmen oder aber verwerfen und entfernen.[384] Die multimediale Unterstützung und damit der Rückgriff auf reichhaltigere Kommunikationsformen als die textuelle erweist sich deshalb als besonders wichtig, weil Anmerkungen in Dokumenten häufig einer zusätzlichen mündlichen Erläuterung und Diskussion bedürfen.

Auch die im Zusammenhang mit Sitzungsunterstützungssystemen zum Einsatz kommenden Werkzeuge zur Generierung sogenannter *Ideenlandschaften* lassen sich der Gruppe der Coautorensysteme zuordnen, wobei das gemeinsam zu bearbeitende Material nicht aus Fließtext, sondern aus einer graphischen, netzwerkartigen Repräsentation von Ideen besteht. Sie ermöglichen den Anwendern, Lösungsideen in Kooperationseinheiten zu entwickeln und zu verändern.[385]

---

[383] Vgl. Lewe/Krcmar (1992), S. 36f. und Petrovic (1993), S. 102.
[384] Vgl. Petrovic (1993), S. 103. Weitere Beschreibungen von Werkzeugen, die das gemeinsame Editieren von Texten unterstützen, finden sich bei Schwabe/Krcmar (1996), S. 211-213.
[385] Vgl. Schwabe/Krcmar (1996), S. 215f.

Screen-sharing-Systeme (z.B. *TibuktuPro/Netopia, Netmeeting/Microsoft, pcAnywhere/ Symantec*) bilden eine einfache Möglichkeit, vormals individuelle Werkzeuge zu Werkzeugen für Kooperationseinheiten umzufunktionieren. Sie unterstützen die synchrone Interaktion, indem sie die Informationsdarstellung verschiedener Bildschirme oder Bildschirmausschnitte aneinander koppeln. Hierzu sammeln sie die Eingaben mehrerer Teilnehmer und vervielfältigen diese für die Ausgabe, wobei sie nach dem 'WYSIWYG'-Prinzip verfahren. Screen-sharing-Software hat den Vorteil, dass die Kooperationsteilnehmer mit den gewohnten Werkzeugen weiterarbeiten können. Sie finden zumeist in kleinen Gruppen Anwendung und sind auch dann einsetzbar, wenn nur kurzzeitig auf diese Form der Unterstützung zurückgegriffen werden soll.

4.5.9 Gemeinsame elektronische Arbeitsbereiche

Gemeinsame elektronische Arbeitsbereiche (z.B. in *Teamroom/Lotus, E-Room/ Instinctive Technology* und *LinkWorks/Digital Equipment*) sorgen für den Informationsaustausch zwischen verschiedenen Kooperanden, indem sie den Kooperanden abhängig von ihrer Rolle Zugriff auf die im gemeinsamen Bereich befindlichen Objekte, d.h. Materialien und Werkzeuge, gewähren. Eine kooperationsrelevante Unterstützung wird insofern geboten, als dass Benachrichtigungen bei Änderungen der im gemeinsamen elektronischen Arbeitsbereich vorhandenen Objekte versandt werden. Gemeinsame elektronische Arbeitsbereiche sollen den Akteuren ermöglichen, an einer Aufgabe zu arbeiten, als wären sie 'in einem Raum'. Hierzu wird ihnen eine Umgebung zur Verfügung gestellt, in der sie ihre Aktivitäten organisieren und durchführen können. Gemeinsame elektronische Arbeitsbereiche bieten den Akteuren eine Arbeitsumgebung, in der sie den Ablauf der Interaktion während der Kooperation gestalten können und ein kontinuierlicher Zugriff auf die gemeinsamen Objekte besteht. Im Gegensatz dazu legen Prozessunterstützungssysteme die Abläufe regelmäßig ex ante fest und leiten die relevanten Objekte an die jeweils zuständigen Personen weiter, so dass nur ein zeitlich begrenzter Zugriff auf die Objekte vorliegen. Dieses gilt auch für Systeme, die E-Mail als technische Grundlage der Kooperationsunterstützung nutzen. Gemeinsame elektronische Arbeitsbereiche eignen sich vor allem für schwach strukturierte Aufgaben, in denen die Bearbeitungsreihenfolge nicht ex ante festgelegt werden kann oder soll.

Eine sehr einfache Form gemeinsamer elektronischer Arbeitsbereiche stellen Dateiverzeichnisse dar (z.B. in *Windows for Workgroups/Microsoft*), die von verschiedenen Benutzern gemeinsam genutzt werden können. Allerdings fehlt die kooperationsrelevante Repräsentation der Benutzer im System und die Möglichkeit, sich über vergangene Ereignisse oder laufende Aktivitäten zu informieren.

4.5.10 Intelligente Agenten

Neben dem Forschungsgebiet CSCW beschäftigt sich auch das Forschungsgebiet der 'Verteilten Künstlichen Intelligenz' (VKI) mit Problemen der Unterstützung kooperativer Prozesse. Die VKI konzentriert sich auf die abstrakten informationellen Voraussetzungen kooperativer Prozesse und beschäftigt sich mit der Koordination maschineller Agenten. Intelligente Agenten lassen sich keiner speziellen der vorgenannten Systemklassen zuordnen, sondern können in den zuvor dargestellten Technologieklassen zur Unterstützung der Teamarbeit verwendet werden. Anwendungsszenarien für die Unterstützung im Bürobereich sind etwa die Koordination des Arbeitsflusses in Geschäftsprozessen oder die Terminvereinbarung.[386]

Intelligente Systeme basieren auf der Speicherung und Verarbeitung von Wissen. Die Forschung zur Künstlichen Intelligenz (KI) versucht, menschliche Intelligenz und Sinnesvorgänge (Sprechen, Hören, Sehen, Bewegen und Fühlen) nachzubilden und das Verstehen, Erkennen und Interpretieren, d.h. Informationsverarbeitung i.e.S., auf Maschinen zu übertragen.[387]

Eine potenzielle Verbindung zwischen den methodischen Ansätzen des CSCW und der VKI erfordert eine Architektur, die das Zusammenwirken von Mensch und maschinellen Subsystemen bei der Ausführung verteilter Aufgaben unterstützt. Im Mittelpunkt steht die Betrachtung von Systemen, in denen Menschen und maschinelle Agenten in Kooperationssituationen miteinander interagieren. Dabei dient das Computersystem nicht ausschließlich als Kommunikationsmedium zwischen Menschen, sondern übernimmt die Rollen einzelner menschlicher Aufgabenträger. Technische Systeme, die in einem genau definierten Bereich Aufgaben von Gruppenmitgliedern ausführen, bezeichnet man als Agenten. Der Begriff des intelligenten Agenten impliziert dabei ein Mindestmaß an selbständiger Aktivität, die zwar weisungsabhängig ist, aber ohne konstante Führung oder Intervention des Menschen erfolgt. In Abgrenzung zu den Netzknoten in neuronalen Systemen benötigen intelligente Agenten Problemlösungskapazitäten, etwa in Form einer Wissensbasis, und die Fähigkeit, die Ausführung von Aktionen auf einer abstrakteren Ebene als durch den Nachrichtenempfang zu regeln.

Das Einsatzpotenzial intelligenter Agenten lässt sich über die Klassifikation verschiedener Typen beschreiben. Hierbei wird zwischen Benutzungsschnittstellen-Agenten, funktionalen Agenten und Agenten zur Unterstützung der Kommunikation sowie des Arbeitens in Netzen unterschieden.

---

[386] Vgl. Syring (1994), S. 71.
[387] Vgl. hierzu z.B. Gabriel (1992).

Benutzungsschnittstellen-Agenten erleichtern den Anwendern den Umgang mit komplexer Software, indem sie für bestimmte Benutzer spezifische Oberflächen auf Grundlage 'lernender' Systeme bereitstellen. Das Leistungsspektrum reicht von der aktiven Informationsbereitstellung, der autonomen Durchführung repetitiver Aufgaben bis zur individuell angepassten Informationsrepräsentation und Hilfestellung.

Funktionale Agenten nehmen in einem abgegrenzten Aufgabenbereich selbständig Funktionen von Gruppen oder Gruppenmitgliedern wahr. Mittels eines allgemeinen Protokolls interagieren sie mit Menschen oder anderen Agenten mit differierenden Aufgabenbereichen. In dieser Klasse lassen sich Agenten mit allgemeiner kooperationsbezogener Funktionalität, wie z.B. intelligente Filter für Mailboxen, Terminkalender- und Ressourcenverwaltung sowie Aktionsauslösung, von Agenten mit problemspezifischer Aufgabenbearbeitung, z.B. Bilanzanalyse oder andere spezielle Entscheidungsunterstützungssysteme, unterscheiden.

Agenten zur Unterstützung der Kommunikation und Informationssuche in Netzen, wie die sogenannten Monitoragenten, erlauben dem Nutzer die Verfolgung von Aktivitäten sowie die Herausfilterung und Bekanntgabe von Ereignissen, welche sich auf Nachrichten, Zustände von Agenten oder externe Sensoren beziehen. Suchsysteme sind solche Agenten, die die Informationssuche in weltweiten Netzwerken und Informationsdiensten unterstützen, indem sie Datenbanken oder elektronische Datenbanken unabhängig von der Präsenz des Nutzers durchsuchen und dadurch Wartezeiten verkürzen.

Die derzeitigen softwaretechnischen Ergebnisse der Forschung unterscheiden sich jedoch hinsichtlich ihrer Funktionalität noch deutlich von menschlichen Aufgabenträgern, wobei der Engpass insbesondere in der Vermittlung der Intelligenz liegt.

4.6 Enterprise Resource Planning-Systeme (ERP-Systeme)

In den vorhergehenden Abschnitten dieses vierten Kapitels wurden unterschiedliche Klassifikationsansätze von Anwendungssoftwaresystemen vorgestellt und betriebliche Anwendungsbereiche erörtert. Da die Anwendungssysteme bzw. -bereiche aus verschiedenen Sichten betrachtet werden, überschneiden sie sich teilweise. Wie bereits angemerkt, gewinnen in den letzten Jahren immer mehr *Standardanwendungssoftwaresysteme* an Bedeutung, die auf herstellerunabhängigen Standards basieren und modular aufgebaut sind. Sie werden als *ERP-Systeme* (Enterprise Resource Planning-Systeme) in der Praxis genutzt.

Im FolgendenAbschnitt 4.6.1 werden zunächst die charakteristischen Eigenschaften von Standardanwendungs- und ERP-Systemen beschrieben. Anschließend werden in Abschnitt 4.6.2 kommerzielle Softwareprodukte kurz vorgestellt, wobei das Produkt R/3 der Firma SAP exemplarisch im Vordergrund steht.

4.6.1 Eigenschaften von Standardanwendungssystemen und ERP-Systemen

Softwaresysteme lassen sich in Systemsoftware (Systemprogramme) und Anwendungssoftware (Anwendungsprogramme) einteilen.[388] Im Kernbereich der Systemsoftware sind die Betriebssysteme (operating systems) zu sehen, die die Abwicklung der Programme auf EDV-Anlagen steuern und überwachen und die Grundlage für die verschiedenen Betriebsarten bilden.[389] Im direkten Umfeld des Betriebssystems gibt es unterschiedliche Programme, die man als systemnahe Software bezeichnet, so z.B. Datenbanksysteme (mit ihren Verwaltungssystemen und Sprachschnittstellen), Netzwerksysteme (Netzwerkverwaltungssysteme) und Softwareentwicklungssysteme (Programmiersprachen, CASE-Systeme bzw. -Tools).

Die *Anwendungssoftwaresysteme* bieten dagegen Lösungen für fachliche Probleme und Aufgaben, so z.B. für technische, für betriebswirtschaftliche und für wissenschaftliche Anwendungsbereiche. So lassen sich die betriebswirtschaftlichen Anwendungssoftwaresysteme beispielsweise in branchenneutrale (z.B. Systeme im Finanz- und Rechnungswesen, im Personalwesen oder im Vertrieb) oder in branchenspezifische Anwendungssysteme (z.B. Systeme in der Fertigungsindustrie, in Handelsunternehmungen, in Kreditinstituten oder in der Versicherungswirtschaft) einteilen.[390]

Bezüglich der Anwendungssoftware sind bei ihrer Beschaffung Entscheidungen zwischen *Eigenentwicklung* und *Fremdbezug* zu treffen. Umfangreiche Softwareentwicklungen und auch Softwarebeschaffungen werden im Rahmen von Projekten durchgeführt. Dabei hat das Projektmanagement die Aufgabe, das Vorhaben zu planen, zu steuern und zu kontrollieren. Besonders sind dabei die Kriterien der Qualität und der Wirtschaftlichkeit (Kosten und Nutzen) des zu erstellenden bzw. zu beschaffenden Systems zu beachten.

---

[388] Vgl. Hansen (1996), S. 170ff.
[389] Vgl. Hansen (1996), S. 862ff.
[390] Vgl. z.B. die Klassifikation bei Stahlknecht/Hasenkamp (1999), S. 344ff.

„Als *Standardsoftware* (packaged software) bezeichnet man fertige Programme, die auf Allgemeingültigkeit und mehrfache Nutzung hin ausgelegt sind."[391] Dagegen umfasst *Individualsoftware* (custom software) jene Programme, die speziell für einen bestimmten Anwendungsfall erstellt worden sind und die spezifische Eigenschaften des konkreten Falls aufweisen. Die Vorteile der Standardsoftware[392] gegenüber der Individualsoftware liegen vor allem in der Kostengünstigkeit (keine eigenen Softwareentwicklungskosten, trotz relativ hoher Beschaffungskosten von Standardsoftware), in der Zeitersparnis (schnelle Beschaffung und Anpassung im Vergleich zur relativ langen Entwicklungszeit von Individualsoftware) und in der Zukunftssicherheit (seriöse Anbieter von Standardsoftware nutzen allgemeingültige Standards und entwickeln ihre Produkte ständig weiter).[393] Weiterhin liegt ein wichtiger Vorteil in der Kompensierung vorhandener Personalengpässe bzw. eines Mangels an Know-how in der eigenen Unternehmung. Bei der Beschaffung von Standardsoftware ist eine Entscheidung zwischen Kauf und Miete der Software zu fällen, die aufgrund einer Wirtschaftlichkeitsanalyse durchzuführen ist. Bei der Auswahl bzw. Beschaffung von Standardsoftware und ihrer Einführung soll man die Vorgehensweise systematisch planen. Der Gestaltungsprozess von Anwendungssoftware basiert auf Prinzipien, Methoden und Modellen des Software Engineering.[394] Bei der Gestaltung großer Anwendungssysteme werden i.d.R. leistungsfähige Komponenten bzw. Module als Standardsysteme gekauft; bestimmte Teilbereiche, an die individuelle Anforderungen gestellt werden, werden auch selbst programmiert.

Bei der Beschaffung von Standardsoftware ist es wichtig, '*offene Systeme*' auswählen, d.h. Softwaresysteme, die auf herstellerunabhängigen Standards basieren. Neben den Standards, die durch unabhängige Gremien (z.B. Normenausschüsse) definiert werden, gibt es sogenannte 'Marktstandards' oder 'Industriestandards', die von Herstellern aufgrund ihrer Marktmacht vorgegeben werden (z.B. Produkte von den Firmen IBM und Microsoft).[395]

Große Softwarehäuser (wie z.B. SAP oder Microsoft) schaffen einheitliche Rahmenwerke für eine unternehmungsweite Anwendungsintegration, deren Regeln veröffentlicht werden und allgemein zur Verfügung stehen. „Ziel einer solchen *Anwendungsarchitektur* (application architecture) ist es, Anwendungen integriert nach einheitlichen Richtlinien zu entwickeln, wodurch sie miteinander kommunizieren können, dem Benutzer immer gleichartig erscheinen und auf unterschiedlichen Plattformen von Hard-

---

[391] Hansen (1996), S. 172.
[392] Vgl. Stahlknecht/Hasenkamp (1999), S. 303ff.
[393] Vgl. Hansen (1996), S. 173.
[394] Vgl. Hansen (1996), S. 174ff.; Stahlknecht/Hasenkamp (1999), S. 306ff. und Kapitel 5.
[395] Der Begriff 'Standardsoftware' wird häufig sehr kritisch betrachtet, da umfangreiche, komplexe Anwendungssoftware stets an individuelle Anforderungen angepasst werden muss.

ware und Systemsoftware eingesetzt werden können."[396] Eine einheitliche Benutzungsoberfläche bzw. Benutzerschnittstelle (*Common User Interface*/CUI oder *Common User Access*/CUA) soll eine einheitliche Sicht auf unterschiedlichen Systemen sicherstellen. Eine einheitliche Programmierschnittstelle (*Common Programming Interface*/CPI) soll die Produktivität der Anwendungsentwicklung erhöhen. Eine einheitliche Kommunikationsunterstützung (*Common Communication Support*/CSS) soll die Verbindung zwischen unterschiedlichen Geräten, Programmen und Netzen gewährleisten. Hierbei handelt es sich um Protokolle zur Datenübertragung in Rechnernetzen, wie z.b. das OSI-ISO-Referenzmodell und das Internet-Protokoll TCP/IP.[397]

Kommerzielle Standardsoftwaresysteme werden vor allem für die operativen Anwendungssysteme angeboten, die überwiegend als Transaktionssysteme in der betrieblichen Praxis genutzt werden.[398] Man unterscheidet hierbei Softwaresysteme für bestimmte betriebliche Funktionsbereiche bzw. für Einzelprozesse (dedicated package), wie z.B. für die Materialwirtschaft, Lohn- und Gehaltsabrechnung, Kostenrechnung oder für die Produktionsplanung, und Systeme, die als Komplettpakete für alle betriebswirtschaftlichen Funktionsbereiche bzw. für Prozessketten angeboten werden (integrated business package). In der Praxis ist eine starker Trend zur Implementierung von Komplettpaketen zu beobachten, der durch die zunehmende Geschäftsprozessorientierung gefördert wird. Aktuelle Anwendungssoftwarepakete nutzen eine Client-Server-Architektur und sind weitgehend hardware- und betriebssystemunabhängig. In der Regel arbeiten die Anwendungssysteme mit einem leistungsfähigen Datenbanksystem, in dem umfangreiche betriebliche Datenbestände gespeichert und verwaltet werden.[399] Bei den analyseorientierten Systemen[400] und auch bei den gruppenorientierten Systemen[401] werden mächtige Entwicklungswerkzeuge angeboten, mit denen solche Anwendungssoftwaresysteme aufgebaut werden können. Aufgrund ihrer Komplexität und ihrer individuellen Anforderungen sind fertige Module selten zu finden.

Charakteristisch für Komplettsoftwarepakete ist ihr modularer Aufbau, so dass sich die Anwender auf die Verwendung einzelner Teilsysteme beschränken und das Gesamtsystem nach und nach aufbauen können. Die Teilsysteme beschränken sich i.d.R. auf einzelne Funktionsbereiche und besitzen als modulare Systeme genau definierte Schnittstellen. Standardsysteme sind entweder branchenneutral oder branchenabhängig (z.B. Standardsoftware für Banken oder für Handelsunternehmungen). Die Anpassung an betriebsspezifische Gegebenheiten und Anforderungen erfolgt durch das *Customizing*

---

[396] Hansen (1996), S. 180.
[397] Vgl. die Ausführungen in Abschnitt 2.2.4 des zweiten Kapitels.
[398] Vgl. Hansen (1996), S. 187ff. und die Ausführungen in Abschnitt 4.2.
[399] Vgl. die Ausführungen in Abschnitt 4.4.1.
[400] Vgl. die Systembeispiele der MSS und der Data Warehouse-Konzepte in Abschnitt 4.3.
[401] Vgl. die Anwendungssystemkategorien in Abschnitt 4.5.

(kundenindividuelle Anpassung).[402] Wichtig ist es bei der zunehmenden Globalisierung auch, dass die Softwarepakete international ausgerichtet sind und eine einheitliche internationale Benutzungsoberfläche aufweisen. Kommerzielle Standardsoftwareprodukte, die umfangreiche Anwendungsbereiche umfassen und eine hohe Bedeutung im betrieblichen Einsatz aufweisen, werden als ERP-Systeme bezeichnet.

4.6.2 Kommerzielle ERP-Systemprodukte

Eines der weltweit meistgenutzten Standardsoftwaresysteme bzw. ERP-Systeme für betriebswirtschaftliche Anwendungen ist das Produkt R/3 der deutschen Firma SAP[403]. Es handelt sich dabei um ein Komplettpaket mit offener Client-Server-Architektur, das modular aufgebaut ist.

Das *R/3-System* besteht aus Komponenten, die einer Hierarchie angeordnet sind.[404] Es gibt fünf Hauptkomponenten, und zwar

- die drei funktionsbezogenen Komponenten *Accounting (AC)*, Human Resources (HR) und *Logistics (LO)*;
- die funktionsübergreifende Komponente *Cross Application Components (CA)* und
- die Systemkomponente *Basis Components (BC)*.

Unter dem Begriff *SAP Industry Solution* wird eine Reihe weiterer R/3-Komponenten entwickelt, die vor allem auf branchenspezifische Belange (z.B. Banking, Healthcare, Retail) ausgerichtet sind. Es werden weiterhin die Komponenten *Business Information Warehouse (BW)* und *Advanced Planner and Optimizer (APO)* angeboten, die mit dem R/3-System gekoppelt werden können.

Die drei funktionsbezogenen Komponenten AC, LO und HR lassen sich weiter in Teilkomponenten einteilen.

Zu der Komponente *Accounting (AC)* gehören die Teilkomponenten

- *Financial accounting (FI)* mit der Haupt-, Neben- und Anlagenbuchhaltung,
- *Treasury (TR)* mit der Finanz- und Liquiditätsplanung,

---

[402] Vgl. Hansen (1996), S. 189.
[403] Vgl. Hansen (1996), S. 190ff. und S. 207ff.
[404] Vgl. Appelrath/Ritter (2000), S. 36ff.

- *Controlling (CO)* mit der Kosten- und Erlösrechnung,
- *Investment Management (IM)* mit der Investitions- und Finanzierungsplanung,
- *Project System (PS)* zur Planung, Steuerung und Kontrolle von Projekten,
- *Enterprise Controlling (EC)*, mit der die Aufgaben des Unternehmens-Controlling zusammengefasst werden, so z.B. mit Hilfe der *Profit-center-Rechnung (EC-PCA)* und der *Konsolidierungskomponente (EC-CS)*. Als Managementunterstützungssystem gilt das *Executive Information System (EC-EIS)*.

Zu der Komponente *Logistics (LO)* gehören die Teilkomponenten

- *Sales and Distribution (SD)* für die Vertriebsaufgaben, so z.B. für die Angebotsbearbeitung und -überwachung, die Auftragsbearbeitung und Fakturierung,
- *Materials Management (MM)* mit den Aufgaben des Beschaffungs- und Lagerwesens,
- *Quality Management (QM)* zur Planung, Steuerung und Kontrolle der Qualität,
- *Plant Maintainance (PM)* für die Aufgaben der Instandhaltung,
- *Production Planning (PP)* für die Planungs- und Steuerungsaufgaben der Produktion, so vor allem die Primärbedarfsplanung, die Materialbedarfsplanung und die Kapazitätsplanung.

Zu der Komponente *Human Resources (HR)* gehören die Teilkomponenten

- *Personal Management (PA)* zur Personalbeschaffung, der Administration der Personaldaten und der Personalentwicklung *(Personal Development (PD))*,
- *Time Management (PT)* zur Personalzeitwirtschaft, die unterschiedliche Arbeitszeitmodelle (Gleitzeit, Normalarbeitszeit und Schichtbetrieb) unterstützt,
- *Payroll Accounting (PY)* für die Entgeltabrechnung (Lohn und Gehalt).

Die funktionsübergreifende Komponente *Cross Application Components (CA)* beinhaltet eine Reihe von Querschnittssystemen, so z.B. die klassischen Bürosysteme wie Text- und Tabellenverarbeitungssysteme, Workflowmanagementsysteme, Dokumentenmanagementverwaltungssysteme, Groupwaresysteme, Entscheidungsunterstützungssysteme (DSS) und Führungsinformationssysteme (EIS). Zur Komponente *Cross Application Components (CA)* gehören die Teilkomponenten

- Dokumentenverwaltung (DMS) zur Verwaltung von Dokumenten,
- Dokumentenwerkzeuge (DOC), die Werkzeuge zur Online-Dokumentation enthalten,

- Klassensystem (CL) mit der Aufgabe, beliebige Objekte zu beschreiben und in Klassen zu gruppieren,

- CAD-Integration (CAD) zur Kopplung des R/3-Systems mit (fremden) technischen Anwendungssystemen,

- Computer Aided Testtool (CATT) zum Testen von Transaktionen,

- Open Information Warehouse (OIW), das die Möglichkeit bietet, verschiedene Informationssysteme aus den Bereichen Rechnungswesen, Logistik und Personal über eine standardisierte Schnittstelle anzusprechen,

- Application Link Enabling (ALE) für eine automatische (asynchrone) Kommunikation zwischen R/3-Systemen sowie zwischen einem R/3-System und einem Fremdsystem,

- Business Framework Architecture, in der die Technologien zusammengefasst sind,

- Internet Application Components (IAC), die ausgewählte betriebswirtschaftliche Funktionen des R/3-Systems mittels eines Web-Browsers im Internet verfügbar machen.

Zu den Basis- bzw. Systemkomponenten *(Basic components (BC))* zählen die betriebssystem- und datenbanksystemnahen Komponenten und die Komponenten, die für die Verbindung des Anwendungssystems mit den Benutzungsoberflächen *(Präsentationssystem SAPGUI)* zuständig sind. Neben einem *Basis-Service (SRV)* zur Konfigurierung von Netzwerken stellt die *Betriebssystemplattform (OP)* eine Abstraktionsschicht zu den von SAP unterstützten Betriebssystemen unterschiedlicher Hersteller dar, so z.B. zu den unterschiedlichen UNIX-Plattformen, zu AS/400-Plattformen von IBM oder zu Windows-NT-Plattformen von Microsoft. Die *Datenbankplattform (DB)* stellt die Verbindung zu relationalen Datenbankmanagementsystemen dar, wie z.B. ORACLE (Oracle), DB2 (IBM), ADABAS (Software AG) und SQLServer (Microsoft). Zu den *Frontend Service (FES)* zählen die klassische Benutzungsoberfläche SAPGUI, über die alle R/3-Funktionen aufgerufen werden können, die *SAPGUI in Java* und die *SAP Graphik*. Besonders hervorzuheben ist die *ABAP/4 Development Workbench (DWB)* als integrierte Entwicklungsumgebung des R/3-Systems mit der Programmiersprache ABAP/4, die auf der Sprache COBOL und Konzepten der 4GL-Systeme basiert. Zur Systemkomponente *Business Engineer (BEW)* gehören der Business Navigator und die Customizing-Komponente.

Mit dem R/3-System der Firma SAP liegt ein kommerzielles Softwareprodukt vor, dass alle betriebswirtschaftlichen Funktionen abdeckt und das durch sein Referenzmodell eine systematische Erfassung und Katalogisierung der Geschäftsprozesse unterstützt.

Das Referenzmodell veranschaulicht die insgesamt verfügbaren R/3-Funktionen. Mit Hilfe von EPK-Diagrammen[405] lassen sich Geschäftsprozesse beschreiben, ebenso Geschäftsobjekte (Business Objects).[406]

Ein Hauptkonkurrent von SAP im Client-Server-Umfeld ist die niederländische Firma Baan mit dem Produkt BaanERP; weiterhin sind die Produkte *Oracle e-businessuite* (vormals *Oracle Applications*) der Firma Oracle, *SSA* von BPCS und People Soft Applications der Firma Peoplesoft zu nennen.

4.7 Entwicklungstendenzen von Anwendungssoftwaresystemen

Der Softwaremarkt entwickelt sich in enger Abhängigkeit vom Markt der gesamten Informationstechnologien (IT-Markt), da die Software eine zunehmende Bedeutung im IT-Bereich aufweist. Die rasante Entwicklung auf dem Hardwaremarkt mit einem sich ständig verbessernden Preis-Leistungsverhältnis und leistungsfähigen Softwareentwicklungssystemen bzw. -werkzeugen, so z.b. auf der Basis objektorientierter Technologien, schafft neue Anwendungsmöglichkeiten und führt zur Entwicklung neuer und leistungsfähiger Anwendungssoftwaresysteme. Dabei kommt der Standardsoftware und den ERP-Systemen eine bedeutende Rolle zu. Die Anbieter gehen immer mehr auf Standardsysteme zu, die Nachfrager bzw. Benutzer favorisieren diese Produkte ebenso immer stärker im Zusammenhang mit dem Einsatz von Client-Server-Lösungen.

Standardprogramme werden sowohl für Großrechner und Abteilungsrechner angeboten, die überwiegend noch proprietäre bzw. herstellerabhängige Betriebssysteme nutzen (so z.B. für IBM-Rechner und Siemens-Nixdorf-Rechner). Großrechneranwendungen werden zunehmend in Client-Server-Architekturen eingebunden. Hier sind vor allem Unix-Systeme zu finden, die in unterschiedlichen Varianten angeboten werden. Bei den Personalcomputern sind hauptsächlich Standardanwendungssysteme für die Betriebssysteme WINDOWS und WINDOWS/NT bzw. WINDOWS 2000 gegeben. Zusammenfassend ist festzustellen, dass Standardanwendungssysteme in Zukunft immer stärker auf allen Hardware- und Betriebssystemplattformen genutzt werden. Dabei werden bereits schon Public-Domain- bzw. Shareware-Programme angeboten, die zum Teil kostenfrei im Internet verfügbar sind.

Betriebliche Anwendungssoftwaresysteme versuchen das gesamte betriebliche Geschehen abzudecken. Durch den modularen Aufbau sind die ganzheitlichen Softwaresys-

---

[405] EPK: = Ereignisgesteuerte Prozessketten; vgl. die Ausführungen in Kapitel 5.
[406] Vgl. Erler (2000).

teme, die als ERP-Systeme in der Praxis angeboten und genutzt werden, sehr flexibel und lassen sich über benutzungsfreundliche Schnittstellen einsetzen. Wichtige Entwicklungstendenzen liegen in der Integration der Anwendungsbereiche, in einer zunehmenden Vorgangs- bzw. Prozessoptimierung, die sich über umfangreiche Wertschöpfungsketten ausdehnt (so z.B. im Sinne des Supply Chain Management), und in einem wachsenden Bedarf nach Analysemöglichkeiten betrieblicher Informationen, die weltweit nachgefragt werden (so z.B. auf Basis von Data Warehouse-Systemen).

Beim Einsatz von Anwendungssoftware spielen auch die Ansätze des *Wissensmanagements (Knowledge Management)* eine wichtige Rolle, mit denen versucht wird, das Wissen zu strukturieren, zu analysieren und zielgerecht zu nutzen. Dazu zählt auch das Wissen über die vielfältigen Gestaltungsansätze und Nutzungsformen der betrieblichen Anwendungssoftwaresysteme, die ein erfolgreiches unternehmerisches Handeln gewährleisten sollen. Die Beschreibungen der unterschiedlichen Formen der betrieblichen Anwendungssoftwaresysteme in diesem Kapitel machen den Bedarf eines systematischen Wissensmanagements im IT-Bereich deutlich, das auch eine Basis für 'lernende Unternehmungen' darstellt.[407]

Die Vernetzung der Systeme sowohl in lokalen als auch in weltweiten Bereichen steht in den nächsten Jahren mit im Vordergrund. Dabei werden nicht nur standardisierte Kommunikations- und Vorgangsbearbeitungsprozesse unterstützt, sondern immer mehr auch anspruchsvolle Tätigkeiten, die in Teams auf Basis von Groupware bzw. CSCW-Technologien ausgeführt werden. Anwendungssysteme auf der Basis des Internet (internetbasierte Anwendungen) werden im E-Business- und E-Commerce-Bereich eine große Rolle spielen.

---

[407] Vgl. z.B. Bach/Österle/Vogler (2000) und Streubel (2000).

Kapitel 5

Gestaltung computergestützter Informations- und Kommunikationssysteme

Friedrich Knittel

5.1 Gestaltungskonzepte		243
5.1.1 Konzept der Organisatorischen Implementierung		246
5.1.2 Gestaltungsorientierungen		250
5.1.2.1 Geschäftssysteme		253
5.1.2.2 Arbeitssysteme		256
5.2 Arbeitsorientierte Gestaltung computergestützter IuK-Systeme		259
5.2.1 Bewertung computergestützter Arbeit		262
5.2.1.1 Kontrastive Analyse der Aufgabendurchführung – das Beispiel KABA		264
5.2.1.1.1 KABA-Vorgehen		266
5.2.1.1.2 KABA-Untersuchungsdimensionen		268
5.2.1.2 Softwareergonomische Analyse der Technikverwendung – das Beispiel SAB-Control		271
5.2.1.2.1 BAP- und SAB-Control		273
5.2.1.2.2 SAB-Fragen		276
5.2.2 Modellierung computergestützter Arbeit – das Beispiel RFA-Netze		279
5.2.2.1 RFA-Modelle		282
5.2.2.2 RFA-Konstrukte		284
5.3 Geschäftsorientierte Gestaltung computergestützter IuK-Systeme		289
5.3.1 Synchrone Struktur- und Prozessgestaltung – das Beispiel SOM		292
5.3.1.1 SOM-Objektsystem		295
5.3.1.2 SOM-Geschäftsprozessschemata		299
5.3.2 Von der Struktur- zur Prozessgestaltung – das Beispiel ARIS		303

5.3.2.1	Strukturelle Dekomposition bei ARIS	306
	5.3.2.1.1 Funktionsmodell	307
	5.3.2.1.2 Datenmodell	309
	5.3.2.1.3 Organisationsmodell	311
5.3.2.2	Prozessuale Verknüpfungen bei ARIS	313
	5.3.2.2.1 Dynamisierung des Funktionsmodells	316
	5.3.2.2.2 Einbindung des Daten- und des Organisationsmodells	318

5.4 Aspekte der Integration bei der Gestaltung computergestützter
IuK-Systeme 322

Anhang zu Kapitel 5:
24 Fragen zur Softwareergonomie 327

5 Gestaltung computergestützter Informations- und Kommunikationssysteme

In Unternehmungen werden die anfallenden Informationsverarbeitungs- und Kommunikationsaufgaben von Aufgabenträgern mit Hilfe computergestützter Arbeitsmittel erfüllt. *Anwendungssoftware* ist derjenige Bestandteil computergestützter Arbeitsmittel, deren Funktionen auf die jeweils spezifische betriebliche Arbeitsaufgabe zugeschnitten sein sollen, damit sie von den Unternehmensmitarbeitern sachgerecht eingesetzt werden können. Im vorangehenden vierten Kapitel werden computergestütze Applikationen für verschiedene Anwendungsgebiete in Unternehmungen erläutert.

Das Fachgebiet der (praktischen) Informatik, das sich mit der professionellen Entwicklung und Bereitstellung großer Softwaresysteme befasst, heißt '*Softwaretechnik*' (oder auch 'Software Engineering'). Mit Hilfe von Modellierungsmitteln, Methoden, Werkzeugen, Notationen und Organisationsformen sollen Anforderungen an ein computergestütztes Anwendungssystem in Eigenschaften dieses Systems umgesetzt werden. Um dieses Ziel zu erreichen, wird ein systematisches Vorgehen empfohlen, das die Planung des Gestaltungsvorhabens umfasst, die Organisation und Steuerung des Gestaltungsprojektes, die Realisierung der Aufbau-, Umbau- und Begleitmaßnahmen, die Bewertung der Zwischen- und Endergebnisse sowie alle Tätigkeiten, die während der Wartung und Pflege der in Betrieb befindlichen Softwareapplikation anfallen.

In diesem Kapitel werden Softwaresysteme nicht als kontextfreie und anwendungsunabhängige Produkte betrachtet, die es durch Softwaretechnik ingenieurmäßig zu fertigen und in eine (bereits existierende) Softwarelandschaft einzubetten gilt. Denn in Betriebswirtschaften ist Software neben den Bauelementen der Hardware nur Bestandteil von *IuK-Technik*, mit deren Hilfe die zuständigen *Aufgabenträger* in Unternehmungen ganz bestimmte betriebliche *Arbeitsaufgaben* lösen sollen.

In Projekten zur Gestaltung der Informationsverarbeitung und Kommunikation in und zwischen Unternehmungen sollen hauptsächlich *geschäftswirksame* Effekte in dem Einsatzgebiet erzielt werden. Dies wird erreicht, indem das Zusammenwirken der Elemente computergestützter IuK-Systeme (Arbeitsaufgaben, Aufgabenträger und IuK-Technik) neu geordnet wird, so dass die Unternehmensmitarbeiter ihre Arbeitsaufgaben *kompetent* erledigen können, ihnen zu diesem Zweck *funktionale* Arbeitsmittel zur Verfügung stehen, die *ergonomisch* gehandhabt werden können.[408]

---

[408] Im ersten Kapitel werden Arbeitsaufgaben, Aufgabenträger sowie Informations- und Kommunikationstechnik (IuK-Technik) als Elemente computergestützter Informations- und Kommunikationssysteme (IuK-Systeme) ebenso benannt und erläutert wie die Anforderungen, die an sie gestellt werden (Geschäftswirksamkeit, Kompetenz, Funktionalität und Ergonomie).

Dieses Kapitel erörtert *Gestaltungskonzepte*, die die Geschäftswirksamkeit computergestützter IuK-Systeme, die durch die Kompetenz der Aufgabenträger sowie die Funktionalität und Ergonomie der IuK-Technik erreicht werden soll, aus unterschiedlichen Blickwinkeln und mit unterschiedlichen Schwerpunkten anvisieren. Analysiert, differenziert und bewertet wird, wie der Gestaltungsgegenstand konzipiert wird,[409] welche Sichtweisen, Vorstellungen und Ideen damit transportiert werden und welche grundlegenden Konsequenzen sich bei dem jeweiligen Ansatz für die Gestaltung eines computergestützten IuK-Systems ergeben. Wie bei den verschiedenen Konzepten im Einzelnen vorgegangen wird, um sie umzusetzen und gegebenenfalls einem operativen Software Engineering-Prozess zugänglich zu machen, wird in diesem Kapitel nicht behandelt.

In Abschnitt 5.1 werden die zu erörternden Konzepte zur Gestaltung computergestützter IuK-Systeme in zwei Gruppen eingeteilt. Die mit den beiden Konzepttypen verbundenen Fragestellungen werden in wissenschaftlichen Publikationen und in Erfahrungsberichten aus der Praxis meist getrennt voneinander diskutiert. In Kurzform lauten sie:

- Wie können computergestützte IuK-Systeme in die Organisationsprozesse und -strukturen einer Unternehmung eingebunden werden, so dass sie von den involvierten Mitarbeitern als zufriedenstellend akzeptiert werden und deren Kompetenzen fördern? Eine derartige Sichtweise, die sich an der Effektivität der *Arbeits*handlungen der betrieblichen Aufgabenträger orientiert, liegt den Gestaltungskonzepten zugrunde, die Abschnitt 5.2 erklärt.

- Wie können Arbeitsaufgaben, Personal und IuK-Technik so miteinander verknüpft werden, dass die Wettbewerbsfähigkeit der Unternehmung nachhaltig erhalten bzw. verbessert wird? Abschnitt 5.3 erläutert Gestaltungsansätze, mit denen der Anspruch verbunden wird, die betriebliche *Geschäfts*prozessorganisation zu optimieren.

Abschnitt 5.4 wirft die Frage nach den Eckpunkten eines *integrierten* Gestaltungskonzeptes auf. Es wird darauf hingewiesen, dass der Erfolg von Maßnahmen zur Gestaltung computergestützter IuK-Systeme davon abhängt, ob es gelingt, die computergestützte Aufgabenerfüllung in der Unternehmung sowohl für die beteiligten Aufgabenträger zufriedenstellend zu organisieren als auch an den geschäftlichen Zielen des Managements auszurichten.

---

[409] Der Begriff 'konzipieren' leitet sich aus dem lateinischen Verb 'capere' ab und bedeutet, 'eine Grundvorstellung von etwas entwickeln'.

Die Berücksichtigung unterschiedlicher Sichtweisen bei der Gestaltung computergestützter IuK-Systeme ist auch deshalb von Bedeutung, weil sich die involvierten Menschen nicht als ein monolithischer Block präsentieren. Vielmehr bilden sich ihre Anschauungen, Absichten und Motive vor dem Hintergrund unterschiedlicher Interessen an Besitzständen, Ressourcen, Einkommen, Karriere und Macht sowie verschiedener Perspektiven und Ausschnitte auf die Organisationswelt aus. Individuen haben unterschiedliche Sichten auf die Unternehmung und handeln nach speziellen, persönlichen Theorien darüber, wie die Unternehmung funktioniert oder funktionieren sollte.

Da Projekte zur Gestaltung computergestützter IuK-Systeme die vorhandenen Einflussstrukturen in der Unternehmung berühren, weicht auch häufig der von den verschiedenen Nutzer- und Anwenderfraktionen preisgegebene Projekt-Input erheblich voneinander ab. Informationen werden interessengesteuert weitergegeben oder vorenthalten, so dass sich die Gestaltung computergestützter IuK-Systeme als *politischer* Prozess darstellt, in dem die verschiedenen beteiligten Akteure ihre unter Umständen widerstreitenden Interessen, Ziele und Überzeugungen zur Geltung bringen. Die jeweils präferierten Haltungen, Absichten und Erwartungen bestimmen das Verhalten der vom Zielsystem betroffenen Personen. Gestaltungskonzepte, die mehrere, sich ergänzende Wege zur Effektivierung computergestützter IuK-Systeme in der Unternehmung vorschlagen, können sicherlich helfen, eine offene und zielführende Projektatmosphäre zu schaffen.

5.1 Gestaltungskonzepte

Systemgestaltung erfordert Richtlinien, Organisationsprinzipien, Techniken, Werkzeuge usw., insbesondere aber geeignete Modelle und Methoden. Im Rahmen des Aufbaus oder Umbaus computergestützter IuK-Systeme stellen Gestaltungs*methoden* systematische und planmäßige Verfahren und Vorgehensweisen zur Lösung des Gestaltungsproblems dar. Methoden liegen in abstrakter Form vor. Da jedes Gestaltungsvorhaben trotz aller Gemeinsamkeiten konkret anders ist als seine Vorgänger, wird eine erfolgreiche Methode nicht einfach angewendet sondern im Projekt erarbeitet.[410]

Methoden gliedern den Gestaltungsprozess, Modelle ordnen den Gestaltungsgegenstand. „Jede vereinfachende Abbildung eines Ausschnittes der Wirklichkeit, wobei trotz aller Vereinfachung Strukturgleichheit oder zumindest Strukturähnlichkeit zwischen Wirklichkeit und Abbildung erforderlich ist"[411], wird als '*Modell*' bezeichnet. Mit Hilfe von Modellen lassen sich vorhandene Sachverhalte beschreiben und angestrebte

---

410 Vgl. Züllighoven (1998), S. 10.
411 Heinrich/Roithmayr (1995), S. 353.

Zustände konzipieren, visualisieren und umgestalten. Diejenigen Vorgänge, durch die Modelle erstellt oder modifiziert werden, werden unter dem Terminus 'Modellierung' subsumiert.

Abhängig von der Abbildungsrichtung können Modelle als Ist- oder als Soll-Modelle existieren, also entweder eine Vorbild- oder eine Nachbildfunktion für Gestaltungsprozesse übernehmen. In computergestützten IuK-Systemen beschreiben *Nachbilder* die wesentlichen Merkmale realer Informations- und Kommunikationsprozesse in Unternehmungen. In diesem Sinne stellen Modelle eine Verallgemeinerung oder Abstraktion dar. Aufgrund der (unterstellten) Gültigkeit von Modellen für mehrere spezifische Sachverhalte können sich Aktivitäten zur Analyse und Umgestaltung einer realen Ausgangssituation jedoch auch an einem idealisierten *Vorbild* orientieren. Mit dem Einsatz von Modellen intendiert man demnach gleichzeitig auch ihre Mehrfachverwendung in verschiedenen Gestaltungssituationen.

Modelle sind nicht nur Abbilder der Wirklichkeit sondern immer auch *Artefakte*, also menschengemachte Konstruktionen von Realität. In jeder Gestaltungssituation ist deshalb zu überprüfen, in welchem Umfang ein vorgefertigtes Modell an die realen Gegebenheiten anzupassen ist, um eine wirksame Unterstützung der betrieblichen Aufgabenerfüllung zu erzielen. Eine einseitige, undifferenzierte Ausrichtung der Realität an einem vermeintlich effektiven Modell würde eine kontraproduktive Lösung erbringen.

Die für ein spezifisches Gestaltungsprojekt aufeinander abgestimmten Gestaltungsmethoden und -modelle konstituieren ein Gestaltungs*konzept*. Ein Gestaltungskonzept beinhaltet einerseits das auf einen bestimmten Anwendungsbereich zugeschnittene systematische Vorgehen zur zeitlichen und inhaltlichen Strukturierung der Systemgestaltung. Andererseits transportiert ein Konzept auch eine Orientierung, auf deren Grundlage die einzusetzenden Verfahren, Richtlinien, Werkzeuge, Methoden und Modelle auszuwählen und auszuformen sind. Die Orientierung oder Perspektive bei der Gestaltung computergestützter IuK-Systeme ist die Sicht, die das Konzept auf die Systemgestaltung anwendet, einschließlich der zugrundeliegenden Wertvorstellungen.[412]

Orientierungen beziehen sich nicht nur auf den Prozess der Entstehung und Weiterentwicklung computergestützter IuK-Systeme sondern auch auf den Sys-

---

[412] In der Softwaretechnik begründen Perspektive und Anwendungsbereich eine Gestaltungs*methode*. Vgl. Floyd/Züllighoven (1997), S. 650-651. Der Terminus 'Gestaltungs*konzept*' wird hier eingeführt, um ihn von *Einzel*methoden abzugrenzen, die möglicherweise nur bestimmten Gestaltungsphasen vorbehalten sind oder eventuell lediglich für Teilbereiche des Gestaltungsgegenstandes – z.B. für die Entwicklung von Softwaresystemen – verwendbar sind.

temeinsatz in einer bestimmten Umgebung. Insbesondere beinhalten Orientierungen eine Gruppe zusammengehöriger Sichtweisen auf relevante Gesichtspunkte eines computergestützten IuK-Systems aus einem einheitlichen Blickwinkel. Die jeweils gewählte Perspektive legt fest, welche Gestaltungsmöglichkeiten der für den Systemaufbau oder -umbau zuständige Personenkreis wahrnimmt und damit auch, welche Nutzungsmöglichkeiten sich für den Anwendungsbereich ergeben. In Abschnitt 5.1.2 wird gezeigt, dass computergestützte IuK-Systeme abhängig von der eingenommenen Sichtweise sehr unterschiedliche Ausprägungen hinsichtlich der Systemkomponenten IuK-Technik, Aufgaben und Menschen aufweisen.

Auf Überlegungen zur Integration der Faktoren Aufgaben, Menschen und IuK-Technik basiert das *Konzept der Organisatorischen Implementierung* (OI), das bereits zu Beginn der 1980er Jahre von dem *B*etriebswirtschaftlichen *I*nstitut für *O*rganisation und *A*utomation (BIFOA) an der Universität zu Köln erarbeitet und vorgestellt wurde. Ziel und Kerngedanke dieses Ansatzes ist es, „für eine oder mehrere klar abgrenzbare Aufgabenstellungen, die von bestimmten Personen/Gruppen innerhalb bestimmter organisatorischer Strukturen und unter Nutzung bestimmter vorhandener Technologien gelöst werden, verbesserte, d.h. wirksamere Kombinationen von Personal, Organisationsstrukturen und Technologien für die vorgegebene(n) Aufgabe(n) zu entwerfen und zu realisieren."[413]

Zwar spielt der OI-Ansatz namentlich gegenwärtig keine Rolle mehr. Für die wissenschaftliche Diskussion innerhalb der Wirtschaftsinformatik in Deutschland, die Gestaltungspraxis in den Unternehmungen und die weiteren Ausführungen in diesem Kapitel ist die ganzheitliche Sichtweise auf computergestützte IuK-Systeme in Unternehmungen von grundlegender Bedeutung und bleibender Aktualität. Auch die Unterscheidung in gegenstands- und in projektbezogene Gestaltungsziele ('System-fit' und 'Prozess-fit') gehört zu den Stärken der Organisatorischen Implementierung. Andererseits verwundert es nicht, dass die methodische Unterstützung der Gestaltung computergestützter IuK-Systeme aus heutiger Sicht als 'unzulänglich' bezeichnet werden muss. Auch besteht bei einer mehr oder weniger beliebigen Kombination von Gestaltungsmethoden die Gefahr von Unverträglichkeiten, die zu widersprüchlichen Ergebnissen führen können.

---

[413] Seibt (1980), Sp. 857.

5.1.1 Konzept der Organisatorischen Implementierung

Der Gestaltungsansatz der Organisatorischen Implementierung (OI) definiert Arbeitsaufgaben ('task'), Aufgabenträger ('men'), IuK-Technik ('technology') und die Beziehung der vorgenannten Systemkomponenten zueinander und zu ihrer Umwelt ('structure') als entscheidende Bezugspunkte bei der Gestaltung computergestützter IuK-Systeme. Der verwendete Terminus 'Implementierung' ist missverständlich, da meist die Entwicklungsphase der Realisierung (bzw. Programmierung) IuK-technischer Anwendungssysteme mit diesem Begriff belegt wird. Demgegenüber zielt Organisatorische Implementierung in einem umfassenderen Sinn darauf, „während des gesamten Systementwicklungsprozesses eine bewusste, zielgerichtete Anpassung, Abstimmung und Integration zwischen den personalen, organisatorischen und technologischen Komponenten dieser Systeme herbeizuführen."[414] Auf diese Tradition beziehen sich insbesondere die 'Planungshilfe für die *Or*ganisatorische *I*mplementierung computergestützter Informationssysteme' (PORGI) und FAOR ('*F*unctional *A*nalysis of *O*ffice *R*equirements').

PORGI wurde zwischen 1975 und 1979 entwickelt und bis in die 1990er Jahre hinein weiterverfolgt.[415] Im Hinblick auf ein erfolgreich anwendbares computergestütztes IuK-System und analog zum Konzept der Organisatorischen Implementierung erklärt PORGI folgende vier Komponenten zu Variablen der Gestaltungsaktivitäten:

– die fachlichen Aufgabenstellungen, die technisch flankiert werden sollen,
– die involvierten Personen innerhalb der betroffenen Organisation,
– die IuK-Technik (Hardware, Software, Modelle und Methoden) sowie
– die Organisation des Gestaltungsbereiches als Beziehung zwischen den Systemkomponenten Aufgabenstellungen, Personal, IuK-Technik und Systemumgebung (inkl. der damit verbundenen Organisationsziele, Arbeitsbedingungen und Formen der Zusammenarbeit).

Im Einzelnen soll Systemgestaltung nach PORGI einen System- und einen Prozesserfolg erzielen. Entsprechend wird einerseits zwischen Gegenstand, Zielen und Instrumenten der Systemgestaltung im Sinne einer Produktentwicklung und andererseits der Organisation des eigentlichen Gestaltungsprozesses unterschieden. Ein *System-fit*, d.h.

---
[414] Seibt (1980), Sp. 857.
[415] Vgl. hierzu und im Folgenden die zusammenfassende Darstellung des PORGI-Konzeptes, der Methoden und des Instrumentariums in Oppelland (1983). Vgl. auch die Umsetzung von PORGI bei der Gestaltung eines Personalinformationssystems in Mülder (1984) und bei einem computergestützten Kommunikationssystem in Anstötz (1991).
Für das Akronym 'PORGI' ist im übrigen auch die englische Bezeichnung '*P*lanning Tools for the *Or*ganizational *I*mplementation of Computer-based Information Systems' gebräuchlich.

die bestmögliche Abstimmung dieser Bausteine soll sich in einem technisch sicheren, zielwirksamen sowie wirtschaftlich und sozial akzeptablen System verwirklichen.

Parallel dazu erklärt PORGI das Qualifikations- und Motivationspotenzial des vom Zielsystem betroffenen Personals zum Gegenstand des Gestaltungsprozesses. Eine entsprechend zu konzipierende Ablaufgestaltung des Gestaltungsprojektes strebt einen *Prozess-fit* im Sinne verbesserter Kommunikationsbeziehungen zwischen Entwicklern und betroffenen Organisationsmitgliedern an. PORGI unterstellt, dass erst die angemessene Nutzung der Wissensressourcen aller Beteiligten die Effektivität und Effizienz von Entwicklungsprojekt und Technikeinsatz sichert. Hinter der PORGI-Philosophie steht die Auffassung, dass der Einsatz computergestützter Anwendungssysteme letztlich ineffektiv bleibt, wenn während der Gestaltung computergestützter IuK-Systeme nicht versucht wird, die Benutzeranforderungen und -kenntnisse weitgehend symmetrisch einzubeziehen.

Die Kommunikation mit dem Personal der Einsatzunternehmung empfiehlt PORGI nicht als Wert an sich, sondern begründet dies im Hinblick auf den geplanten Einsatz der entwickelten IuK-Technik damit, möglichen Widerständen zu begegnen. Die Teilhabe der potenziellen Systembenutzer wird als eine Ausgleichszahlung aufgefasst, um zu verhindern, dass die Betroffenen eine erkannte und antizipierte Verschlechterung des individuellen Status quo in der Unternehmung durch die Einführung computergestützter IuK-Systeme mit Leistungsverweigerung beantworten. Unternehmungsmitglieder sollen aus diesem Grunde während des Systemgestaltungsprozesses hinreichend repräsentiert und informiert sein. Die Partizipation des Personals am Gestaltungsprojekt ist auch deshalb erforderlich, da „Ziele häufig erst im Verlauf von Entscheidungsprozessen gebildet – und möglicherweise variiert – werden und nicht bereits zu Beginn des Systementwicklungsprozesses fixiert werden."[416]

Zur Erzielung von System- und Prozess-fit stellt PORGI ein *Methoden-Mix* zusammen, dessen Werkzeugangebot ('wie'?) den für den jeweiligen Entwicklungsschritt ('wann'?) spezifischen Informationsbedarf ('was'?) deckt. Für jeden Entwicklungsschritt wird zunächst der Analysebedarf ermittelt. Danach sollen Instrumente ausgewählt und eingesetzt werden, um die für den jeweiligen Untersuchungszweck notwendigen Informationen mittels Befragungen, Expertenanalysen oder Gruppendiskussionen zu identifizieren, zu erheben, auszuwerten und in Maßnahmen umzusetzen.

FAOR unterstützt schwerpunktmäßig die bei der Gestaltung computergestützter IuK-Systeme zu durchlaufenden Arbeitsschritte Systemanalyse (Anforderungsermitt-

---

[416] Oppelland (1983), S. 176.

lung) und Systemevaluation und weist deutliche Parallelen zum PORGI-Konzept auf, auch wenn hierauf nicht explizit Bezug genommen wird. FAOR wurde zwischen 1984 und 1987 unter Mitarbeit des BIFOA für den Bürobereich ausgearbeitet und anschließend durch dieses Institut weiterentwickelt.[417]

Die Ursprungsversion von FAOR beruht auf der Annahme, dass es sich bei der Gestaltung computergestützter IuK-Systeme um schlecht strukturierte Probleme mit Interpretationsspielräumen, multiplen Perspektiven, Unvorhersehbarkeiten und Eigengesetzlichkeiten handelt, die weder durch klar abgrenzbare Problemkomplexe noch durch eindeutige Bewertungs- und Lösungsalternativen gekennzeichnet sind. Es wird betont, dass die Gestaltung computergestützter IuK-Systeme eine auf die Unternehmungsziele bezogene funktionale, eine organisatorische und eine soziale Dimension aufweist, die im Sinne eines *System-fit* aufeinander abgestimmt werden müssen. Der Problemlösungsprozess wird als gemeinsamer Lernprozess mit allmählicher Perspektivenannäherung und -abstimmung verstanden und soll einen *Prozess-fit* erzielen. Dazu bedient sich FAOR der vier folgenden Komponenten:

– Der *Aktivitätenrahmen* liegt in Form eines Vorgehensmodells vor und sieht nach einer Projektvorbereitungs- und -organisationsphase die drei Arbeitsschritte Problemexploration und -zielfindung, Methodengestaltung sowie Systemanalyse und -konzeption vor.

– Als Strukturierungshilfen für die vorgeschlagenen Gestaltungsphasen, insbesondere zur Problemanalyse und Konzeptionsentwicklung werden *Konzepte und Modelle* benannt.

– Bei verschiedenen Problemstellungen der Gestaltung (Hypothesen über mögliche organisatorische und/oder soziale Veränderungen des Projektfeldes, wirtschaftliche Auswirkungen usw.) kann das *Fakten- und Erfahrungswissen* aus Referenzprojekten als Lösungshilfe dienen.

– Ein Baukasten mit *Einzelmethoden, -verfahren und -werkzeugen* hält eine Anzahl von Hilfsmitteln zur Geschäftsfeld-, Arbeitsplatz-, Kommunikations-, Informations- und Kosten/Nutzen-Analyse für die unterschiedlichsten Problemstellungen bereit.

In der Phase der *Problemexploration und -zielfindung* sollen die Projektziele definiert und ein grober Lösungsrahmen aufgezeigt werden. Dabei kommt es auf eine breite Untersuchung der betreffenden Organisationseinheit auf noch hohem Abstraktions-

---

[417] Vgl. hierzu und im Folgenden Höring/Wolfram/Goßler (1989) und Höring/Wolfram/Pulst (1990).

niveau an. Aufgabengebiete, kritische Erfolgsfaktoren, Schwachstellen, der Einsatz von IuK-Technik und Verbesserungsvorschläge werden mit Hilfe von Interviews bei den Führungskräften erhoben. Eine Problemfeldskizze ('rich picture') dient zur strukturierten Darstellung der erarbeiteten Problemaspekte und als Grundlage eines gemeinsamen Problemverständnisses der Beteiligten. Das Ergebnis der Explorationsaktivitäten bildet ein grobes Lösungsmodell. Der zugehörige Ziel- und Problembericht nimmt nicht nur eine Dokumentationsfunktion ein, sondern soll auch Schwachstellen aufzeigen, Änderungsvorschläge unterbreiten, Einsatzfelder und Nutzenpotenziale für computergestützte IuK-Systeme sowie Konsequenzen für die weitere Vorgehensweise verdeutlichen.

Die Aktivitäten der *Methodengestaltung* dienen der situationsspezifischen Zusammensetzung des Untersuchungsinstrumentariums und der Planung der Interviews. Festzulegen sind der Detaillierungsgrad der Erhebung, der Untersuchungsumfang (Vollerhebung vs. Teilerhebung), die inhaltlichen Ziele (organisatorische Strukturen, Technikeinsatz, Schulungskonzept, Festlegung geeigneter Kosten/Nutzen-Kennzahlen usw.) sowie die Gesprächspartner. Die Methodengestaltung mündet in einen Analyseplan, einen Projektplan und der Festlegung der Auswertungsmodalitäten für die spezifische Untersuchungssituation.

Im Verlauf der *Systemanalyse und -konzeption* erfolgen detaillierte Erhebungen und Analysen der während der Problemexploration ausgewählten Problemfelder mit Hilfe der bei der Methodengestaltung festgelegten Hilfsmittel. Das so gewonnene Informationsmaterial dient als Anreicherungs- und Verfeinerungsgrundlage des bei der Problemexploration erarbeiteten Lösungsvorschlages. Dieser Vorschlag wird auf Basis der Detailinformationen, der Konzepte und Modelle sowie des Fakten- und Erfahrungswissens diskutiert, bewertet und in ein Soll-Konzept überführt. Als Ergebnis der Systemanalyse und -konzeption sollen ein Anforderungskatalog für den Systementwurf, ein organisatorisches und technisches Einsatzkonzept, ein Pflichtenheft, eine Einführungs- und Schulungskonzeption und Umsetzungskonzepte entstehen, die zusammen mit einer Kosten/Nutzen-Beurteilung den Ergebnisbericht bilden.

Seitdem der OI-Ansatz und seine Umsetzung mittels PORGI und FAOR in den 1980er Jahren entwickelt wurde, gibt es erhebliche Fortschritte in der Wirtschaftsinformatik. Insbesondere die Modelle und Methoden, die eine 'organisatorische Implementierung' computergestützter IuK-Systeme unterstützen können, wurden beträchtlich ausdifferenziert. Mittlerweile ist es schwierig, wegen der Fülle und Komplexität des Angebotes eine geeignete Auswahl zu treffen. Der folgende Abschnitt 5.1.2 unterscheidet bei den Konzepten zur Gestaltung computergestützter IuK-Systeme zwei Richtungen (bzw. Orientierungen), die einen je spezifischen Aspekt von Organisation fokussieren. Gleichwohl betrachten sowohl die arbeits- als auch die geschäftsorientierte Gestaltungssicht

Unternehmungen als Gebilde, in denen (kompetente) Menschen mit Hilfe von (ergonomischer und funktionaler) IuK-Technik tätig sind, um Arbeitsaufgaben (geschäftswirksam) zu erfüllen – ein Organisationsverständnis, das auch dem OI-Ansatz zugrunde liegt.

5.1.2 Gestaltungsorientierungen

IuK-Systeme in Wirtschaftseinheiten sind dadurch gekennzeichnet, dass Menschen betriebliche Aufgabenstellungen erfüllen und die für diesen Zweck erforderlichen (und verfügbaren) Werkzeuge benutzen. Stehen die Arbeitsmittel in Form von IuK-Technik zur Verfügung, bezeichnet man das Zusammenwirken von Menschen, Arbeitsaufgaben und computergestützten Hilfsmitteln in Unternehmungen als computergestütztes IuK-System. In Anlehnung an Abb. 1-1 des ersten Kapitels zeigt Abb. 5-1 die Elementarten computergestützter IuK-Systeme sowie die Anforderungen, die an Aufgabenträger ('kompetent') und IuK-Technik ('funktional' und 'ergonomisch') für eine geschäftswirksame Aufgabenerfüllung gestellt werden.

Die Idealkonfiguration computergestützter IuK-Systeme in Unternehmungen hängt entscheidend von den *Orientierungen* bzw. Perspektiven ab, die explizit oder implizit in den Auf- oder Umbau computergestützter IuK-Systeme eingehen. Orientierungen stellen Grundüberzeugungen bzw. -annahmen dar, die sich bei Menschen auf Basis bewusster oder unbewusster Wertentscheidungen bilden, um ihre Umwelt zu interpretieren und zu verändern. Auf Grundlage der jeweiligen Orientierungen werden die in einem spezifischen Problemzusammenhang als wesentlich erachteten Realitätsausschnitte und -aspekte betrachtet und differenziert.

Auch Gestaltungskonzepte enthalten normative Elemente, welche die (bewusste oder unbewusste) Auffassung des Entwurfteams von der Idealstruktur des Gestaltungsgegenstandes repräsentieren. Sämtlichen Konzepten liegen bestimmte Sichtweisen zugrunde, die festlegen, welche Bestandteile eines computergestützten IuK-Systems in welcher Form und von welchem Standpunkt aus betrachtet werden soll. Zweckmäßigerweise sollten die Orientierungen bei der Gestaltung computergestützter IuK-Systeme *explizit und bewusst* angewendet werden; dann bestimmen die zugrundeliegenden Gestaltungs*ziele* die jeweils als wesentlich erachteten Realitätsausschnitte und -aspekte.

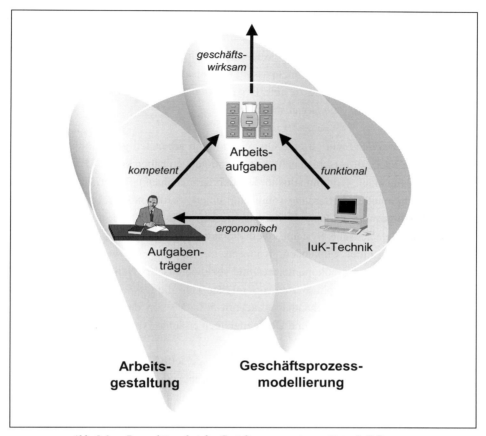

Abb. 5-1: Perspektiven bei der Gestaltung computergestützter IuK-Systeme

Die Gestaltungsziele für computergestützte IuK-Systeme in Organisationen sollten sich an den Geschäftszielen der betreffenden Unternehmung und damit an deren *Unternehmungsstrategie* orientieren. Unternehmungsstrategien umschreiben, charakterisieren und kennzeichnen diejenigen Politiken, Richtlinien, Mittel und Wege, mit denen sich eine Unternehmung gegenüber ihrem Umfeld zu behaupten und nachhaltige Wettbewerbsvorteile zu erreichen versucht. Mit ihrer Unternehmungsstrategie formuliert und implementiert die Unternehmungsführung eine richtungsweisende Handlungsanleitung, die darauf abzielt, die Gefahren und Gelegenheiten des Unternehmungsumfeldes und die Stärken und Schwächen der Unternehmungsressourcen so miteinander zu verknüpfen, dass der Unternehmungserfolg dauerhaft gesichert wird.[418]

---

[418] Eine Einführung in gängige unternehmungsstrategische Konzepte bietet beispielsweise Staehle (1994), S. 575 ff.

Eine Unternehmungsstrategie kann nur dann erfolgreich sein, wenn es gelingt, die Fähigkeiten der Organisation und das Zusammenwirken ihrer Komponenten bei der Aufgabenerfüllung (Unternehmungsressourcen) an die Dynamik von Markt und Wettbewerb (Unternehmungsumfeld) anzupassen. Organisation hat dualen Charakter; sie ist *Institution* ('die Unternehmung *ist* eine Organisation'), zugleich aber auch *Instrument* ('die Unternehmung *hat* eine Organisation'):

– Aus *institutioneller* Sicht ist eine Organisation ein arbeitsteiliges Handlungssystem, das je nach Sachziel verschiedenartigste Ausprägungen haben kann (z.B. als Chemiebetrieb, Bauhandel, Kommunalbehörde oder Krankenhaus). Unternehmungen sind nach institutioneller Auffassung somit zum einen sozioökonomische Systeme, weil Menschen zusammenwirken, um Arbeitsaufgaben zu erfüllen. Institutionen sind zum anderen soziotechnische Systeme, weil die involvierten Personen zur Aufgabenerfüllung Arbeitsmittel verwenden. Konzepte zur *Arbeitsgestaltung* betrachten eine Unternehmung als sozioökonomisches und soziotechnisches Handlungssystem. Abb. 5-1 verdeutlicht den Fokus arbeitsorientierter Gestaltungskonzepte. Entsprechend einzuordnende Ansätze behandelt Abschnitt 5.2. Die von dem Terminus '*Arbeitssystem*' transportierten Ziele und Überzeugungen erläutert Abschnitt 5.1.2.2.

– Aus *instrumenteller* Sicht ist Organisation eine spezielle Eigenschaft einer Unternehmung, die dazu dienen soll, betriebliche Leistungen (z.B. die Produktion und den Vertrieb von Kraftfahrzeugen mit bestimmten Spezifikationen) zu erbringen und abzusetzen. Nach instrumentellem Verständnis legt Organisation Regeln fest, nach denen Unternehmungen Aufgaben abwickeln.[419] Computergestützte IuK-Systeme werden als *Geschäftssysteme* interpretiert, weil sie die Leistungserstellung, -verwaltung und -verwertung von Unternehmungen sichern sollen. Entsprechend wird mit der in Abb. 5-1 gezeigten Gestaltungsperspektive der *Geschäftsprozessmodellierung* die Absicht verbunden, die Aufgabenerfüllung in Unternehmungen und insbesondere die IuK-technische Unterstützung nach marktmäßigen Erfordernissen zu strukturieren. Diesen Sachverhalt vertieft der folgende Abschnitt 5.1.2.1. Zwei konkrete geschäftsorientierte Gestaltungskonzepte werden in Abschnitt 5.3 erklärt.

---

419   Organisatorische Regelungen gelten langfristig und betreffen insbesondere solche betrieblichen Vorgänge, die ein hohes Maß an Gleichartigkeit und Periodizität aufweisen. Fallweise werden die Dauerregeln der Organisation durch Improvisation ergänzt. Solche provisorischen Regelungen sind erforderlich, um die Unternehmung in die Lage zu versetzen, auch neuartigen und unerwarteten Situationen zu begegnen.

5.1.2.1 Geschäftssysteme

Das *Geschäftssystem* einer Unternehmung oder deren *'value chain'* *(Wertkette oder Wertschöpfungskette)* – ein von Porter[420] geprägter Begriff – besteht aus sämtlichen Aktivitäten, die die Leistungserstellung der Unternehmung unmittelbar betreffen (Primäraktivitäten) oder diese unterstützen (Sekundäraktivitäten). Wert ist der Betrag, der am Markt für Leistungen erzielt wird; Wertschöpfung ist das Ergebnis eines Werte schaffenden Prozesses.

Aufgrund seiner Komplexität ist es allerdings nur schwer möglich, einen betrieblichen Wertschöpfungsprozess von der Beschaffung der Einsatzgüter bis zur Distribution der absatzreifen Erzeugnisse insgesamt zu erfassen und gegebenenfalls zu korrigieren. Vielmehr werden Teilprozesse bzw. Aktivitätenkomplexe gebildet, die es in eine zeitliche und logische Ordnung zu bringen gilt und die zum Gesamtprozess aggregiert werden. Diese Teilprozesse bzw. Aktivitätenkomplexe stellen praktisch die Kettenglieder dar; der Gesamtprozess macht die Wertschöpfungskette aus.

Werden die betrieblichen Aktivitäten in die Wertschöpfungskette einer Unternehmung eingeordnet, so können aktuelle Wettbewerbsvorteile visualisiert und zukünftige Wettbewerbschancen identifiziert werden. Denn die Einzelaktivitäten und Teilprozesse sollen zusammengenommen einen Wert für den Kunden schaffen und bilden gemeinsam mit den Wertketten der Zulieferer und der Abnehmer das *Wertkettensystem* der ganzen Branche.

Wie beim Wertkettensystem einer Branche sollte auch beim Wertschöpfungsprozess *innerhalb* einer Unternehmung das Käufer/Verkäufer-Prinzip im Vordergrund stehen: jeder Teilprozess ist Leistungsnachfrager der vorgelagerten Aktivitäten und Leistungsanbieter für das nachgelagerte Kettenglied. Dieses Prinzip beinhaltet dann vor allem auch, dass Fehlleistungen nicht abgenommen werden und die Bedürfnisse der Leistungsnachfrager bei der eigenen Wertschöpfung berücksichtigt werden müssen. Die Wertschöpfungen der betrieblichen Teilprozesse fügen sich Zug um Zug zur Wertschöpfung der Unternehmung zusammen, wobei jeder einzelne Teilprozess einen spezifischen Beitrag zur Wertsteigerung der am Markt zu realisierenden Sach- oder Dienstleistung erbringt bzw. erbringen soll.

Im Zusammenhang mit der *Optimierung* von Wert(schöpfungs)ketten und deren IuK-technischer Unterstützung sind eine Reihe von Schlagworten in die Diskussion gebracht worden, mit denen der Anspruch verbunden wird, die aufgrund zunehmender Speziali-

---

[420] Vgl. Porter/Millar (1986).

sierung und Hierarchisierung zerlegte Aufgabenabwicklung in den Unternehmungen wieder zu kohärenten Geschäftsprozessen zusammenzuführen. Neben dem von Hammer und Champy[421] begründeten Ansatz des *Business Reengineering*, der als „fundamentales Überdenken und radikales Redesign von Unternehmen oder wesentlicher Unternehmensprozesse"[422] definiert wird, erlangten in den letzten Jahren verschiedene Varianten der *Geschäftsprozessmodellierung* zunehmend Bedeutung in der Unternehmenspraxis. Im allgemeinsten Sinne versteht man unter einem Geschäftsprozess eine zusammenhängende Folge betrieblicher Tätigkeiten, die zu einer Leistung führt.

Während das Konzept des Business Reengineering inklusive dessen Variante des Business Process Reengineering 'Quantensprünge' bei der Verbesserung der Geschäftsabläufe in den Unternehmungen verspricht, jedoch kaum Umsetzungsvorschläge macht, fehlt den Konzepten zur Geschäftsprozessmodellierung umgekehrt häufig der unternehmensstrategische Gesamtbezug und ein konsistenter Begriffsrahmen. In der Praxis beruft man sich deshalb meist auf *beide* Ansätze, wenn es darum geht, das Geschäftssystem einer Unternehmung zu optimieren.

Eine erfolgreiche Realisierung der Geschäftsprozessgestaltung setzt geeignete IuK-Technik voraus, die eine ganzheitliche und flexible Unterstützung der betrieblichen Abläufe gewährleisten können. Der IuK-Technik kommt bisweilen sogar die Rolle eines '*Enablers*' zu, wenn durch ihre Nutzung neue Formen der Arbeitsorganisation ermöglicht und die zielorientierte Gestaltung von Geschäftsprozessen unterstützt wird. Mit ARIS ('*A*rchitektur *I*ntegrierter *I*nformations*s*ysteme') und SOM ('*S*emantisches *O*bjekt*m*odell') stehen zwei wirtschaftsinformatische Modellierungskonzepte zur Diskussion, die dazu beitragen sollen, die Vorhaben zur Gestaltung technikgestützter IuK-Systeme auf Geschäftsprozesse hin auszurichten. Abschnitt 5.3 erläutert ihre zentralen Merkmale.

Der Erfolg der ARIS-Architektur ist eng mit dem Referenzcharakter des ARIS-Fachkonzeptes verbunden. Bei der Gestaltung computergestützter IuK-Systeme fungieren *Referenzmodelle* als allgemeingültige und mehrfachverwendbare Bezugslösungen. Eine Referenz gibt eine Empfehlung über etwas Vergleichbares ab. Es existieren Referenzmodelle,

– die *theoretische Erkenntnisse* über Informations- und Kommunikationsvorgänge in Unternehmen und Behörden oder deren Gestaltung aus Sicht der Betriebswirtschafts-

---

[421] Vgl. Hammer/Champy (1994).
[422] Hammer/Champy (1994), S. 48.

lehre, der Informatik, der Arbeitswissenschaft oder anderer Wissenschaftsdisziplinen abbilden,

- die Erfahrungen, die in einem vergleichbaren Anwendungskontext (z.B. Arbeitstätigkeiten mit ähnlichen Aufgabenstellungen oder in bestimmten Funktionsbereichen von Unternehmungen einer Branche) gesammelt wurden, verarbeiten, oder

- die sich auf erfolgreiche computergestützte Standardapplikationen und die dort implementierten Informationsverarbeitungs- und Kommunikationsprozesse beziehen.

Da auch Softwaresysteme Modelle der Wirklichkeit darstellen, verbinden die Hersteller integrierter Standard(anwendungssoftware)systeme mit ihren Produkten häufig den Anspruch, betriebliche Strukturen und Prozesse in idealtypischer Form abzubilden und zu unterstützen. Somit können fachliche 'Baupläne' von Standardsoftwaresystemen, die eine derartige IuK-Technik über das zu unterstützende IuK-System beschreiben und Vorbild für Gestaltungsmaßnahmen sein sollen, als *(Standard-)Softwarereferenzmodelle* interpretiert werden.

ARIS-Softwarereferenzmodelle bilden die Baupläne integrierter Softwaresysteme in Form abstrakter Abläufe (Prozesssicht), Funktionalitäten (Funktionssicht), Datenstrukturen (Datensicht) und organisatorischer Voraussetzungen (Organisationssicht) eines idealtypischen IuK-Systems ab. Die so visualisierten Geschäftsprozessmodelle können als Ausgangs- oder Anhaltspunkt bei der Entwicklung von Individualsoftware eingesetzt werden. Bei entsprechend aufgebauter Standardsoftware erstrecken sich die computergestützten Geschäftsprozesse über verschiedene Module und erleichtern die Einführung und unternehmensspezifische Anpassung derartiger Produkte erheblich. Die IDS Prof. Scheer GmbH wirbt mit Softwarereferenzmodellen insbesondere für das Standardsoftwarepaket 'R/3' des Marktführers, der SAP AG. Die R/3-Referenzmodelle stellen die Wissensbasis über den Leistungsumfang des R/3-Systems in Form von Modellbildern zur Verfügung und beschreiben die computergestützten Geschäftsprozesse, wie sie durch SAP realisiert werden.

Dient ein (Referenz-)Modell als Vorbild bei der Gestaltung eines computergestützten IuK-Systems in einer konkreten Wirtschaftseinheit, muss es an deren spezifische Bedingungen angepasst werden. Im konkreten Einzelfall ist es allerdings kaum zu überprüfen, ob Gleichheit oder zumindest Ähnlichkeit zwischen der Wirklichkeit und einem vorgefertigten Modell existiert. In der Praxis besteht dann die Gefahr, nicht das Modell an die realen Gegebenheiten und fachlichen Anforderungen, sondern die Wirklichkeit unkritisch an das (vermeintlich) effektive Modell anzugleichen. Im Zweifel wird dies kontraproduktive Arbeitskonstellationen in der Zielorganisation bewirken. Gescheiterte Organisationsentwicklungsprojekte belegen dies.

5.1.2.2 Arbeitssysteme

Anders als bei der Geschäftsprozessmodellierung stehen bei der Arbeitsgestaltung die aufgabenbezogenen Handlungen der personellen Akteure in den Unternehmungen im Zentrum der Betrachtung. Stärken und Schwächen einer Unternehmung lassen sich nach institutionellem Verständnis von Organisation anhand der Kompetenzen der handelnden Aufgabenträger und der Effektivität der organisatorischen Strukturen und Prozesse beurteilen. Verantwortlichkeiten, Motivation und Qualifikation der Aufgabenträger, deren Informationsversorgung, Aufgabenzuweisungen und Arbeitsteilung, Berichtswege, Koordinationsmechanismen und Informationsflüsse fokussieren die Bedingungen in Unternehmen und Behörden, unter denen *Arbeit* verrichtet wird.

Nach DIN 33 400 konstituieren Arbeitsaufgabe, Aufgabenträger und Arbeitsmittel, die im Arbeitsablauf am Arbeitsplatz in einer Arbeitsumgebung zusammenwirken, das *Arbeitssystem* einer Wirtschaftseinheit. Folgend wird der Begriff des Arbeitssystems verwendet, um zum Ausdruck zu bringen, dass es sich bei technikgestützten IuK-Systemen um Mensch-Maschine-Systeme handelt, die in einen sozioökonomischen Arbeitskontext eingebettet sind. Sämtliche Elemente des Arbeitssystems und insbesondere ihr Zusammenwirken sind Gegenstand der Gestaltung. Die arbeitsorientierte Gestaltungsperspektive rückt die Wechselbeziehungen zwischen den softwaretechnischen Werkzeugen und den (zwischen)menschlichen Aktivitäten bei der Aufgabenerfüllung ins Zentrum der Betrachtungen.

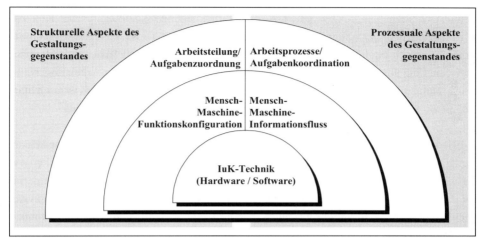

Abb. 5-2: *Schalenmodell computergestützter Arbeitssysteme*

In Abb. 5-2 sind die ablaufsteuernden und institutionalen Komponenten computergestützter Arbeitssysteme in einem Schalenmodell zusammengestellt. In der Literatur werden verschiedene Varianten eines solchen Modells vorgeschlagen. Auch liegt für die Anzahl und die Bezeichnung der Schalen keine einheitliche Terminologie vor. In Abb. 5-2 wird eine Drei-Ebenen-Struktur präferiert, die der Idee folgt, die Funktionalität von Hardware und Software konzeptionell und konstruktiv von dem Bereich der Handhabung der IuK-Technik zu trennen und die Arbeit eines Stelleninhabers mit einem computergestützten Arbeitsmittel von der arbeitsplatzübergreifenden Zusammenarbeit in und zwischen Unternehmungen zu unterscheiden.

Trotz der Differenzierung in drei Gestaltungsebenen ist Arbeitsgestaltung als ein zusammengehöriger Prozess aufzufassen, wobei die Bearbeitung der drei Schichten von außen nach innen erfolgen sollte. Priorität hat die ablauforganisatorische Definition der Arbeitsprozesse und die strukturorganisatorische Festlegung der Aufgabenverteilung zwischen dem Personal eines computergestützten Arbeitssystems. Es folgt die Ausgestaltung von Mensch-Maschine-Funktionskonfiguration und -Informationsfluss. Erst auf dieser Grundlage ist die Funktionalität des IuK-technischen Arbeitsmittels zu entwickeln.

Neben der Bezeichnung 'Arbeitssystem' ist auch der Terminus '*soziotechnisches System*' gebräuchlich, um zu verdeutlichen, dass ein computergestütztes IuK-System durch eine bestimmte Konstellation computergestützter Arbeitsobjekte (Arbeitsmittel und -gegenstände in Form von IuK-Technik) und Arbeitssubjekte (Menschen) repräsentiert werden kann. Das auf Davis[423] zurückgehende soziotechnische Konzept differenziert den Gestaltungsgegenstand in ein technisches Teilsystem, das im Kontext eines technisch-ökonomischen Zielsystems und entsprechender Effizienzerfordernisse steht, und ein soziales Teilsystem, für das humane, zufriedenstellende Arbeit angestrebt wird. Nur zufriedenstellende Arbeit fördert die Persönlichkeit der involvierten Mitarbeiter, aktiviert deren Kompetenzen und sorgt für effektive Aufgabenerfüllung.

Zufriedenstellend kann ein computergestütztes IuK-System für die betroffenen Mitarbeiter nur dann werden, wenn sich die Gestaltungsziele nicht allein an Kriterien wie Effizienz, Funktionalität und Kompatibilität eines computergestützten Werkzeugs mit anderen Applikationen orientieren. Die ingenieurmäßige Fertigung von Softwaresystemen strebt tendenziell an, die formalisierbaren Operationen aus den Arbeitshandlungen der Menschen zu isolieren und zu automatisieren. Die soziotechnische Gestaltungsphilosophie zielt dagegen auf die organische Einbettung des Instruments Computer in die Arbeitsaktivitäten der Benutzer ab. Die Güte arbeitsgestalterischer Lösungen muss sich daran messen lassen, ob die gestellten Arbeitsaufgaben mit den verfügbaren Werkzeugen sachlich und zeitlich überhaupt lösbar sind, die Gesundheit des Aufgabenträgers nicht beeinträchtigen und insbesondere seine Persönlichkeit fördern. Hinter dem Primat *persönlichkeitsförderlicher Arbeit* steht die Erkenntnis, dass sich die Persönlichkeitsentwicklung des erwachsenen Menschen weitgehend in der Auseinandersetzung mit der Arbeitstätigkeit vollzieht und auf sie zurückwirkt.[424]

Auf Grundlage arbeits- und organisationswissenschaftlicher Erkenntnisse werden auch in der Wirtschaftsinformatik Gestaltungskonzepte diskutiert, die sich an den Stärken und Schwächen, den Fähigkeiten und Bedürfnissen des Benutzerpersonals orientieren.[425] Diese Gestaltungsansätze betonen, dass nicht die IuK-Technik, sondern hauptsächlich die Abstimmung mit organisatorischen Aufbau- und Ablaufkonstellationen sowie die Beachtung psychosozialer Anforderungen der Mitarbeiter über den Erfolg eines Projektes zur Gestaltung computergestützter IuK-Systeme entscheiden. Abschnitt 5.2 erörtert Konzepte, deren Grundidee eine solche arbeitsorientierte Gestaltungssicht flankieren.

---

[423] Vgl. Davis (1979).
[424] Die genannten Anforderungen basieren auf Hackers Modell zur Bewertung von Arbeitstätigkeiten. Arbeitssysteme haben danach ausführbar, schädigungslos, beeinträchtigungsfrei und persönlichkeitsförderlich zu sein. Das Bewertungssystem ist hierarchisch aufgebaut. Es gehört beispielsweise zur Persönlichkeitsförderlichkeit, dass Arbeitsaufgaben auch beeinträchtigungsfrei ausgeführt werden können.
Vgl. Hacker (1978), S. 378; Hacker (1987), S. 35 und die Modifikationen in Ulrich (1991), S. 120.
[425] Vgl. die Aufarbeitung arbeitsorientierter Gestaltungskonzepte in Knittel (1995), S. 161 ff., die auf betriebswirtschaftlichen Überlegungen zur Unternehmensstrategie beruhen und zur Überwindung prinzipieller Hindernisse einer erfolgreichen Systemeinführung beitragen sollen.

5.2 Arbeitsorientierte Gestaltung computergestützter IuK-Systeme

Werden computergestützte oder auch nicht-computergestützte Arbeitsmittel in Organisationseinheiten eingesetzt, so ist ihre Verwendung in soziale Arbeitszusammenhänge einzubetten. In Arbeitssystemen sind den Beschäftigten bestimmte Arbeitsaufgaben zugeordnet, die diese dann mit Hilfe geeigneter Werkzeuge in einer Folge von Arbeitsvorgängen lösen. Den Ausgangspunkt der Gestaltung computergestützter IuK-Systeme stellt somit die *Gestaltung von Arbeit* dar, in die die Gestaltung der technischen Hilfsmittel eingeht.

Zur konstruktiven Beschreibung und Simulation von Arbeitssystemen mit dynamischen und verteilten, sequentiellen, parallelen oder nebenläufigen Arbeitsvorgängen eignen sich unter anderem *Petrinetze*. Bei der graphischen Notation interaktiver Prozesse gelten Petrinetze gar als konkurrenzlos. Schwierigkeiten ergeben sich allenfalls dann, wenn Petrinetze mit anderen Gestaltungsmethoden kombiniert werden sollen. Die Grundlagen der Petrinetz-Theorie wurden von Carl Adam Petri bereits zu Beginn der 1960er Jahre gelegt. Inzwischen werden Petrinetze in Zusammenhang mit Datenbanken, Software Engineering, Nachrichtentechnik und Robotik eingesetzt und betrachtet. Darüber hinaus liegen kommerzielle Werkzeuge für den rechnergestützten Entwurf von Petrinetzen sowie verschiedenartige Simulatoren und Analysewerkzeuge vor.[426]

Abhängig vom darzustellenden Gegenstandsbereich und den angestrebten Zielen werden verschiedene Varianten von Petrinetzen verwendet. Grundsätzlich differenziert man zwischen elementaren Petrinetzen (gemeint sind Bedingungs-/Ereignis-Netze, die für komplexere Anwendungen allerdings weniger geeignet sind, und Stellen-/Transitions-Netze) sowie höheren Petrinetzen wie den Kanal-/Instanzen-Netzen. *Rollen-/Funktions-/Aktionsnetze (RFA-Netze)* sind als eine spezifische Ausprägung von Kanal-/Instanzen-Netzen zu interpretieren. Abschnitt 5.2.2 erläutert den RFA-Formalismus und das zugrundeliegende Modell computergestützter Arbeit.

Die RFA-Sicht auf die Aufgabenerfüllung in Unternehmungen thematisiert auch die *Kompetenz* des Personals, die erforderlich ist, um unterschiedliche Sachprobleme in einem entsprechenden Lösungsumfeld zu bewältigen. Arbeitsorientierte Gestaltungsansätze wie das RFA-Konzept gehen davon aus, dass „die Genese von Kompetenzen im realen Vollzug von Tätigkeiten erfolgt"[427]. So lässt sich beispielsweise geistige Beweglichkeit durch vielfältige und komplexe Arbeitsanforderungen erhalten und

---

[426] Zu den Merkmalen, Vor- und Nachteilen von Petrinetzen vgl. z.B. Balzert (1996), S. 298-326. Für die Wirtschaftsinformatik sind unter anderem die Darstellungen in Lehner et al. (1991), S. 287ff. und Desel/Oberweis (1996) interessant.
[427] Ulich (1991), S. 140.

steigern, soziales Geschick durch Teamarbeit fördern und Selbstbewusstsein durch selbstbestimmten Arbeitsvollzug festigen.

Kompetenz umfasst subjektive und objektive Momente. Vorrangig wird eine Regelung der Verantwortlichkeiten und der Koordinationsbezüge zwischen den am Arbeitsprozess beteiligten Akteuren benötigt (*objektive* Seite). Mit der Unterscheidung in Rollen und Funktionen differenziert das RFA-Modellierungskonzept zwischen der Aufgabenerfüllung durch personelle Aufgabenträger (Rollen), bei der sich Kompetenz in der Auseinandersetzung mit fachlichen Inhalten und in kollegialen Kommunikationsprozessen manifestiert, sowie den Unterstützungsoptionen computergestützter Arbeitsmittel (Funktionen). Darüber hinaus setzen komplexe Arbeitsanforderungen auch ein geeignetes Qualifikations- und Motivationspotenzial bei den Beteiligten voraus (*subjektive* Seite).

Im Sinne eines effektiven Projekterfolges stellen Aktivitäten des *Modellierungs*prozesses (unter Verwendung beispielsweise der RFA-Netze) den Weg zur Gestaltung computergestützter Arbeit dar. Weil die Aufgabenträger selbst am besten beurteilen können, ob eine bestimmte IuK-technische Ausstattung der Arbeitsplätze und ein spezieller Zuschnitt der Arbeitsaufgaben ihren Fähigkeiten und Bedürfnissen entspricht und ihre Qualifikation und Motivation bei der Arbeit fordert und fördert, sollte der Personenkreis, auf deren Arbeit sich der Auf- oder Umbau des computergestützten IuK-Systems auswirkt, in geeigneter Weise an dem Gestaltungsprozess beteiligt werden. Bei der *Bewertung* des computergestützten IuK-Systems soll ihr Wissen über eine effektive Aufgabenerfüllung für das Gestaltungsprojekt nutzbar gemacht werden. Es soll herausgefunden werden, ob die involvierten Mitarbeiter in der Unternehmung mit der Arbeitsorganisation und den technikgestützten Arbeitsmitteln zufrieden sind oder nicht.

Ein Gestaltungsprojekt ist in Gang zu setzen, nachdem die betroffenen Aufgabenträger die Schwachstellen ihrer Arbeit identifiziert und Anforderungen formuliert haben. Nach dem Modellierungsprozess ist das auf- bzw. umgebaute Arbeitssystem unter realen Arbeitsbedingungen von den betreffenden Mitarbeitern zu evaluieren. Wegen der Komplexität der allermeisten Arbeitsgestaltungsprojekte ist jedoch nicht davon auszugehen, dass im ersten Anlauf ein zufriedenstellendes Ergebnis erreicht wird. Deshalb sollte ein evolutionäres Vorgehen systematisch geplant werden.

Bei *evolutionären Vorgehensmodellen* wird der Modellierungsprozess nicht nur einmal durchlaufen, endet also nicht mit einem endgültigen Ergebnis, sondern wird mehrfach zyklisch abgearbeitet. Bei jedem Kreislauf entsteht eine voll funktionierende Systemversion, die von den Aufgabenträgern erprobt wird. Daraus können sich neue (oder modifizierte) Anforderungen ergeben, die in einer nächsten Revisionsschleife des

Gestaltungsprozesses berücksichtigt werden. Dabei handelt es sich, je weiter das Projekt fortschreitet, immer stärker um inkrementelle Änderungen an einem Lösungsvorschlag, so dass das computergestützte IuK-System von Zyklus zu Zyklus immer ausgereifter wird.[428]

Welche Kriterien können dazu dienen, computergestützte Arbeit aus Sicht der Aufgabenträger zu bewerten? In Abschnitt 5.2.1 wird diese Frage in zwei Schritten beantwortet. Erstens sollen durch arbeitswissenschaftliche und handlungstheoretische Erkenntnisse die persönlichkeitsfördernden bzw. -hemmenden Dimensionen der *Arbeitsinhalte und -bedingungen* identifiziert werden. Zweitens wird ein Bewertungsverfahren vorgestellt, das von den betreffenden betrieblichen Aufgabenträgern selbst bearbeitet werden kann und dessen Fragenkatalog sich auf die Akzeptabilität der eingesetzten *IuK-Technik* bezieht.[429]

Steht als Hilfsmittel zur Aufgabenerfüllung in der Unternehmung EDV-gestützte Technik zur Verfügung, so scheint die wirksame Erledigung der Arbeitsaufgabe ausschließlich von der Funktionalität der Applikation abhängig zu sein. Doch selbst wenn die computergestützte Anwendung funktional optimal gelöst ist, erweitert sich die zu erledigende Fachaufgabe für den Sachbearbeiter und Systemnutzer zu einem *Sach- und Interaktionsproblem*. Um dies zu bewältigen, muss er über seine Fachqualifikationen hinaus über Systembedienungskenntnisse verfügen.[430]

Daraus ergibt sich die Dualität der Anforderungen, die an den Einsatz und die Entwicklung computergestützter Anwendungssysteme zu stellen ist: die Applikation hat das Sachproblem *funktional* zu lösen, muss also objektiv nützlich sein; sie hat darüber hinaus das Interaktionsproblem *ergonomisch* zu lösen, muss also subjektiv nutzbar sein. Denn das Leistungsspektrum (Nützlichkeit) und die Handhabbarkeit (Nutzbarkeit) von IuK-Technik ist eine wichtige Voraussetzung dafür, dass das Gestaltungsergebnis von den involvierten Beschäftigten überhaupt akzeptiert wird.

Eine weitgehend auf die IuK-Technik als Akzeptanzobjekt fokussierte Betrachtung erscheint jedoch nicht zweckmäßig, da die Systemanwender bei der Technikeinführung in der Regel nicht nur mit einem bestimmten Werkzeug, sondern gleichzeitig mit mehr oder weniger umfangreichen Veränderungen bisheriger Arbeitsabläufe und -inhalte konfrontiert werden. Kriterien zur Bewertung computergestützter Arbeit müssen sich

---

428 Zur Bedeutung evolutionärer Vorgehensmodelle in der Softwaretechnik vgl. Floyd/Züllighoven (1997).
429 „Akzeptanz [...] ist Reaktion von Menschen auf etwas Fertiges. [...] Akzeptabilität ist Eigenschaft oder Zustand des Fertigen, welches es akzeptabel macht." Tschiedel (1989), S. 53.
430 Vgl. Streitz (1988), S. 6-7.

dementsprechend zunächst und vorwiegend auf die jeweiligen Arbeitsaufgaben der Akteure, deren individuelle Arbeitsorganisation und die Interaktion mit anderen Personen konzentrieren.

5.2.1 Bewertung computergestützter Arbeit

Die innovativen Potenziale computergestützter IuK-Systeme können nur mit Hilfe eines Personals erschlossen und genutzt werden, das mit seiner Arbeit zufrieden ist. Arbeit ist zufriedenstellend, wenn sich deren Zuschnitt, Inhalt, Umfang und Koordinationsbedarf sowie die verfügbaren Arbeitsmittel an den Stärken und Schwächen, den Bedürfnissen und Interessen, den Fähigkeiten und Kenntnissen der betreffenden Aufgabenträger orientieren.

Bewertungsverfahren für computergestützte Arbeit in Unternehmen und Behörden sollten alle diesbezüglich bedeutsamen Eigenschaften der Arbeitssysteme ganzheitlich erfassen und prüfen. Ganzheitlichkeit bedeutet, dass sich die Bewertung computergestützter IuK-Systeme nicht auf die Hardware, das Mobiliar usw. konzentrieren sollte, sondern dass vordringlich Fragen zur *Softwarebenutzung* und zur *Aufgabenbewältigung* zu stellen und zu beantworten sind, so dass möglichst sämtliche benutzungs- und aufgabenrelevanten Merkmale des fraglichen Arbeitssystems ermittelt werden können.

Fragen zur softwareergonomischen Nutzung computergestützter Arbeitsmittel und Kriterien zur kompetenten Aufgabenerfüllung in Unternehmungen sollten auf einem einheitlichen Bezugssystem basieren. Analog zu dem Schalenmodell der Abb. 5-2 und den Erläuterungen in Abschnitt 5.1.2.2 differenziert das *IFIP-Benutzerschnittstellenmodell* der Abb. 5-3 zwischen der Arbeitsverteilung und der Koordination bei der Abwicklung betrieblicher Aufgaben auf der einen Seite (Organisationsschnittstelle) und dem eigentlichen Mensch-Maschine-Interface auf der anderen Seite.[431]

Der zu dem computergestützten Arbeitsmittel gehörige Teil der Mensch-Maschine-Schnittstelle, über den die Funktionen der Anwendungssoftware aktiviert und ausgeführt werden können und der insbesondere als Bildschirminhalt repräsentiert wird, kann als 'Benutzungsoberfläche' des EDV-Systems bezeichnet werden. Die darin enthaltene *Werkzeugschnittstelle* bestimmt, auf welche Funktionalität der Anwendungssoftware zugegriffen werden kann. Die *Dialogschnittstelle* definiert Regeln des Mensch-Rechner-Dialogs – beispielsweise für die Schrittfolgen beim Aktivieren und Betreiben von

---

[431] Zum IFIP-Benutzerschnittstellenmodell vgl. Dzida (1988). IFIP steht für 'International Federation für Information Processing', eine internationale Dachorganisation nationaler Informatik-Gesellschaften.

Softwarefunktionen, für Unterbrechungsmöglichkeiten oder Systemhilfen. Die Vorgaben der *Ein-/Ausgabe-Schnittstelle* (E/A-Schnittstelle) sind durch wahrnehmungspsychologische Erkenntnisse geprägt und beschreiben die Möglichkeiten der Eingabe und die Darstellung der Ausgabe des Systems.

Die Unterscheidung der Benutzungsoberfläche eines computergestützten Arbeitsmittels in eine Werkzeug-, eine Dialog- und eine E/A-Schnittstelle ist bei der *softwareergonomischen* Bewertung des EDV-gestützten Anwendungssystems hilfreich. Abschnitt 5.2.1.2 stellt ein Prüfverfahren vor, dass von Softwarebenutzern selbst bearbeitet werden kann und mit dessen Hilfe Anforderungen an die ergonomische Gestaltung von Anwendungssoftware formuliert werden können.

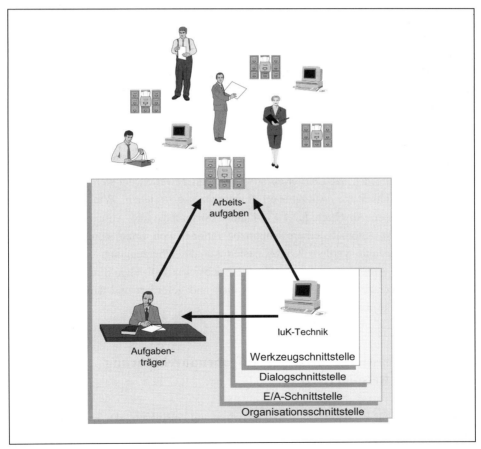

Abb. 5-3:   IFIP-Benutzungsschnittstellenmodell

Neben der Werkzeug-, der Dialog- und der E/A-Schnittstelle benennt Abb. 5-3 die *Organisationsschnittstelle* als vierte Schale des IFIP-Benutzungsschnittstellenmodells. Die Organisationsschnittstelle regelt die Integration der bei der Mensch-Rechner-Interaktion bearbeiteten Arbeitsaufgaben in die Gesamtleistung der Unternehmung.

Mit Hilfe von Evaluationskriterien, die sich damit befassen, wie die einzelnen Aufgabenträger ihre Arbeit organisieren, wie die Aufgaben unter den Organisationsmitgliedern aufgeteilt sind und wie sie koordiniert werden, kann untersucht werden, ob die einem Aufgabenträger gestellten Arbeitsaufgaben überhaupt in einer persönlichkeitsangemessenen Weise erledigt werden können und ob der Computereinsatz menschliche Stärken und Besonderheiten bei der Arbeitsausführung eher hemmt oder fördert. Als *persönlichkeitsförderlich* gelten insbesondere solche Arbeitsaufgaben, die über einen großen Entscheidungsspielraum bei der Arbeit verfügen, aufgabenbezogene Kooperation und unmittelbare zwischenmenschliche Kommunikation ermöglichen sowie Belastungen vermeiden. Die Kriterien 'Entscheidungsspielraum', 'Kommunikations- und Kooperationsverhalten' und 'Belastungen' bei computergestützter Arbeit stehen im Mittelpunkt des Leitfadens zur *K*ontrastiven *A*ufgabenanalyse und -gestaltung der *B*üro- und Verwaltungs*a*rbeit (KABA-Leitfaden).

Der *KABA-Leitfaden* strebt eine angemessene Arbeitsverteilung ('Kontrastierung') zwischen Mensch und Technik an. Zu diesem Zweck werden die Arbeitsaufgaben in Unternehmen und Behörden nach Kriterien analysiert und bewertet, die sich auf die Persönlichkeitsförderlichkeit der Aufgabenerfüllungsprozesse beziehen. Wie dies geschieht, wird im folgenden Abschnitt 5.2.1.1 erläutert: Anspruchsvolle Aufgaben sollten von Menschen gelöst, automatisierbare Routineoperationen von einem computergestützten Werkzeug ausgeführt werden. KABA basiert auf der Überzeugung, dass persönlichkeitsförderliche Arbeitssituationen auch im betriebswirtschaftlichen Sinne effektiv sind, da „die Kompetenzen der Arbeitenden erhalten und gefördert und damit auch besser genutzt werden können."[432]

5.2.1.1 Kontrastive Analyse der Aufgabendurchführung – das Beispiel KABA

Das am Institut für Humanwissenschaft in Arbeit und Ausbildung der Technischen Universität Berlin als umfassender Leitfaden entwickelte und arbeitspsychologisch fundierte Erhebungsverfahren KABA zielt darauf, computergestützte Arbeitssysteme in Unternehmen und Behörden nach aufgaben- *und* menschengerechten Kriterien einzu-

---

[432] Dunckel/Volpert et al. (1993), S. 33.

richten. „Wesentlich für die kontrastive Aufgabenanalyse ist die Frage, welche Teile einer Arbeitstätigkeit von IuK-Techniken übernommen werden sollen und welche nicht. Es geht bei der Kontrastiven Aufgabenanalyse um eine Kontrastierung von Mensch und Technik in dem Sinne, dass die menschlichen Stärken und Besonderheiten in den Vordergrund gestellt werden und die Technik daran gemessen wird, inwieweit sie diese unterstützt oder fördert."[433]

Der KABA-Leitfaden bietet Hilfe, um die Arbeitsorganisation, die Arbeitsaufgaben und die eingesetzte bzw. einzusetzende IuK-Technik zu analysieren und zu bewerten sowie entsprechende Veränderungsprozesse einzuleiten. Ein konstruktives Gestaltungsmodell ist zwar nicht gegeben – eine Methode zur Spezifikation computergestützter Arbeitssysteme beschreibt Abschnitt 5.2.2; trotzdem können mit KABA fachliche Anforderungen formuliert, Sollkonzepte und Pflichtenhefte eingeschätzt und Prototypen überprüft werden. Um dies zu erreichen, sind die Arbeitsaufgaben und -bedingungen einer organisatorischen Einheit auf Grundlage bestimmter Untersuchungsdimensionen ('Humankritierien') zu analysieren und zu evaluieren. Dabei untersucht KABA, in welchem Ausmaß die Arbeitsaufgaben und -bedingungen an einem Arbeitsplatz den zugrundezulegenden Humankriterien entsprechen und welche spezifischen Auswirkungen der Einsatz von IuK-Technik für die betreffenden Arbeitsaufgaben und -bedingungen impliziert. Aus den Bewertungsergebnissen können dann allgemeine Gestaltungshinweise abgeleitet werden. Die drei wichtigsten KABA-Untersuchungsdimensionen werden in Abschnitt 5.2.1.1.2 erläutert.

Ausgangspunkt und Gegenstand der Kontrastiven Aufgabenanalyse sind alle in einer überschaubaren organisatorischen Einheit unterscheidbaren Arbeitsaufgaben, die einer Person gestellt werden und die diese handelnd bewältigen muss. Zu einer Arbeitsaufgabe gehören alle geistigen oder manuellen Operationen, die dem gleichen Ziel zuzuordnen und von diesem Ziel ableitbar sind. Dabei muss das Erreichen des Ziels in der Zuständigkeit des Arbeitenden liegen. Die Arbeitsaufgaben sind zu analysieren, zu evaluieren und gegebenenfalls neu zu gestalten. Vor dem Hintergrund der erzielten Erkenntnisse über den Aufgabenkomplex einer organisatorischen Einheit sollen dann die möglichen Auswirkungen eines geplanten oder bereits realisierten Technikeinsatzes beurteilt werden. Ein Manual mit Antwortblättern bietet eine ausführliche Anleitung zur Handhabung des KABA-Leitfadens. Die KABA-Teilverfahren werden in Abschnitt 5.2.1.1.1 skizziert.

---

[433] Dunckel/Volpert et al. (1993), S. 15. Das Buch beinhaltet eine umfassende Dokumentation des KABA-Leitfadens. Dunckel/Volpert (1992) enthält eine Kurzdarstellung.

KABA gehört zur Gruppe der arbeits*bedingungs*bezogenen Analyseverfahren, die im Gegensatz zur *personen*bezogenen Arbeitsanalyse auf einer Untersuchung der zu erledigenden Aufgaben basieren, nicht jedoch auf die empfindungsbetonten Einstellungen der Arbeitenden zurückgreifen. Als Instrumente zur Datenerhebung setzt KABA strukturierte Beobachtungen des Arbeitsablaufs, darauf bezogene Interviews mit den Arbeitenden und Dokumentenanalysen ein und ergänzt diese durch Expertengespräche mit Vorgesetzten, Interessenvertretern und Organisatoren.

5.2.1.1.1 KABA-Vorgehen

Abb. 5-4 zeigt, dass sich KABA aus den 15 Teilverfahren A bis O zusammensetzt, die sich vier Verfahrensgruppen zuordnen lassen.

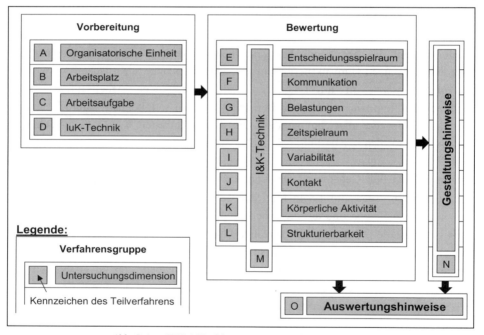

Abb. 5-4: KABA-Verfahrensgruppen und -Teilverfahren

Die *vorbereitenden Teilverfahren* A bis D (erste Verfahrensgruppe) grenzen den Betrachtungsgegenstand ein und dienen dazu, grundlegende Informationen über die Aufbau- und Ablauforganisation der Gesamtunternehmung und der zu untersuchenden organisatorischen Einheit (Teilverfahren A), über die Einbettung der Arbeitsplätze in den betrieblichen Arbeitsablauf (B) und über die jeweils zu erledigenden Arbeitsaufgaben (C) zu erhalten. Außerdem soll Teilverfahren D über die IuK-Technik, die in der betreffenden Einheit eingesetzt wird oder werden soll, aufklären. Alle vorbereitenden Teilverfahren sind in einzelne Verfahrensschritte unterteilt.

Die Teilverfahren E bis M, die zur Gruppe der *bewertenden Teilverfahren* gehören (zweite Verfahrensgruppe) und die größtenteils ebenfalls aus mehreren Verfahrensschritten bestehen, analysieren jeweils eines der Kriterien, die die Persönlichkeitsförderlichkeit und Effektivität des Aufgabenerfüllungsprozesses betreffen. Dies geschieht zunächst in Zusammenhang mit der Arbeitsaufgabe (Teilverfahren E bis L), dann hinsichtlich der Auswirkungen der vorhandenen bzw. einzuführenden IuK-Technik (M). Bei Teilverfahren M soll dies durch acht Verfahrensschritte erreicht werden, in denen die Kriterien der Teilverfahren E bis L auf den Einsatz der IuK-Technik angewendet werden.

Die den Akteuren gestellten Arbeitsaufgaben sollten nach arbeitswissenschaftlichen Maßstäben hauptsächlich einen angemessenen Entscheidungsspielraum beinhalten, Kooperation und unmittelbare zwischenmenschliche Kommunikation ermöglichen und Belastungen vermeiden. Aus diesem Grunde sind der Entscheidungsspielraum (Teilverfahren E), die Kommunikation (F) und die Belastungen (G) bei der Arbeit vorrangig zu untersuchen. Diese drei *Hauptdimensionen der Bewertung* erläutert Abschnitt 5.2.1.1.2.

Die weiterhin angebotenen optionalen, *vertiefenden Bewertungsteilverfahren*, die ermitteln, wie groß der zeitliche Spielraum bei der Bearbeitung einer Arbeitsaufgabe bemessen ist (Teilverfahren H), ob und wie sich eine Arbeitsaufgabe aus unterschiedlichen Arbeitsaufträgen zusammensetzt ('Variabilität', I), wie der Kontakt zu Arbeitspartnern und Arbeitsaufgaben hergestellt wird (J), in welchem Umfang die Aufgabenerfüllung körperliche Aktivitäten erfordert (K) und ob der Arbeitszusammenhang für die Arbeitenden hinreichend transparent ist ('Strukturierbarkeit', L), können als Differenzierung der Teilverfahren E, F und G aufgefasst werden.

Teilverfahren N (dritte Verfahrensgruppe) unterstützt die Erarbeitung von *Gestaltungsvorschlägen*. Das Teilverfahren soll dazu anregen, den Aufgabenerfüllungsprozess in der untersuchten organisatorischen Einheit zu effektivieren. Die Verfahrensabschnitte dieses Teilverfahrens stehen in direktem Bezug zu den jeweiligen Teilverfahren E bis L.

Teilverfahren O (*Auswertungshinweise*) als vierte Verfahrensgruppe erleichtert die zusammenfassende Dokumentation der Analyseergebnisse.

Der KABA-Leitfaden ist so konzipiert, dass jedes Teilverfahren auch einzeln einsetzbar ist, wobei die vorbereitenden Teilverfahren (Teilverfahren A bis D) sowie die bewertenden Teilverfahren zu den Planungs- und Entscheidungserfordernissen (E), zum Kommunikations- und Kooperationsverhalten (F) und zu den Belastungen (G) vordringlich zu durchlaufen sind. Die *modulare* Konstruktion des KABA-Leitfadens bietet darüber hinaus weitere Möglichkeiten, die Dauer der Untersuchung zu verkürzen. So lassen sich die Zahl der zu analysierenden Arbeitsplätze, die je Arbeitsplatz zu untersuchenden Arbeitsaufgaben und die Anzahl der zu bewertenden IuK-Techniken reduzieren, indem man nur die am häufigsten zum Einsatz kommenden Applikationen, problematische Arbeitsplätze und/oder besonders relevante Arbeitsaufgaben betrachtet.

5.2.1.1.2 KABA-Untersuchungsdimensionen

In jedem der bewertenden Teilverfahren fungieren bestimmte Untersuchungsdimensionen als Kriterien zur Analyse der Persönlichkeitsförderlichkeit einer Arbeitsaufgabe ('Humankriterien'). Das Ausmaß der Persönlichkeitsförderlichkeit einer Arbeitsaufgabe kann dann für jede Untersuchungsdimension in ein Mehr-Stufen-Modell eingeordnet werden. Dabei gilt: je höher die Stufe, desto humaner bzw. persönlichkeitsförderlicher die Arbeit. Die folgenden Ausführungen erläutern diesen Zusammenhang anhand der Hauptdimensionen der Bewertung von Arbeitssystemen.

Das Humankriterium *'Entscheidungsspielraum'* (Teilverfahren E) gibt an, in welchem Ausmaß eine Person selbständig arbeitsbezogene Planungen vornehmen und selbst Entscheidungen bezüglich der Arbeit treffen kann. Der Spielraum zur eigenständigen Arbeitsplanung und -entscheidung ist umso umfangreicher, je weniger das Arbeitsergebnis von vornherein festgelegt und je größer der Ermessensspielraum bei der Wahl des Vorgehens ist. KABA gliedert mögliche Ausprägungen dieser Untersuchungsdimension in 7 Stufen. Die zugehörige Beispielsammlung ordnet der Stufe 1 unter anderem die Erstellung von Schriftstücken nach Vorlage zu (Beschreibung der Stufe 1 allgemein: Ausführung bekannter und vorgegebener Vorgehensweisen bei feststehendem Arbeitsergebnis) und reicht bis Stufe 7, bei der als Beispiel die Arbeit eines EDV-Organisators bei der Anforderungsermittlung skizziert wird (Beschreibung der Stufe 7 allgemein: Entscheidungen über neue Vorgehensweisen und/oder neuartige Arbeitsergebnisse).

Im Zusammenhang mit der Gestaltung computergestützter IuK-Systeme erscheint besonders Teilverfahren F relevant, das erhebt, ob und in welchem Ausmaß die Erledigung einer Arbeitsaufgabe *Kommunikations- und Kooperationsaktivitäten* erfordert und wie die aufgabenbezogene Kommunikation erfolgt. Die Dimension 'Kommunikationserfordernisse' (F1) untersucht die aufgabenbezogenen Abstimmungsprozesse mit unternehmensinternen und unternehmensexternen Kommunikationspartnern. Verfahrensschritt F2 überprüft die Direktheit des Kommunikationsprozesses.

Bei der *unternehmensinternen Kommunikation* zwischen zwei oder mehreren Organisationsangehörigen kann die Stufe der Kommunikationserfordernisse über das Ausmaß der Entscheidungs- und Planungserfordernisse der zur Diskussion stehenden Arbeitsaufgaben bestimmt werden. Die Stufeneinteilung der Kommunikationserfordernisse mit unternehmensinternen Kommunikationspartnern korrespondiert also direkt mit den 7 Stufenausprägungen der Planungs- und Entscheidungserfordernisse bei der Arbeit.

Bei der *Kommunikation mit unternehmensexternen Personen* bestimmt sich die Stufe der Kommunikationserfordernisse durch die Qualität der Entscheidungen, die während oder als Folge des Kommunikationsprozesses getroffen werden müssen, und dadurch, wer diese Entscheidung trifft. Die dazu vorgeschlagenen Stufen werden folgend exemplarisch dargelegt:

– Stufe 0: Es findet kein aufgabenbezogener Informationsaustausch mit einer unternehmensexternen Person statt.

– Stufe 1: Exakt festgelegte Informationen werden auf Anfrage eines unternehmensexternen Kommunikationspartners lediglich bereitgestellt. Beispiel: Auskunftsdienst eines Telekommunikationsanbieters.

– Stufe 2: Bestimmte Informationen werden auf Anfrage eines unternehmensexternen Kommunikationspartners nach verschiedenen Kriterien ausgewählt und dann bereitgestellt. Beispiel: Informationsschalter der Deutschen Bahn AG, an dem günstige Zugverbindungen für verschiedene Bedingungen wie Abfahrtstag, gewünschte Ankunftszeit, Direktverbindung usw. zusammengestellt werden.

– Stufe 3: Die auszutauschenden Informationen sind Grundlage einer Entscheidung des unternehmensexternen Kommunikationspartners. Beispiel: Anlageberatung bei einer Bank, bei der es darum geht, auf die jeweiligen Kunden zugeschnittene Anlagemöglichkeiten vorzustellen, auf deren Basis die Kunden die für sie günstigste Anlageform auswählen können.

– Stufe 4: Die auszutauschenden Informationen sind Grundlage einer Entscheidung, die von dem unternehmensinternen Kommunikationspartner selbst zu treffen ist. Beispiel: Schadensüberprüfung eines Versicherten bei Einbruch, durchgeführt von einer Versicherungsfachkraft, die auf Basis der im Gespräch mit dem Versicherungsnehmer zu ermittelnden Neubeschaffungswerte der gestohlenen Gegenstände die Höhe des Schadensausgleichs festlegt.

– Stufe 5: Der Informationensaustausch mit einem unternehmensexternen Kommunikationspartner ist Grundlage einer gemeinsamen Entscheidung beider Partner zur Erreichung eines vorgegebenen Ziels. Beispiel: Erarbeitung einer Anforderungsdefinition zur Einführung bzw. Migration eines Standardsoftwarepaketes, durchgeführt von einem Mitarbeiter einer Unternehmensberatung bzw. eines Softwarehauses im Gespräch mit den zukünftigen Anwendern der betroffenen Unternehmung.

– Stufe 6: Der Informationensaustausch mit einem unternehmensexternen Kommunikationspartner ist Grundlage einer gemeinsamen Entscheidung beider Partner bei noch offenem Ausgang. Beispiel: Aushandlung von Vertragskonditionen mit einem Lieferanten, wobei völlig offen ist, ob und unter welchen Bedingungen ein Vertragsabschluss zustande kommt.

Verfahrensschritt F2 überprüft die *Direktheit der Kommunikation*. Bei der Face-to-face-Kommunikation bestehen unmittelbare Reaktionsmöglichkeiten für beide Gesprächspartner durch ihre sprachlichen, mimischen und gestischen Ausdrucksmittel (Stufe 4). Telefonate erlauben lediglich sprachliche Verständigung (Stufe 3). Anrufbeantworter lassen überhaupt keine wechselseitigen und direkten Reaktionen zu (Stufe 2). Schließlich beschränken Briefe, Notizen, elektronische Mitteilungen (E-Mail) oder Telefax-Übermittlungen die Ausdrucksmittel der Kommunikationspartner auf die Schriftsprache (Stufe 1).

Teilverfahren G ('*Psychische Belastungen*') analysiert Hindernisse und Überforderungen bei der Arbeitsausführung. *Hindernisse* beziehen sich auf unmittelbare Behinderungen und Unterbrechungen des Arbeitsablaufes. Informatorische Hindernisse (wegen fehlender oder schwer erkennbarer Informationen, die für die Arbeitsausführung erforderlich sind) werden im Verfahrensschritt G1 untersucht. Motorische Hindernisse (aufgrund fehlender, unzuverlässiger oder umständlicher Arbeitsmittel) sind Gegenstand des Verfahrensschrittes G2. Unterbrechungen bei der Arbeitsausführung durch Personen oder durch funktionsgestörte bzw. blockierte Arbeitsmittel können in Verfahrensschritt G3 aufgedeckt werden.

Eine latente Beeinträchtigung der Arbeitsfähigkeit eines Menschen kann durch *Überforderung* zustande kommen. Eine Person fühlt sich insbesondere bei monotonen Arbeitsbedingungen überfordert (Verfahrensschritt G5) oder dann, wenn sie unter hohem Zeitdruck arbeiten muss (Verfahrensschritt G4).

Die vorangehenden Ausführungen verdeutlichen, dass der KABA-Leitfaden sich dafür eignet, computergestützte Arbeit zu bewerten. Aus den Prüfergebnissen können dann Gestaltungshinweise abgeleitet werden. Mit KABA kann jedoch keine (Anwendungs-)Software evaluiert oder gar konstruiert werden. Deshalb sollten die KABA-Analysen durch detaillierte Untersuchungen der IuK-technischen Werkzeuge ergänzt werden, da arbeitsorganisatorische Evaluationsverfahren zwar die Struktur der Arbeitstätigkeit und das aufgabenbezogene Kommunikationsverhalten zwischen den Arbeitenden bzw. arbeitsorganisatorisch bestimmte Ausführungsbedingungen betrachten und einer Bewertung zugänglich machen, jedoch nicht bei den einzelnen Arbeitsmitteln ansetzen. Der folgende Abschnitt 5.2.1.2 geht auf diesen Teil des Untersuchungsgegenstandes ein.

5.2.1.2 Softwareergonomische Analyse der Technikverwendung – das Beispiel SAB-Control

Ergonomie befasst sich mit der Anpassung der Arbeit an die Fähigkeiten und Bedürfnisse des Menschen. Im Zusammenhang mit dem Computereinsatz bei der Aufgabenerfüllung in Unternehmungen sind Hardwareergonomie und Softwareergonomie relevante Teilbereiche von Ergonomie.

Hardwareergonomie untersucht die Ergonomie von Arbeitsplätzen, deren Ausstattung mit IuK-technischen Geräten und die Ausgestaltung der unmittelbaren physischen Arbeitsumgebung. Für die hardwareergonomische Gestaltung von computergestützten Arbeitsplätzen haben Sicherheit und Gesundheitsschutz bei der Arbeit an Bildschirmarbeitsplätzen (BAP) eine herausragende Bedeutung und sind z.T. gesetzlich geregelt. An den verordneten Vorgaben orientiert sich beispielsweise das von der Technologieberatungsstelle (TBS) Niedersachsen entwickelte Werkzeug BAP-Control.[434]

In BAP-Control sind auch einige wenige softwareergonomische Prüffragen enthalten. *Softwareergonomie* beschäftigt sich mit der Ergonomie der computergestützten Anwendungssysteme zur Abwicklung von Arbeitsaufgaben. In der Regel ist Anwendungssoftware allerdings so komplex angelegt, dass sich kaum kontrollieren lässt, inwieweit das EDV-System ohne Fehler funktioniert und allen denkbaren Arbeitssituationen gerecht wird. Aus diesem Grunde können sich softwareergonomische Prüfungen lediglich auf Standards zur Benutzungsoberfläche der Systeme beziehen.

---

[434] Vgl. TBS Niedersachsen (1997).

Zweckmäßig ist eine Ausdifferenzierung softwareergonomischer Fragen anhand des in Abb. 5-3 dargestellten *IFIP-Benutzungsschnittstellenmodells*. Nach dem IFIP-Modell gilt Anwendungssoftware je nach Ausformung der Werkzeug-, der Dialog- und der E/A-Schnittstelle als mehr oder weniger nutzbar.

Die *Werkzeugschnittstelle* repräsentiert die aufgabenbezogene Brauchbarkeit einer Anwendungssoftware. Für den Aufgabenträger hängt der Nutzen einer Software davon ab, ob und wie das computergestützte Arbeitsmittel ihn bei dem fachinhaltlichen Kern seiner Arbeitsaufgabe(n) unterstützen kann. Zur Werkzeugschnittstelle gehören insofern die Leistungen der Anwendungssoftware, die Zugriffsmöglichkeiten auf die Softwarefunktionalität und die benötigten Daten, die Reaktionszeit der Dialogschritte am Bildschirm zwischen Benutzereingabe und Anzeigeaktion (Antwortzeit und Durchsatz) sowie die Handhabung von Störungen.

Erweist sich ein computergestütztes Werkzeug als aufgabenrelevant, aufgabenangemessen und hinreichend verfügbar, so stellt sich die Frage, ob bei einer Softwarenutzung die Primäraufgabe 'Aufgabenbewältigung' durch die Sekundäraufgabe 'Softwarebedienung' überlagert wird. Bei der *Dialogschnittstelle* steht der Ablauf der Mensch-Rechner-Interaktion bei der computergestützten Aufgabenerfüllung im Vordergrund. Im Einzelnen geht es darum, wie Masken und Fenster gehandhabt und Operationen aktiviert werden (z.B. mittels Funktionstasten, Menüs oder natürlicher Sprache), welche Dialogschritte wie gesteuert werden können (z.B. Masken- und Feldanwahl, Blättern, Speichern des Bildschirminhaltes, Starten, Abbrechen, Unterbrechen oder Beenden einer Interaktionsfolge), welche Fortschritts-, Ereignis- und Zustandsmeldungen angezeigt werden, ob und wie Fehlervermeidung, -diagnose und -behebung unterstützt wird, sowie, welche Hilfen (Online-Hilfe, Tutorials, Handbücher) zur Verfügung stehen.

Über die *E/A-Schnittstelle* wird dem Bildschirmbenutzer das Anwendungsproblem präsentiert. Je nach Typ (z.B. Eingabedaten, Ausgabedaten oder Systemmeldungen) und Art (Texte, Zahlen, Tabellen, Listen, Graphiken) können Informationen unterschiedlich angeordnet und aufbereitet werden. Relevant sind dabei insbesondere die Verständlichkeit und Transparenz der vom System verwendeten Sprache, der Bezeichnungen und Abkürzungen. Bei der E/A-Schnittstelle sind ferner Art, Umfang und Benutzungsmöglichkeiten der Eingabegeräte (Maus, Tastatur) und der Ausgabegeräte (Bildschirm, Drucker), die Positionierung der aktuellen Eingabestelle (Cursor) und die Formate der Eingabefelder von Bedeutung.

Im Anhang zu diesem Kapitel sind 24 vordringlich zu bearbeitende Softwareergonomie-Fragen aufgelistet. Sie gehören zu dem von der TBS Niedersachsen angeregten Werkzeug SAB-Control – das Kürzel 'SAB' steht für '*Softwareergonomie von Arbeits-*

systemen im *Büro*'. In Abschnitt 5.2.1.2.2 werden die SAB-Untersuchungsmerkmale erörtert und in ein übergeordnetes Bezugssystem eingruppiert. Jede einzelne der SAB-Fragen lässt sich tendenziell der Werkzeug-, der Dialog- oder der E/A-Schnittstelle des IFIP-Modells zuordnen. Daneben werden sowohl für BAP-Control als auch für SAB-Control allgemein anerkannte Grundsätze für eine softwareergonomische Dialoggestaltung herangezogen. Welche Softwareergonomie-Kriterien dies sind, erläutert der folgende Abschnitt 5.2.1.2.1.

5.2.1.2.1 BAP- und SAB-Control

Bei ihrer Arbeit kommen die Menschen im Normalfall über Bildschirmarbeitsplätze (BAP) mit der Hardware in Berührung. Die aktuell wichtigsten Ergonomiekriterien dazu sind in der Bildschirmarbeitsverordnung und im Arbeitsschutzgesetz festgehalten. Die TBS Niedersachsen hat mit *BAP-Control* ein computergestütztes Analysewerkzeug entwickelt, mit dessen Hilfe die Benutzer von Bildschirmarbeitsplätzen selbst überprüfen können, ob ihr Arbeitsplatz den Vorgaben dieser Richtlinien entspricht oder nicht.

BAP-Control liegt als Software vor, kann aber auch in der Papierversion bearbeitet werden. Das Besondere des Werkzeugs besteht darin, dass die Selbstanalyse verbunden ist mit einer Schulung in ergonomischen Fragen. Dies wird erreicht durch eine spezielle Kombination von Fragestellungen und Informationstexten. Die Fragen sind dabei meist so formuliert, dass sie sich weniger auf das Vorhandensein technischer Selbstverständlichkeiten beziehen, sondern vielmehr auf die Kenntnis ihrer Nutzung. So wird beispielsweise nicht danach gefragt, ob Kontrast und Helligkeit am Bildschirm zu verstellen sind, sondern ob der Nutzer weiß, wie sich diese Werte verändern lassen. Zusätzlich lassen sich subjektiv empfundene Mängel und eigene Verbesserungsvorschläge frei formulieren.

Fünf von 48 Fragen bei BAP-Control befassen sich mit möglichen softwareergonomischen Schwachstellen bei der Benutzung der IuK-Technik bei der Arbeit. Mit Hilfe von Fragen nach der Aufgabenangemessenheit der Software, deren Selbstbeschreibungsfähigkeit, Steuerbarkeit und Fehlerrobustheit sowie nach einer einheitlichen Funktionstastenbelegung wird versucht, die im Anhang der Bildschirmarbeitsverordnung aufgeführten Mindestanforderungen an das Zusammenwirken zwischen Mensch und Arbeitsmittel umzusetzen. Danach gelten computergestützte Anwendungssysteme als benutzerfreundlich,

– wenn sie „den Benutzern Angaben über die jeweiligen Dialogabläufe unmittelbar oder auf Verlangen machen",

− wenn sie „den Benutzern die Beeinflussung der jeweiligen Dialogabläufe ermöglichen sowie eventuelle Fehler bei der Handhabung beschreiben und deren Beseitigung mit begrenztem Arbeitsaufwand erlauben" und
− wenn sie „entsprechend den Kenntnissen und Erfahrungen der Benutzer im Hinblick auf die auszuführende Arbeitsaufgabe angepasst werden können".[435]

Im Unterschied zur Hardware, für dessen ergonomischen Einsatz klare und messbare Vorgaben existieren, entzieht sich Softwareergonomie einer objektivierbaren Prüfung. Standardisierte Prüfkriterien und die damit erzielten -ergebnisse gelten weder für sämtliche potenziellen Benutzer noch für alle Aufgabengebiete, in denen ein bestimmtes EDV-System eingesetzt werden kann. Wegen der Vielzahl möglicher Arbeitssituationen lässt sich kaum kontrollieren, ob das computergestützte Anwendungssystem durch seine Funktionalität aufgabenunterstützend wirkt. Sogar bei identischen Anwendungsfällen kann es den typischen Softwarebenutzer nicht geben, weil sich die ungleichen Erfahrungen, Erwartungen, Kenntnisse, Fähigkeiten, Vorlieben und Gewohnheiten der betrieblichen Aufgabenträger nicht vereinheitlichen lassen. Selbst einzelne Menschen unterscheiden sich über die Zeit hinweg von sich selbst, indem sie lernen, ermüden oder mehr oder weniger konzentriert arbeiten. Entsprechend können softwareergonomische Empfehlungen nicht Homogenität festschreiben, wo Individualität möglich sein soll.

Softwareergonomie lässt sich lediglich anhand von Gütekriterien bewerten. Gegenstand einer softwareergonomischen Qualitätsuntersuchung ist die Benutzungsoberfläche eines computergestützten Anwendungssystems. Die wichtigsten Richtlinien zur softwareergonomischen Bewertung der Benutzung eines computergestützten Arbeitsmittels wurden in *DIN EN ISO 9241 Teil 10* ('Grundsätze der Dialoggestaltung') festgeschrieben.[436]

Unter einem Dialog wird in ISO 9241 Teil 10 das unmittelbare Zusammenwirken zwischen Mensch und computergestütztem Arbeitsmittel verstanden, das am Bildschirm stattfindet und bei dem ein Aufgabenträger seine Arbeitsaufgaben in direkter Interaktion mit der Anwendungssoftware abwickelt. Als *Grundsätze der Dialoggestaltung* werden sieben softwareergonomische Merkmale genannt. Dies sind Aufgabenangemessenheit, Selbstbeschreibungsfähigkeit, Fehlertoleranz, Erwartungskonformität, Steuerbarkeit, Individualisierbarkeit und Lernförderlichkeit der Mensch-Rechner-Interaktion. Im Einzelnen gilt ein Dialog

---

[435] TBS Niedersachsen (1997), S. 25.
[436] Die Abkürzungen bedeuten 'Deutsches Institut für Normung' bzw. 'Deutsche Industrienorm' (DIN), 'European Norm' (EN) und 'International Standardization Organization' (ISO).

- als *aufgabenangemessen*, wenn die Mensch-Rechner-Interaktion den Aufgabenträger unterstützt, seine Arbeitsaufgabe effektiv und effizient zu erledigen;

- als *selbstbeschreibungsfähig*, wenn jeder einzelne Dialogschritt durch Rückmeldung der Software unmittelbar verständlich ist oder dem Benutzer auf Anfrage erklärt wird;

- als *fehlertolerant*, wenn das beabsichtigte Arbeitsergebnis trotz erkennbar fehlerhafter Eingaben entweder mit keinem oder mit minimalem Korrekturaufwand seitens des Benutzers erreicht werden kann;

- als *erwartungskonform*, wenn der Dialog zwischen dem Aufgabenträger und der IuK-Technik zu den (Vor-)Kenntnissen des Benutzers auf seinem Arbeitsgebiet passt, mit seiner Ausbildung und Erfahrung übereinstimmt sowie allgemein anerkannten Konventionen entspricht;

- als *steuerbar*, wenn der Benutzer in der Lage ist, Richtung und Geschwindigkeit des Dialogablaufs während der gesamten Interaktion zu beeinflussen;

- als *individualisierbar*, wenn das Dialogsystem Anpassungen an die Erfordernisse der Arbeitsaufgabe sowie an die individuellen Fähigkeiten und Vorlieben des Benutzers zulässt; und

- als *lernförderlich*, wenn der Benutzer beim Erlernen und Einarbeiten in die IuK-Technik unterstützt und angeleitet wird.

Im Auftrag der TBS Niedersachsen wurden Überlegungen angestellt, das Werkzeug BAP-Control um hardwareunabhängige Ergonomiekriterien zu ergänzen, um zu einer ganzheitlichen Einschätzung der Computernutzung betrieblicher Aufgabenträger zu kommen. Da BAP-Control modular aufgebaut ist, lassen sich ohne viel Aufwand unternehmensspezifische Schwerpunkte setzen, die Abfragen auf bestimmte Gefährdungspotenziale konzentrieren oder um weitere Analysekriterien erweitern. Hinreichend ausformuliert können Fragen zur *Software*ergonomie von *A*rbeitssystemen im *B*üro (SAB) zu einem Analysewerkzeug *SAB-Control* zusammengefasst werden und dazu dienen, computergestützte Arbeitsmittel in konkreten Arbeitssituationen zu analysieren und zu bewerten sowie Veränderungsprozesse entsprechend der Fähigkeiten und Bedürfnisse der Aufgabenträger einzuleiten.[437]

---

[437] Vgl. Holm/Knittel (1998) und Knittel (1998).

5.2.1.2.2 SAB-Fragen

Die Softwareergonomie-Fragen von SAB-Control basieren auf Erkenntnissen, die bereits Anfang der 1990er Jahre im Zusammenhang mit dem EVADIS-Leitfaden veröffentlicht wurden. Mit EVADIS (*'Eva*luation von *Di*alog*s*ystemen') liegt ein Bewertungsverfahren vor, durch dessen Methodenschwerpunkt die Nutzbarkeit computergestützter Anwendungssysteme anhand softwareergonomischer Gütekriterien geprüft und eingeschätzt werden soll. EVADIS wurde von der Forschungsgruppe Mensch-Maschine-Kommunikation der Gesellschaft für Mathematik und Datenverarbeitung (GMD) entworfen und in einer erweiterten Fassung (EVADIS II) in 1992 vorgestellt.[438]

Der Teil der EVADIS-Prüfkriterien, auf den sich hier bezogen werden soll und der sich mit der Evaluation der Benutzungsoberfläche von Softwaresystemen befasst, wurde in einen zweidimensionalen Bezugsrahmen eingeordnet. Das IFIP–Benutzungsschnittstellenmodell begründet die erste Dimension des Tableaus. Ein Kompendium softwareergonomischer Prüfsteine, das aus den Grundsätzen der ISO 9241 Teil 10 abgeleitet wurde, konstituiert die zweite Dimension des Bezugssystems. Mit Hilfe des so gebildeten Orientierungsrahmens kann jede einzelne EVADIS-Prüffrage durch die Zuweisung von Koordinaten innerhalb dieses Rahmens eindeutig zugeordnet werden.

Bei EVADIS sind rund 150 Prüffragen zu bearbeiten, die die softwareergonomische Güte der Benutzungsoberfläche eines Mensch-Maschine-Systems bewerten. Je nach Zeit- und Kostenbudget und je nach Zielsetzung ist es zwar prinzipiell möglich, einzelne Module des angebotenen Fragenkatalogs auszuwählen und nur diese zu behandeln. Da derartige Vereinfachungen und auch der Einsatz von EVADIS(-Teilen) aufwändig ist und noch dazu von Softwareergonomie-Experten durchgeführt werden soll, wurden für SAB-Control 24 Softwareergonomie-Fragen ausgewählt, die die Benutzer selbst beantworten können. Der Fragenkatalog von SAB-Control ist im Anhang zu diesem Kapitel zusammengestellt. Abb. 5-5 benennt die 24 Softwareergonomie-Merkmale, die abgefragt werden. Sie sind in einen an EVADIS angelehnten Bezugsrahmen eingegliedert und werden folgend erläutert.

---

[438] Vgl. Oppermann et al. (1992).

	IFIP-Benutzungsschnittstellen		
	Werkzeug-schnittstelle	Dialog-schnittstelle	Ein-/Ausgabe-Schnittstelle
Grundsätze der Dialoggestaltung	Stabilität, Antwortzeiten		
Aufgaben-angemessenheit	*Funktionalität, Komfort, Parallelaktionen*		
Selbst-beschreibungs-fähigkeit		*Menüs, Systemmeldungen, Rückmeldungen, Fehlerdiagnose, Online-Hilfe, Manuals*	
Fehlertoleranz		*Eingabefehler, Funktionsfehler,* Dialogunterbrechung	
Erwartungs-konformität			*Dialogbereiche, Hervorhebungen,* Farben, *Feldformate,* Fenstertechnik
Steuerbarkeit / Individualisierbarkeit		Direktwahl, Einstellungen	Eingabemedien, Ausgabemedien
Lernförderlichkeit	Einweisung, alle weiteren *kursiv* gekennzeichneten Kriterien		

Abb. 5-5: *Einordnung der Softwareergonomie-Merkmale von SAB-Control*

Das Leistungsangebot einer Anwendungssoftware wird über die *Werkzeugschnittstelle* bereitgestellt und soll einen betrieblichen Aufgabenträger bei dessen Arbeit unterstützen und nicht behindern. Dies setzt zuallererst voraus, dass sich systembedingte Störungen z.B. durch häufige Systemabstürze ('Stabilität') und langsame Arbeitsgeschwindigkeiten der IuK-Technik ('Antwortzeiten') in annehmbaren Grenzen halten.

Außer über die Stabilität und die Antwortzeiten erschließt sich der Werkzeugcharakter (also die *Werkzeugschnittstelle*) eines EDV-Systems über dessen *Aufgabenangemessenheit*. Ein computergestütztes Anwendungssystem ist für eine Arbeitsaufgabe angemessen, wenn die für die Arbeitshandlungen erforderlichen Informationen und Verarbeitungsschritte in der verlangten Reihenfolge und dem benötigten Umfang angeboten werden ('Funktionalität'). Außerdem sollten nützliche Zusatzfunktionen wie Zwischenlösungs- oder Bildschirmausdrucke ('Komfort') oder nebenläufige Operationen wie lang dauernde Druckaufträge ('Parallelaktionen') die Arbeit erleichtern.

Über die *Dialogschnittstelle* kann ein Softwarebenutzer die Mensch-Rechner-Interaktionen steuern. Der Aufwand, die Funktionen eines computergestützten Anwendungssystems zu aktivieren und zu betreiben, bleibt je geringer desto verständlicher jeder

Arbeitsschritt und jedes Informationsangebot ist oder auf Anfrage wird (*Selbstbeschreibungsfähigkeit*). Dazu gehört,

- dass Menüs hinreichend übersichtlich aufgebaut sind ('Menüs'),
- dass Rückmeldungen des Systems, Warn- und Fehlerhinweise leicht einzuordnen und zu verstehen sind („Systemmeldungen'),
- dass Informationen über den Stand der Verarbeitung gegeben werden („Rückmeldungen'),
- dass Fehlermeldungen ausreichend und rechtzeitig über die Ursachen und Behebungsmöglichkeiten von fehlerhaften Eingaben informieren („Fehlerdiagnose'),
- dass eine aussagefähige Online-Hilfe zur Verfügung steht („Online-Hilfe') und
- dass Handbücher zugänglich sind, die bei Problemen und Fragen zur Softwarenutzung weiterhelfen können („Manuals').

Die *Dialogschnittstelle* eines computergestützten Werkzeuges sollte über eine umfassende Fehlerbehandlung verfügen, weil auch eine sich selbst erklärende Anwendungssoftware falsch bedient werden könnte. Die *Fehlertoleranz* eines Mensch-Rechner-Dialogs ist daran zu messen, ob falsche Dateneingaben ('Eingabefehler') oder versehentlich aktivierte Verarbeitungsschritte ('Funktionsfehler') durch entsprechende Vorkehrungen weitgehend verhindert werden und ob Operationen jederzeit unterbrochen oder abgebrochen werden können ('Dialogunterbrechung').

Die *E/A-Schnittstelle* macht dem Softwarebenutzer die computergestützte Anwendung zugänglich. Eine Applikation erfüllt allgemein anerkannte ästhetische und arbeitspsychologische Anforderungen und passt zu den (Vor-)Erfahrungen und den Arbeitsansprüchen der Benutzer (*Erwartungskonformität*),

- wenn der Bildschirminhalt in jeder Dialogsituation übersichtlich und einheitlich aufgebaut ist ('Dialogbereiche'),
- wenn wichtige Softwarezustände und -ereignisse besonders verdeutlicht werden ('Hervorhebungen'),
- wenn die Farbgestaltung des Bildschirminhalts als angenehm empfunden wird ('Farbe'),
- wenn die Felder einer Maske übersichtlich angeordnet sind ('Feldformate') und
- wenn mehrere Arbeitsbereiche bei Bedarf gleichzeitig am Bildschirm dargestellt werden können ('Fenstertechnik').

Die Softwareergonomie-Kriterien *Steuerbarkeit* und *Individualisierbarkeit* sind insbesondere für versierte Softwarebenutzer relevant. Vorwiegend geübte und regelmäßige Systemanwender werden in der Lage sein, ein Angebot an flexiblen Leistungsmerkmalen überhaupt zu nutzen. Die Flexibilität einer Applikation bezieht sich im Falle der Auswahlmöglichkeiten von beliebigen Input- und Outputgeräten auf die *E/A-Schnittstelle* ('Eingabemedien', 'Ausgabemedien') oder gehört bei Fragen zur Verkürzung von Dialogschritten ('Direktwahl') und zur Anpassbarkeit von z.B. Feldern, Masken und Menüs an den je benutzerspezifischen Arbeitsstil ('Einstellungen') zur *Dialogschnittstelle*.

Auch das Softwareergonomie-Kriterium *Lernförderlichkeit* richtet sich hauptsächlich an einen bestimmten Benutzertyp. Besonders für ungeübte und sporadische Softwarebenutzer sollte das computergestützte Anwendungssystem so ausgestaltet sein, dass dessen Handhabung leicht erlernt werden kann. Dazu gehört zuerst und vor allem eine ausreichende Qualifikation zur Bedienung und Anwendung der Software ('Einweisung'). Nach einer einführenden Schulung sind für die Neu-Einsteiger darüber hinaus die in Abb. 5-5 besonders gekennzeichneten Softwareergonomie-Merkmale bei deren Einarbeitung besonders nützlich.

Die im Anhang dieses Kapitels zusammengestellten und in Abb. 5-5 eingeordneten softwareergonomischen Fragestellungen von SAB-Control untersuchen die Handhabbarkeit von Anwendungssoftware. Da Softwareergonomie den fähigkeits- und bedürfnisgerechten Einsatz von computergestützten Arbeitsmitteln in einem bestimmten organisatorischen Arbeitsumfeld zu erforschen hat, ist außerdem die Einbettung der Computernutzung in die Aufgabenerfüllung am Arbeitsplatz und in die Organisation der jeweiligen Unternehmung zu bewerten. Diesem Zweck dient der KABA-Leitfaden, der in Abschnitt 5.2.1.1 erläutert wird.

Sowohl SAB-Control als auch KABA können lediglich Anforderungen und Hinweise formulieren, auf deren Grundlage computergestützte Arbeit in Unternehmungen sozialverträglich ausgeformt, strukturiert und zugeordnet werden soll. Bei deren gestalterischen Umsetzung bedarf es konstruktiver Modelle und Methoden, die im folgenden Abschnitt 5.2.2 thematisiert werden.

5.2.2 Modellierung computergestützter Arbeit – das Beispiel RFA-Netze

Das Gestaltungskonzept der *R*ollen-/*F*unktions-/*A*ktionsnetze (RFA-Netze) wurde bereits Ende der 1980er Jahre am Institut für Informatik der Universität Hamburg entwickelt. Der Ansatz basiert auf einem konzeptionellen Modell zur Beschreibung sozialer Organisationen und umfasst eine auf Petrinetzen beruhende graphische Aufbereitungsform, die die begrifflichen Unterscheidungen und Zusammenhänge aufgreift und umsetzt.[439]

Ein *Petrinetz* ist ein gerichteter Graph, der aus zwei Typen von Knoten besteht, die durch Kanten miteinander verbunden sind. Aktive Knoten, je nach Petrinetz-Variante 'Transitionen', 'Hürden', 'Zustandsübergänge' oder 'Instanzen' genannt, können Objekte (Informationen oder Material) erzeugen, transportieren, verändern, auswerten oder vernichten. Passive Knoten ('Stellen', 'Plätze', 'Zustände', 'Kanäle') können Objekte sichtbar machen, zwischenlagern oder speichern. Die Kanten ('Pfeile', 'Flussrelationen') verbinden zwei Knoten unterschiedlichen Typs. Eine Kante beschreibt somit die Beziehung zwischen einer passiven und einer aktiven Komponente des Petrinetzes. Bei solchen Beziehungen kann es sich beispielsweise um logische Zusammenhänge, Zugriffsrechte, räumliche Nähe oder eine unmittelbare Kopplung handeln.

Zu den höheren Petrinetzen gehören die *Kanal-/Instanzen-Netze*. Kanäle werden bei diesem Netztyp als Kreise dargestellt und repräsentieren die passiven Knoten; die rechteckigen Instanzen entsprechen den aktiven Knoten. Die als 'Flussrelationen' bezeichneten Kanten in einem Kanal-/Instanzen-Netz veranschaulichen, dass die aktiven Instanzen über die passiven Kanäle miteinander interagieren. Rollen-/Funktions-/Aktionsnetze (RFA-Netze) sind als eine spezielle Ausprägung von Kanal-/Instanzen-Netzen zu interpretieren.

Als entsprechend angepasstes Hilfsmittel dienen *RFA-Netze* dazu, das aufgabenbezogene Rollenverhalten miteinander interagierender Personen in Unternehmungen (also dessen soziales Teilsystem) einerseits und die Funktionsweise einer computergestützten Aufgabenerledigung (das technische Teilsystem) andererseits zu beschreiben. RFA-Netze eignen sich besonders gut zur (konstruktiven) Gestaltung soziotechnischer Systeme, weil die zugrundeliegende Sichtweise klar trennt zwischen den aufgabenbezogenen Kompetenzen und Entscheidungen von Personen - dafür steht das *Rollen*konstrukt - und den durchaus automatisierbaren Operationen von Personen und Werkzeugen zur Arbeitsabwicklung, die als je spezifische *Funktionen* der Rollen abgebildet werden. Mit Hilfe der RFA-Netze kann die Integration geplanter oder vorhandener rechnergestützter Applikationen in ein bestimmtes organisatorisch-soziales Umfeld simuliert und der Entwurf eines adäquaten Modells des gesamten Arbeitssystems unterstützt werden. Das Verständnis der Aufgabenerfüllung in Organisationseinheiten, das den RFA-Modellen zugrunde liegt, erläutert Abschnitt 5.2.2.1.

---

[439] Zur ausführlichen Erläuterung der RFA-Modelle und -Konstrukte vgl. Oberquelle (1987b). Kurzbeschreibungen finden sich in Oberquelle (1987a) und Oberquelle (1991), ein erster Erfahrungsbericht in Bierfert et al. (1991).

Wie bei Petrinetzen generell dürfen auch bei der graphischen Notation der RFA-Netze nur Knoten unterschiedlicher Art durch Kanten verbunden werden. Die als rechteckige Knoten (Instanzen) dargestellten Rollen, Funktionen oder Aktionen greifen als aktive Komponenten mittels gerichteter oder ungerichteter Kanten (Flussrelationen) auf die als runde Knoten (Kanäle) abgebildeten passiven Ressourcen zu. Bei den Kanälen handelt es sich jedoch nicht um die zur Aufgabenerfüllung erforderlichen Ressourcen selbst, sondern um die Aufbewahrungsorte der jeweils erforderlichen Arbeitsobjekte. Die RFA-Terminologie bezeichnet derartige Archive oder Zwischenablagen als 'Positionen'. Wenn sich nur einzelne Rollen, Funktionen oder Aktionen dieser Positionen bedienen können, dann heißen solche privaten Positionen 'Depots'. Entscheidend für das koordinierte Zusammenwirken in einer Organisationseinheit sind jedoch Rollen, Funktionen und Aktionen, die gemeinsam durchgeführt werden ('Kopplung'), sowie Ressourcen bzw. Positionen, auf die mehrere Personen zugreifen (können) und die als 'Schnittstellen' abgebildet werden. Eine genaue Beschreibung der RFA-Konstrukte erfolgt in Abschnitt 5.2.2.2.

Aus der Fülle der Modelle zur Gestaltung computergestützter IuK-Systeme haben wir das RFA-Konzept ausgewählt, obwohl durchaus aktuellere Beschreibungsmittel existieren. Im Kontext der Arbeitsgestaltung sind RFA-Netze besonders interessant, weil sie im Unterschied zu anderen Verfahren die *interaktive Aufgabenerfüllung* und die *Kompetenzen der Personen* in einem computergestützten Arbeitssystem ausdrücklich thematisieren:

– Die Unterscheidung in Rollen und Funktionen erlaubt es, personelle Zuständigkeiten für Arbeitsprozesse und -ergebnisse von der Benutzung IuK-technischer Werkzeuge zur Aufgabenabwicklung und -unterstützung abzugrenzen: Rollenträger übernehmen die volle Verantwortung für die Lösung von Aufgaben und sind demzufolge als Ganzes nicht automatisierbar. Dagegen können bestimmte Funktionen (von Rollen) durchaus einem computergestützten Anwendungssystem übertragen werden.

– Dem Ansatz der RFA-Netze liegt mit dem Konstrukt der Positionen und ihrer Unterscheidung in Depots (private, individuell genutzte Positionen), Schnittstellen (Positionen, auf die unterschiedliche Rollen, Funktionen oder Aktionen asynchron zugreifen können) und gekoppelte Handlungen (synchron realisierte Interaktionen) ein Formalismus zugrunde, dessen Verwendung die Möglichkeit bietet, Arbeitsgestaltung auf dessen wesentlichen Kern hin zu orientieren – nämlich die koordinierte Zusammenarbeit zwischen den Personen in einem Arbeitssystem.

Dem RFA-Konzept fehlt allerdings eine explizite Geschäftsorientierung bei der Modellbildung. In Abschnitt 5.3 werden die in einer Unternehmung oder einer Behörde abzuwickelnden Aufgaben im Kontext ihrer betriebswirtschaftlichen Relevanz interpretiert – eben als Geschäftsprozesse.

5.2.2.1 RFA-Modelle

Ausgangspunkt der Modellbildung mit Hilfe der RFA-Netze ist die *Organisation* einer Unternehmung als institutioneller Rahmen der Aufgabenerfüllung. Eine *Stelle* beinhaltet abstrakte Aufgabenkomplexe. Stelleninhaber nehmen im Arbeitsprozess unterschiedliche *Rollen* wahr. Diese lassen sich wiederum in *Funktionen* aufteilen, die jeweils bestimmte *Aktionen* durchzuführen haben. Die in die Stellen einer Arbeitsorganisation eingebundenen Rollen, Funktionen und Aktionen konstituieren die konzeptionellen Ebenen der Modellbildung der RFA-Netze.

Auf der *Rollenebene* werden die Arbeitsaufgaben und ihr Zusammenspiel zusammen mit den Zuständigkeiten und Verantwortlichkeiten eines Rollenträgers unabhängig von einer möglichen IuK-technischen Unterstützung erfasst. Eine Rolle kann nur von einem menschlichen Stelleninhaber, also einer Person, nicht jedoch von einem technischen Hilfsmittel wahrgenommen werden. Ein Stelleninhaber kann verschiedene Rollen ausfüllen. Eine Rolle beinhaltet eine Arbeitsaufgabe mit einem einheitlichen Ziel, die zu ihrer Erfüllung erforderlichen Kenntnisse und Zuständigkeiten sowie die dafür notwendigen Ressourcen.

In der Wirtschaft erfolgt das *Zusammenwirken von Rollen* entweder asynchron über die Nutzung gemeinsamer Ressourcen (etwa in Form eines koordinierten Informations- oder Dokumentenaustausches) oder synchron über die Ausführung gemeinsamer Handlungen (als koordinierte Bearbeitung von Informationen und Dokumenten). Jede Rolle kann durch ein Geflecht von Funktionen vollständig erfasst werden, wobei eine Rolle mindestens eine Funktion enthält.

Funktionen beschreiben lediglich die sich aus den jeweiligen Arbeitsaufgaben ergebenden funktionalen Aspekte einer Rolle. Die pragmatische Dimension einer Arbeitsaufgabe – also deren betriebswirtschaftliche Zwecksetzung – bleibt auf der Funktionsebene ebenso unberücksichtigt wie die sozialen Anforderungen an einen Rollenträger (Verantwortlichkeiten, Nutzung von Entscheidungsspielräumen, Rechte und Pflichten gegenüber anderen Rollenträgern). Im Unterschied zu einer Rolle kann eine Funktion deshalb auch von IuK-Technik ausgeführt und somit automatisiert werden. Funktionen beinhalten diejenigen Operationen, die zur Erfüllung einer (Teil-)Aufgabe des Rollenträgers erforderlich sind, und die dafür notwendigen Arbeitsobjekte. Bei diesen Objekten handelt es sich um Arbeitsmittel, -gegenstände oder -pläne, die als materielle

Objekte (z.B. als Dokumente) oder als Informationsobjekte (z.B. als Daten) bearbeitet werden können.

Das Zusammenwirken von Rollen erfolgt auf der Funktionsebene als die *Interaktion von Funktionen*. Dies kann mittels asynchronem Austausch von bzw. Zugriff auf gemeinsam genutzte Arbeitsobjekte oder – bei der synchronen Interaktion – durch miteinander gekoppelte Handlungen stattfinden.

Jede Funktion umfasst genau eine *Aktion*. Die Aktionsebene als detaillierteste RFA-Beschreibungssicht stellt nicht mehr die statische Aufbau-, sondern die dynamische Ablaufstruktur eines Arbeitssystems dar. Sie wird durch das Zusammenwirken von Funktionsträgern, Handlungen bzw. Tätigkeiten und Objekten im Zeitablauf gekennzeichnet. Wichtigstes Merkmal von Aktionen ist die (funktionale) Verwendung und (sequentielle) Bearbeitung von Objekten.

Die Dynamik von Aktionen kann über den Steuer- und/oder den Objektaspekt erfasst werden. Der *Steuerfluss* bildet den Bearbeitungszustand eines Objektes nach der Ausführung von Handlungen der Funktionsträger ab, soll hier jedoch nicht weiter berücksichtigt werden. Bei der Darstellung des *Objektflusses* wird zwischen materiellen und immateriellen Objekten differenziert. Nur materielle Objekte (wie Dokumente) können physisch transportiert oder ausgetauscht werden. Die Weitergabe immaterieller Objekte (Informationen) wird im Falle einer maschinellen Übertragung und Bearbeitung durch den Datenfluss beschrieben.

Abb. 5-6 stellt die in Abschnitt 5.2.2.2 zu erläuternde Beziehung zwischen den RFA-Konzepten und -Konstrukten her, wobei Rollen, Funktionen und Aktionen in unterschiedlichem Detaillierungsgrad sowohl einzeln betrachtet werden können (als Rollen-, als Funktions- oder als Aktionsnetze), aber auch beliebig miteinander kombinierbar sind (etwa als Rollen-/ Funktions-, als Rollen-/ Aktions- oder eben als Rollen-/ Funktions-/ Aktionsnetze).

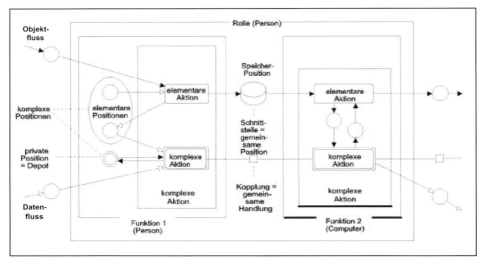

Abb. 5-6: Vernetzungsmöglichkeiten der RFA-Konstrukte[440]

5.2.2.2 RFA-Konstrukte

Abb. 5-7 zeigt, welche Konstrukte das RFA-Konzept anbietet, um Rollen, Funktionen, Aktionen und die Verwendung von Objekten zu beschreiben. Abb. 5-8 veranschaulicht, wie die RFA-Konstrukte miteinander zu kombinieren sind, um interaktive Tätigkeiten darzustellen.

---

[440] Die gestrichelten Linien in der Grafik gehören nicht zur RFA-Notation, sondern sollen verdeutlichen, zu welchen Konstrukten die erläuternden Bezeichnungen gehören.

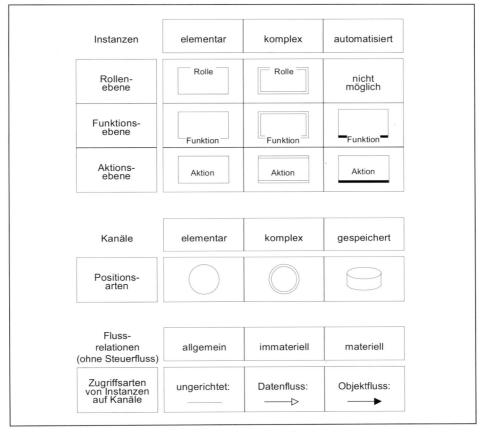

Abb. 5-7: RFA-Konstrukte

RFA-Netze werden gebildet, indem man die Knotenart 'Instanz' mit der Knotenart 'Kanal' über eine Kante (Petri-Terminologie: 'Flussrelation') verbindet. Die Petrinetz-Konstrukte Instanz, Kanal und Flussrelation haben bei RFA-Netzen die folgende Bedeutung:

— Mit Hilfe einer *Instanz* wird eine Rolle, Funktion oder Aktion dargestellt. Instanzen werden als rechteckige Netzknoten veranschaulicht und symbolisieren als aktive Funktionseinheiten die Ausübung von Tätigkeiten. In einem konkreten Beschreibungskontext unteilbare Instanzen heißen 'elementar'. Komplexe Instanzen können in elementare Instanzen untergliedert werden. Funktionen und Aktionen, nicht jedoch Rollen sind automatisierbar.

— Objekte (Arbeitsmittel, -gegenstände und -pläne in Form von Daten, Dokumenten oder anderen Dingen) werden nicht unmittelbar abgebildet. Vielmehr wird der Übergabeort von Objekten zwischen Instanzen dokumentiert. Solche Aufbewahrungsorte von Objekten werden 'Positionen' genannt, gelten als passive Funktionseinheiten und werden als *Kanäle* in Form kreisförmiger Netzknoten dargestellt. Wie bei den Instanzen gibt es elementare und komplexe Kanäle. Außerdem wird zwischen materiellen und immateriellen Objekten unterschieden. Immaterielle Objekte sind dadurch gekennzeichnet, dass sie nicht physisch abgelegt werden können, sondern lediglich gespeichert vorliegen und bei Bedarf abgerufen werden müssen.

- *Flussrelationen* beschreiben die Zugriffsart von Instanzen (Rollen, Funktionen oder Aktionen) auf Kanäle (Positionen). Soll diese Verknüpfung nicht weiter spezifiziert werden, so bedient man sich einer ungerichteten Kante. Die gerichtete Flussrelation bringt zum Ausdruck, dass es sich um einen materiellen Objektfluss (ausgefüllter Pfeil) oder einen immateriellen Datenfluss ('leerer' Pfeil) handelt.

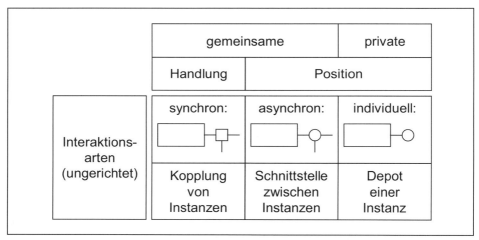

Abb. 5-8: Kombinationen der RFA-Konstrukte zur Darstellung von Interaktionen

Zur Ausübung einer bestimmten Arbeitstätigkeit können Rollen, Funktionen oder Aktionen individuell oder interaktiv ausgefüllt werden. Abb. 5-8 zeigt darüber hinaus, dass Interaktionen synchron oder asynchron stattfinden können:

- Bei synchroner Interaktion werden gemeinsame Handlungen vollzogen. Dieser Sachverhalt wird mit Hilfe *gekoppelter* Instanzen veranschaulicht.[441]

---

[441] Petri- und RFA-Formalismus verlangen, dass rechteckige Knoten (Instanzen) durch Kanten (Flussrelationen) nur mit runden Knoten (Kanälen) verbunden werden – nicht jedoch mit anderen Instanzen. Wegen der rechteckigen Darstellung gekoppelter Handlungen ist die RFA-Syntax an dieser Stelle nicht vollständig konsistent.

- Wenn zwei oder mehrere Instanzen zeitversetzt auf eine Position zugreifen, so erfolgt asynchrone Interaktion. Die gemeinsam genutzte Position wird als '*Schnittstelle*' bezeichnet.
- Privat verwendete Positionen heißen '*Depots*'.

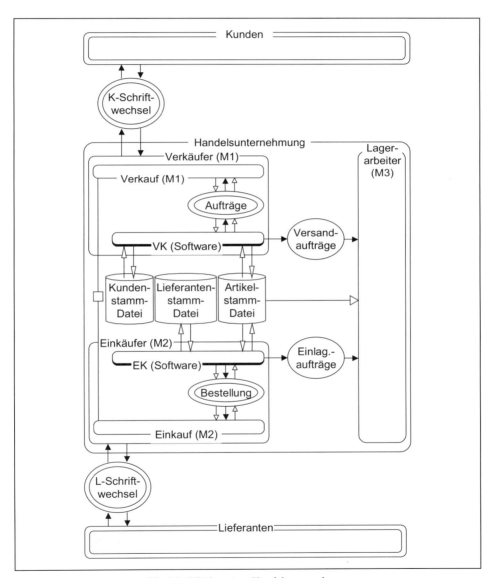

Abb. 5-9: RF-Netz einer Handelsunternehmung

Abb. 5-9 zeigt ein einfaches Rollen-/Funktionsnetz einer Beispiel-Handelsunternehmung. Dargestellt werden die drei Instanzen Kunden, Lieferanten (jeweils als komplexe, nicht weiter differenzierte Rollen) und Handelsunternehmung, in der die Mitarbeiter M1, M2 und M3 (dargestellt als einfache Rollen) jeweils für verschiedene Aufgabengebiete verantwortlich sind.

M1 ist als Verkäufer tätig, führt die Funktion 'Verkauf' aus und nutzt dabei das EDV-Programm 'VK'. Das skizzierte Zusammenspiel zwischen den Instanzen, Kanälen und Flussrelationen ist für M1 wie folgt zu interpretieren:

- M1 führt den Schriftverkehr mit den Kunden. Abb. 5-9 zeigt den Kanal 'K-Schriftwechsel' als komplexe Position (bestehend aus Elementarpositionen wie Angebote, Kundenaufträge, Lieferscheine, Rechnungen, Mahnungen usw.) und die zugehörigen Flussrelationen als wechselseitigen (materiellen) Objektfluss eben dieser Schriftstücke.

- Zu den M1-Aufgaben gehört insbesondere die Abwicklung eingegangener Aufträge (dargestellt als komplexe Position, da aus unerledigten Kundenaufträgen je nach Bearbeitungsstand Lieferungen, Forderungen usw. werden), wobei auf die entsprechenden automatisierten Funktionen des EDV-Programms 'VK' zugegriffen wird: beispielsweise bucht M1 Auftragseingänge, Waren- und Rechnungsausgänge (dargestellt als (immaterieller) Datenfluss von der Funktion 'Verkauf' über die Schnittstelle 'Aufträge' zur Funktion 'VK') und lässt sich den aktuellen Auftragsstatus anzeigen (dargestellt als (immaterieller) Datenfluss von der Funktion 'VK' über die Schnittstelle 'Aufträge' zur Funktion 'Verkauf') oder ausdrucken (dargestellt als Objektfluss (auf Papier) von der Funktion 'VK' über die Schnittstelle 'Aufträge' zur Funktion 'Verkauf'). Das EDV-Programm 'VK' greift bei der Auftragsabwicklung zu auf Kundenstammdaten (dargestellt als gespeicherte Position in Form eines Depots der VK-Funktion) und Artikelstammdaten (dargestellt als gespeicherte Position in Form einer Schnittstelle zwischen der VK- und der EK-Software sowie der Rolle 'Lagerarbeiter') und verändert sie nach Bedarf.

- M1 und M2 besprechen sich mit dem Ziel, festzulegen, wann M2 welche Bestellungen bei den Lieferanten durchzuführen hat. In Abb. 5-9 wird dieser Sachverhalt visualisiert als gemeinsame Handlung (Kopplung) zwischen der Verkaufsfunktion von M1 und der Einkaufsfunktion von M2.

Bei der Bestellabwicklung nutzt der Einkäufer M2 den Funktionsumfang des EDV-Programms 'EK'. Die Einkaufsfunktion, die EK-Funktion und die dabei verwendeten Positionen werden von M2 ähnlich eingesetzt wie die Verkaufsfunktion, die VK-Funktion und die entsprechenden Positionen von M1.

Aus Gründen der Übersichtlichkeit von Abb. 5-9 wurden die von Lagerarbeiter M3 durchzuführenden Funktionen nicht spezifiziert. Erkennbar ist jedoch, dass diesem Mitarbeiter das VK-Programm Versandaufträge (dargestellt als einfache Schnittstelle mit physischem Objektfluss (Listen) zwischen der VK-Funktion und der Rolle M3) und das EK-Programm Einlagerungsaufträge (dargestellt als einfache Schnittstelle mit physischem Objektfluss (Listen) zwischen der EK-Funktion und der Rolle M3) übermittelt. Ferner hat M3 die Möglichkeit, sich am Bildschirm über den Artikelbestand zu informieren (dargestellt als (immaterieller) Datenfluss von der komplexen Position 'Artikelbestand' zur Rolle M3).

Der Verkaufsaspekt der skizzierten Beispiel-Handelsunternehmung wird im folgenden Abschnitt 5.3 erneut aufgegriffen. Es wird gezeigt, welche Methoden und Modelle sich dafür eignen, eine an den *Geschäften* der Unternehmung orientierte Gestaltung computergestützter IuK-Systeme zu realisieren.

5.3 Geschäftsorientierte Gestaltung computergestützter IuK-Systeme

Ausgangspunkt einer wettbewerbsorientierten Gestaltung computergestützter IuK-Systeme sind die am Markt zu realisierenden *Geschäfte* einer Unternehmung. Käuferwünsche beziehen sich auf Sach- oder Dienstleistungen, deren Menge (Quantität), Beschaffenheit (Qualität), Preis (Kosten) und Termin (Zeit) durch die konkrete Nachfrage festgelegt wird. Die Unternehmung soll diese Abgabeleistung erbringen und benötigt dafür bestimmte Einsatzleistungen. Aus Kundensicht handelt es sich bei der Leistungserstellung der Unternehmung um einen Veredelungsprozess über verschiedene Stufen hinweg, bei dem der Output einer jeden betrieblichen Tätigkeit Vorleistungen für die nachfolgenden Arbeitsvorgänge liefert. Jeder Teilprozess ist am nachfolgenden Teilprozess auszurichten und damit schließlich am finalen Teilprozess, der beim Abnehmer endet. Die vorgelagerten Teilprozesse setzen um, was an den potenziellen Käufer an Leistung letztendlich abgegeben wird.

Soll das Wertschöpfungsergebnis einer Unternehmung optimiert werden, so sind sämtliche betrieblichen Teilleistungen daraufhin zu überprüfen, ob und wo Verbesserungen möglich sind. Im Bedarfsfall ist die Ablauf- und Aufbauorganisation umzugestalten. Eine Möglichkeit hierzu besteht in der durchgängigen Organisation der Unternehmung entsprechend der Geschäftsprozesse. Die Leistungserstellung, -verwaltung und -verwertung der Unternehmung wird dann nicht mehr nach Funktionen, d.h. nach Verrichtungen, aufgegliedert, sondern statt dessen entsprechend der relevanten Teilergebnisse der Geschäftstätigkeit unterteilt.

In der betriebswirtschaftlichen Literatur und in der Unternehmenspraxis ist nicht einheitlich geklärt, was *Geschäftsprozesse* darstellen und wie sie zu charakterisieren sind. Im Kern handelt es sich bei einem Geschäftsprozess um eine logisch zusammengehörige Folge betrieblicher Tätigkeiten, die dem unternehmensinternen oder -externen Prozesskunden einen messbaren Nutzen erbringt. Die zur Erreichung einer Teilleistung notwendige Einzelaktivität wird als *Geschäftsvorgang* bezeichnet, der durch einen *Geschäftsvorfall* (Ereignis) ausgelöst und von einem finalen Geschäftsereignis abgeschlossen wird. Geschäftsvorgänge können hintereinander (Sequenz), gleichzeitig (Parallele) oder alternativ (Auswahl) ausgeführt werden und ergeben zusammengenommen einen Geschäftsprozess.[442]

Maßnahmen zur Analyse, Neu- oder Umgestaltung komplexer Geschäftsprozesse und die damit einhergehenden organisatorischen und IuK-technischen Implikationen setzen die Verfügbarkeit wirksamer Hilfsmittel voraus. Da sich Petrinetze besonders gut zur Abbildung verteilter, miteinander verbundener (Geschäfts-)Vorgänge eignen, existieren auch entsprechende Modelle und Notationsformen zur Darstellung sequentieller, paralleler und alternativer Tätigkeitsfolgen in Unternehmen und Behörden. Das Anwendungsspektrum reicht von speziellen Petrinetz-Varianten, die wie bei *SOM* ('*S*emantisches *O*bjekt*m*odell') und *ARIS* ('*AR*chitektur *I*ntegrierter *I*nformations*s*ysteme') als ereignisorientierte Komponenten eines ganzen Werkzeugkastens zur Geschäftsprozessanalyse und -gestaltung zum Einsatz kommen, bis zu professionellen Petrinetz-basierten Entwicklungsmethoden für Vorgangssteuerungssysteme wie beispielsweise *LEU* ('*L*ion-*E*ntwicklungs*u*mgebung') der Fa. Lion GmbH.

Mit SOM und ARIS liegen zwei Modellbildungskonzepte vor, mit deren Hilfe sowohl die komplexe Ist-Situation als auch der nicht weniger komplizierte Soll-Zustand der Geschäftsprozessorganisation einer Unternehmung oder eines kleineren Realitätsausschnittes (z.B. eines Geschäftsbereiches, einer Niederlassung oder einer Abteilung) analysiert und spezifiziert werden kann. Beide Gestaltungsansätze betrachten die betriebliche Wirklichkeit aus einer *Struktursicht*, d.h. einer statischen Perspektive auf die Elemente und deren Beziehungen, und aus einer *Prozesssicht*, d.h. einer dynamischen Perspektive auf das Verhalten der Elemente.[443] Auf Basis dieser beiden Sichten setzen SOM und ARIS diverse Modelle ein, die dazu dienen sollen, die zu untersuchenden betriebswirtschaftlichen Sachverhalte abzubilden. Die bei SOM und ARIS verwen-

---

[442] Je nach der verwendeten Gestaltungsmethodik und dem benutzten Modellierungsansatz wird der Terminus 'Geschäftsprozess' unterschiedlich definiert. Neutrale, methoden- und modellunabhängige Erläuterungen finden sich z.B. in Dernbach (1993), Heilmann (1994) und Jablonski/Böhm/Schulze (1997).

[443] Die Begriffe 'Struktur-' und 'Verhaltenssicht' sind *nicht* mit den Begriffen 'Aufbau-' und 'Ablauforganisation' gleichzusetzen.

deten Gestaltungsmodelle unterscheiden sich allerdings hinsichtlich Anzahl, Art und Verwendung beträchtlich voneinander.

Bei *ARIS* werden die Modelle der Struktur- und Prozesssichten *nacheinander* eingesetzt. Zunächst geht es darum, die Komplexität des Gestaltungsgegenstandes mittels verschiedener, disjunkter Sichten zu reduzieren, um ihn anschließend aus einer zusammenfassenden Sicht heraus zu einem betriebswirtschaftlichen Gesamtbild neu zusammenzufügen. Die Anwendung der folgend skizzierten ARIS-Sichten wird in Abschnitt 5.3.2 erläutert.

Die Problemdekomposition wird bei ARIS aus den *strukturellen Organisations-, Daten- und Funktionsperspektiven* vorgenommen. Die Organisationssicht betrachtet die Aufbauorganisation einer Unternehmung und deren Aufteilung in Organisationseinheiten (Abteilungen, Geschäftsbereiche usw.) bis hin zu Stellen, denen einzelne Aufgabenträger zugeordnet sind. Die Datensicht bezieht sich auf den Aufbau des Informationsangebotes einer Unternehmung (oder Abteilung usw.), auf das je Aufgabenstellung zugegriffen werden kann. Betrachtungsgegenstand der Funktionssicht sind die Funktionen bzw. Vorgänge, die zur Erfüllung der betrieblichen Aufgaben von Personen u.U. computergestützt ausgeführt werden.

Die ARIS-*Prozess-* oder -*Steuerungssicht* integriert die drei Struktursichten und kann deshalb als die zentrale ARIS-Komponente bezeichnet werden. Es handelt sich um eine abgeleitete Beschreibungsperspektive, denn analysiert, modelliert, dokumentiert und bewertet werden die Zusammenhänge zwischen den Dekompositionssichten als zeitlich-sachlogische Abfolge betrieblicher Tätigkeiten (Funktionssicht) zur Bearbeitung betriebswirtschaftlich relevanter Objekte (Datensicht), für deren Durchführung bestimmte Aufgabenträger verantwortlich sind (Organisationssicht). Die integrative Prozesssicht ist innerhalb des ARIS-Konzeptes somit diejenige Betrachtungsart, die betriebswirtschaftliche Sachverhalte im dynamischen Zeitablauf abbildet.

Im Unterschied zu ARIS werden bei *SOM* die Modelle der Struktur- und der Prozesssicht *simultan* und aufeinander abgestimmt abgearbeitet. Aus *strukturorientierter Perspektive* wird gezeigt, welche betrieblichen Leistungen von Geschäftsprozessen erstellt oder benutzt werden und wie die an der Leistungserstellung beteiligten Geschäftsobjekte koordiniert werden. Ausgehend von den geschäftlichen Zielvorgaben einer Organisationseinheit betrachtet die *prozessorientierte Perspektive* das geschäftsbezogene Verhalten der Akteure und die logische und zeitliche Reihenfolge, in der das Netz von Aufgaben zu erledigen ist. Struktur- und Prozess- (bzw. Verhaltens)sicht werden parallel zueinander konkretisiert. Je Detaillierungsstufe und je Sichtweise kommen verschiedene Modelltypen zum Einsatz. Welche dies sind, erläutert der folgende Abschnitt 5.3.1.

5.3.1 Synchrone Struktur- und Prozessgestaltung – das Beispiel SOM

Das am Lehrstuhl für Wirtschaftsinformatik der Otto-Friedrich-Universität Bamberg entwickelte 'Semantische Objektmodell' (SOM) dient zur geschäftsorientierten Modellierung computergestützter betrieblicher IuK-Systeme, wobei die Abbildung der betriebswirtschaftlichen Tatbestände in eine unterstützende Anwendungssoftware durch ein *dreistufiges* Vorgehen erreicht werden soll. Die Arbeitsergebnisse einer Ebene sind im Kern als Anforderungen zu verstehen, die in der jeweils darunter liegenden Ebene zu konkretisieren und schließlich IuK-technisch zu implementieren sind. Insofern können die Modell(ierungs)stufen auch als Abstraktionsschichten aufgefasst werden, die das zu gestaltende computergestützte IuK-System auf unterschiedlich anschaulichem und präzisem Niveau erschließen.[444]

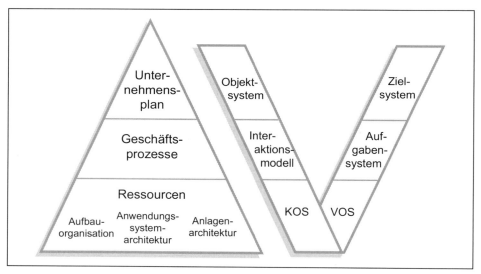

Abb. 5-10: Kombination der SOM-Sichten und -Ebenen

---

[444] Originäre Dokumentationen der Geschäftsprozessmodellierung auf Basis des Semantischen Objektmodells finden sich beispielsweise in Ferstl/Sinz (1994) und (1995). Daneben sind unter anderem im Rahmen der Rundbriefe des GI-Fachausschusses 5.2 (Informationssystem-Architekturen) einerseits und der Bamberger Beiträge zur Wirtschaftsinformatik andererseits eine große Anzahl 'grauer' Aufsätze verschiedener Autoren erschienen, die sich mit Teilproblemen und Anwendungsmöglichkeiten des SOM-Modellierungsansatzes auseinandersetzen.

Die SOM-Modellierungsebenen beschreiben nicht nur Vorgehensschritte, die Zug um Zug abzuarbeiten sind. Vielmehr repräsentieren Auswahl, Anordnung und Interdependenzen der drei Modellschichten das SOM-Verständnis der betriebswirtschaftlichen Zusammenhänge in Unternehmungen. Die aufeinander aufbauenden Modellierungsstufen werden deshalb in ihrer Gesamtheit auch als *'Unternehmensarchitektur'* bezeichnet. Die Pyramide in Abb. 5-10 (linke Seite) zeigt die SOM-Unternehmensarchitektur, die folgende Komponenten enthält:

- Der *Unternehmensplan* (erste Ebene) ist Ergebnis der Unternehmensplanung. Die Unternehmensführung ist am Erfolg der aktuellen und potenziellen Geschäfte der Unternehmung interessiert. Geschäftstätigkeiten realisieren sich bei den Geschäftspartnern am Markt und setzen sich gegen Konkurrenten durch. Die Unternehmensplanung ist deshalb im Wesentlichen *umweltorientiert*. Die Untersuchungen und Spezifikationen, die in die SOM-Modellierung eingehen, erfolgen auf dieser ersten Stufe in der Regel in deskriptiver Textform.

- Aufgrund der Vorgaben des Unternehmensplanes können durch *Geschäftsprozessmodelle* (zweite Ebene) Lösungsverfahren bereitgestellt werden. Operationalisiert wird der Unternehmensplan durch die geschäftlichen Transaktionen. Insofern repräsentieren Geschäftsprozesse das *Innenleben* einer Unternehmung. Das von SOM verwendete Zerlegungskonzept zur Spezifikation von Geschäftsprozessen wird semi-formal in Diagrammen veranschaulicht.

- Um die Arbeitsergebnisse, die auf der Geschäftsprozessebene entwickelt werden, auch umsetzen zu können, werden entsprechende *Ressourcen* benötigt (dritte Ebene). In der SOM-Terminologie gelten Aufgabenträger als Ressourcen. Gemeint sind Menschen – deren Zusammenwirken wird über die *Aufbauorganisation* geregelt, die bei der SOM-Modellierung allerdings ausgeblendet bleibt – oder Maschinen. Maschinen dienen entweder zur Transformation (immaterieller) Informationen oder zur Bearbeitung (materieller) Werkstücke. Zur Erzeugung von Sachleistungen (also physisch existenter Produkte) werden in Unternehmungen primär maschinelle Transport- und Bearbeitungssysteme eingesetzt. Die Gesamtheit der Maschinen zur Fertigung materieller Erzeugnisse wird bei SOM mit dem Begriff *'Anlagenarchitektur'* belegt. Wie die Aufbauorganisation ist auch die Anlagenarchitektur nicht Gegenstand des SOM-Gestaltungskonzeptes. Lediglich zur Gestaltung der *Anwendungssystemarchitektur* wird auf die einschlägigen Methoden und Werkzeuge der objektorientierten Softwareentwicklung verwiesen, mit deren Hilfe die Eigenschaften und Funktionen einer maschinell gestützten Informationsarbeit entsprechend den Anforderungen der Geschäftsprozessmodelle konstruiert und implementiert werden können.

In einzelnen Reorganisationsprojekten kann von der in der Unternehmensarchitektur unterstellten Top-down-Reihenfolge abgewichen werden, wenn beispielsweise zunächst eine Ist-Analyse auf Ebene der Geschäftsprozessmodelle erfolgt, deren Ergebnisse daraufhin mit den Zielen der Unternehmensplanung abgestimmt werden müssen. In den meisten Fällen empfiehlt es sich jedoch, die vage umrissenen Problemstellungen des Unternehmensplanes schrittweise von oben nach unten zu spezifizieren. Deshalb korrespondieren die drei Ebenen des SOM-*Vorgehensmodells* der Abb. 5-10 (rechte Seite) mit denjenigen der Unternehmensarchitektur. Der sich verjüngende Abstand zwischen den beiden Schenkeln dieses V-Modells bedeutet, dass die Freiheitsgrade bei der Modellierung mit zunehmender Konkretisierung der Anwendungssystemarchitektur von oben nach unten abnehmen. Die Stufen beider Schenkel sind synchron, also parallel zueinander und aufeinander abgestimmt abzuarbeiten.

Der linke Schenkel des SOM-Vorgehensmodells symbolisiert eine *strukturorientierte* Sichtweise auf den Gestaltungsgegenstand der jeweiligen Stufe (Unternehmensplan, Geschäftsprozesse, Ressourcen). Die strukturelle Sicht betrachtet den Aufbau des relevanten Realitätsausschnittes, wobei es zunächst um eine möglichst genaue Eingrenzung der Geschäftsobjekte geht, die Gegenstand der Gestaltung sein sollen (Ebene der Unternehmensplanung). Nach welcher Logik die Definition der Elemente des betrieblichen *Objektsystems* erfolgt, erläutert Abschnitt 5.3.1.1. Auf Grundlage des betrieblichen Objektsystems kann mit Hilfe des sogenannten '*Interaktionsmodells*' ein Netz betrieblicher Objekte und Transaktionen konstruiert und schrittweise verfeinert werden (Ebene der Geschäftsprozessmodelle). Abschnitt 5.3.1.2 zeigt, wie dieser Detaillierungsprozess prinzipiell verläuft. Die konkreteste Stufe des Interaktionsmodells dient dann als Vorbild bei der konsequent objektorientierten Implementierung der computergestützten Anwendungssysteme (Ebene der Ressourcen). Das Hilfsmittel zur gekapselten Konstruktion der Geschäftsobjekte in die zulässigen Transaktionen heißt '*Konzeptuelles Objektschema*' *(KOS)*.

Der rechte Schenkel des SOM-Vorgehensmodells versinnbildlicht eine *verhaltensorientierte* Sichtweise auf die jeweilige Ebene der Unternehmensarchitektur. Erkenntnisleitend für diesen Vorgehenszweig ist der Gedanke, dass die Arbeitsabläufe und damit auch das aufgabenbezogene Verhalten der Akteure in Unternehmungen maßgeblich von den betriebswirtschaftlichen Zielvorgaben der Geschäftsleitung bestimmt wird. Erfolgsanalysen und -faktoren, Kennzahlensysteme, Geschäftsfelddefinitionen, Wertschöpfungsketten usw. sind Methoden und Hilfsmittel zur Festlegung des *Zielsystems* einer Unternehmung (Ebene der Unternehmensplanung). Aus dem betrieblichen Zielsystem leitet sich das in der Unternehmung durchzuführende Netz von Aufgaben ab. Das betriebliche *Aufgabensystem* beschreibt, in welcher logischen und zeitlichen Reihenfolge betriebliche Aufgaben zu erledigen sind (Ebene der Geschäftsprozessmodelle).

Abschnitt 5.3.1.2 erläutert, in welcher Form der SOM-Ansatz die Vorgänge zur Aufgabenabwicklung schrittweise spezifiziert. Die formalen Vorgangsbeschreibungen werden schließlich herangezogen, um Vorgangsobjekttypen zu definieren, die das Zusammenwirken der Geschäftsobjekte in den implementierten Anwendungssystemen softwaretechnisch steuern (Ebene der Ressourcen). Vorgangsobjekttypen werden in sogenannten '*Vorgangsobjektschemata*' *(VOS)* zusammengefasst.

5.3.1.1 SOM-Objektsystem

In der SOM-Terminologie werden die durch die geschäftsorientierten Aktivitäten in einer Unternehmung eingesetzten Materialien, Informationen, Menschen und Maschinen sämtlich als betriebliche '*Objekte*' bezeichnet. Ihnen ist gemeinsam, dass mit ihrer Hilfe Aufgaben verrichtet werden. Insbesondere dienen betriebliche Aufgabenerfüllungsprozesse dazu, die für die Unternehmung relevanten Objekte miteinander zu verknüpfen: Vertriebsmitarbeiter beispielsweise informieren Lagerarbeiter über abzuwickelnde Versandaufträge, Werkstücke werden durch maschinelle Einwirkung zu Fertigprodukten, aus Auftragsdaten entstehen mittels entsprechender Aktivitäten und Softwarefunktionen Rechnungsdaten, spezielle Softwaresysteme transformieren operative Informationen derart, dass sie von Managementunterstützungssystemen ausgewertet werden können usw. Die Gesamtheit der abzubildenden und zu modellierenden Realität – also die betrieblichen Objekte und ihre Interaktionen – bildet beim SOM-Ansatz das *betriebliche Objektsystem*.

Eine wesentliche Schwierigkeit sämtlicher Modelle und Methoden zur Gestaltung computergestützter IuK-Systeme besteht darin, die zu analysierende und zu spezifizierende Realität sachlich und begrifflich korrekt einzugrenzen. SOM bezeichnet den Teil der Wirklichkeit, der bei einem bestimmten Gestaltungsvorhaben nicht berücksichtigt werden muss, mit '*Umwelt*' und den fokussierten Realitätsausschnitt mit '*Diskurswelt*'.

Eine Abgrenzung zwischen den Objekten der Diskurswelt und der Umwelt kann allerdings nicht trennungsscharf sein. Die Diskurswelt ist ein *offenes* System, da zwischen den Objekten der Diskurswelt und der Umwelt wechselseitige Informations- und Leistungsbeziehungen bestehen. Beispielsweise bestellt ein Kunde (als Objekt der Umwelt) Waren (die zunächst Objekte der Diskurswelt sind); der Auftrag (den die Umwelt der Diskurswelt übermittelt) wird von den entsprechenden Mitarbeitern der betrachteten Unternehmung (als Objekte der Diskurswelt) bearbeitet, die Waren werden ausgeliefert (also von der Diskurswelt der Umwelt übergeben), die Lieferung in Rechnung gestellt usw. Das betriebliche Objektsystem umfasst deshalb sowohl die

Objekte der Diskurswelt als auch die mit den Diskursweltobjekten in Beziehung stehenden Objekte der Umwelt.

Die Diskurswelt ist nicht nur ein offenes, sondern auch ein *zielgerichtetes* System. Den Diskursweltobjekten sind betriebliche Aufgaben zugeordnet, deren Erfüllung letztlich einen Beitrag zur Erreichung der Unternehmensziele leisten soll. Neben ihrer Zielausrichtung verfügen betriebliche Aufgaben über eine Reihe weiterer Eigenschaften. Drei dieser Aufgabenmerkmale dienen beim SOM-Ansatz dazu, den informationellen und automatisierbaren Teil des betrieblichen Objektsystems einzugrenzen und das Objektsystem in überschaubare und handhabbare Teilsysteme zu dekomponieren, um es einem Gestaltungsvorhaben zugänglich zu machen.

Erstens werden alle betrieblichen Aufgaben an *Aufgabenobjekten* durchgeführt. Eine konkrete Aufgabenverrichtung unterscheidet sich von einer anderen dadurch, dass sie entweder an einem realen Gegenstand im Sinne eines physisch existierenden Materials oder an Informationen vorgenommen wird:

– Waren, Güter usw. sind *materielle*, real existierende Aufgabenobjekte. Zwischen ihnen bestehen Beziehungen. Beispielsweise werden Materialien im Verlauf eines Güterstroms mit anderen Materialien zusammengeführt (etwa in Montagestraßen). Die Gesamtheit der materiellen Objekte und die zugehörigen Verbindungen konstituieren das *betriebliche Basissystem*. Das betriebliche Basissystem ist Teilsystem des betrieblichen Objektsystems, wird jedoch von SOM nicht betrachtet.

– Informationsobjekte sind *immaterieller* Natur. Sie werden durch Aufgabenerfüllungsprozesse miteinander verknüpft. Dazu dienen beispielsweise diverse Datenverarbeitungsfunktionen (etwa das Update einer Lagerbestandsdatei durch Artikelbewegungen). Alle Informationsobjekte und Informationsbeziehungen eines betrieblichen Objektsystems bilden das *betriebliche IuK-System*, das Gegenstand des SOM-Modellierungsansatzes ist.

Zweitens werden alle betrieblichen Aufgaben von *Aufgabenträgern* erfüllt. Nach SOM können Aufgaben prinzipiell von Menschen oder von Maschinen übernommen werden:

– Aufgabenobjekte, die nur von *menschlichen* Aufgabenträgern bearbeitet werden können, gehören zum *nicht-automatisierten Teil* des betrieblichen Objektsystems. Zwischen den Personen eines betrieblichen Objektsystems bestehen Abhängigkeiten, Interdependenzen und Interaktionen in Form von Berichtswegen, Weisungsbefugnissen usw., die in der Aufbauorganisation dieser Organisationseinheit festgeschrieben sind. Das nicht-automatisierte Teilsystem des betrieblichen Objektsystems (Personal und Aufbauorganisation) wird von SOM ausgegrenzt und nicht berücksichtigt.

- Aufgabenobjekte, die von (Menschen mittels) *Maschinen* modifiziert werden können, sind Elemente des *automatisierten Teilsystems* des betrieblichen Objektsystems. Die *informationellen* Aufgabenobjekte des automatisierten Teils des betrieblichen Objektsystems sowie die softwaretechnischen (maschinellen) Funktionen, mit deren Hilfe diese Aufgabenobjekte bearbeitet, verändert und in Beziehung zueinander gesetzt werden, sind Gegenstand des SOM-Modellierungsansatzes. Sie werden als 'Anwendungssystemarchitektur' bezeichnet. Die maschinellen Operationen auf *materielle* Aufgabenobjekte der Anlagenarchitektur werden von SOM dagegen nicht untersucht.

Drittens besteht jeder Aufgabenerfüllungsprozess aus gleichartigen *Aufgabenphasen*. Alle betrieblichen Aufgaben lassen sich prinzipiell in einen Lenkungsteil und einen Leistungsteil unterteilen, die beide Gegenstand der SOM-Analysen und -Spezifikationen sind:

- Dem *Leistungssystem* einer Unternehmung sind verschiedene Arbeitsschritte der Aufgabendurchführung zugeordnet. Dies sind die *Anbahnungsphase*, bei der sich die Geschäfts- oder Arbeitspartner zunächst nur kennen lernen und (beispielsweise bei Abgabe eines Angebotes) unverbindliche Absichtserklärungen hinsichtlich eines Leistungsaustausches abgeben, die *Vereinbarungsphase*, bei der sich beide Partner zum Leistungsaustausch verpflichten (etwa durch einen Auftrag), und die *Durchführungsphase*, bei der der Leistungsaustausch realisiert wird (z.B. bei einer Warenlieferung).

- Zum *Lenkungssystem* einer Unternehmung gehören die Aufgabenphasen Planung, Steuerung und Kontrolle. *Planende Aktivitäten* als die gedankliche und informationelle Vorwegnahme der Aufgabenabwicklung werden dem eigentlichen Aufgabenerfüllungsprozess des betrieblichen Leistungssystems meist vorgeschaltet und von diesem zeitlich getrennt ausgeführt. *Steuerungsaktivitäten* lenken die Aufgabendurchführung unmittelbar; *Kontrollaktivitäten* beinhalten Soll/Ist-Abgleiche und Korrekturmaßnahmen. Steuerung und Kontrolle können nur in wechselseitiger Abhängigkeit mit dem betrieblichen Leistungssystem, also nur in zeitlicher Nähe der Aufgabenrealisierung durchgeführt werden.

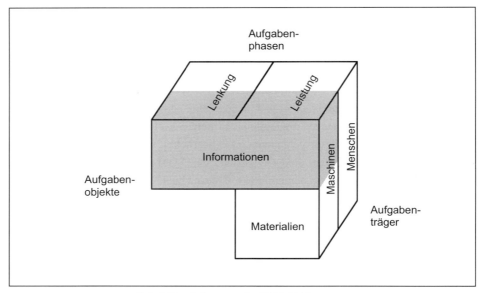

Abb. 5-11: Teilsysteme des SOM-Objektsystems

Abb. 5-11 zeigt die skizzierten Teilsysteme des betrieblichen Objektsystems im Zusammenhang. Dies wird folgend noch einmal aus Sicht der Aufgabenträger (Menschen oder Maschinen) veranschaulicht. Das SOM-Objektsystem besteht zum einen aus der Aufbauorganisation (*Menschen als Aufgabenträger*), die von SOM nicht modelliert wird. Die Aufbauorganisation nach SOM-Logik beinhaltet – vereinfacht ausgedrückt:

- Werker, die mit materiellen Aufgabenobjekten arbeiten (in Abb. 5-11 durch das Tripel Menschen/Materialien/Leistung dargestellt),
- Bürokräfte mit Sachbearbeitungs- und Fachaufgaben, die an Informationsobjekten tätig sind (Menschen/Informationen/Leistung), sowie
- Führungskräfte, die die betrieblichen Aufgabenerfüllungsprozesse mit Hilfe geeigneter Managementinformationen leiten (Menschen/Informationen/Lenkung).

Das SOM-Objektsystem umfasst zum anderen einen automatisierten Teil (*Maschinen als Aufgabenträger*) mit den Bestandteilen

- Transport- und Bearbeitungssysteme (wie CNC- oder Robotersysteme), mit deren Hilfe physische Materialien bearbeitet werden können (Maschinen/Materialien/ Leistung) und die als Anlagenarchitektur von SOM nicht berücksichtigt werden,
- computergestützte Administrations- und Dispositionssysteme (z.B. Personalabrechnungssysteme), die dazu dienen, betriebliche Informationsaufgaben abzuwickeln (Maschinen/Informationen/Leistung), sowie

– computergestützte Planungs- und Kontrollsysteme (beispielsweise Executive Information Systeme, EIS) mit Informationen für die Unternehmensführung (Maschinen/ Informationen/Lenkung).

In Abb. 5-11 ist der automatisierte Teil (Maschinen als Aufgabenträger) des betrieblichen IuK-Systems (Informationen als Aufgabenobjekt), in dem sowohl Aufgaben des Lenkungs- als auch des Leistungssystems wahrgenommen werden, besonders hervorgehoben. Die so gekennzeichneten Komponenten des betrieblichen Objektsystems heißen '*Anwendungssystemarchitektur*' und sind Gegenstand der Analyse und Modellbildung bei SOM.

5.3.1.2 SOM-Geschäftsprozessschemata

Auf Ebene der Geschäftsprozesse verwendet SOM zwei unterschiedliche Modelltypen, um auf Grundlage der Unternehmensplanung Anforderungen für die Anwendungssystemarchitektur zu erschließen. Aus dem betrieblichen Objektsystem wird mit dem *Interaktionsmodell* eine strukturelle Darstellung der Geschäftsprozesse erarbeitet. Das betriebliche *Aufgabensystem* kann aus dem betrieblichen Zielsystem abgeleitet werden, weil die Unternehmensziele Art und Reihenfolge der Aufgabenerledigung weitgehend festlegen.

Der SOM-Modellierungsansatz benutzt zwei verschiedene Notationsformen zur Formalisierung von Geschäftsprozessen. Sie werden als 'Schemata' bezeichnet. Mit den *Interaktionsschemata* wird der Aufbau geschäftlicher Aktivitäten stufenweise präzisiert (Struktursicht durch das Interaktionsmodell). *Vorgangs-Ereignis-Schemata* dienen der sukzessiven Spezifikation der Tätigkeitsfolgen bei der Aufgabenabwicklung (Verhaltenssicht durch das Aufgabensystem). Interaktionsschemata und Vorgangs-Ereignis-Schemata einer Detaillierungsstufe sind parallel zueinander und aufeinander abgestimmt zu entwickeln.

Die SOM-Interaktionsschemata kombinieren mit den Diskursweltobjekten, den relevanten Umweltobjekten und den betrieblichen Transaktionen drei unterschiedliche Elemente. Betriebliche Objekte werden in der SOM-Begriffswelt dann als '*Diskursweltobjekte*' bezeichnet, wenn sie dem zu modellierenden Realitätsausschnitt direkt angehören. Nur wenn bestimmte Umweltgegebenheiten die Aufgabenverrichtungen eines Diskursweltobjektes auslösen oder erfordern, werden diese Tatbestände als *Umweltobjekte* bei der Modellierung ebenfalls berücksichtigt. Relevante Umweltobjekte werden in den Interaktionsschemata als Ellipsen, Diskursweltobjekte als Rechtecke dargestellt.

Im Rahmen der betrieblichen Aufgabenerfüllung übergeben und empfangen betriebliche Objekte Geschäftsinformationen. Dieser geschäftliche Informationsaustausch verläuft über sogenannte 'Transaktionskanäle'. Betriebliche Objekte 'interagieren' mittels betrieblicher *Transaktionen*, die über die Transaktionskanäle transportiert werden. Betriebliche Transaktionen werden in den Interaktionsschemata als Pfeile versinnbildlicht.

Die SOM-Interaktionsschemata können mit Hilfe unterschiedlicher Koordinationsformen schrittweise zerlegt werden. Die Dekomposition einer betrieblichen Transaktion zwischen zwei sogenannten 'client-objects' erfolgt nach dem *Verhandlungsprinzip*. Bei dieser nicht-hierarchischen (flachen) Koordination wird die Übergabe von geschäftlichen Informationen von einem betrieblichen Objekt zu einem anderen in eine Anbahnungs-, eine Vereinbarungs- und eine Durchführungstransaktion aufgeteilt. Mit Hilfe des *Regelungsprinzips* wird eine hierarchische Koordination zwischen zwei betrieblichen Objekten erreicht. 'Controlled-object' und 'controlling-object' werden durch Steuerungs- und Kontrolltransaktionen miteinander verbunden.

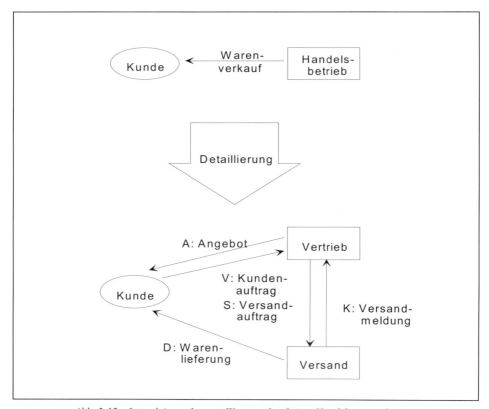

Abb. 5-12: Interaktionsschemata Warenverkauf einer Handelsunternehmung

Abb. 5-12 zeigt zwei unterschiedlich detaillierte Interaktionsschemata des Geschäftsprozesses 'Warenverkauf' einer Handelsunternehmung. Der obere Teil der Abbildung skizziert einen Handelsbetrieb (als Rechteck dargestelltes Diskursweltobjekt), der den Geschäftsprozess 'Warenverkauf' (als Pfeil dargestellte Transaktion) bei einem Kunden (als Ellipse dargestelltes Umweltobjekt) realisiert.

Wie jeder Geschäftsprozess umfasst der Warenverkauf der Handelsunternehmung Lenkungs- und Leistungsaktivitäten, deren Komponenten über verschiedene Zerlegungsschritte spezifiziert werden können. Der untere Teil von Abb. 5-12 veranschaulicht das Ergebnis des Detaillierungsprozesses:

— Die Leistungsaktivitäten des Geschäftsprozesses 'Warenverkauf' werden nach dem Verhandlungsprinzip differenziert und bestehen demzufolge aus der Geschäftsanbahnung, in deren Verlauf der Kunde (Umweltobjekt) vom Vertrieb (Diskursweltobjekt) ein Angebot erhält (mit 'A' für 'Anbahnung' gekennzeichnete Transaktion), der Geschäftsvereinbarung, die die Übermittlung des Kundenauftrages (mit 'V' für 'Vereinbarung' gekennzeichnete Transaktion) vom Kunden (Umweltobjekt) zum Vertrieb (Diskursweltobjekt) beinhaltet, und der Geschäftsdurchführung, bei der die Warenlieferung (mit 'D' für 'Durchführung' gekennzeichnete Transaktion) vom Versand (Diskursweltobjekt) an den Kunden (Umweltobjekt) erfolgt.

— Die Lenkungsaktivitäten im Beispiel werden nach dem Regelungsprinzip zerlegt. Sie bestehen aus Vorgängen zur Steuerung und zur Kontrolle des Geschäftsprozesses 'Warenverkauf'. Planungsaktivitäten entfallen, da der Routine-Geschäftsprozess 'Warenverkauf' nicht bei jedem wiederholt anfallenden Geschäftsereignis 'Auftragseingang' erneut 'vorgedacht' werden muss. Für die Lenkung des Geschäftsprozesses 'Warenverkauf' ist der Funktionsbereich Vertrieb (Diskursweltobjekt) zuständig, der die Aktivitäten des Funktionsbereichs Versand (Diskursweltobjekt), der die eigentliche Auftragsabwicklung übernimmt, über einen Versandauftrag steuert (mit 'S' für 'Steuerung' gekennzeichnete Transaktion) und über eine Versandmeldung kontrolliert (mit 'K' für 'Kontrolle' gekennzeichnete Transaktion).

Parallel und in Abstimmung mit den Detaillierungsschritten der Interaktionsschemata legen die Vorgangs-Ereignis-Schemata bei SOM die zeitlichen Reihenfolgebeziehungen bei der Durchführung der betrieblichen Aufgaben Zug um Zug fest. Der Akt der Aufgabenerfüllung wird in der SOM-Terminologie als '*Vorgang*', der auslösende Vor- und der resultierende Nachzustand jeweils als '*Ereignis*' bezeichnet. Bei Ereignissen, die als Kreise dargestellt werden, kann es sich um eine sachlogische Abhängigkeit zweier Vorgänge, das Eintreffen von Zeitpunkten oder den Ablauf von Zeitintervallen zwischen zwei Vorgängen handeln.

Die Notation der Vorgangs-Ereignis-Schemata unterscheidet zwischen verschiedenen Arten geschäftlicher Vorgänge. Entsprechend den Diskursweltobjekten symbolisieren *Diskursweltvorgänge* die Durchführung betrieblicher Aufgaben. Diskursweltvorgänge werden als Rechtecke dargestellt. Ein *Umweltvorgang* dagegen beschreibt die Abwicklung einer Aufgabe, die der Diskurswelt zwar nicht angehört, deren Lösung aber einen Diskursweltvorgang auslöst oder einem solchen folgt. Umweltvorgänge werden als abgerundete Rechtecke notiert. Verbindendes Element zwischen zwei zusammengehörigen Vorgängen sind die *Transaktionskanäle*, die in Form von Pfeilen skizziert werden.

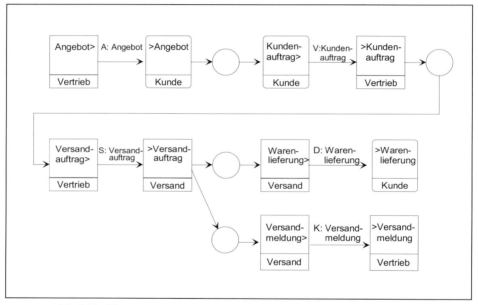

Abb. 5-13: Vorgangs-Ereignis-Schema Warenverkauf einer Handelsunternehmung

Abb. 5-13 zeigt den in Abb. 5-12 (unterer Teil) skizzierten Geschäftsprozess 'Warenverkauf' in einem Vorgangs-Ereignis-Schema.

Zunächst verschickt der Funktionsbereich Vertrieb der Handelsunternehmung (als Rechteck dargestelltes Diskursweltobjekt) ein Angebot (als Pfeil dargestellter Transaktionskanal) an den Kunden (als abgerundetes Rechteck dargestelltes Umweltobjekt). Nach Eintreffen des Angebotes und zu gegebener Zeit (als Kreis dargestelltes Ereignis) wird der Kunde (Umweltobjekt) im Beispiel wie erwünscht aktiv: er übermittelt einen Kundenauftrag (Transaktionskanal) an den Vertrieb (Diskursweltobjekt). Die Annahme des Kundenauftrages (Ereignis) löst die Erstellung und Übergabe eines Versandauftrages (Transaktionskanal) vom Vertrieb (Diskursweltobjekt) an den Versand (Diskursweltobjekt) aus. Sobald die erforderlichen Waren, Versand- und Rückmeldepapiere zusammengestellt sind (Ereignisse), liefert der Versand (Diskursweltobjekt) dem Kunden (Umweltobjekt) die Waren aus (Transaktionskanal) und meldet dem Vertrieb (Diskursweltobjekt), dass der Auftrag erledigt ist (Transaktionskanal).

Obwohl für die letztlich angestrebte Implementierung eines computergestützten Anwendungssystems zur Unterstützung der Geschäftsabwicklung in einer Handelsunternehmung noch diverse Spezifikationsschritte erforderlich sind, wird an dem Beispiel deutlich, dass der SOM-Modellierungsansatz ein schlüssiges Konzept zur Geschäftsprozessgestaltung anbietet. Dies gilt insbesondere wegen der betriebswirtschaftlich begründeten Einbettung der verwendeten Geschäftsprozessmodelle in eine umfassende Unternehmensarchitektur. Außerdem nutzt SOM das Paradigma der Objektorientierung durchgängig – sowohl zur Modellierung der Geschäftsprozesse als auch zur Konstruktion der Anwendungssoftware.

Andererseits betrachtet das SOM-Konzept ausschließlich die Anwendungssystemarchitektur einer Wirtschaftseinheit, also lediglich die dort eingesetzte IuK-Technik, mit deren Hilfe die anstehenden Arbeitsaufgaben durchgeführt werden sollen. Computergestützte IuK-Systeme sind jedoch dadurch gekennzeichnet, dass letztlich Personen dafür verantwortlich sind, IuK-Technik zu verwenden, um betriebliche Aufgaben geschäftswirksam abzuwickeln. Dies gilt auch für sogenannte 'voll'-automatisierte Lösungswege. Bei SOM bleiben die sozialen Bestandteile computergestützter IuK-Systeme, also die Arbeitsinteressen, -bedürfnisse, -fähigkeiten und Zuständigkeiten des von einer Gestaltungsmaßnahme betroffenen Personals vollständig und explizit ausgeblendet. Dies wird bei ARIS anders gelöst. Insbesondere wird die Frage der Verantwortlichkeiten bei der betrieblichen Aufgabenerfüllung aufgeworfen und beantwortet.

5.3.2 Von der Struktur- zur Prozessgestaltung – das Beispiel ARIS

Das marktführende und bekannteste Hilfsmittel zur computergestützten Geschäftsprozessmodellierung ist das ARIS-Toolset, welches auf der Architektur Integrierter Informationssysteme (ARIS) beruht. Das ARIS-Toolset wurde als Prototyp am Institut für Wirtschaftsinformatik an der Universität des Saarlandes (Saarbrücken) entwickelt und wird heute von der IDS Prof. Scheer GmbH vermarktet. Der Toolset-Begriff soll zum Ausdruck bringen, dass die Einzelwerkzeuge, die am Beginn der Entwicklung standen, mittlerweile zu einer umfassenden Tool-Familie mit einer ganzen Reihe von Anwendungsmöglichkeiten zusammengefügt wurden.[445]

Wie bei SOM wird die Umsetzung der betriebswirtschaftlichen Tatbestände in ein computergestütztes IuK-System beim ARIS-Konzept durch ein dreistufiges Vorgehen erreicht. Wie Abb. 5-14 zeigt, wird jede der vier Beschreibungssichten (Organisations-, Daten-, Funktions- und Prozesssicht) nacheinander auf der Fach-, Datenverarbeitungs- (DV-) und Implementierungsebene betrachtet. Diese Ebeneneinteilung repräsentiert Arbeitsschritte abhängig von deren Nähe zum definierten betriebswirtschaftlichen Bedarf am Beginn eines Projektablaufs und der Realisierung eines computergestützten IuK-Systems an dessen Ende.

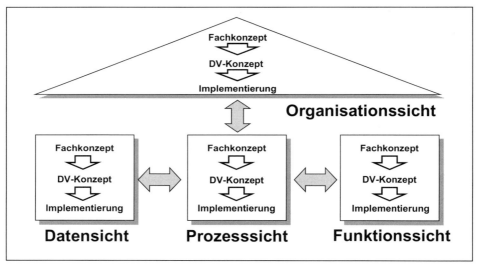

Abb. 5-14: Kombinationen der ARIS-Sichten und -Ebenen

Die ARIS-*Beschreibungsebenen* sind durch unterschiedliche Innovationsgeschwindigkeiten gekennzeichnet. Mit Hilfe des mit Abstand wichtigsten Dokumentes – dem Fachkonzept – können die betriebswirtschaftlichen Anforderungen an die Applikationsentwicklung oder -anpassung formuliert werden. Sie sind über einen längeren Zeitraum hinweg relativ stabil. Das DV-Konzept hingegen orientiert sich an den Optionen und Restriktionen der IuK-Technik. Die Implementierung ist sogar an eine bestimmte IuK-

---

[445] In Scheer (1996) wird diese Evolution nachvollzogen. ARIS wird umfassend in Scheer (1992), aktueller auch in Scheer (1997) und Scheer (1998) dokumentiert. Aus der unübersehbaren Flut anwendungsorientierter Publikationen, die sich auf die ARIS-Logik, -Begriffswelt und -Modelle beziehen, sollen hier lediglich die knappe und übersichtliche Darstellung in Rosemann/Rotthowe/ Schütte (1995) und die ausführlichen und fundierten Beschreibungen in Keller/Teufel (1997) genannt werden.

technische Ausstattung gebunden und kann sich insofern häufiger ändern. Konsequenterweise sind DV-Konzeption und Implementierung wesentlich weniger umfangreich ausgelegt als die Fachkonzeptentwicklung. Durch die Trennung in drei Ebenen erreicht ARIS eine weitgehende Unabhängigkeit der Fachkonzepte von der IuK-Technik.

Der dreistufigen Abschichtung (Fach-, DV-Konzept und Implementierung) ist eine *systemanalytische Arbeitsphase* vorgelagert, in der die betriebswirtschaftliche Ausgangssituation beschrieben werden soll. Durch die Untersuchung des Ist-Zusammenhangs zwischen Organisationseinheiten, Daten und Funktionen sowie zwischen manueller, automatischer und interaktiver Aufgabenbearbeitung sollen Schwachstellen des bestehenden IuK-Systems erhoben und identifiziert werden.

Ziel des *Fachkonzepts* ist es, verteiltes betriebswirtschaftliches Know-how so miteinander zu verbinden, dass eine korrekte, exakte und verständliche Basis für die Entwicklung oder Adaption einer konsistenten IuK-technischen Lösung hergestellt werden kann. Diese Lösung kann darin bestehen, ein Standardsoftwaresystem anhand der modellierten fachlichen Anforderungen auszuwählen und an die spezifischen Gegebenheiten der Unternehmung anzupassen. Alternativ kann auf Basis der Fachkonzeptmodelle eine unternehmensindividuelle Applikation entworfen und implementiert werden. Für beide Optionen ist es nützlich, das zu unterstützende betriebliche IuK-System in unterschiedlichen Beschreibungsmodellen abzubilden, wie dies das ARIS-Fachkonzept vorsieht.

Unabhängig von der spezifischen Ausprägung der angestrebten IuK-Technik werden beim ARIS-Fachkonzept zunächst voneinander unabhängige Abbildungen der Aufbauorganisation über ein Organisationsmodell, des Informationsbedarfs über ein Datenmodell und der aufgabenbezogenen Tätigkeiten über ein Funktionsmodell konzipiert. Diese *Dekompositionsmodelle* sind Gegenstand der Erläuterungen in Abschnitt 5.3.2.1. Der Einsatz der jeweiligen Beschreibungsmittel wird auch an einem Beispiel aufgezeigt.

Organisations-, Daten- und Funktionsmodell werden anschließend zu sachlich und zeitlich logischen (Geschäfts-)Prozessen verknüpft. Dies geschieht im Wesentlichen mit Hilfe von Vorgangsketten. Vorgangskettendiagramme, die sich als Petrinetz-Varianten interpretieren lassen, integrieren die Einzelbetrachtungen auf Fachkonzeptebene (Organisation, Daten und Funktionen) zu einem betriebswirtschaftlichen Gesamtkonzept (Prozessmodell) und dienen als Grundlage für das weitere Vorgehen mit Hilfe des ARIS-Toolsets. Abschnitt 5.3.2.2 legt verschiedene Ausprägungen eines solchen *Integrationsmodells* mit den zugehörigen Beschreibungsmitteln dar. Das in Abschnitt 5.3.2.1 verwendete Beispiel wird weiterentwickelt und -erläutert.

Während sich die Modelle auf fachlicher Ebene an realen Geschäftsprozessen orientieren, werden zur Erstellung des *DV-Konzepts* Beschreibungskonstrukte verwendet, die sich an den IuK-technischen Möglichkeiten ausrichten, ohne sich auf konkrete Hardware- und Software-Konfigurationen zu beschränken. Bei dessen Herleitung ist der betriebswirtschaftliche Rahmen zu berücksichtigen, den das Fachkonzept vorgibt. Aus Organisationssicht ergeben sich Anforderungen an Topologien für die Rechnervernetzung. Mit Hilfe der Datensicht kann das zugehörige Datenbanksystem entworfen werden. Die Funktionssicht beinhaltet den Entwurf der Programmmodule, der Kontrollstrukturen und der Ein-/Ausgabefunktionen (Masken, Listen) eines computergestützten Anwendungssystems. Aus Prozesssicht sind beispielsweise Zugriffsrechte aufeinander abzustimmen. Die Aufgabe der anschließenden *Implementierung* besteht im Kern darin, das erarbeitete DV-Konzept mittels konkreter IuK-technischer Produkte und Verfahren umzusetzen.

5.3.2.1 Strukturelle Dekomposition bei ARIS

Ziel des Fachkonzeptes nach ARIS ist eine möglichst korrekte Eingrenzung und Beschreibung des IuK-Systems einer Unternehmung, das Gegenstand einer geschäftsprozessorientierten Gestaltungsmaßnahme sein soll. Dem ARIS-Ansatz liegt ein Sichtenmodell zugrunde, mit dessen Hilfe zunächst diejenigen Beschreibungsobjekte als Modelle abgebildet werden sollen, die über eine geringe Interdependenz untereinander verfügen. Deshalb spezifiziert das Fachkonzept in einem ersten Schritt die Tätigkeiten bei der Aufgabenabwicklung (siehe Abschnitt 5.3.2.1.1), die dabei verwendeten Informationen (siehe Abschnitt 5.3.2.1.2) sowie die Subjekte der Bearbeitung (siehe Abschnitt 5.3.2.1.3). Die erstellten Funktions-, Daten- und Organisationsmodelle dienen insofern der *Dekomposition* des computergestützten oder computerunterstützbaren IuK-Systems der zu gestaltenden Organisationseinheit. Die Dekompositionsmodelle werden auf Fachkonzeptebene in einem zweiten Schritt in einem Prozessmodell zusammengeführt.

In den folgenden Abschnitten werden die wichtigsten Eigenschaften der im ARIS-Fachkonzept zu erarbeitenden Funktions-, Daten- und Organisationsmodelle dargelegt. Ein geschlossenes Beispiel, das in Abschnitt 5.3.2.2 bei der Beschreibung der ARIS-spezifischen Prozessmodelle ebenfalls verwendet wird, soll die grundlegenden Erläuterungen zu den Dekompositionsmodellen veranschaulichen.

5.3.2.1.1 Funktionsmodell

Die *Funktionssicht* ist die klassische Betrachtungsweise bei der Gestaltung computergestützter IuK-Systeme. Funktionen (Vorgänge, Tätigkeiten, Aktivitäten) repräsentieren die aktiven Komponenten von Geschäftsprozessen. Sie transformieren Inputobjekte in Outputobjekte. Mit Hilfe der Funktionssicht soll die Frage beantwortet werden, *was* getan wird bzw. getan werden soll.

Je nach Aggregationsebene können (Haupt-)Funktionen in Teilfunktionen und diese weiter in elementare, in einem gegebenen Zusammenhang nicht mehr teilbare Einzelvorgänge aufgegliedert werden. Die Bildung hierarchischer *Funktionsmodelle* kann sich am Rang einer Aufgabe, an deren Phase oder an einzelnen Verrichtungen zur Aufgabenabwicklung orientieren. Beim Rang trennt man grundsätzlich zwischen der Steuerung der Aufgabenabwicklung und der Aufgabendurchführung selbst. Das Kriterium der Phase strukturiert Tätigkeiten in nacheinander zu durchlaufende Arbeitsschritte. Grundlegende Arbeitsschritte sind die Planung, Realisierung und Kontrolle der Aufgabenbearbeitung. Verrichtungen stellen häufig auch das Gliederungskriterium für die von den zu transformierenden Objekten zu durchlaufenden betrieblichen Organisationsbereiche (also beispielsweise Einkauf, Fertigung und Vertrieb) dar.

Das Beschreibungsmittel der *Funktionsbäume* veranschaulicht, durch welche Vorgänge, Teil- und Einzelaktivitäten eine betriebliche Aufgabe gelöst wird. Anders formuliert: Einzelne Tätigkeiten wie 'Versandpapiere erstellen', 'Ware zusammenstellen' oder 'Ware versenden' werden nach aufgabenbezogenen Gesichtspunkten einander zugeordnet (z.B. über die übergeordnete Funktion 'Warenausgang abwickeln').

Von Interesse ist auch die *Bearbeitungsform* einer Funktion, also die Frage, ob sich die Vorgangsbearbeitung manuell, interaktiv oder automatisch vollzieht: manuelle Vorgänge finden ohne Unterstützung von IuK-Technik statt; die interaktive Aufgabenbearbeitung betrifft die vom Aufgabenträger gesteuerten Tätigkeiten im Dialogbetrieb mit der IuK-Technik; die automatische Bearbeitungsform wird im Stapelbetrieb (Batch-Verarbeitung) durch die IuK-Technik abgewickelt, nachdem der zuständige Stelleninhaber die entsprechende Softwarefunktion angestoßen hat. Soweit (Teil- oder Einzel-)Funktionen computergestützt erledigt werden, bieten die zugehörigen Funktionsbäume einen hierarchisch strukturierten Überblick darüber, welche Funktionalitäten eine EDV-gestützte Applikation erbringt oder erbringen sollte.

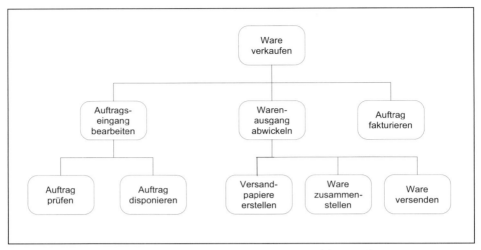

Abb. 5-15: Funktionsbaum Warenverkauf einer Handelsunternehmung

Abb. 5-15 zeigt den Funktionsbaum 'Warenverkauf' einer Handelsunternehmung. Die (Haupt-)Funktion 'Ware verkaufen' besteht aus mehreren Teilfunktionen, die den Leistungsaustausch zwischen der Beispiel-Handelsunternehmung und der Kundschaft realisieren.[446]

Wichtiges *phasen*orientiertes Unterscheidungsmerkmal der einzelnen Teilvorgänge zur Durchführung des Warenverkaufs sind jeweils spezifische Schriftstücke, die dem Kunden zugestellt werden: die Auftragsbestätigung bezieht sich auf die lieferbaren Positionen und Mengen eines Auftrages und ist Resultat der Teilfunktion 'Auftragseingang bearbeiten'; der Lieferschein spiegelt die an den Auftraggeber zu versendende Ware und wird im Zuge der Teilfunktion 'Warenausgang abwickeln' geschrieben; die Rechnung legt die Forderungen an den Geschäftspartner fest und wird durch die Teilfunktion 'Auftrag fakturieren' erstellt und versandt.

Die Bearbeitung der Auftragseingänge wird im gegebenen Zusammenhang nach *Verrichtungen* in die Elementarfunktionen Auftragserfassung und -prüfung (Einzelfunktion 'Auftrag prüfen') sowie Auftragsreservierung und -bestätigung (Einzelfunktion 'Auftrag disponieren') untergliedert. In Abb. 5-15 nicht visualisiert, aber zu berücksichtigen ist auch der Fall, dass ein eingegangener Kundenauftrag in mehrere Teilaufträge gesplittet wird, die jeweils nur einige oder einzelne Positionen mit u.U. reduzierten Mengen des ursprünglichen Kundenauftrages beinhalten (Einzelfunktion 'Teilauftrag

---

[446] Zur besseren Unterscheidung zwischen Funktionen bzw. Vorgängen auf der einen und Organisationseinheiten auf der anderen Seite werden Funktionen im Beispiel nicht allein mit Substantiven ('Warenverkauf', 'Auftragsdisposition' usw.) gekennzeichnet, sondern durch Verben spezifiziert ('Ware verkaufen', 'Auftrag disponieren' usw.).

disponieren'). Ebenso ist es zweckmäßig, die zur Durchführung des Warenausgangs erforderlichen (Elementar-)Verrichtungen zu benennen. Bevor die Ware an den Kunden abgesandt werden kann (Einzelfunktion 'Ware versenden'), muss das entsprechende Warenpaket zusammengestellt (Einzelfunktion 'Ware zusammenstellen') und um die notwendigen Versandpapiere ergänzt werden (Einzelfunktion 'Versandpapiere erstellen').

5.3.2.1.2 Datenmodell

Zur Deckung des Informationsbedarfs von Aufgabenträgern in Unternehmungen und Behörden sind vollständige, konsistente, redundanzfreie und aktuelle Daten und Dokumente über die Sachverhalte und Zusammenhänge des gesamten Gestaltungsgegenstandes von entscheidender Bedeutung. Die Bearbeitung einer Aufgabe erfordert Informationen. Bearbeitungsvorgänge können aber auch Informationen erzeugen oder verändern. Die *Datensicht* dokumentiert sowohl die Inputinformationen von Geschäftsprozessen als auch die von einer Tätigkeit gelieferten Outputinformationen. Dieses beantwortet die Frage, *womit* etwas getan wird oder getan werden sollte und welche Informationsergebnisse eine Aktivität erbringt.

Die Strukturen von Informationsobjekten, die aus den betrieblichen Vorgängen resultieren und von ihnen benötigt werden, können in Form von *Datenmodellen* genauer beschrieben werden. Datenmodelle fassen die für den Gestaltungsgegenstand relevanten Informationsobjekte und die Beziehungen zwischen ihnen strukturell zusammen.

Die bekannteste und am weitesten verbreitete Methode der Datenmodellierung ist das *Entity-Relationship-Modell (ERM)*. Entity-Relationship-Diagramme bilden die Datenelemente eines computergestützten Anwendungssystems und deren logische Beziehungen zueinander ab. Ein ERM besteht aus Entitytypen und Beziehungstypen, die zwischen diesen Entitytypen bestehen. Entitytypen sind z.B. Kunden und Artikel. Eine mögliche Beziehung dazwischen bildet beispielsweise 'kaufen'.

Es existieren verschiedene Notationsformen und Detaillierungsgrade von Entity-Relationship-Diagrammen. Manchmal werden die Beziehungstypen in Form von Rauten zwischen den rechteckigen Entitytypen exakt bezeichnet; häufig werden sie auch weggelassen. Außerdem können Entity- und Beziehungstypen durch Attribute genauer spezifiziert werden. Beispielsweise können dem Datenobjekt 'Artikel' die Merkmale 'Artikelnummer', 'Artikelbezeichnung' usw. zugeordnet werden. Weitere ERM-Varianten und -Spezifikationen wie die Optionalität von Beziehungen und die Existenzabhängigkeit der Modellierungsobjekte sollen hier nicht weiter betrachtet werden.

Für die durchgängige Verwendung des Datenmodells vom Fachkonzept bis zur Implementierung ist die Angabe der Kardinalität der Beziehungen zwischen Entitytypen grundlegend. Beziehungen können vom Typ '1:1' (Beispiel: Artikel(stamm)/Lagerbestand), '1:n' bzw. 'n:1' (Beispiel: Kunde(nstamm)/Auftrag(skopf)) oder 'm:n' (Beispiel: Artikel(stamm)/Kunde(nstamm)) sein.[447] Im ERM-Diagramm werden die Komplexitätsarten entsprechend vermerkt. Alternativ können sie auch als zwei Pfeilspitzen (1:1), als eine Pfeil- und eine Doppelpfeilspitze (1:n bzw. n:1) oder als zwei Doppelpfeilspitzen (m:n) dargestellt werden. Das folgende Beispiel veranschaulicht die Bedeutung der verschiedenen Komplexitätsausprägungen.

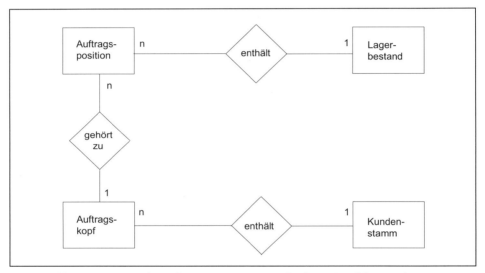

Abb. 5-16: Entity-Relationship-Diagramm Warenverkauf einer Handelsunternehmung

Abb. 5-16 zeigt ein einfaches Entity-Relationship-Diagramm der Beispiel-Handelsunternehmung, für die bereits die Funktion 'Warenverkauf' untergliedert wurde. Es werden nur diejenigen Datenobjekte skizziert, die von dieser Funktion benötigt, verändert oder erzeugt werden.

Die Kundenstammdaten beinhalten unter anderem die in der Beispiel-Handelsunternehmung intern geführte Kundennummer zur Identifikation eines Kunden, den Kundennamen, seine Postanschrift und weitere Kundenmerkmale, die beispielsweise Aussagen über die Bonität eines Kunden zulassen. Bei einer Handelsunternehmung können

---

447 In den Beispielen bedeutet '1:1', dass *ein* bestimmter Artikel auf Lager liegt und sich *ein* Lagerbestand auf eben diesen Artikel bezieht, 'n:1', dass *ein* Kunde *mehrere* Aufträge verschicken kann, *ein* Auftrag jedoch immer nur von *einem* Kunden stammt, sowie 'm:n', dass *ein* Artikel von *mehreren* Kunden gekauft wird, andererseits auch *jeder* Kunde *mehrere* Artikel kaufen kann.

gleichzeitig ein oder mehrere Aufträge eines bestimmten Kunden geführt und abgewickelt werden (1:n-Beziehung zwischen Kundenstamm und Auftragskopf).

Als Auftragskopfinformationen werden mindestens die Kundennummer (als Fremdschlüssel mit Bezug zum Kundenstamm), das Auftrags-, Liefer- und Rechnungsdatum, die Auftragsnummer als Schlüsselinformation sowie der Auftragsstatus vorgehalten. Der Auftragsstatus gibt Auskunft darüber, ob ein Auftrag geprüft, disponiert, versandfertig, ausgeliefert oder bereits in Rechnung gestellt wurde.

Jeder Auftrag kann eine oder mehrere Artikelpositionen umfassen (1:n-Beziehung zwischen Auftragskopf und -position). Jede Auftragsposition kann dem jeweiligen Auftragskopf über die Auftragsnummer zugeordnet und unter Hinzufügung der Positionsnummer identifiziert werden. Außerdem wird über die in Auftrag gegebene Artikelmenge der unter einer bestimmten Artikelnummer (Fremdschlüssel) geführte Lagerbestand verändert. Ein Artikel, der auf Lager liegt, kann in den Positionen mehrerer Aufträge auftauchen (1:n-Beziehung zwischen Lagerbestand und Auftragsposition).

Aus Vereinfachungsgründen werden die Artikelstamm- und Lagerbestandsinformationen im vorliegenden Beispiel nicht voneinander getrennt. Deshalb beinhaltet der Lagerbestand neben dem Schlüsselattribut 'Artikelnummer' sowohl charakterisierende Merkmale (Artikelbezeichnung und weitere artikelspezifische Informationen) als auch verfügbare, reservierte und beim Zulieferer bereits bestellte Artikelbestände.

5.3.2.1.3 Organisationsmodell

Die im Verlauf eines Geschäftsprozesses anfallenden Tätigkeiten werden von Personen ausgeführt, die innerhalb einer Organisation bestimmte Stellen besetzen und bestimmten Abteilungen angehören. Aus *Organisationssicht* interessiert die Frage, *wer* eine Tätigkeit ausführt oder ausführen soll. Ferner wird untersucht, welche Organisationseinheit (Stelle, Abteilung) für welche Aufgaben fachlich und/oder disziplinarisch verantwortlich ist und wer über welche Arbeitsergebnisse zu informieren ist. In einer detaillierteren Form können auch Zugriffsberechtigungen (keine, nur ansehen, ändern) auf Informationsobjekte angegeben werden. Damit beschreibt die Organisationssicht die organisatorischen Rahmenbedingungen computergestützter IuK-Systeme.

Organisationsmodelle dienen primär dazu, die Aufbauorganisation von Privatbetrieben und öffentlichen Einrichtungen, also die strukturellen Zusammenhänge ihrer Organisationseinheiten abzubilden. Traditionell geschieht dies mit *Organigrammen*. Organigramme veranschaulichen nicht nur die durch die Aufbauorganisation verknüpften

Stellen und Abteilungen, sondern benennen häufig auch Namen von Aufgaben- oder Entscheidungsträgern und Standorte von Organisationseinheiten.

Zwei Arten der Gliederung von Unternehmungen sind diejenigen nach Objekten oder Funktionen. Objekte sind Produkte, Waren oder Dienstleistungen, die im Falle der *Objektorganisation* in Geschäftsbereichen (Divisionalorganisation) oder in zeitlich begrenzten Projekten (Projektorganisation) betreut werden. Die *Funktionalorganisation* orientiert sich am Rang, an der Phase oder an den Verrichtungen der Aufgabenerledigung. Beim funktionalen Aufbau einer Organisationseinheit unterscheiden sich Funktionsbäume und Organigramme lediglich durch den meist höheren Detaillierungsgrad der Funktionsbäume auch unterhalb der Stellenebene. Außerdem ist aus Funktionssicht die Frage irrelevant, welche Person, Stelle oder Abteilung für die Erledigung einer bestimmten Aufgabe verantwortlich ist.

Organisationen können ferner netzwerkartig oder hierarchisch konfiguriert sein. Als Formen der Kompetenzaufteilung und Koordination unterschiedlicher Organisationseinheiten gelten die *Ein- oder Mehr-Linienorganisation* mit entweder funktionalen oder objektbezogenen Dienstwegen (Linien) für Anordnungen, Berichte, Beschwerden und andere Informationen. Bei der *Matrixorganisation* liegt ein Unterstellungsverhältnis sowohl gegenüber der jeweils zuständigen Geschäftsbereichs- bzw. Projektleitung als auch gegenüber der Funktionalleitung vor.

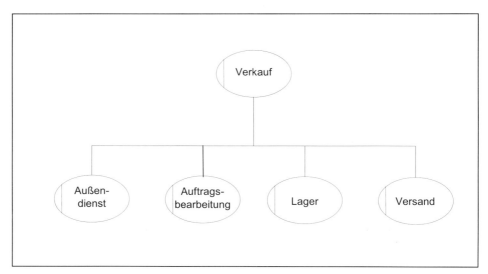

Abb. 5-17: Organigramm Warenverkauf einer Handelsunternehmung

In der Beispiel-Handelsunternehmung existiert mit der Abteilung ‚Verkauf' eine Organisationseinheit, die den gesamten Warenverkauf erledigt und als Einlinienorganisation funktional gegliedert ist. Abb. 5-17 zeigt das zugehörige Organigramm.

Die Vertreter im Außendienst stellen den Kundenkontakt her, handeln Vertragskonditionen aus und stehen als Ansprechpartner vor Ort zur Verfügung. Sämtliche innerbetrieblichen Aktivitäten in Zusammenhang mit der Abwicklung eines Kundenauftrages, soweit diese mit den auf Lager gehaltenen Waren nicht unmittelbar in Berührung kommen, werden von der Organisationseinheit 'Auftragsbearbeitung' erledigt. Den eigentlichen Warenversand übernimmt der Betriebsbereich 'Versand', dessen physische Vorbereitung obliegt dem Lager.

Wie die beschriebenen ARIS-Dekompositionsmodelle auf der Fachkonzeptebene miteinander verknüpft werden, wird im folgenden Abschnitt 5.3.2.2 auch anhand des oben skizzierten Beispiels erläutert.

5.3.2.2 Prozessuale Verknüpfungen bei ARIS

Die Prozess- bzw. Steuerungssicht gilt als die zentrale Komponente des ARIS-Konzeptes. Auf Fachkonzeptebene sollen das getrennt voneinander aufgebaute Funktions-, Daten- und Organisationsmodell so miteinander verknüpft werden, dass eine *integrierte Gesamtsicht* auf die Geschäftsprozesse einer Unternehmung oder Behörde hergestellt wird. Ziel der Modellbildung ist es, die ablauforganisatorischen Zusammenhänge und die geschäftswirksamen Effekte betrieblicher IuK-Systeme transparent zu machen. Geht man allerdings davon aus,

– dass an einem einzelnen Geschäftsvorgang (Funktionssicht) zumeist unterschiedliche Aufgabenträger beteiligt sind (Organisationssicht) und durch die entsprechende Tätigkeit meist mehrere Informationsobjekte manipuliert werden (Datensicht),
– dass ein Informationsobjekt (Datensicht) in viele Funktionen eingeht (Funktionssicht) und verschiedene Stellen und Abteilungen durchläuft (Organisationssicht) und
– dass eine einzige betriebliche Organisationseinheit (Organisationssicht) regelmäßig diverse Aufgaben abwickelt (Funktionssicht) und eine Vielzahl von Informationsobjekten manipuliert (Datensicht),

so ergeben sich eine Reihe von Kombinationsmöglichkeiten der Elemente des Funktions-, Daten- und Organisationsmodells für die Prozesssicht auf Fachkonzeptebene. Geht man weiterhin davon aus,

- dass Funktionen mit voneinander abweichenden Bearbeitungsformen ausgeführt werden (manuell, interaktiv, automatisch),
- dass Informationsobjekte verschiedenartige Attribute beinhalten können und
- dass Aufgabenträger über gegensätzliche Zugriffsberechtigungen auf Daten und Funktionen verfügen (kein, nur lesender oder ändernder Zugriff),

so erhöht sich die Anzahl der Verknüpfungsmöglichkeiten der Elemente und Merkmale von Dekompositionsmodellen auf Fachkonzeptebene um ein Vielfaches.

ARIS bietet mehrere Modelltypen an, um Funktionen, Bearbeitungsformen, Informationsobjekte, Attribute, Organisationseinheiten und Zugriffsberechtigungen miteinander zu kombinieren. Vorgeschlagen wird unter anderem die Verwendung von Funktionszuordnungs-, Informationsfluss-, Datencluster-, Datenzugriffs-, Funktionsebenen- und Datenebenenmodellen. Zur Darstellung ablauforganisatorischer und geschäftsorientierter Gesichtspunkte wird ferner je nach Detaillierungsgrad auf Wertschöpfungs- und Vorgangsketten, Netzpläne und Struktogramme verwiesen. Allerdings bleibt offen, wie die Konsistenz zwischen den einzelnen, z.T. semantisch völlig unterschiedlichen Integrationsmodellen und -methoden gewährleistet werden kann.

Wichtigster Modelltyp des Fachkonzeptes sind die *Vorgangsketten*. Als eine spezifische Ausprägung von Prozessmodellen definieren Vorgangsketten den zeitlich-logischen Ablauf von Geschäftsabläufen, ordnen die je Funktion beteiligten Organisationseinheiten zu und benennen die ein- und ausgehenden Informationsobjekte. Mit Hilfe von Vorgangsketten soll hauptsächlich der Frage nachgegangen werden, welche Tätigkeiten in welcher Reihenfolge durchgeführt werden. Vereinfacht ausgedrückt: Vorgangsketten visualisieren das '*Wie*' der Vorgangsbearbeitung.

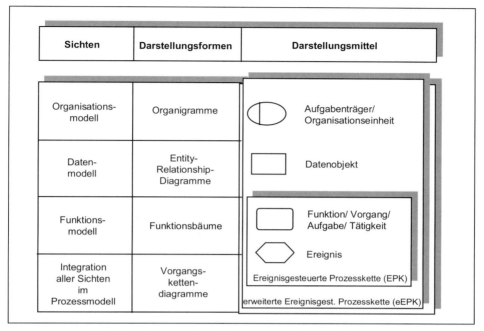

Abb. 5-18: Sichten und Darstellungsformen des ARIS-Fachkonzeptes

Abb. 5-18 zeigt, dass eine Vorgangskette in ihrer Grundform als *'Ereignisgesteuerte Prozesskette' (EPK)* dargestellt werden kann. Eine EPK repräsentiert die Wechselbeziehungen zwischen Funktionen und Ereignissen: Ereignisse lösen Funktionen aus; Funktionen erzeugen Ereignisse. Aus Abb. 5-18 geht ebenfalls hervor, dass eine Ereignisgesteuerte Prozesskette um organisatorische und informatorische Aspekte erweitert werden kann. Die so ergänzte Darstellungsform wird folgerichtig als *'erweiterte Ereignisgesteuerte Prozesskette' (eEPK)* bezeichnet.

Die Vielzahl der gestaltungsrelevanten Merkmale eines betrieblichen IuK-Systems stellt äußerst hohe Anforderungen an eine umfassend integrierte Geschäftsprozessoptimierung. Um ein unübersichtliches Sammelsurium von Modellen, Methoden und Darstellungsmitteln zu vermeiden, empfiehlt es sich, Geschäftsprozesse zunächst unabhängig von organisatorischen und IuK-technischen Restriktionen zu betrachten. Eine 'schlanke' Geschäftsprozessanalyse sollte sich zunächst auf Vorgänge und Ereignisse konzentrieren (siehe Abschnitt 5.3.2.2.1). Erst danach sollten organisatorische Fragestellungen und Informationsflüsse ausgewiesen werden (siehe Abschnitt 5.3.2.2.2).

5.3.2.2.1 Dynamisierung des Funktionsmodells

Die Darstellungsform der Ereignisgesteuerten Prozesskette beschreibt die sachlichen und zeitlichen Abhängigkeiten der in einem betrieblichen IuK-System durchzuführenden Tätigkeiten, also die *funktionalen* Aspekte von Geschäftsprozessen. Die Ablauffolge der Funktionen wird durch Ereignisse und Kontrollflüsse gesteuert und durch Pfeile grafisch veranschaulicht. Eine EPK beginnt immer mit mindestens einem Startereignis und schließt mit einem oder mehreren Endereignissen ab. Bei einer EPK handelt es sich um einen gerichteten Graphen, der aus den folgenden Grundelementen besteht:

- *Ereignisse* (dargestellt als Sechsecke) repräsentieren Zustände, die von Funktionen (Tätigkeiten, Vorgängen) angestoßen werden bzw. Funktionen auslösen. Ein Ereignis beschreibt, *wann* bzw. unter welchen Voraussetzungen etwas getan werden soll oder welches Resultat nach der Ausführung einer Funktion eingetreten ist.

- *Funktionen* (dargestellt als abgerundete Rechtecke) beinhalten Tätigkeiten zur Durchführung von Aufgaben. Eine Funktion gibt an, *was* getan werden soll.

- Der *Kontrollfluss* (dargestellt als gestrichelte, im Wesentlichen senkrecht verlaufende und gerichtete Flusslinie) verbindet Funktionen und Ereignisse zu einem zeitlich-logischen Prozessablauf. Es existieren drei Arten zur Verknüpfung betriebswirtschaftlicher Vorgänge: die *Reihung* beschreibt sequentielle Vorgangsfolgen (dargestellt ohne zusätzlichen Verknüpfungsoperator), die *Auswahl* beschreibt alternative Vorgangsfolgen (dargestellt mittels des Verknüpfungsoperators 'oder') und die *Nebenläufigkeit* beschreibt parallele Vorgangsfolgen (dargestellt mittels des Verknüpfungsoperators 'und'). Bei der Alternative wird ferner unterschieden zwischen dem 'exklusiv-oder' [entweder Vorgang/Ereignis (a) oder (b)] und dem '(inklusiv-) oder' [Vorgang/Ereignis (a) oder (b) oder (a und b)].

Abb. 5-19 zeigt ein fiktives EPK-Diagramm einer Beispiel-Handelsunternehmung. Folgend wird der skizzierte Geschäftsprozess 'Warenverkauf' erläutert. Der zugehörige Funktionsbaum der Abb. 5-15 war bereits Gegenstand der Erörterungen in Abschnitt 5.3.2.1.1.

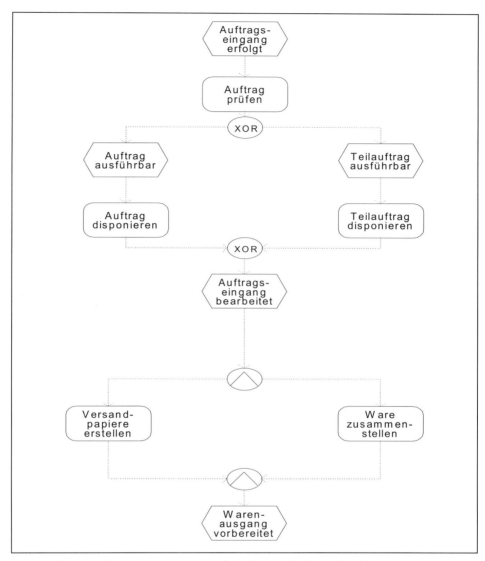

Abb. 5-19: Ereignisgesteuerte Prozesskette Warenverkauf einer Handelsunternehmung

Nachdem ein Kundenauftrag eingegangen ist (Ereignis 'Auftragseingang erfolgt'), ist er zu überprüfen (Vorgang 'Auftrag prüfen'). Die Kontrolle des Kundenauftrages erstreckt sich im Wesentlichen auf die Vollständigkeit bzw. Korrektheit der eingegangenen Auftragsinformationen, die Bonität des Kunden und die Lieferfähigkeit der nachgefragten Waren. Die Auftragsprüfung kann als alternative Resultate ergeben (Verknüpfungsoperator '(exklusiv-)oder'-Beginn), dass dieser Auftrag wie eingegangen ausführbar ist (Ereignis 'Auftrag ausführbar') oder nur teilweise erledigt werden kann (Ereignis 'Teilauftrag ausführbar'). Der Fall, dass keine einzige Position des Auftrags ausgeliefert werden kann, wird im Beispiel aus Übersichtsgründen vernachlässigt.

Kann der Kundenauftrag hinsichtlich Menge, Zeit und Zusammenstellung wie eingegangen realisiert werden, so ist dem Kunden eine Auftragsbestätigung zu senden, der entsprechende Lagerbestand zu reservieren sowie das Lagerpersonal zu informieren, um dort die erforderlichen Aktivitäten anzustoßen (Vorgang 'Auftrag disponieren'). Anderenfalls wird im Beispiel ein Teilauftrag über diejenigen Waren zusammengestellt, die lieferbar sind; der Teilauftrag wird bestätigt, Lagerbestände werden reserviert und das Lagerpersonal informiert (Vorgang 'Teilauftrag disponieren'). In beiden Fällen (Verknüpfungsoperator '(exklusiv-)oder'-Ende) liegt nunmehr ein (bereinigter) Kundenauftrag vor, der in der vorliegenden Form ohne Probleme weiter abgewickelt werden kann (Ereignis 'Auftragseingang bearbeitet').

Zur Vorbereitung der Auslieferung sind zwei Funktionen zu erledigen, die zeitlich und logisch voneinander unabhängig sind und deshalb parallel durchgeführt werden können (Verknüpfungsoperator 'und'-Beginn): zum einen ist ein Lieferschein zu drucken (Vorgang 'Versandpapiere erstellen'), zum anderen die lieferbare Ware zusammenzustellen (Vorgang 'Ware zusammenstellen'). Nach Abschluss beider Aktivitäten (Verknüpfungsoperator 'und'-Ende) ist die Lieferung versandbereit (Ereignis 'Warenausgang vorbereitet') und kann dem Kunden zugestellt werden.

5.3.2.2.2 Einbindung des Daten- und des Organisationsmodells

Eine Ereignisgesteuerte Prozesskette kann um die *Subjekte* und *Objekte* der Vorgangsbearbeitung erweitert werden. Mit Hilfe der so entstandenen eEPK können Aspekte der Organisations- und Informationsgestaltung in die Geschäftsprozessmodellierung einfließen. Folgende Erweiterungselemente werden berücksichtigt:

– *Informationsobjekte* (dargestellt als Rechtecke und links von der zugehörigen Funktion angeordnet) geben an, *womit* gearbeitet werden soll, d.h., welche Informationen zu einer erfolgreichen Aufgabenbearbeitung erforderlich sind bzw. von einer Funktion erzeugt werden. Der *Informationsfluss* (dargestellt als durchgezogene, im Wesentlichen waagerecht verlaufende und gerichtete Flusslinie) verbindet Funktionen mit den Informationsobjekten und zeigt an, ob durch eine Tätigkeit auf Daten bzw. Dokumente lediglich lesend zugegriffen wird (Input), ob sie verändert (Input/Output) oder neu erstellt werden (Output).

– *Organisatorische Einheiten* (dargestellt als Ellipsen und rechts von der zugehörigen Funktion angeordnet) bezeichnen die eine Funktion ausübenden Subjekte (Aufgabenträger, Abteilungen usw.). Die *Organisationszuordnung* (dargestellt als durchgezogene, im Wesentlichen waagerecht verlaufende und ungerichtete Flusslinie) beantwortet die Frage, *wer* für die Durchführung einer bestimmten Aufgabe verantwortlich ist.

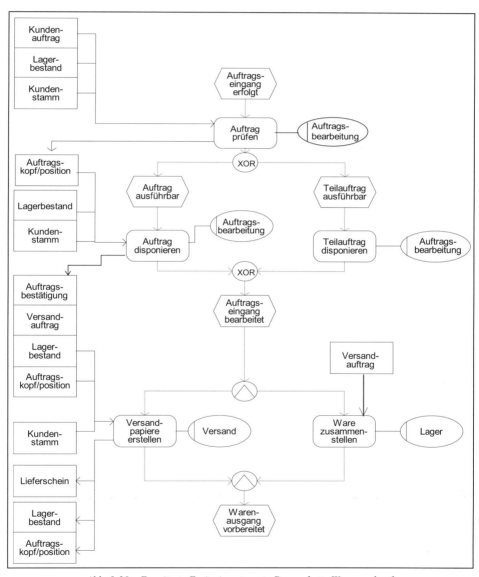

Abb. 5-20: Erweiterte Ereignisgesteuerte Prozesskette Warenverkauf einer Handelsunternehmung

Die folgend zu erläuternde Abb. 5-20 zeigt das eEPK-Diagramm für den Geschäftsprozess 'Warenverkauf' der Beispiel-Handelsunternehmung. Die Grafik ergänzt Abb. 5-19 aus Abschnitt 5.3.2.2.1 um Erkenntnisse, die aus dem Entity-Relationship-Diagramm (Abb. 5-16) und dem Organigramm (Abb. 5-17) der Abschnitte 5.3.2.1.2 und 5.3.2.1.3 gewonnen werden können.

Auslösender Geschäftsvorfall (Trigger) für den Beispiel-Geschäftsprozess 'Auftragsabwicklung einer Handelsunternehmung' ist der Eingang eines Kundenauftrages (Ereignis 'Auftragseingang erfolgt'). Zur Überprüfung der Bonität und Lieferfähigkeit des schriftlich oder fernmündlich übermittelten Kundenauftrages (Input-Informationsobjekt 'Kundenauftrag') benötigt der zuständige Sachbearbeiter (Organisationseinheit 'Auftragsbearbeitung') genauere Informationen über den Auftraggeber (Input-Informationsobjekt 'Kundenstamm') und über die auf Lager verfügbaren Artikel (Input-Informationsobjekt 'Lagerbestand'). Diese Kontrollinformationen stehen bei der Auftragserfassung zur Verfügung (Funktion 'Auftrag prüfen'). Bei diesem Vorgang werden Auftragskopf- und -positionsinformationen angelegt (Output-Informationsobjekt 'Auftragskopf/positionen' mit dem Auftragsstatus 'Auftrag geprüft'), so dass sie als Grundlage für die weitere Auftragsabwicklung dienen können.

Unabhängig davon, ob ein Auftrag vollständig (Ereignis 'Auftrag ausführbar') oder nur teilweise (Ereignis 'Teilauftrag ausführbar') erfüllt werden kann (Funktionen '(Teil-) Auftrag disponieren'), reserviert derselbe Aufgabenträger (Organisationseinheit 'Auftragsbearbeitung') die lieferbaren Artikel (im Beispiel als Zugang beim reservierten und als Abgang beim verfügbaren Bestand des Input/Output-Informationsobjekts 'Lagerbestand'), bestätigt den Auftrag (Output-Informationsobjekt 'Auftragsbestätigung' mit Zugriff auf das Input-Informationsobjekt 'Kundenstamm' zur Ermittlung der Büroadresse des Auftraggebers), informiert das Lager über die erforderlichen Aktivitäten (Output-Informationsobjekt 'Versandauftrag') und setzt den Auftragsstatus auf den Wert 'Auftrag (geprüft und) disponiert' (Input/Output-Informationsobjekt 'Auftragskopf/positionen').

Sobald der Auftrag reserviert ist (Ereignis 'Auftragseingang bearbeitet'), können Lager und Versand aktiv werden. Der zuständige Lagerarbeiter (Organisationseinheit 'Lager') erfährt über den im Unternehmungsbereich 'Auftragsbearbeitung' erstellten Arbeitsauftrag (Input-Informationsobjekt 'Versandauftrag'), aus welchen Waren die Lieferung bestehen soll. Er führt die Arbeitsanweisung aus (Funktion 'Ware zusammenstellen') und legt den Versandauftrag nach Erledigung ab. Im Versand (Organisationseinheit 'Versand') können die Mitarbeiter über eine Statusanzeige am Bildschirm erkennen, dass eine Kundenlieferung ansteht (Input-Informationsobjekt 'Auftragskopf/ positionen'). Die Versandpapiere werden geschrieben (Funktion 'Versandpapiere erstellen');

sie bestehen im Wesentlichen aus einem Lieferschein (Output-Informationsobjekt 'Lieferschein' mit Zugriff auf das Input-Informationsobjekt 'Kundenstamm' zur Ermittlung der Versandadresse). Die Durchführung dieser Funktion bewirkt ein Update des Lagerbestandes (im Beispiel einen Abgang beim reservierten Bestand im Input/Output-Informationsobjekt 'Lagerbestand') und eine Veränderung des Auftragsstatus auf den Wert 'Auftrag (disponiert und) versandfertig' (Output-Informationsobjekt 'Auftragskopf/positionen').

Vorgangskettendiagramme sind das wichtigste ARIS-Darstellungsmittel. Mit Hilfe einer erweiterten Ereignisgesteuerten Prozesskette (eEPK) können Erkenntnisse über die Art der Aufgabenbearbeitung und das Übertragungsmedium zwischen aufeinanderfolgenden Aufgaben gewonnen werden. Insbesondere die durch einen Medienwechsel erzeugten Brüche in der Geschäftsprozesskette sind häufig ein Indiz für ablauforganisatorische Schwachstellen. Ebenso können bei der Zuordnung der ein- und ausgehenden Informationsobjekte zu den Tätigkeiten Aussagen über die (logische und physische) Datenverteilung getroffen werden. Außerdem kann zu jedem Informationsobjekt angegeben werden, welche Funktion und welche organisatorische Einheit es erzeugt und welche es (weiter)verwendet. Nicht zuletzt unterstützt das Hilfsmittel der eEPK eine geschäftswirksame Kompetenzzuteilung der Aufgaben auf betriebliche Aufgabenträger bzw. Abteilungen. Da Organisationsgliederungen häufig nach anderen Kriterien gebildet wurden als die logische Geschäftsprozessstruktur, können so kontraproduktive Strukturen aufgezeigt werden.

Im Unterschied zu SOM wird beim ARIS-Fachkonzept neben den für die Aufgabenerfüllung erforderlichen Informationen (Datensicht) und den zu erledigenden Arbeitsaufgaben (Funktionssicht) auch die aus Menschen bestehende Aufbauorganisation der Unternehmung (Organisationssicht) berücksichtigt, um die betriebliche Ablauforganisation (Prozesssicht) zu optimieren. Substanziell dient die Betrachtung der Aufbauorganisation jedoch ausschließlich dazu, den aufgrund der arbeitsteiligen Aufgabenerfüllung anfallenden Koordinationsaufwand zwischen den einzelnen Organisationseinheiten der Unternehmung zeit- und kostenmäßig zu minimieren. Aus der Art des Zusammenwirkens des Personals, die sich aus den Berichtswegen und Weisungsbefugnissen der zu gestaltenden Wirtschaftseinheit ergibt, leitet ARIS lediglich Vernetzungsanforderungen für die IuK-Technik ab. Betriebswirtschaftliche Effekte aus zufriedenstellenden Arbeitsbedingungen und -inhalten können nicht erzielt werden, weil weder ARIS noch SOM die Arbeitsqualifikationen und -motivationen der involvierten Menschen thematisieren.

5.4 Aspekte der Integration bei der Gestaltung computergestützter IuK-Systeme

Unter *Integration* versteht man in der Umgangssprache die (Wieder-)Herstellung oder Vervollständigung eines Ganzen. Integraler Bestandteil computergestützter IuK-Systeme sind die hardware- und softwaretechnische Ausstattung des Einsatzfeldes, der soziale Kontext in der Unternehmung mit seinen spezifischen Aufgaben-, Qualifikations-, Rollen-, Kooperations-, Entscheidungs- und Interessenstrukturen sowie die unternehmensbezogene betriebswirtschaftliche Rahmenplanung in Form von Markt-, Wettbewerbs- bzw. Geschäftsstrategien.

Die integrierte Gestaltung computergestützter IuK-Systeme in Unternehmungen strebt die Herstellung einer schlagkräftigen Organisation durch die Verknüpfung der Elemente Aufgaben, Menschen und IuK-Technik zu einer Einheit an. Der Einsatz der in den Abschnitten 5.2 und 5.3 erläuterten Gestaltungskonzepte soll dazu beitragen, dass die betriebliche Aufgabenerfüllung durch leistungsfähige Softwaretools (und die erforderliche Hardwareausstattung) effizient unterstützt, für die beteiligten Aufgabenträger zufriedenstellend organisiert und an den geschäftlichen Zielen des Managements ausgerichtet wird.

KABA, SAB-Control, RFA-Netze, SOM und ARIS unterscheiden sich in ihrer Sicht auf den Gestaltungsgegenstand. Bei den in diesem Kapitel erörterten Konzepten zur Arbeitsgestaltung und Geschäftsprozessmodellierung werden jeweils nur ganz bestimmte *Aspekte und Ausschnitte* computergestützter IuK-Systeme modelliert bzw. evaluiert. Es stellt sich die Frage, ob die erläuterten arbeits- und geschäftsorientierten Gestaltungsansätze prinzipiell miteinander kombinierbar sind, ob also die betriebswirtschaftlichen, sozialen und informatischen Aspekte computergestützter IuK-Systeme bei deren Gestaltung gleichermaßen berücksichtigt werden können.[448]

Abb. 5-21 zeigt, dass computergestützte IuK-Systeme aus Menschen, betrieblichen Problemstellungen und computergestützten Arbeitsmitteln bestehen. Arbeitsmittel in Form von IuK-Technik machen den spezifisch computergestützten Charakter von IuK-Systemen in der Arbeitswelt aus und sollen den Aufgabenträgern bei der Lösung ihrer Arbeitsaufgaben in technisch effizienter Weise helfen, indem die jeweils passenden Informationen geliefert und die anstehenden Informationsverarbeitungs- und Kommunikationsprozesse unterstützt werden.[449]

---

[448] In Knittel (1999) werden SOM und ARIS auf diese Fragestellung hin untersucht.
[449] Den Charakter der Informationsverarbeitung und Kommunikation in Unternehmungen analysiert und strukturiert das dritte Kapitel.

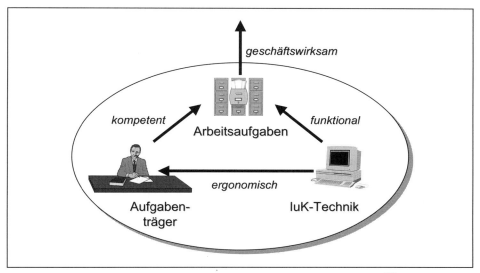

Abb. 5-21: Das computergestützte IuK-System einer Unternehmung[450]

Voraussetzung für effizient einsetzbare IuK-Technik ist deren aufgabenadäquate Funktionalität und benutzergerechte Handhabbarkeit (Ergonomie). Betriebliche IuK-Technik ist funktional, wenn Inhalt und Umfang ihrer Leistungsmerkmale (Funktionalitäten) die betrieblichen Problemstellungen und Lösungswege angemessen abbilden. Betriebliche IuK-Technik wird als 'ergonomisch' bezeichnet, wenn sie ohne Schwierigkeiten von den betreffenden Aufgabenträgern bedient werden kann. Die Berücksichtigung ergonomischer Gestaltungsgrundsätze trägt dazu bei, die computergestützten Arbeitsmittel zur Zufriedenheit der Menschen zu gestalten. Nur zufriedene Mitarbeiter können ihre Arbeitsaufgaben kompetent erfüllen.

Kompetenzförderlich sind insbesondere integrierte, also fachlich reichhaltige Arbeitsaufgaben. *Integrierende Formen der Arbeitsorganisation* sind dadurch gekennzeichnet, dass sie das Aufgabenspektrum des einzelnen Mitarbeiters – im Vergleich zu einer weitgehend horizontal und vertikal zergliederten Aufgabenerledigung – durch Bündelung verschiedenartiger Inhalte, die vorher auf mehrere Arbeitsplätze bzw. Abteilungen verteilt waren, erweitert. Durch die Integration heterogener Arbeitsinhalte werden die zu lösenden Problemstellungen meist vielfältiger und variantenreicher (Qualifikationsbreite); die kognitive Beanspruchung führt zu anspruchsvolleren, allerdings auch intensiveren Formen der Arbeitsbewältigung (Qualifikationstiefe).

---

[450] Die Elemente computergestützter IuK-Systeme, die Anforderungen, die an sie gestellt werden, und deren Zusammenwirken werden im ersten Kapitel erläutert.

Vernetzte Rechnerhierarchien, multifunktionale Endgeräte und Anwendungssoftware mit einem breit angelegten Funktionsspektrum beinhalten ein Potenzial, dessen Nutzung Arbeitsintegration zwar nicht unbedingt erzwingt, aber integrierte Arbeitsabläufe sowie die Integration der Aufgabenverteilung und -zuordnung wirksam unterstützen kann.[451]

Aus *geschäftsorientierter Gestaltungsperspektive* macht Aufgabenintegration vor allem in Verbindung mit Unternehmensstrategien Sinn, die eine Optimierung der unternehmensinternen (gegenüber anderen Betriebseinheiten) und der unternehmensübergreifenden (vor allem gegenüber Kunden) Leistungsqualität einer Organisationseinheit anstreben. Grundlage einer wettbewerbsorientierten Unternehmensstrategie ist der reibungslose Informationsfluss innerhalb der Unternehmung sowie die wirksame Leistungsvermittlung gegenüber der Kundschaft. Für konkrete betriebliche Gestaltungsmaßnahmen werden deshalb die Abstimmungsprozesse innerhalb der Unternehmung und die Vermittlungstätigkeiten am Markt immer wichtiger.

Da in- und externe Kunden/Lieferanten-Beziehungen ins Zentrum der betrieblichen Optimierungsüberlegungen rücken, ist dem Anpassungs- und Kommunikationsverhalten der gesamten Unternehmung erhöhte Aufmerksamkeit zu schenken. Die damit verbundenen organisatorischen Anforderungen können jedoch durch den geschäftsprozessmodell-basierten Einsatz von IuK-Technik allein weder hergestellt noch abgesichert werden. Vielmehr müssen die sozialen Fähigkeiten des Personals möglichst nachhaltig aktiviert und für den betrieblichen Leistungserstellungs- und -vermittlungsprozess nutzbar gemacht werden. Dies kann nur erreicht werden, indem den Mitarbeitern für ihre Aufgaben mehr Kompetenzen zugewiesen und abverlangt werden. Außerdem setzt die faktische Nutzung integrierter IuK-Technik voraus, eventuelle Vorbehalte der betroffenen Mitarbeiter auszuräumen.

Geschäftsprozessmodellierung und der Einsatz integrierter IuK-Technik etwa in Form von Standardsoftwaresystemen ergibt i.d.R. gravierende Veränderungen bei den Arbeitsabläufen und dem Organisationsgefüge der Unternehmung. Nach einer Gestaltungsmaßnahme sehen sich die Mitarbeiter mit modifizierten Verantwortlichkeiten und Qualifikationsanforderungen konfrontiert, die sich negativ auf ihre Arbeitsmotivation auswirken können. Die Effektivität eines computergestützten IuK-Systems ist jedoch in hohem Maße abhängig von der Zuständigkeitsverteilung in der Unternehmung und dem damit zusammenhängenden Vermögen und der Bereitschaft des Personals, die betrieblichen Aufgabe kompetent zu erfüllen.

---

[451] Zur Bedeutung integrierter Softwaresysteme und zu den Formen und Ausprägungen der IuK-technischen Infrastruktur in Unternehmungen siehe die Erläuterungen in den Kapiteln 2 und 4.

Die *arbeitsorientierte Gestaltungsperspektive* strebt eine stärkere Berücksichtigung der Bedürfnisse, Fähigkeiten und Kenntnisse der Menschen bei der Gestaltung computergestützter IuK-Systeme an. Die Frage, welche Arbeitstätigkeiten nach einem Gestaltungsprojekt dem Menschen vorbehalten bleiben soll und was automatisiert wird, sollte von den betreffenden Aufgabenträgern selbst beantwortet werden. Zyklische Arbeits- und Bewertungsprozesse, beteiligungsorientierte Projektstrukturen sowie kooperative Arbeits- und Lernformen sind Elemente, mit deren Hilfe die Zusammenarbeit von Systementwicklern und -anwendern bei der Arbeitsgestaltung hergestellt und methodisch flankiert werden kann.

Eine ausschließlich an der Zufriedenheit der Aufgabenträger orientierte Arbeitsgestaltung stößt jedoch an Grenzen, weil betriebliche Gestaltungsmaßnahmen primär geschäftspolitisch motiviert sind. Hauptsächlich sollen computergestützte IuK-Systeme zum betriebswirtschaftlichen Erfolg der Unternehmung beitragen. Die geschäftliche Wirksamkeit der Aufgabenerfüllungsprozesse kann beispielsweise daran gemessen werden, ob computergestützte IuK-Systeme dabei unterstützen, die bestehenden Geschäfte für die Unternehmung zeit-, kosten- und/oder leistungsgerecht abzuwickeln und gegebenenfalls neue, attraktive Geschäfte hinzuzugewinnen.

Gestaltungskonzepte, die unter dem Begriff 'Geschäftsprozessmodellierung' firmieren, verfolgen das Ziel, durch den Neuentwurf der Prozessketten in Unternehmen und Behörden eine wettbewerbsstrategisch tiefgreifende Effektivierung der betrieblichen Aufbau- und Ablauforganisation zu erreichen. Zwar spart Geschäftsprozessmodellierung Sozialziele aus. Persönlichkeitsförderliche Arbeitsstrukturen, -abläufe und -inhalte werden jedoch nicht prinzipiell be- oder verhindert, sondern sind mit den geschäftlichen Projektzielen der Unternehmensführung durchaus in Einklang zu bringen. Wenn bei Management und Gestaltungsteam die Überzeugung vorherrscht, dass nur das Zusammenwirken zufriedenstellender Arbeitsaufgaben, ergonomischer Arbeitsmittel und kompetenter Mitarbeiter geschäftswirksame Effekte erzielen kann, besteht die Möglichkeit, sozial(verträglich)e Aspekte in diesen Gestaltungsvorhaben einzubringen und umzusetzen.

Eine integrierte Gestaltung computergestützter IuK-Systeme muss den Anwendungsbereich derart konzipieren, dass gleichermaßen die hard- und softwaretechnischen Werkzeuge, die Menschen mit ihren Verhaltensmustern, Grundüberzeugungen, Bedürfnissen und Interessen sowie die aus den Arbeitsaufgaben gebildeten Geschäftsprozesse und die damit verbundenen Organisationsstrukturen der Unternehmung Berücksichtigung finden. Gestaltungsaktivitäten haben sich dann nicht nur mit den Funktionen des computergestützten Arbeitsmittels, sondern eben auch mit den Kompetenzen der Mitarbeiter, der Koordination der Geschäftsprozesse und den Wettbewerbsanforderungen des Unternehmensumfeldes auseinander zu setzen.

Anhang zu Kapitel 5:
24 Fragen zur Softwareergonomie

Softwareergonomie bewertet den ergonomischen Einsatz von Anwendungssoftware in einem bestimmten Arbeitsumfeld. Die aufgeführten 24 Fragen des Leitfadens *SAB-Control* zur Softwareausstattung sollen von den betroffenen betrieblichen Aufgabenträgern selbst beantwortet werden. Die Ergebnisse geben darüber Aufschluss, ob ein computergestütztes Anwendungssystem, das an einem bestimmten Arbeitsplatz für gewöhnlich eingesetzt wird, den Anforderungen der dort auszuführenden Arbeit und dem persönlichen Arbeitsstil des EDV-Benutzers entspricht. Der Fragenkatalog basiert auf der in Abschnitt 5.2.1.2 erläuterten Fragenauswahl und -struktur.

Vor der Bearbeitung der Fragen sollte geklärt sein, welche Software bewertet wird. Falls an einem Arbeitsplatz mit mehreren EDV-Systemen gearbeitet wird und ein mehrmaliger Durchlauf von SAB-Control zu aufwändig oder aus anderen Gründen nicht zweckmäßig erscheint, sollten sich die Antworten möglichst auf diejenige Anwendungssoftware beziehen, die *vorwiegend* benutzt wird.[452]

Die Antwortoptionen zu den Fragen lauten 'Ja' oder 'Nein'. Bei Bedarf kann die Antwort durch Bemerkungen ergänzt werden.

Einweisung:
Sind Sie für die Bedienung und Anwendung der Software ausreichend qualifiziert worden?
Selbst bei einer gut bedienbaren und aufgabenangemessenen Software darf auf eine Einweisung keinesfalls verzichtet werden. Oft bieten sich viele Möglichkeiten zur Arbeitserleichterung, die Sie ohne entsprechende Schulung nicht ohne weiteres erschließen können. Auch kann eine falsche Handhabung der Software zu Zeitverzöge-

---

[452] Die Resultate der Befragung sind natürlich auch von den Erfahrungen und Kenntnissen des individuellen Softwarebenutzers abhängig. Wenn diese berücksichtigt werden sollen, müssen das EDV-Jobalter, die eingeschätzte Qualität der EDV-Ausbildung und die durchschnittliche tägliche Bildschirm-Arbeitszeit bekannt sein. Die Fragen zu 'Eingabemedien', 'Ausgabemedien', 'Direktwahl' und 'Einstellungen' sollten dann lediglich bei *geübten und regelmäßigen Benutzern* ausgewertet werden. Dagegen sollten die Ergebnisse aller einarbeitungsrelevanten Abfragen bei *ungeübten und sporadischen Benutzern* besonders gewichtet werden. In Abb. 5-5 des Abschnittes 5.2.1.2.2 sind diejenigen Softwareergonomie-Merkmale gekennzeichnet, die für die Einarbeitung in ein neues oder selten benutztes EDV-System von besonderer Bedeutung sind.
Die Einteilung in die hier vorgeschlagenen vier Benutzerkategorien mit den Randbedingungen 'geübt/ungeübt' und 'regelmäßig/sporadisch' beruht auf einer entsprechenden Matrix und den dazugehörigen Erläuterungen in Oppermann et al. (1992), S. 108-110.

rungen oder sogar zu Datenverlusten führen. Unzureichende Kenntnisse über den Funktionsumfang der Software bewirken deshalb häufig Stress bei der Arbeit.
Eine erste Einweisung in die Software soll auf alle Fälle vor der ersten Nutzung erfolgen. Wenn die Software eingeführt ist, ergeben sich schnell neue Fragen, die eine weitere Schulung erforderlich machen. Falls notwendig, geben Sie bitte an, zu welcher Software Sie Schulungsbedarf haben.

Stabilität:
Halten sich systembedingte Störungen in annehmbaren Grenzen?
Systembedingte Störungen werden meist durch Systemabstürze verursacht; aber auch Wartungsarbeiten am System können die Softwarebenutzung blockieren. Sie können die Ursachen von Störungen meist weder erkennen noch beeinflussen.
Die Zuverlässigkeit der Software ist eine wichtige Voraussetzung für ein stressfreies Arbeiten mit dem EDV-System. Werden Sie durch instabile Software bei Ihrer Arbeit des öfteren behindert, dann beantworten Sie diese Frage mit 'Nein'.

Antwortzeiten:
Sind die Antwortzeiten der Software akzeptabel?
Eingegebene Zeichen sollten unmittelbar auf dem Bildschirm angezeigt werden, damit Sie sich auf weitere Eingaben konzentrieren können und nicht durch verzögerte Rückkoppelungen belastet werden. Ebenso sollten gelöschte Zeichen sofort vom Bildschirm verschwinden, damit Sie nicht versehentlich zu viele Zeichen löschen.
Generell verursachen komplizierte Softwarefunktionen und die Verarbeitung großer Datenmengen langsamere Arbeitsgeschwindigkeiten des EDV-Systems als einfache Funktionen und die Verarbeitung geringer Datenmengen. Unerwartete Antwortzeiten, also solche, die von der gewohnten Arbeitsgeschwindigkeit abweichen, sollten möglichst nicht vorkommen.

Funktionalität:
Bietet Ihnen die Software alle Leistungen an, die Sie zur Erledigung Ihrer Arbeit benötigen?
Das aufgabenadäquate Leistungsangebot (Funktionalität) der Software ist die Grundvoraussetzung dafür, dass Sie Ihre Arbeit mit dieser Software überhaupt erfüllen können. Dabei darf die Software Sie nicht durch eine komplizierte Handhabung zusätzlich belasten.
Computergestützte Anwendungssysteme sind insbesondere dann auf Ihre Arbeitsaufgabe zugeschnitten, wenn Sie in jeder Dialogsituation genau auf diejenigen Funktionen zugreifen können, die Sie zur Lösung der gerade aktuellen (Teil-)Aufgabe benötigen. Sie sollten die angebotenen Funktionen in einfacher Weise aktivieren und mit jeder Maske einen vollständigen Arbeitsschritt abarbeiten können, so dass Ihnen

häufiges Springen zwischen unterschiedlichen Masken erspart bleibt. Fehlende oder verteilte Funktionen schränken die Nützlichkeit der Software erheblich ein und behindern Sie bei einer gezielten Aufgabenerledigung.

Komfort:
Bietet Ihnen die Software nützliche (Zusatz-)Funktionen an, die Ihnen Ihre Arbeit erleichtern können?
Das Leistungsangebot der Software sollte insgesamt dazu beitragen, dass Sie Ihre Arbeit besser durchführen können als dies ohne Softwareunterstützung möglich wäre.
Für Ihre Arbeit kann es beispielsweise nützlich sein, wenn Sie Zwischenlösungen (z.B. Dokumentteile) oder den gerade aktuellen Bildschirminhalt ausdrucken können. Zweckmäßig kann es auch sein, wenn Sie wichtige und wiederkehrende Funktionen (z.B. Formatieren, Drucken, Suchen, Kopieren) gleichzeitig auf mehrere Objekte (Dateien, Dokumente) anwenden können oder bei Bedarf mehrere Objekte gleichzeitig am Bildschirm angezeigt bekommen (z.B. mittels Fenster- oder 'split screen'-Technik).

Parallelaktionen:
Besteht die Möglichkeit, parallel zu der gerade laufenden Computeranwendung nebenläufige Operationen durchzuführen?
Neben der gerade aktiven Anwendungssoftware sollten auch andere Computerprogramme ohne Probleme aktiviert und benutzt werden können, um beispielsweise schnell auf neu auftretende Aufgabenerfordernisse reagieren zu können (z.B. Telefonanruf während der Nutzung eines Textverarbeitungsprogramms mit Bitte um eine Auskunft, die eine Abfrage in einer Datenbank erforderlich macht). Nach Abschluss der Parallelaktion sollten Sie in der unterbrochenen Anwendungssoftware genau da weitermachen können, wo Sie aufgehört haben.
Darüber hinaus sollte es möglich sein, lang dauernde Prozesse (wie Druckaufträge) anzustoßen und im Hintergrund ablaufen zu lassen.

Menüs:
Sind die Menüs übersichtlich aufgebaut?
Die Menüstruktur sollte ein ausgewogenes Verhältnis zwischen Tiefe (Anzahl der Ebenen) und Breite (Anzahl der Auswahlmöglichkeiten je Menü) aufweisen. Der Menübaum sollte i.d.R. nicht mehr als zwei bis max. drei hierarchische Stufen enthalten; breite, flache Menübäume sind besser als tiefe, schmale.
Die Auswahlmöglichkeiten im Menü sollten nach einem einheitlichen und leicht durchschaubaren Konzept angeordnet sein. Eine inhaltliche Struktur ist vorzuziehen; möglich ist aber auch eine Reihenfolge nach Häufigkeit der Benutzung oder nach dem Alphabet.

Systemmeldungen:
Sind die Systemmeldungen verständlich?
Bei Meldungen des Systems sollten Sie jederzeit unterscheiden können, ob es sich um Rückmeldungen, Nachfragen, Warnungen oder Fehlermeldungen handelt, damit Sie aus der Meldungsart auf den derzeitigen Systemzustand schließen und entsprechende Reaktionen ableiten können.
Systemmeldungen sollten ausformuliert, aber knapp und präzise sein, um den Leseaufwand zu reduzieren. Sie sollten sich auf die aktuelle Dialogsituation beziehen und allgemeinverständlich oder zumindest in Ihrer Fachsprache abgefasst sein. Insbesondere sollten Systemmeldungen keinen EDV-Jargon oder 'Geheimcodes' (z.B. Fehlernummern) enthalten.

Rückmeldungen:
Gibt die Software Statusinformationen über den Stand der Verarbeitung?
Sie sollten zu jedem Zeitpunkt erkennen können, ob das System eingabebereit ist bzw. ob der von Ihnen aktivierte Verarbeitungsprozess tatsächlich gerade ausgeführt wird. Das System sollte auch anzeigen, wenn eine Betriebsstörung vorliegt. Wünschenswert sind auch Zustandsmeldungen über den Bearbeitungsstand von Hintergrundprozessen. Zur Veranschaulichung von Verarbeitungsprozessen und zur Verdeutlichung der Prozessdauer sollte die Software möglichst bildhafte Darstellungen anbieten. Insbesondere Bewegtbilder vermitteln eine nachvollziehbaren Eindruck von den aktuellen Softwareaktivitäten.

Fehlerdiagnose:
Geben Fehlermeldungen ausreichend und rechtzeitig Aufschluss über Ursachen und Behebungsmöglichkeiten von fehlerhaften Eingaben?
Fehler sollten unmittelbar nach deren Auftreten angezeigt werden. Die Fehlermeldungen sollten sowohl die Fehlerursache erklären als auch Behebungsmöglichkeiten vorschlagen. Die Fehlerstelle sollte hervorgehoben werden, weil Sie sonst Schwierigkeiten haben, die Fehlermeldung zuzuordnen.
Bei der Korrektur angezeigter Fehler sollte nur der falsche Eintrag (möglichst durch Überschreiben) und nicht die gesamte Eingabe erneut zu erfassen sein.

Online-Hilfe:
Bietet das System eine aussagefähige Online-Hilfe an?
In der gesamten Anwendungssoftware sollte eine einheitliche Möglichkeit bestehen, Hilfeinformationen abzurufen (z.B. mittels spezieller Hilfekommandos, Icons oder Funktionstasten). Automatisch dargebotene Hilfen sollten abschaltbar sein.

Die angebotenen Hilfeinformationen sollten sich auf den aktuellen Dialogzustand beziehen, Ihre Handlungsmöglichkeiten angemessen beschreiben und Quellenbezüge auf das Handbuch enthalten.
Hilfeinformationen sollten schrittweise auf übergreifende Zusammenhänge ausgedehnt werden können, damit die Zusammenhänge zwischen den verschiedenen Operationen und Funktionen des EDV-Systems erkennbar werden (z.B. von einer konkreten Menüoption hin zu generellen Informationen über alle Operationen eines Menüs).

Manuals:
Stehen Ihnen Handbücher zur Verfügung, die Ihnen bei Problemen oder Fragen zur Softwarenutzung auch weiterhelfen?
Handbücher (Manuals), die Informationen zur Systemnutzung enthalten, sind unbedingt erforderlich. Sie sollten mindestens aus drei Teilen bestehen: ein Einführungsteil oder -handbuch zum Kennenlernen der (Mindest-)Funktionalität der Software und zur Beschreibung der prinzipiellen Einsatzmöglichkeiten; ein Benutzerteil oder -handbuch zum Nachschlagen, um weitergehende Informationen zu den einzelnen Funktionen zu erhalten; eine Kurzanleitung für den täglichen Gebrauch, die in knapper Form Auskunft über die wichtigsten Funktionen, Eingabemöglichkeiten, Funktionstasten usw. gibt.

Vermeidung von Eingabefehlern:
Unterstützt Sie die Software gegen Fehler bei der Dateneingabe?
Ausgabefelder sollten gegen Benutzereingaben generell gesperrt sein. Länge und Eigenschaften (Muss- oder Kann-Feld, alphanumerisches oder numerisches Feld) von Eingabefeldern sollten angezeigt werden oder abfragbar sein. Außerdem sollten Eingabefelder möglichst vorbelegt sein. Werden trotzdem unzulässige Zeichen eingegeben, so sollten diese durch Plausibilitätskontrollen der Software mit einer entsprechenden Fehlermeldung abgefangen werden.

Vermeidung von Funktionsfehlern:
Bietet das System Vorkehrungen gegen versehentlich aktivierte Funktionen?
Die Belegung der Funktionstasten sollte im gesamten EDV-System einheitlich sein und möglichst standardisierten Vorgaben entsprechen (z.B.: F1 = Hilfe). Tasten für leicht verwechselbare Funktionen sollten nicht in unmittelbarer Nachbarschaft zueinander liegen. Unverwechselbar sollten auch Menüoptionen bezeichnet und Icons dargestellt sein und über einen Sicherheitsabstand zueinander auf dem Bildschirm verfügen.
In einer bestimmten Dialogsituation nicht erlaubte Funktionen, Operationen und Menüpunkte sollten entweder als derzeit nicht zulässig kenntlich gemacht werden (z.B. durch 'Grauschaltung') oder nicht angezeigt werden. Vor der Ausführung von Kommandos mit schwerwiegenden Auswirkungen (z.B. Löschoperationen) sollte das System eine zusätzliche Bestätigung verlangen, um Fehler größeren Umfangs zu vermeiden.

Dialogunterbrechung:
Können Verarbeitungsprozesse unterbrochen bzw. abgebrochen werden?
Hintergrundprozesse (z.B. Kopier- und Druckvorgänge) sollten zu jedem Zeitpunkt abgebrochen werden können. Verarbeitungsprozesse, in denen Sie gerade aktiv sind, sollten mindestens dann abgebrochen werden können, wenn das System auf eine Benutzereingabe wartet. Wünschenswert ist auch ein gezieltes Unterbrechen und Wiederaufsetzen von Dialogschritten, z.B., wenn Sie eine Zwischenoperation durchführen oder eine Arbeitspause einlegen wollen. Nach der Unterbrechung sollten die bisher getätigten Eingaben und die Cursorposition erhalten bleiben.
Eine Funktion, mit deren Hilfe bereits ausgeführte Operationen storniert werden können, sollte für alle Operationen zur Verfügung stehen (Undo-Funktion). Die Undo-Funktion selbst sollte möglichst ebenfalls rückgängig gemacht werden können.

Dialogbereiche:
Ist der Bildschirminhalt in jeder Dialogsituation übersichtlich und einheitlich aufgebaut?
Die Bildschirmmasken sollten immer in folgende Dialogbereiche aufgeteilt sein: den Kennzeichnungsbereich, der einheitliche Angaben über das gerade aktive EDV-System macht, den Arbeitsbereich, in dem Sie die Software benutzen, und den Meldebereich für die Status-, Hilfs-, Fehler- und Rückmeldungen des Systems.
Der Kennzeichnungsbereich muss in jeder Dialogsituation sichtbar sein. Der Arbeitsbereich ist möglichst als Ganzes gleichzeitig anzuzeigen (z.B. durch eine geeignete Strukturierung der Arbeitsaufgabe). Ist dies nicht möglich, müssen Sie den gewünschten Teil des Arbeitsbereiches (beispielsweise durch Verschieben oder Blättern) ohne Probleme anwählen können. Der Meldebereich sollte in der Regel am unteren Rand des Bildschirms zu finden sein.

Hervorhebungen:
Werden wichtige Softwarezustände und -ereignisse besonders hervorgehoben?
Die jeweils aktuelle Eingabestelle sollte sich von dem restlichen Bildschirminhalt abheben, ohne penetrant oder störend zu wirken (z.B. durch zu intensives Blinken des Cursors oder zu starke Farbunterlegung des Eingabefeldes).
Auf Ereignisse, die eine sofortige Reaktion erfordern (z.B. bei Störungen), sollten Sie mittels einprägsamer optischer oder akustischer Signale (z.B. durch eine invertierte Darstellung oder durch einen Warnton) aufmerksam gemacht werden. Mit derartigen Signalen sollte das System jedoch sparsam umgehen, da zu viele optische Signale den Bildschirminhalt unübersichtlich werden lassen und sich zu häufige akustische Signale sehr störend auf Sie und Ihre benachbarten Kollegen auswirken. Außerdem führen häufige Signale zur Abstumpfung und verfehlen damit ihren Zweck, nämlich Ihre Aufmerksamkeit zu erreichen.

Farben:
Ist die Farbgestaltung des Bildschirminhalts angenehm?
Grundsätzlich sollten nur gutverträgliche Farben miteinander kombiniert und im gesamten EDV-System einheitlich verwendet werden. Eine gute Strukturierung des Bildschirminhaltes ist einer farblichen Unterteilung in jedem Fall vorzuziehen. Deshalb sollten nur wenige Farben je Maske vorkommen (max. vier).
Zu viele und zu intensive Farben sind auch deshalb nicht sinnvoll, weil sie bei unzureichenden hardwaretechnischen Voraussetzungen (Farbbildschirm, Auflösung, Grafikkarte usw.), für farbfehlsichtige Benutzer und in nicht ausreichend oder zu stark beleuchteten Räume die Wahrnehmung des Bildschirminhaltes eher verschlechtern als verbessern.

Feldformate:
Sind die Felder einer Maske übersichtlich angeordnet?
Folgende Gestaltungsregeln sollen weitgehend erfüllt sein, um Ihnen die Orientierung bei der Bildschirmarbeit zu erleichtern:
Ein- und Ausgabefelder unterscheiden sich deutlich voneinander. Sie sind in der jeweiligen Bearbeitungsreihenfolge angeordnet und möglichst zu logisch zusammengehörigen Gruppen zusammengefasst. Feldbezeichnungen erscheinen links von dem zugehörigen Feld oder bei Tabellen als Überschrift. Einheiten wie Prozentangaben, Maße usw. werden angezeigt. Länge und Eigenschaften (Muss- oder Kann-Feld, alphanumerisches oder numerisches Feld) von Eingabefeldern sind erkennbar. Eingabefelder sind, soweit dies möglich ist, vorbelegt.

Fenstertechnik:
Können mehrere Arbeitsbereiche gleichzeitig am Bildschirm dargestellt werden?
Bei der Fenstertechnik können Sie auf verschiedene Objekte (Daten, Dokumente) bzw. auf mehrere Funktionen gleichzeitig zugreifen. Dies entspricht Ihrer Arbeitsweise am Schreibtisch ('Desktop-Metapher'), an dem Sie normalerweise ebenfalls mit mehreren Schriftstücken und Arbeitsmitteln arbeiten. Die Fenster sollten so beschaffen sein, dass Sie die einzelnen Funktionen und Objekte gut voneinander abgrenzen können. Außerdem sollten Sie die Fenstergröße und -platzierung voreinstellen können, die Fenster jederzeit öffnen, schließen, teilen, verschieben, hervorholen, zurücksetzen und 'zoomen' können.
Wenn Sie häufiger mit der Fenstertechnik arbeiten, dann sollten Sie über einen ausreichend großen Bildschirm verfügen (mindestens A4-Format).

Eingabemedien:
Besteht die Möglichkeit, zwischen verschiedenen Eingabemedien zu wählen?
Die Software sollte neben der Tastatur mindestens ein weiteres Eingabemedium unterstützen (z.B. eine Maus, möglich sind auch Hand-Scanner, Touch-Screen, Lichtstift usw.), damit Sie entsprechend Ihrem persönlichen Arbeitsstil eine Auswahl treffen können.
Bei der Aktivierung von Funktionen bzw. bei der Durchführung von Operationen (z.B. Markieren, Positionieren, Scrollen) sollten Sie möglichst frei zwischen den vorhandenen Eingabemedien wählen können. Beschränkungen finden sich beispielsweise häufig bei generellen Operationen (z.b. beim Öffnen und Schließen von Fenstern oder Anwendungen).

Ausgabemedien:
Können Sie die Datenausgabe frei bestimmen und werden die Informationen auf den verschiedenen Ausgabemedien in gleicher Weise dargestellt?
Je nach Arbeitsaufgabe sollten Sie Art und Umfang der Datenausgabe festlegen können. Dies gilt für die Art des Ausgabemediums (z.B. Bildschirm oder Drucker) und den Ort der Datenausgabe (welcher von mehreren Drucker- bzw. Bildschirmstandorten). Darüber hinaus sollten Sie beispielsweise die Anzahl der Kopien, die (Schrift-)Größe der Ausgabe, die anzuzeigenden bzw. auszudruckenden Seiten und die Formate (Hoch-, Quer-, DIN A4- oder anderes Format) frei auswählen können.
Das WYSIWYG-Prinzip ('What You See Is What You Get!') sollte unbedingt eingehalten sein: Die Darstellung der Informationen sollte auf den verschiedenen Ausgabemedien in gleicher Weise erfolgen (z.B. als Übereinstimmung zwischen Bildschirmansicht und Druckausgabe).

Direktwahl:
Kann eine gewünschte Maske direkt angewählt werden?
Sie sollten die Software so einstellen können, dass Sie jederzeit die für die weitere Aufgabendurchführung gewünschte Maske direkt anwählen und in das Hauptmenü zurückspringen können. Wünschenswert sind darüber hinaus Sprungmöglichkeiten zu anderen Zweigen des Menübaumes direkt aus der aktuell aktiven Anwendungssoftware.
In den Menüs sollten die Auswahlmöglichkeiten entweder direkt-manipulativ erfolgen (also durch Anklicken mit der Maus) oder mit einprägsamen Namensabkürzungen aktiviert werden, die Sie möglichst selbst festlegen können. Sprechende Namenskürzel sind leichter zu erlernen als einzugebende Nummern.

Einstellungen:
Kann die Software hinreichend an Ihre individuellen Bedürfnisse und Kenntnisse angepasst werden?
Die Software sollte so beschaffen sein, dass Sie die Möglichkeit haben, wichtige Merkmale der Benutzung an Ihren persönlichen Arbeitsstil anzupassen.
Können Sie beispielsweise Anzahl, Bezeichnungen und Reihenfolge der Auswahlmöglichkeiten in den Menüs ändern? Oder Kurzkommandos statt langer Kommandonamen und Einzelkommandos statt Kommandofolgen oder umständlicher Menübäume definieren? Oder Eingabemedien (z.B. die Funktionstasten oder den Schriftzeichensatz der Tastatur) anders belegen? Oder Farbe, Unterlegung, Reihenfolge und Platzierung der Ein- und Ausgabefelder einer Maske neu festlegen? Oder die Ausgabefelder einer Maske anders bezeichnen (z.B. orientiert an einer existierenden Belegvorlage)? Oder Maßeinheiten, Währungseinheiten und die Dezimaldarstellung bestimmen?

Abbildungsverzeichnis

Abb. 1-1: Das computergestützte IuK-System einer Unternehmung — 5

Abb. 1-2: Erkenntnisinteresse der Wirtschaftsinformatik — 7

Abb. 2-1: Datenübertragungssystem — 19

Abb. 2-2: Topologien für Rechnernetze — 21

Abb. 2-3: Analoge und digitale Signalübertragung — 23

Abb. 2-4: Das Prinzip des Token Ring-Verfahrens — 27

Abb. 2-5: Das ISO-OSI-Referenzmodell — 32

Abb. 2-6: OSI-Architektur und TCP/IP-Architektur — 36

Abb. 2-7: Einfache Client-Server-Architektur in Bustopologie — 44

Abb. 2-8: Verbindung von Netzwerken mittels Repeater — 48

Abb. 2-9: Verbindung von Netzwerken mittels Bridge — 49

Abb. 2-10: Verbindung von Netzwerken mittels Router — 49

Abb. 2-11: Verbindung von Netzwerken mittels Gateway — 50

Abb. 2-12: Adressklassen und Adressaufbau im Internet — 53

Abb. 2-13: Konzept der S_0-Schnittstelle — 67

Abb. 2-14: Prinzip der paketvermittelten Datenübertragung — 69

Abb. 2-15: Zusammenhang zwischen schmalbandigen standortbezogenen Netzen, ihren Diensten und den übertragenen Informationsarten — 71

Abb. 2-16: Distributed Queue Dual Bus — 73

Abb. 2-17: Vermittlung von ATM-Zellen — 75

Abb. 2-18: ATM als asynchroner Zeitmultiplexer — 76

Abb. 2-19: Klassifizierung mobiler Telekommunikationssysteme (MTKS) — 80

Abb. 2-20: Aufbau eines zellularen Mobiltelefonnetzes 87

Abb. 2-21: Architektur von Mobiltelefonnetzen 89

Abb. 2-22: Netzkomponenten und Dienste der Satellitenkommunikation 94

Abb. 3-1: Teilaktivitäten in Kommunikationsprozessen 116

Abb. 3-2: Elemente kooperativer Informationsarbeit 121

Abb. 3-3: Systematisierung von IuK-Technik anhand der Aufgabenspezifität
der Informationsarbeit 130

Abb. 3-4: Systematik zur Differenzierung verschiedener Kooperationssituationen 136

Abb. 3-5: Kooperative und koordinative Handlungen innerhalb unterschiedlicher
Arbeitsformen sowie Abdeckungsgrad zugehöriger Konzepte
der Computerunterstützung 137

Abb. 4-1: Betriebliche Anwendungssoftwaresysteme 158

Abb. 4-2: Betrieblicher Arbeitsprozess (Bestellabwicklung) 166

Abb. 4-3: Warenwirtschaft im Handel 171

Abb. 4-4: Verbundmöglichkeiten im Handel 175

Abb. 4-5: Produktionswirtschaftsprozess 176

Abb. 4-6: Produktionsplanung und -steuerung in der Industrie 178

Abb. 4-7: Ausprägungen der Management Support Systeme (MSS) 185

Abb. 4-8: Komponenten eines Decision Support Systems (DSS) 188

Abb. 4-9: Data Warehouse-Konzept mit seinen Schnittstellen 190

Abb. 4-10: Raum-Zeit-Klassifikation von Groupware-Technologien 204

Abb. 4-11: Funktionalitäten von Groupware-Technologien klassifiziert
nach kooperationsbezogenen Aktivitätenklassen 206

Abb. 5-1: Perspektiven bei der Gestaltung computergestützter IuK-Systeme 251

Abb. 5-2: Schalenmodell computergestützter Arbeitssysteme 257

Abb. 5-3:	IFIP-Benutzungsschnittstellenmodell	263
Abb. 5-4:	KABA-Verfahrensgruppen und -Teilverfahren	266
Abb. 5-5:	Einordnung der Softwareergonomie-Merkmale von SAB-Control	277
Abb. 5-6:	Vernetzungsmöglichkeiten der RFA-Konstrukte	284
Abb. 5-7:	RFA-Konstrukte	285
Abb. 5-8:	Kombinationen der RFA-Konstrukte zur Darstellung von Interaktionen	286
Abb. 5-9:	RF-Netz einer Handelsunternehmung	287
Abb. 5-10:	Kombination der SOM-Sichten und -Ebenen	292
Abb. 5-11:	Teilsysteme des SOM-Objektsystems	298
Abb. 5-12:	Interaktionsschemata Warenverkauf einer Handelsunternehmung	300
Abb. 5-13:	Vorgangs-Ereignis-Schema Warenverkauf einer Handelsunternehmung	302
Abb. 5-14:	Kombinationen der ARIS-Sichten und -Ebenen	304
Abb. 5-15:	Funktionsbaum Warenverkauf einer Handelsunternehmung	308
Abb. 5-16:	Entity-Relationship-Diagramm Warenverkauf einer Handelsunternehmung	310
Abb. 5-17:	Organigramm Warenverkauf einer Handelsunternehmung	312
Abb. 5-18:	Sichten und Darstellungsformen des ARIS-Fachkonzeptes	315
Abb. 5-19:	Ereignisgesteuerte Prozesskette Warenverkauf einer Handelsunternehmung	317
Abb. 5-20:	Erweiterte Ereignisgesteuerte Prozesskette Warenverkauf einer Handelsunternehmung	319
Abb. 5-21:	Das computergestützte IuK-System einer Unternehmung	323

Tabellenverzeichnis

Tab. 2-1:	Leistungsmerkmale von LAN	41
Tab. 2-2:	Beispiele für die Bezeichnung von Top Level-Domains im Internet	53
Tab. 2-3:	Neue generische Top Level-Domains im Internet	54
Tab. 3-1:	Unterscheidung verschiedener Einsatzkonzepte von Technologien zur Unterstützung multipersoneller Arbeit	146

Abkürzungsverzeichnis

ADSL	Asymmetric Digital Subscriber Line
AMPS	Advanced Mobile Phone System
ANSI	American National Standards Institute
AOL	American Online
ARIS	Architektur Integrierter Informationssysteme
ARPANET	Advanced Research Projects Agency Net
ASCII	American Standard Code for Information Interchange
ATM	Asynchronous Transfer Mode
AUC	Authentication Centre
BAP	Bildschirmarbeitsplätze
BDE	Betriebsdatenerfassung
BIFOA	Betriebswirtschaftliches Institut für Organisation und Automation
BOS	Behörden und Organisationen mit Sicherheitsaufgaben
BRD	Bundesrepublik Deutschland
BSS	Base Station System
B-to-B	Business to Business (B2B)
B-to-C	Business to Consumer (B2C)
BTS	Base Transceiver Station
Btx	Bildschirmtext
CAD	Computer Aided Design
CAE	Computer Aided Engineering
CAM	Computer Aided Manufacturing
CAP	Computer Aided Planning
CAPI	Common ISDN Application Interface
CAQ	Computer Aided Quality Assurance
CASE	Computer Aided Software Engineering
CCIR	Comité Consultatif International des Radiocommunication
CCITT	Comité Consultatif International de Télégraphique et Téléphonique
CCS	Common Communication Support
CD-ROM	Compact Disk - Read Only Memory

CEPT	Conferénce Européenne des Administrations des Postes et des Télécommunications
CIM	Computer Integrated Manufacturing
CNC	Computer Numeric Control
CPI	Common Programming Interface
CRM	Customer Relationship Management
CSCW	Computer Supported Cooperative Work
CSMA/CD	Carrier Sense Multiple Access with Collision Detection
CT	Cordless Telephone
CUA	Common User Access
CUI	Common User Interface
DCS	Digital Cellular System
DDV	Datendirektverbindung
DECT	Digital European Cordless Telecommunications
DEE	Datenendeinrichtung
DFÜ	Datenfernübertragung
DIN	Deutsche Industrie Norm
DNA	DEC Network Architecture
DNS	Domain Name System
DoD	Department of Defense (US)
dpi	dots per inch
DQDB	Distributed Queue Dual Bus
DSA	Distributed Systems Architecture
DSL	Digital Subscriber Line oder Digital Service Line (Telekom AG)
DSS	Decision Support System
DSt	Datenstation
DTAG	Deutsche Telekom AG
DÜE	Datenübertragungseinrichtung
DV	Datenverarbeitung
DW	Data Warehouse
DWS	Data Warehouse-System
E-	Electronic-

E/A	Ein-/Ausgabe
EBCDIC	Extended Binary-Coded Decimal Interchange Code
EC	Electronic Cash
EDI	Electronic Data Interchange
EDIFACT	Electronic Data Interchange for Administration, Commerce and Transport
EDV	Elektronische Datenverarbeitung
eEPK	erweiterte Ereignisgesteuerte Prozesskette
EIR	Equipment Identity Register
EIS	Executive Information System
EMR	Electronic-Meeting-Room
EN	European Norm
EPK	Ereignisgesteuerte Prozesskette
ERM	Entity-Relationship-Modell
ERMES	European Radio Messaging System
ERP	Enterprise Resource Planning
ESS	Executive Support System
ETSI	European Telecommunications Standards Institute
EUS	Entscheidungsunterstützungssystem
Eutelsat	European Telecommunication Satellite Organization
EVADIS	Evaluation von Dialogsystemen
EVSt	Endvermittlungsstelle
FAOR	Functional Analysis of Office Requirements
FDDI	Fiber Distributed Data Interface
FIS	Führungsinformationssystem
FPLMTS	Future Public Land Mobile Telephone System
FTAM	File Transfer, Access and Management
FTP	File Transfer Protocol
FuE	Forschung und Entwicklung
GAN	Global Area Network
GDSS	Group Decision Support System
GfD	Gesellschaft für Datenfunk mbH

GHz	GigaHertz
GI	Gesellschaft für Informatik
GMD	Gesellschaft für Mathematik und Datenverarbeitung
GPRS	General Packed Radio Service
GPS	Global Positioning System oder Groupe Spéciale Mobile
GSM	Global System for Mobile Communication
HDLC	High Level Data Link Control
HLR	Home Location Register
HSCSD	High-speed Granit switches Data
HTML	Hypertext Markup Language
HTTP	Hypertext Transfer Protocol
HVSt	Hauptvermittlungsstelle
Hz	Hertz
IBFN	Integriertes Breitbandfernmeldenetz
IBM	International Business Machines
IDN	Integriertes Daten-Netz
IDV	Individuelle Datenverarbeitung
IEEE	Institute of Electrical and Electronics Engineers
IFIP	International Federation for Information Processing
IML	Internationale Mietleitung
IMT	International Mobile Telecommunications
Inmarsat	International Maritime Satellite Organization
Intelsat	International Telecommunication Satellite Organization
IP	Internet Protocol
IRC	Internet Relay Chat
ISDN	Integrated Services Digital Network
ISO	International Standardization Organization
ISOC	Internet Society
IT	Informationstechnologie
ITU	International Telecommunication Union
IuK	Information(sverarbeitung) und Kommunikation

KABA	Kontrastive Aufgabenanalyse und -gestaltung der Büro- und Verwaltungsarbeit
KBDSS	Knowledge Based Decision Support System
kbit	Kilobit
kHz	KiloHertz
KI	Künstliche Intelligenz
KOS	Konzeptuelles Objektschema
KVSt	Knotenvermittlungsstelle
LAI	Location Area Identification
LAN	Local Area Network
LES	Land-Erdfunkstellen
LEU	Lion-Entwicklungsumgebung
MAN	Metropolitan Area Network
Mbit	Megabit
MDT	Mittlere Datentechnik
MES	Mobile Erdfunkstellen
MFN	Mobiles Funknetz
MHS	Message Handling System
Mhz	Megahertz
MIS	Management Information System
MODACOM	Mobile Data Communication
MoU	Memorandum of Understanding on the Introduction of the Pan-European Digital Mobile Communication Service
MPT	Ministry of Post and Telecommunication
MRP	Manufacturing Resource Planning
MSC	Mobile Services Switching Centre
MSS	Management Support System
MTK	Mobile Telekommunikation
MTKS	Mobiles Telekommunikationssystem
MTN	Mobiles Telefonnetz
MTS	Mobiles Telefonsystem
MUS	Managementunterstützungssystem
NMT	Nordic Mobile Telephone

NStA	Nebenstellenanlage	
NT	Network Termination	
ODIF	Office Document Interchange Format	
OI	Organisatorische Implementierung	
OLAP	Online Analytical Processing	
OLTP	Online Transaction Processing	
OMC	Operation and Maintenance Centre	
OSI	Open System Interconnection	
OVSt	Ortsvermittlungsstelle	
PAD	Packet Assembly/Disassembly Facility	
PC	Personal Computer	
PCN	Personal Communication Network	
PIMS	Personal Information Management System	
PIS	Personalinformationssystem	
POP	Post Office Protocol	
PORGI	Planungshilfe für die Organisatorische Implementierung computergestützter Informationssysteme	
POS	Point of Sale	
PPP	Point-to-Point Protocol	
PPS	Produktionsplanung und -steuerung	
RDS	Radio Data System	
RFA	Rollen / Funktionen / Aktionen	
RJE	Remote Job Entry	
SAB	Softwareergonomie für Arbeitssysteme im Büro	
SCM	Supply Chain Management	
SFV	Standardfestverbindung	
SIM	Subscriber Identity Module	
SLIP	Serial Line Internet Protocol	
SMDS	Switched Multimegabit Data Service	
SMTP	Simple Mail Transfer Protocol	
SNA	Systems Network Architecture	
SOM	Semantisches Objektmodell	

TA	Terminal Adapter
TACS	Total Access Communication System
TBS	Technologieberatungsstelle
TCP	Transmission Control Protocol
TCP/IP	Transmission Control Protocol/Internet Protocol
TETRA	Trans European Trunked Radio
TK	Telekommunikation
TKS	Telekommunikationssystem
TV	Television
UDP	User Datagramm Protocol
UMTS	Universal Mobile Telecommunication System
URL	Uniform Resource Locator
VCI	Virtual Circuit (Channel) Identifier
VKI	Verteilte Künstliche Intelligenz
VLR	Visitor Location Register
VOS	Vorgangsobjektschema
VPI	Virtual Path Identifier
VSAT	Very Small Aperture Terminal
VT	Virtual Terminal
WAIS	Wide Area Information Service
WAN	Wide Area Network
WAP	Wireless Application Protocol
WFMS	Workflow-Management-System
WWS	Warenwirtschaftssystem
WWW	World Wide Web
WYSIWYG	What You See Is What You Get
ZVSt	Zentralvermittlungsstelle

Literaturverzeichnis

Alpar, Paul (1996): Kommerzielle Nutzung des Internet, Berlin, Heidelberg 1996.

Alpar, Paul (1998): Kommerzielle Nutzung des Internet. Unterstützung von Marketing, Produktion, Logistik und Querschnittsfunktionen durch Internet, Intranet und kommerzielle Online-Dienste, 2. Auflage, Berlin u.a. 1998.

Anstötz, Karin (1991): Akzeptanzorientierte Systemgestaltung. Möglichkeiten und Grenzen von Prototyping mit Benutzerbeteiligung am Beispiel eines Informations- und Kommunikationssystems im Rechnerverbund, Bergisch-Gladbach 1991.

Appelrath, Hans-Jürgen; Ritter, Jörg (2000): R-3-Einführung. Methoden und Werkzeuge, Berlin u.a. 2000.

Augustin, Siegfried (1990): Information als Wettbewerbsfaktor: Informationslogistik - Herausforderung an das Management, Köln 1990.

Bach, Volker; Österle, Hubert; Vogler, Petra (Hrsg.) (2000): Business Knowledge Management in der Praxis, Berlin, Heidelberg 2000.

Badach, Anatol (1994): ISDN im Einsatz, Bergheim 1994.

Baethge, Martin; Oberbeck, Herbert (1986): Zukunft der Angestellten: neue Technologien und berufliche Perspektiven in Büro und Verwaltung, Frankfurt/Main, New York 1986.

Baethge, Martin; Oberbeck, Herbert (1990): Systemische Rationalisierung von Dienstleistungsarbeit und Dienstleistungsbeziehungen: eine neue Herausforderung für Unternehmen und wissenschaftliche Analyse, in: Rock, Reinhard; Ulrich, Peter; Witt, Frank (Hrsg.): Strukturwandel in der Dienstleistungsrationalisierung, Frankfurt 1990, S. 149-175.

Bahr, Knut; Schroeder, Thomas (1987): Internationale Standardisierung des ISDN; in: *Arnold, Franz* (Hrsg.): ISDN: Viele Kommunikationsdienste in einem System, Köln 1987, S. 134-160.

Balzert, Helmut (1996): Lehrbuch der Software-Technik. Software-Entwicklung, 2. Auflage, Heidelberg 2000.

Bannon, Liam J.; Schmidt, Kjeld (1991): CSCW: Four Characters in Search of a Context, in: Bowers, John M.; Benford, Steven D. (Eds.): Studies in Computer Supported Cooperative Work: Theory, Practice and Design, Amsterdam 1991, S. 3-16.

Bannon, Liam; Bjørn-Andersen, Niels; Due-Thomsen, Benedicte (1988): Computer Support for Cooperative Work: An Appraisal and Critique, in: Bullinger, H.-J.; Protonotarios, E. N.; Bouwhuis, D. (Eds.): Information Technology for Organisational Systems, Amsterdam 1988, S. 297-303.

Barth, Helmut (1992): Moderne Telekommunikation: Netze, Dienste Instrumente, Normen und praktischer Einsatz, München 1992.

Bendixen, Peter (1980): Teamorientierte Organisationsformen, in: Grochla, Erwin (Hrsg.): Handwörterbuch der Organisation, 2. Auflage, Stuttgart 1980, Sp. 2227-2236.

Bertalanffy, Ludwig von (1972): Zu einer allgemeinen Systemlehre, in: Bleicher, Knut (Hrsg.): Organisation als System, Wiesbaden 1972, S. 31-45.

Biala, Jacek (1995): Mobilfunk und Intelligente Netze. Grundlagen und Realisierung mobiler Kommunikation, 2. Auflage, Braunschweig, Wiesbaden 1995.

Biethahn, Jörg; Mucksch, Harry; Ruf, Walter (1994): Ganzheitliches Informationsmanagement, Band I: Grundlagen, 3. Auflage, München, Wien 1994.

Bleicher, Knut (Hrsg.) (1972): Organisation als System, Wiesbaden 1972, S. 173-190.

Bocker, Peter; Martin, Horst-Edgar (1987): Konzept und Realisierung des ISDN durch Siemens, in: *Arnold, Franz* (Hrsg.): ISDN: Viele Kommunikationsdienste in einem System, Köln 1987.

Bode, Jürgen (1993): Information, in: Die Betriebswirtschaft, 53. Jg. (1993), Nr. 2, S. 275-277.

Bodendorf, Freimut; Langer, Klaus; Schmidt, Werner (1993): Die Zukunft des computergestützten Büros, in: Office Management, 41. Jg. (1993), Nr. 11, S. 16-20.

Boettcher, Erik (1974): Kooperation und Demokratie in der Wirtschaft, Tübingen 1974.

Bohländer, Egon; Gora, Walter (1992): Mobilkommunikation. Technologien und Einsatzmöglichkeiten, Bergheim 1992.

Borghoff, Uwe M.; Schlichter, Johann H. (1995): Rechnergestützte Gruppenarbeit: eine Einführung in Verteilte Anwendungen, Berlin, Heidelberg u.a. 1995.

Bork, Thomas A. (1994): Informationsüberlastung in der Unternehmung: eine Mehrebenenanalyse zum Problem 'information overload' aus betriebswirtschaftlicher Sicht, Frankfurt 1994.

Bornschein-Grass, Carin (1995): Groupware und computergestützte Zusammenarbeit. Wirkungsbereiche und Potentiale, Wiesbaden 1995.

Brändli, Dieter (1997): Positionierung des Database Marketing, in: Link, Jörg; Brändli, Dieter u.a. (Hrsg.): Database Marketing, Handbuch, Ettlingen 1997, S. 9-12.

Brummund, Werner (1983): Zusammenarbeit zwischen Organisationseinheiten in soziotechnischen Systemen, Essen, Univ. GHS Essen, Diss., 1983.

Bühner, Rolf (1994): Betriebswirtschaftliche Organisationslehre, 7. Auflage, München und Wien 1994.

Burgmer, Martin; Ehritt, Andreas (1995): D-Netz-Mobilfunktechnik, Würzburg 1995.

Chamoni, Peter; Gluchowski, Peter (Hrsg.) (1999): Analytische Informationssysteme, Data Warehouse, On-Line Analytical Processing, Data Mining, 2. Auflage, Berlin, Heidelberg 1999.

Coenenberg, Adolf Gerhard (1966): Die Kommunikation in der Unternehmung, Wiesbaden 1966.

Computer Zeitung (3; 1997), Nr. 3, 16. Januar 1997, S. 18.

Computer Zeitung (30; 1999), Nr. 30, 29. Juli 1999, S. 20.

Conrads, Dieter (1996): Datenkommunikation. Verfahren-Netze-Dienste, 3. Aufl., Braunschweig u.a. 1996.

David, Klaus; Benkner, Thorsten (1996): Digitale Mobilfunksysteme, Stuttgart 1996.

Davis, Louis Elkin (1979): Design of Jobs, Santa Monica (California) 1979.

Dernbach, Wolfgang (1993): Neue Organisationsphilosophie und Informatik, in: Diebold Management Report, Heft 3, 1993, S. 3-10.

DeSanctis, Gerardine; Gallupe, R. Brent (1987): A Foundation for the study of Group Decision Support Systems, in: Management Science, Vol. 33 (1987), No. 5, S. 589-609.

Desel, Jörg; Oberweis, Andreas (1996): Petri-Netze in der Angewandten Informatik, in: Wirtschaftsinformatik 38 (1996) 4, S. 359-366.

Deutsch, Morton (1981): Fünfzig Jahre Konfliktforschung, in: Grunwald, Wolfgang; Lilge, Hans-Georg (Hrsg.): Kooperation und Konkurrenz in Organisationen, Stuttgart 1981, S. 15-49.

Deutsche Bundespost Telekom (Hrsg.) (1993/94): Das Telekom-Buch '93; 94, Bonn 1994.

*Deutsche Telekom AG (*2000a*):* www.telekom.de; dtag; ipl1; cda; level4s_a; -0,3682,914,00.html am 10.12.2000.

*Deutsche Telekom AG (*2000b*):* http:; ; www.telekom.de; dtag; ipl1; cda; level2_a; -0,3679,184,00.html am 10.12.2000.

*Deutsche Telekom AG (*2000c*):* http:; ; www.telekom.de; dtag; ipl1; cda; level2_a; -0,3679,183,00.html am 10.12.2000.

Deutsche Telekom AG (Hrsg.) (1997): LeasedLink. Die Festverbindungen zu Ihrem Markterfolg, Bonn 1997 (Informationsmaterial).

Diebold, John (1987): Informationstechnik: Aufbruch in ein neues Zeitalter wirtschaftlichen Wettbewerbs - Voraussetzungen, Strategien, Maßnahmen, in: Zeitschrift für Organisation, Heft 2/3, 1987, S. 87-92 und 165-171.

Dier, Mirko; Lautenbacher, Siegfried (1994): Groupware: Technologien für die lernende Organisation. Rahmen, Konzepte, Fallstudien, München 1994.

Dittrich, Jürgen (1991): Koordinationsmodelle für Computerunterstützte Gruppenarbeit, in: Friedrich, Jürgen; Rödiger, Karl-Heinz (Hrsg.): Computergestützte Gruppenarbeit (CSCW), Reihe: Berichte des German Chapter of the ACM, Bd. 34, Stuttgart 1991, S. 107-117.

Dörpelkus, Klaus-Peter (1997): ATM - Eine Standortbestimmung; in: *Seiler*, Bernd (Hrsg.): Taschenbuch der Telekom Praxis 1997, Berlin 1997, S. 117-140.

Dourish, Paul; Belotti, Victoria (1992): Awareness and Coordination in Shared Workspaces, in: Turner, Jon; Kraut, Robert (Eds.): Proceedings of the ACM 1992 Conference on Computer-Supported Cooperative Work (CSCW'92): Sharing Perspectives, Toronto, Nov 1-4, 1992, New York 1992, S. 107-114.

Dunckel, Heiner; Volpert, Walter (1992): Kontrastive Aufgabenanalyse im Rahmen der Systemgestaltung, in: Krallmann, Hermann; Papke, J.; Rieger, Bodo (Hrsg.): Rechnergestützte Werkzeuge für das Management. Grundlagen, Methoden, Anwendungen., Berlin 1992, S. 205-220.

Dunckel, Heiner; Volpert, Walter; Zölch, Martina; Kreutner, Ulla; Pleiss, Cordula; Hennes, Karin (1993): Kontrastive Aufgabenanalyse im Büro. Der KABA-Leitfaden. Grundlagen und Manual, Stuttgart 1993.

Dzida, Wolfgang (1988): Modellierung und Bewertung von Benutzerschnittstellen, in: Software Kurier 1988/1, S. 13-28.

Eberhardt, Reinhold; Franz, Walter (1993): Mobilfunknetze. Technik, Systeme, Anwendungen, Wiesbaden 1993.

Ehlers, Stephan u.a. (1994): Telekommunikation. Dienste, Übersichten, Entscheidungshilfen, Berlin 1994.

Eichhorn, Peter; Schreier, Klaus (1983): Neue Informationstechnologien und Wettbewerbsfähigkeit der Unternehmen, in: Zeitschrift für Betriebswirtschaft, Heft 7, 1983, S. 668-678.

Ellis, Clarence A.; Gibbs, S.; Simon J.; Rein, Gail L. (1991): Groupware: Some Issues and Experiences, in: Communications of the ACM, Vol. 34 (1991), No. 1, S. 38-58.

Erb, Ulrike; Herrmann, Thomas (1995): Denk- und Kommunikationsstrukturen, in: Friedrich, Jürgen; Hermann, Thomas; Peschek, Max et al. (Hrsg.): Informatik und Gesellschaft, Heidelberg, Berlin, Oxford et al. 1995, S. 173-183.

Erdl, Günter; Schönecker, Horst (1992): Geschäftsprozeßmanagement. Vorgangssteuerung und integrierte Vorgangsbearbeitung, Baden-Baden 1992.

Erdl, Günter; Schönecker, Horst (1993): Vorgangssteuerungssysteme im Überblick. Herkunft, Voraussetzungen, Einsatzschwerpunkte, Ausblick, in: Office Management, 41. Jg. (1993), Nr. 3, S. 13-21.

Erler, Thomas: Business Objects als Gestaltungskonzept strategischer Informationssystemplanung, Frankfurt u.a. 2000.

Falck, Margit (1992): Arbeit in der Organisation: Zur Rolle der Kommunikation als Arbeit in der Arbeit und als Gegenstand technischer Gestaltung, in: Coy, Wolfgang (Hrsg.): Sichtweisen der Informatik, Braunschweig und Wiesbaden 1992, S. 157-169.

Fandel, Günter; François, Peter; Gubitz, Klaus-Martin (1994): PPS-Systeme. Grundlagen, Methoden, Software, Marktanalyse, Berlin u.a. 1994.

Ferstl, Otto K.; Sinz, Elmar J. (1994): Grundlagen der Wirtschaftsinformatik, Band 1, 2. Auflage, München 1994.

Ferstl, Otto K.; Sinz, Elmar J. (1995): Der Ansatz des Semantischen Objektmodells (SOM) zur Modellierung von Geschäftprozessen, in: Wirtschaftsinformatik 37 (1995) 3, S. 209-220.

Fiehler, Reinhard (1980): Kommunikation und Kooperation: theoretische und empirische Untersuchungen zur kommunikativen Organisation kooperativer Prozesse, Berlin 1980.

Floyd, Christiane; Züllighoven, Heinz (1997): Softwaretechnik, in: Rechenberg, Peter; Pomberger, Gustav (Hrsg.): Informatik Handbuch, München 1997, S. 641-667.

Frey, Horst; Schönfeld, Detlef (1994): Alles über Euro-ISDN. Dienste, Leistungsmerkmale, Anschlußtechnik, Schnittstellen, Endgeräte, TK-Anlagen, Tarife, Poing 1994.

Friedrich, Jürgen; Früchtenicht, Uwe; Hoheisel, Jens et al. (1993): Die Gestaltung computergestützter Gruppenarbeit unter Berücksichtigung arbeitswissenschaftlicher Kriterien, in: Wirtschaftsinformatik, 35. Jg. (1993), Nr. 2, S. 101-110.

Friedrich, Jürgen; Rödiger, Karl-Heinz (1991): Computergestützte Gruppenarbeit: einleitende Bemerkungen zur ersten deutschen CSCW-Tagung, in: Friedrich, Jürgen; Rödiger, Karl-Heinz (Hrsg.): Computergestützte Gruppenarbeit (CSCW), Reihe: Berichte des German Chapter of the ACM, Bd. 34, Stuttgart 1991, S. 11-16.

Fromm, Heinrich (1986): Kooperation im Unternehmen, Landsberg am Lech 1986.

Fuchs, Herbert (1972): Systemtheorie, in: Bleicher, Knut (Hrsg.): Organisation als System, Wiesbaden 1972, S. 47-58.

Fuchs, Herbert (1973): Systemtheorie und Organisation, Wiesbaden 1973.

Gabler-Wirtschaftslexikon (1993): Band 1-8, 13. Auflage, Wiesbaden 1993.

Gabriel, Roland (1992): Wissensbasierte Systeme in der betrieblichen Praxis, Hamburg, New York u.a. 1992.

Gabriel, Roland; Chamoni, Peter; Gluchowski, Peter (2000): Data Warehouse und OLAP - Analyseorientierte Informationssysteme für das Management, in: Zeitschrift für betriebswirtschaftliche Forschung, 52. Jg. (2000), Nr. 2, S. 74-93.

Gabriel, Roland; Knittel, Friedrich; Streubel, Frauke (1997): Grundbegriffe, Gegenstand und Ziele des Informationsmanagements. Kurseinheit 1 zum Fernstudienmaterial „Informationsmanagement" des Fachbereichs Wirtschaftswissenschaft der Fernuniversität Gesamthochschule Hagen, Hagen 1997.

Gabriel, Roland; Röhrs, *Heinz-Peter (1995):* Datenbanksysteme, Konzeptionelle Datenmodellierung und Datenbankarchitekturen, 2. Auflage, Berlin, Heidelberg 1995.

Gaitanides, Michael (1983): Prozeßorganisation: Entwicklung, Ansätze und Programme prozeßorientierter Organisationsgestaltung, München 1983.

Gaitanides, Michael (1995): Je mehr desto besser? Zu Umfang und Intensität des Wandels bei Vorhaben des Business Reengineering, in: technologie & management, 44. Jg., Heft 2, 1995, S. 69-76.

Gappmeier, Markus; Heinrich, Lutz (1992): Computerunterstützung kooperativen Arbeitens (CSCW), in: Wirtschaftsinformatik, 34. Jg. (1992), Nr. 3, S. 340-343.

Gebauer, Andreas; Zinnecker, Jürgen (1992): Normen und Standards - Fundamente der zwischenbetrieblichen Integration, in: HMD 165, 1992, S. 18-33.

Gebert, Diether (1992): Kommunikation, in: Frese, Erich (Hrsg.): Handwörterbuch der Organisation, 3. Auflage, Stuttgart 1992, Sp. 1110-1121.

Gersch, Martin (2000): E-Commerce-Einsatzmöglichkeiten und Nutzungspotentiale, Arbeitsbericht CCEC 1, Bochum 2000.

Glaser, Horst; Geiger, Werner; Rohde, Volker (1992): PPS, Produktionsplanung und -steuerung, 2. Aufl., Wiesbaden 1992.

Gluchowski, Peter (1997): Data Warehouse, in: Informatik-Spektrum, 20. Jg (1997), Nr. 1, S. 48-49.

Gluchowski, Peter; Gabriel, Roland; Chamoni, Peter (1997): Management Support Systeme. Computergestützte Informationssysteme für Führungskräfte und Entscheidungsträger, Berlin, Heidelberg 1997.

Gluschke, Guido (1994): Grundlagen der Netzwerkkopplung via ISDN, Heidelberg 1994.

Goecke, Robert (1997): Kommunikation von Führungskräften: Fallstudien zur Medienanwendung im oberen Management, Wiesbaden 1997.

Götzer, Klaus (1996): Was bringen Workflow-Systeme wirklich?, in: Information Management, 11. Jg. (1996), Nr. 1, S. 65-68.

Grauel, Adolf (1992): Neuronale Netze. Grundlagen und mathematische Modellierung, Mannheim 1992.

Grochla, Erwin (1971): Das Büro als Zentrum der Informationsverarbeitung im strukturellen Wandel, in: Grochla, Erwin (Hrsg.): Das Büro als Zentrum der Informationsverarbeitung - aktuelle Beiträge zur bürowirtschaftlichen Forschung, Reihe: Betriebswirtschaftliche Organisation und Automation, Bd. 10, Wiesbaden 1971, S. 11-32.

Grochla, Erwin (1980): Organisatorische Gestaltung, theoretische Grundlagen, in: Grochla, Erwin (Hrsg.): Handwörterbuch der Organisation (HWO), 2. Auflage, Stuttgart 1980, Sp. 1832-1843.

Grochla, Erwin; Lehmann, Helmut (1980): Systemtheorie und Organisation, in: Grochla, Erwin (Hrsg.): Handwörterbuch der Organisation (HWO), Stuttgart 1980, Sp. 2204-2216.

Grote, Gudela (1994): Auswirkungen elektronischer Kommunikation auf Führungsprozesse, in: Zeitschrift für Arbeits- und Organisationspsychologie, 38. Jg. (1994), Nr. 2, S. 71-75.

Grüninger, Christoph (1996): Computergestützte Gruppenarbeit im Büro: Entwicklung, Nutzung und Bewertung, Frankfurt u.a. 1996.

Grunwald, Wolfgang (1981): Konflikt-Konkurrenz-Kooperation: eine theoretisch-empirische Konzeptanalyse, in: Grunwald, Wolfgang; Lilge, Hans-Georg (Hrsg.): Kooperation und Konkurrenz in Organisationen, Stuttgart 1981, S. 50-96.

Hacker, Winfried (1978): Allgemeine Arbeits- und Ingenieurphilosophie. Psychische Struktur und Regulation von Arbeitstätigkeiten, Berlin 1978.

Hacker, Winfried (1986): Arbeitspsychologie, Bern 1986.

Hacker, Winfried (1987): Software-Ergonomie; Gestalten rechnergestützter geistiger Arbeit?! in: Schönpflug, Wolfgang; Wittstock, Matthias (Hrsg.): Software-Ergonomie '87, Nützen Informationssysteme dem Benutzer?, Stuttgart 1987, S. 31-54.

Hahn, Dietger; Laßmann, Gert (1990): Produktionswirtschaft, 2. Auflage, Heidelberg 1993.

Hammer, Michael; Champy, James (1994): Business Reengineering. Die Radikalkur für das Unternehmen. 3. Auflage, Frankfurt/Main 1994.

Hansen, Hans Robert (1996): Wirtschaftsinformatik, 7. Auflage, Stuttgart u.a. 1996.

Hasenkamp, Ulrich; *Kirn, Stefan; Syring, Michael (1994):* CSCW-Computer Supported Cooperative Work, Bonn u.a. 1994.

Hasenkamp, Ulrich; Syring, Michael (1994): CSCW (Computer Supported Cooperative Work) in Organisationen: Grundlagen und Probleme, in: Hasenkamp, Ulrich; Kirn, Stefan; Syring, Michael (Hrsg.): CSCW - Computer Supported Cooperative Work: Informationssysteme für dezentrale Unternehmensstrukturen, Bonn u.a. 1994, S. 15-38.

Heilmann, Heidi (1994): Workflow Management: Integration von Organisation und Informationsverarbeitung. In: Theorie und Praxis der Wirtschaftsinformatik (HMD), Heft 176/1994, S. 8-21.

Heilmann, Heidi (1994) Workflow-Management: Integration von Organisation und Informationsverarbeitung, in: Theorie und Praxis der Wirtschaftsinformatik, 31. Jg. (1994), Nr. 176, S. 8-21.

Heinrich, Lutz; Roithmayr, Friedrich (1995): Wirtschaftsinformatik-Lexikon. 5. Auflage, München 1995.

Heinrich, Lutz (1993): Computerunterstützung kooperativen Arbeitens, Editorial zum Schwerpunktthema, in: Wirtschaftsinformatik, 35. Jg. (1993), Nr. 2, S. 99-100.

Heinrich, Lutz (1996): Informationsmanagement: Planung, Überwachung und Steuerung der Informationsinfrastrukturen, 5. Auflage, München 1996.

Herrmann, Thomas (1991a): Die Bedeutung menschlicher Kommunikation für die Kooperation und für die Gestaltung computerunterstützter Gruppenarbeit, in: Oberquelle, Horst (Hrsg.): Kooperative Arbeit und Computerunterstützung: Stand und Perspektiven, Göttingen 1991, S. 63-78.

Herrmann, Thomas (1991b): Dispositionsspielräume bei der Kooperation mit Hilfe vernetzter Systeme, in: Frese, Michael; Kasten, Christoph; Zang-Scheucher, Birgit (Hrsg.): Software für die Arbeit von Morgen, Berlin u.a. 1991, S. 57-68.

Hesse, Wolfgang; Barkow, Georg; Braun, H. von et al. (1994): Terminologie der Softwaretechnik: ein Begriffssystem für die Analyse und Modellierung von Anwendungssystemen (Teil 1+2), in: Informatik Spektrum, 17. Jg. (1994), Nr. 1, S. 39-47.

Hildebrand, Knut (1995): Informationsmanagement, Wettbewerbsorientierte Informationsverarbeitung, München und Wien 1995.

Hill, Wilhelm; Fehlbaum, Raymond; Ulrich, Peter (1994): Organisationslehre 1: Ziele, Instrumente und Bedingungen der Organisation sozialer Systeme, 5. Auflage, Bern u.a. 1994.

Hiltz, Starr Roxanne; Turoff, Murray (1985): Structuring Computer-Mediated Communication Systems to Avoid Information Overload, in: Communications of the ACM, Vol. 28 (1985), No. 7, S. 680-689.

Hitzig, Andreas (1999): Namensbasar, in: iX, 4; 1999, S. 86ff.

Hloch, Guido (1994): Private Mobilfunk-Alternative D2; in: *Preibisch, Heinz* (Hrsg.): GSM-Mobilfunk-Übertragungstechik, Berlin 1994, S. 18-25.

Hoefert, Hans Wolfgang (1976): Psychologische und soziologische Grundlagen der Organisation, Gießen 1976.

Höller, Heinzpeter; Kubicek, Herbert (1990): Angemessener Technikeinsatz zur Unterstützung selbststeuernder Arbeitsgruppen in der öffentlichen Verwaltung, Universität Bremen, Fachbereich Mathematik; Informatik, Report 4; 90, Bremen 1990.

Holm, Matthias; Knittel, Friedrich (1998): Von „BAP-Control" zu „SAB-Control", in: Computer Fachwissen 6-7/1998, S. 42.

Höring, Klaus (1985): Büroarbeit als Schlüssel für das Verständnis der Bürosysteme, in: Seibt, Dietrich; Szyperski, Norbert; Hasenkamp, Ulrich (Hrsg.): Angewandte Informatik, Braunschweig 1985, S. 99-105.

Höring, Klaus; Wolfram, Gerd; Goßler, Hardy-Walter (1989): Die FAOR-Methode: Praktische Erarbeitung einer Rahmenkonzeption für die Bürokommunikation, in: Angewandte Informatik 31 (1989) 3, S. 113-125.

Höring, Klaus; Wolfram, Gerd; Pulst, Edda (1990): FAOR - Methodische Unterstützung situationsgerechter Planung für einen bedarfsorientierten Einsatz von Bürosystemen, in: Schönecker, Horst G.; Nippa, Michael (Hrsg.): Computergestützte Methoden für das Informationsmanagement, Baden-Baden 1990, S. 157-175.

Höring, Klaus (1990): Theoretische und konzeptionelle Grundlagen der Bürosystem-Planung, Bergisch Gladbach u.a. 1990.

Höring, Klaus; Bahr, Knut; Struif, Bruno et al. (1983): Interne Netzwerke für die Bürokommunikation. Technik und Anwendungen digitaler Nebenstellenanlagen und von Local Area Networks (LAN), Heidelberg 1983.

Howard, Robert (1987): Systems Design and Social Responsibility: The Political Implications of Computer Supported Cooperative Work, in: Office: Technology and People, Vol. 3 (1987), No. 2, S. 175-187.

Huber, George P. (1990): A theory of the effects of advanced information technologies on organzational design, intelligence and decision making, in: Academy of Management Review, Vol. 15 (1990), No. 1, S. 47-71.

Huber, Josef Franz (1997): Entwicklungstendenzen im Mobilfunk; in: *Seiler, Bernd*: Taschenbuch der Telekom Praxis 1997, Berlin 1997, S. 1-19.

Hutchison, Andrew (1994): CSCW as oportunity for business process reengineering, in: Glasson, Bernhard C.; Hawryszkiewycz, Igor T.; Underwood, B. Alan et al. (Eds.): Business Process Reengineering - Information Systems, Opportunities and Challenges, IFIP Transactions A-54, Amsterdam et al. 1994, S. 310-318.

Jablonski, Stefan (1995): Workflow-Management-Systeme: Motivation, Modellierung, Architektur, in: Informatik Spektrum, 18. Jg. (1995), Nr. 1, S. 13-24.

Jablonski, Stefan; Böhm, Markus; Schulze, Wolfgang (1997): Workflow-Management. Entwicklung von Anwendungen und Systemen, Heidelberg 1997.

Jacobs, Stefan (1993): Von aktionsorientiertem zu entscheidungsorientiertem Workflow, in: Kirn, Stefan; Unland, Rainer (Hrsg.): Workshopbericht Unterstützung Organisatorischer Prozesse durch CSCW, Münster, 4.-5.11. 1993, Münster 1993, S. 1-9.

Jaros-Sturhahn, Anke; Schachtner, Konrad (1998): Business Computing, Berlin, Heidelberg 1998.

Johansen, Robert (1988): Groupware: Computer Support for Business Teams, New York 1988.

Jung, Volker; Warnecke, Hans-Jürgen (1998): Handbuch für die Telekommunikation, Berlin, Heidelberg 1998.

Karcher, Harald Bernhard (1985): Büro der Zukunft, 7. Auflage, Baden-Baden 1985.

Kauffels, Franz-Joachim (1996): Einführung in die Datenkommunikation. Grundlagen-Systeme-Dienste, 5. Auflage, Bergheim 1996.

Keen, Peter G. W.; Scott Morton, Michael S. (1978): Decision Support Systems: An organizational perspective, Reading, Mass. 1978.

Keller, Gerhard; Teufel, Thomas (1997): SAP R/3 prozeßorientiert anwenden. Iteratives Prozeß-Prototyping zur Bildung von Wertschöpfungsketten, Bonn 1997.

Kerner, Helmut (1992): Rechnernetze nach OSI. Bonn, München, Paris u.a. 1992.

Kieser, Alfred; Kubicek, Herbert (1992): Organisation, 3. Auflage, Berlin u.a. 1992.

Kilian-Momm, Agathe (1989): Dezentralisierung von Büroarbeitsplätzen mit neuen Informations- und Kommunikationstechniken: eine Analyse unter betriebswirtschaftlich-organisatorischen Aspekten, München 1989.

Kirn, Stefan (1995): Organisatorische Flexibilität durch Workflow-Management-Systeme?, in: Theorie und Praxis der Wirtschaftsinformatik, 32. Jg. (1995), Nr. 182, S. 100-112.

Kirn, Stefan; Unland, Rainer (Hrsg.) (1993): Workshopbericht Unterstützung Organisatorischer Prozesse durch CSCW, Münster, 4.-5.11. 1993, Münster 1993.

Kistner, Klaus-Peter; Steven, Marion (1993): Produktionsplanung, 2. Auflage, Heidelberg 1993.

Klauke, Nico-M. (1995): Luft mit Balken, in: *Business Computing,* 12; 1995, S. 86-89.

Klostermann, Detlev (1996): Überblick: Dienste für die Kommunikation per Satellit, in: *Computerwoche*, 5. Januar 1996, S. 23f.

Kluwe, Rainer H. (1990): Wissen, in: Sarges, Werner (Hrsg.): Management-Diagnostik, Göttingen u.a. 1990, S. 174-181.

Knittel, Friedrich (1995): Technikgestützte Kommunikation und Kooperation im Büro. Entwicklungshindernisse – Einsatzstrategien – Gestaltungskonzepte, Wiesbaden 1995.

Knittel, Friedrich (1998): Softwareergonomie von Arbeitssystemen im Büro (SAB-Control), in: TBS Niedersachsen (Hrsg.): 10 Jahre TBS Niedersachsen. Tätigkeitsbericht 1997, Hannover 1998, S. 33-37.

Knittel, Friedrich (1999): Unternehmensstrategische, soziale und informatische Aspekte der Geschäftsprozessoptimierung. Graue Reihe des Instituts Arbeit und Technik 1999-12, Gelsenkirchen 1999.

Knolmayer, Gerhard (1997): Produktionsplanungs- und -steuerungssysteme (PPS-Systeme), in: Mertens, Peter (Hrsg.): Lexikon der Wirtschaftsinformatik, 3. Auflage, Berlin u.a. 1997, S. 323-324.

Knolmayer, Gerhard; Mertens, Peter; Zeier, Alexander (2000): Supply-Chain-Management auf Basis von SAP-Systemen. Perspektiven der Auftragsabwicklung für Industriebetriebe, Berlin u.a. 2000.

König, Rainer; Zoche, Peter (1991) Möglichkeiten und Grenzen von 'Cooperative Work', Neue Perspektiven gruppenorientierter Büroarbeit, in: Ençarnacao, José L. (Hrsg.): Telekommunikation und multimediale Anwendungen der Informatik, Reihe: Informatik-Fachberichte, Bd. 293, Berlin u.a. 1991, S. 293-302.

Kopfer, Harald; Bierwirth, Christian (Hrsg.) (1999): Logistik-Management, Intelligente I+K-Technologie, Berlin, Heidelberg 1999.

Kosiol, Erich (1961): Das Büro im Blickpunkt von Forschung und Unterricht, in: Kosiol, Erich (Hrsg.): Bürowirtschaftliche Forschung, Berlin 1961, S. 13-35.

Kosiol, Erich; Szyperski, Norbert; Chmielewicz, Klaus (1972): Zum Standort der Systemforschung im Rahmen der Wissenschaften, in: Bleicher, Knut (Hrsg.): Organisation als System, Wiesbaden 1972, S. 65-97.

Kowalski, Susanne (1998): bhv Co@ch Internet, Kaarst 1998.

Kraege, Thorsten (1999): Entwicklung eines Informationssystems zur ergebnisorientierten Steuerung eines heterogenen Beteiligungsportfolios, in: Chamoni, Peter; Gluchowski, Peter (Hrsg.): Analytische Informationssysteme, Data Warehouse, On-Line Analytical Processing, Data Mining, 2. Auflage, Berlin, Heidelberg 1999, S. 317-342.

Krallmann, Hermann (1987): Betriebliche Entscheidungsunterstützungssysteme - Heute und morgen, in: Zeitschrift für Führung und Organisation, 56. Jg. (1987), Heft 2, S. 109-117.

Krcmar, Helmut (2000): Informationsmanagement, 2. Auflage, Berlin, Heidelberg 2000.

Krcmar, Helmut; Lewe, Henrik (1992): GroupSystems: Aufbau und Auswirkungen, in: Information Management, 7. Jg. (1992), Nr. 1, S. 32-41.

Kreifelts, Thomas (1983): Bürovorgänge: Ein Modell für die Abwicklung kooperativer Arbeitsabläufe in einem Bürosystem, in: Wißkirchen, Peter (Hrsg.): Informationstechnik und Bürosysteme, Stuttgart 1983, S. 215-245.

Kreifelts, Thomas; Hinrichs, Elke; Woetzel, Gerd (1993): Sharing To-Do Lists with a Distributed Task Manager, in: De Michelis, Giorgio; Simone, Carla; Schmidt, Kjeld (Eds.): Proceedings of the Third European Conference on Computer-Supported Cooperative Work (ECSCW), Milan, Sep 13-17, 1993, Dordrecht 1993, S. 31-46.

Kubicek, Herbert u.a. (1994): Jahrbuch Telekommunikation und Gesellschaft. Schwerpunkt: Technikgestaltung, Band 2, Heidelberg 1994.

Kueng, Peter (1997): Das Interesse ist größer als die Realisierung: zum Stand der Workflow-Managementsysteme in den Unternehmen, in: io Management Zeitschrift, 66. Jg. (1997), Nr. 4, S. 52-55.

Lackes, Richard (1989): EDV-orientiertes Kosteninformationssytem, Wiesbaden 1989.

Lautz, Alexander (1995): Videokonferencing. Theorie und Praxis für den erfolgreichen Einsatz im Unternehmen, Frankfurt 1995.

Lehner, Franz; Auer-Rizzi, Werner; Bauer, Robert; Breit, Konrad; Lehner, Johannes; Reber, Gerhard (1991): Organisationslehre für Wirtschaftsinformatiker, München 1991

Lehner, Franz; Maier, Ronald (1994): Information in Betriebswirtschaftslehre, Informatik und Wirtschaftsinformatik, Forschungsbericht Nr. 11, Wissenschaftliche Hochschule für Unternehmensführung, Vallendar 1994.

Lewe, Hendrik; Krcmar, Helmut (1991): Groupware, in: Informatik Spektrum, 14. Jg. (1991), Nr. 4, S. 345-348.

Lewe, Hendrik; Krcmar, Helmut (1992): Computer AidedTeam mit GroupSystems: Erfahrungen mit dem praktischen Einsatz, in: Nastansky, Ludwig (Hrsg.): Workgroup Computing '92, Computer Supported Cooperative Work, Beitragsband anläßlich der Fachtagung, Paderborn 1992, S. 59-72.

Lewe, Henrik (1995): Computer Aided Team und Produktivität - Einsatzmöglichkeiten und Erfolgspotentiale, Wiesbaden 1995.

Lilge, Hans-Georg (1981): Zum Koordinationsproblem: Ansätze zu einem organisatorisch-strukturellen Bedingungsrahmen von Kooperation und Konkurrenz, in: Grunwald, Wolfgang; Lilge, Hans-Georg (Hrsg.): Kooperation und Konkurrenz in Organisationen, Stuttgart 1981, S. 212-240.

Link, Jörg; Brändli, Dieter; Scheuning, Christian; Kehl, Roger, E. (Hrsg.) (1997): Database Marketing, Handbuch, Ettlingen 1997.

Link, Jörg; Hildebrand, Volker (1997): Grundlagen des Database Marketing, in: Link, J.; Brändli, Dieter u.a. (Hrsg.): Database Marketing, Handbuch, Ettlingen 1997, S. 15-36.

Lippold, Heiko; Hett, Heinz-Martin; Hilgenfeldt, Jörg u.a. (1993): Vorgangsmanagementsysteme, BIFOA-Marktübersicht, Köln 1993.

Lobensommer, Hans (1994): Die Technik der modernen Mobilkommunikation. Grundlagen, Standards, Systeme und Anwendungen, München 1994.

Maaß, Susanne (1991): Computergestützte Kommunikation und Kooperation, in: Oberquelle, Horst (Hrsg.): Kooperative Arbeit und Computerunterstützung: Stand und Perspektiven, Göttingen 1991, S. 11-35.

Malone, Thomas W.; Crowston, Kevin (1994): The Interdisciplinary Study of Coordination, in: ACM Computing Surveys, Vol. 26 (1994), No. 1 (March), S. 87-119.

Malone, Thomas W.; Grant, Kenneth R.; Lai, Kum Yew et al. (1988): Semistructured messages are surprisingly useful for computer-supported coordination, in: Greif, Irene (Eds.): Computer supported cooperative work: A book of readings, San Mateo 1988, S. 311-331.

Martin, Wolfgang; von Maur, Eitel (1997): Data Warehouse, in: Lexikon der Wirtschaftsinformatik, 3. Auflage, Berlin u.a. 1997, S. 105-106.

Meier, Henrik K.-F.; Schmitt, Lothar (1995): Anwendungspotentiale und sozio-ökonomische Implikationen von Multimedia-Kommunikationssystemen am Arbeitsplatz, in: Seibt, Dietrich (Hrsg.): Kommunikation, Organisation und Management, Ergebnisse der BIFOA-Forschung, Braunschweig, Wiesbaden 1995, S. 49-81.

Mertens, Peter (1997): Integrierte Informationsverarbeitung 1: Administrations- und Dispositionssysteme in der Industrie, 11. Auflage, Wiesbaden 1997.

Mertens, Peter; Faisst, Wolfgang (1996): Virtuelle Unternehmen, in: WiSt, 6, 1996, S. 280-285.

Mertens, Peter; Griese, Joachim (2000): Integrierte Informationsverarbeitung 2, Planungs- und Kontrollsysteme in der Industrie, 8. Auflage, Wiesbaden 2000.

Mertens, Peter; Plattfaut, Eberhard (1986): Informationstechnik als strategische Waffe, in: Information Management, Heft 2, 1986, S. 6-17.

Merz, Michael (1999): Electronic Commerce, Heidelberg 1999.

Miserre, Rainer (1995): Mobiler Datenfunk. Technik, Trends, Projekte, Hannover 1995.

Mucksch, Harry (1999): Das Datawarehouse als Datenbasis analytischer Informationssysteme – Architektur und Komponenten, in: Analytische Informationssysteme, Data Warehouse, On-Line Analytical Processing, Data Mining, 2. Auflage, Berlin, Heidelberg 1999, S. 171-189.

Mülder, Wilhelm (1984): Organisatorische Implementierung von computergestützten Personalinformationssystemen, Berlin 1984.

Müller, Jochen (2000): Transformation operativer Daten zur Nutzung im Data Warehouse, Wiesbaden 2000.

Nippa, Michael (1988): Gestaltungsgrundsätze für die Büroorganisation: Konzepte für eine informationsorientierte Unternehmensentwicklung unter Berücksichtigung neuer Bürokommunikationstechniken, Berlin 1988.

Nunamaker, Jay F.; Briggs, Robert O.; Mittleman, Daniel D. et al. (1997): Lessons from a Dozen Years of Group Support Systems Research. A Discussion of Lab and Field Findings, in: Journal of Management Information Systems, Vol. 13 (1997), No. 3, S. 163-207.

Oberquelle, Horst (1987a): Benutzerorientierte Beschreibung von interaktiven Systemen mit RFA-Netzen, in: Schönpflug, W.; Wittstock, M. (Hrsg.): Software-Ergonomie '87. Nützen Informationssysteme dem Benutzer?, Stuttgart 1987, S. 271-284.

Oberquelle, Horst (1987b): Sprachkonzepte für benutzergerechte Systeme, Berlin 1987.

Oberquelle, Horst (1991): Benutzer-orientierte Modellierung mit RFA-Netzen, in: Softwaretechnik-Trends, Band 11, Heft 3 (August 1991), S. 8-17.

Oberquelle, Horst (1991a): Kooperative Arbeit und menschengerechte Groupware als Herausforderung für die Software-Ergonomie, in: Oberquelle, Horst (Hrsg.): Kooperative Arbeit und Computerunterstützung: Stand und Perspektiven, Göttingen 1991, S. 1-10.

Oberquelle, Horst (1991b): CSCW- und Groupware-Kritik, in: Oberquelle, Horst (Hrsg.): Kooperative Arbeit und Computerunterstützung: Stand und Perspektiven, Göttingen 1991, S. 37-61.

Oberquelle, Horst (1991c): Perspektiven der Mensch-Computer-Interaktion und kooperative Arbeit, in: Frese, Michael; Kasten, Christoph; Zang-Scheucher, Birgit (Hrsg.): Software für die Arbeit von Morgen, Berlin u.a. 1991, S. 45-56.

Oberweis, Andreas (1996): Modellierung und Ausführung von Workflows mit Petri-Netzen, Stuttgart, Leipzig 1996.

Olson, Margrethe H.; Bly, Sara A. (1991): The Portland Experience: A report on a distributed research group, in: International Journal of Man-Machine Studies, Vol. 34 (1991), No. 2, S. 211-228.

Oppelland, Hans-Jürgen (1983): PORGI - Konzeption und methodische Hilfen für eine partizipative Systementwicklung, in: Mambrey, P.; Oppermann, R. (Hrsg.): Beteiligung von Betroffenen bei der Entwicklung von Informationssystemen, Frankfurt 1983, S. 165-187.

Opper, Susanna; Fersko-Weiss, Henry (1992): Technology for Teams. Enhancing Productivity in Networked Organisations, New York 1992.

Oppermann, Reinhard; Murchner, Bernd; Reiterer, Harald; Koch, Manfred (1992): Softwareergonomische Evaluation. Der Leitfaden EVADIS II, 2. Auflage, Berlin 1992.

Österle, Hubert; Vogler, Petra (1996): Praxis des Workflow-Managements, Braunschweig, Wiesbaden 1996.

Paetau, Michael (1991): Kooperative Konfiguration: Ein Konzept zur Systemanpassung an die Dynamik kooperativer Arbeit, in: Friedrich, Jürgen; Rödiger, Karl-Heinz (Hrsg.): Computergestützte Gruppenarbeit (CSCW), Reihe: Berichte des German Chapter of the ACM, Bd. 34, Stuttgart 1991, S. 137-151.

Palermo, Ann; McCready, Scott C. (1992): Workflow Software. A Primer, in: Coleman, David D. (Ed.): Groupware '92, Proceedings of the Conference on Groupware '92, San Mateo 1992, S. 155-159.

Peters, Günther (1989): Ablauforganisation und Informationstechnologie im Büro, konzeptionelle Überlegungen und empirisch explorative Studie, 2. Auflage, Köln 1989.

Petrovic, Otto (1991): Electronic Meeting Systems, in: Zeitschrift Führung & Organisation, 60. Jg. (1991), Nr. 4, S. 280-284.

Petrovic, Otto (1992a): Das Grazer integrierte Electronic Meeting Management. Zentrale und dezentrale Unterstützung für Business Teams, in: Wirtschaftsinformatik, 34. Jg. (1992), S. 215-223.

Petrovic, Otto (1992b): Groupware. Systemkategorien, Anwendungsbeispiele, Problemfelder und Entwicklungsstand, in: Information Management, 7. Jg. (1992), Nr. 1, S. 16-22.

Petrovic, Otto (1993): Workgroup Computing – computergestützte Teamarbeit: informationstechnologische Unterstützung für teambasierte Organisationsformen, Heidelberg 1993.

Pickering, Jeanne M.; King, John Leslie (1992): Hardwiring Weak Ties. Individual and Institutional Issues in Computer Mediated Communication, in: Turner, Jon; Kraut, Robert (Eds.): Proceedings of the ACM 1992 Conference on Computer-Supported Cooperative Work (CSCW '92): Sharing Perspectives, Toronto, Nov 1-4, 1992, New York 1992, S. 356-369.

Picot, Arnold (1982): Zur Steuerung der Verwaltungen in Unternehmungen, Notwendigkeit, Problem, Ansätze, in: Reichwald, Ralf (Hrsg.): Neue Systeme der Bürotechnik, Beiträge zur Bürogestaltung aus Anwendersicht, Berlin 1982, S. 365-395.

Picot, Arnold; Reichwald, Ralf (1987): Bürokommunikation: Leitsätze für den Anwender, 3. Auflage, Hallbergmoos 1987.

Picot, Arnold; Reichwald, Ralf (1994): Auflösung der Unternehmung? Vom Einfluß der IuK-Technik auf Organisationsstrukturen und Kooperationsformen, in: Zeitschrift für Betriebswirtschaft, 64. Jg. (1994), Nr. 5, S. 547-570.

Picot, Arnold; Reichwald, Ralf; Wigand, R. T. (1996): Die grenzenlose Unternehmung, Wiesbaden 1996.

Picot, Arnold; Rohrbach, Peter (1995): Organisatorische Aspekte von Workflow-Management-Systemen, in: Information Management, 10. Jg. (1995), Nr. 1, S. 28-35.

Piepenburg, Ulrich (1991): Ein Konzept von Kooperation und die technische Unterstützung kooperativer Prozesse, in: Oberquelle, Horst (Hrsg.): Kooperative Arbeit und Computerunterstützung: Stand und Perspektiven, Göttingen 1991, S. 63-78.

Plate, Jürgen (1997): Internet glasklar, München, Wien 1997.

Porter, Michael E.; Millar, Victor E. (1986): Wettbewerbsvorteile durch Information, in: HARVARDmanager, Heft 1, 1986, S. 26-35.

Pugh, Derek S.; Hickson, David J. (1976): Organizational Structure in its Context: The Aston Programme I, Westmead, Lexington 1976.

Rautenstrauch, Claus (1997): Effiziente Gestaltung von Arbeitsplatzsystemen, Bonn, Reading (Mass.) u.a. 1997.

Reibold, Holger (1997): Der eigene Web-Server, München 1997.

Reichwald, Ralf (1982): Neue Systeme der Bürotechnik und Büroarbeitsgestaltung – Problemzusammenhänge, in: Reichwald, Ralf (Hrsg.): Neue Systeme der Bürotechnik, Beiträge zur Büroarbeitsgestaltung aus Anwendersicht, Berlin 1982, S. 11-48.

Reichwald, Ralf (1993): Kommunikation und Kommunikationsmodelle, in: Wittmann, Waldemar (Hrsg.): Handwörterbuch der Betriebswirtschaftslehre, 5. Auflage, Stuttgart 1993, Sp. 2174-2188.

Reif-Mosel, Ane-Kristin (2000): Computergestützte Kooperation im Büro, Gestaltung unter Berücksichtigung der Elemente Aufgabe, Struktur, Technik und Personal, Frankfurt u.a. 2000.

Reuter, Michael (1990): Telekommunikation. Aus der Geschichte in die Zukunft, Heidelberg 1990.

Roll, Oliver (1996): Marketing im Internet, München 1996.

Rosemann, Michael; Rotthowe, Thomas; Schütte, Reinhard (1995): Modellbasierte Organisations- und Informationssystemgestaltung unter Verwendung der R/3-Referenzmodelle. In: Wenzel, Paul (Hrsg.): Geschäftsprozeßoptimierung mit SAP-R/3. Braunschweig 1995, S. 14-42.

Rosenbrock, Karl-Heinz (1984): ISDN - eine folgerichtige Weiterentwicklung des digitalen Fernsprechnetzes; in: *Schwarz-Schilling, Christian; Florian, Winfried* (Hrsg.): Jahrbuch der Deutschen Bundespost 1984, 35. Jg., Bad Windsheim 1984, S. 509 - 577.

Roß, Klaus (1991): Auf gute Zusammenarbeit - Kooperation & Co, in: Lüschow, Frank; Pabst-Weinscheck, Marita (Hrsg.): Mündliche Kommunikation als kooperativer Prozeß, Frankfurt 1991, S. 166-173.

Rühli, Edwin (1992): Koordination, in: Frese, Erich (Hrsg.): Handwörterbuch der Organisation, 3. Auflage, Stuttgart 1992, Sp. 1164-1175.

Sandholzer, Ulrich (1990): Informationstechnik und innerbetriebliche Kooperation: Anforderungen an Informationstechnik aus der Perspektive organisierter innerbetrieblicher Kooperation, Hummeltal 1990.

Schanz, Günther (1994): Organisationsgestaltung: Management von Arbeitsteilung und Koordination, 2. Auflage, München 1994.

Scharfenkamp, Norbert (1987): Organisatorische Gestaltung und wirtschaftlicher Erfolg: organizational slack als Ergebnis und Einflußfaktor der formalen Organisation, Berlin u.a. 1987.

Scheer, August-Wilhelm (1990): Computer Integrated Manufacturing, der computergesteuerte Industriebetrieb, 4. Auflage, Berlin u.a. 1990.

Scheer, August-Wilhelm (1992): Architektur integrierter Informationssysteme - Grundlagen der Unternehmensmodellierung. 2. Auflage, Berlin 1992.

Scheer, August-Wilhelm (1996): ARIS-Toolset: Von Forschungs-Prototypen zum Produkt. In: Informatik-Spektrum 19 (1996) 2, S. 71-78.

Scheer, August-Wilhelm (1997): Wirtschaftsinformatik – Referenzmodelle für industrielle Geschäftsprozesse, 7. Auflage, Berlin 1997.

Scheer, August-Wilhelm (1998): ARIS – Vom Geschäftsprozeß zum Anwendungssystem, 3. Auflage, Berlin 1998.

Scheer, August-Wilhelm; Nüttgens, Markus (Hrsg.) (1999): Electronic Business Engineering, Heidelberg 1999.

Schelp, Joachim (2000): Modellierung mehrdimensionaler Datenstrukturen analyseorientierter Informationssysteme, Wiesbaden 2000.

Scherff, Jürgen (1987): Technikgestützte Bürokommunikation: Grundlagen, Konzepte, Entwicklungstendenzen, in: Theorie und Praxis der Wirtschaftsinformatik, 24. Jg. (1987), Nr. 136, S. 3-18.

Schinzer, Heiko (1997): Database Marketing, in: Mertens, Peter (Hrsg.): Lexikon der Wirtschaftsinformatik, 3. Auflage, Berlin u.a. 1997, S. 106-108.

Schinzer, Heiko (1998): Elektronische Marktplätze, in: WISU, 10, 1998, S. 1160–1174.

Schmid, Beat (1995): Electronic mall. Banking und Shopping in globalen Netzen, Stuttgart 1995.

Schmid, Beat (2000): Elektronische Märkte, in: Weiber (2000): Handbuch E-Business, Wiesbaden 2000, S. 179 – 207.

Schmidt, Kjeld (1991): Riding on a Tiger, or Computer Supported Cooperative Work, in: Bannon, Liam; Robinson, Mike; Schmidt, Kjeld (Eds.): Proceedings of the Second European Conference on Computer-Supported Cooperative Work, ECSCW '91, Dordrecht 1991, S. 1-16.

Schmitz, Paul (1992): Informationsverarbeitung, in: Frese, Erich (Hrsg.): Handwörterbuch der Organisation, 3. Auflage, Stuttgart 1992, Sp. 958-966.

Schneider, Helmut; Knebel, Heinz (1995): Team und Teambeurteilung - Neue Trends in der Arbeitsorganisation, Köln 1995.

Schoblick, Robert (1996): Datenkommunikation im ISDN, 2. Auflage, Feldkirchen 1996.

Schulze, Wolfgang; Böhm, Markus (1996): Klassifikation von Vorgangsverwaltungssystemen, in: Vossen, Gottfried; Becker, Jörg (Hrsg.): Geschäftsprozeßmodellierung und Workflowmanagement: Modelle, Methoden, Werkzeuge, Bonn u.a. 1996, S. 279-293.

Schumann, Petra (2000): Die Electronic Mall im internetbasierten Handel, Wiesbaden 2000.

Schwab, Klaus (1996): Koordinationsmodelle und Softwarearchitekturen als Basis für die Auswahl und Spezialisierung von Workflow-Management-Systemen, in: Vossen, Gottfried; Becker, Jörg (Hrsg.): Geschäftsprozeßmodellierung und Workflowmanagement: Modelle, Methoden, Werkzeuge, Bonn u.a. 1996, S. 296-317.

Schwabe, Gerhard (1994): Computerunterstützte Sitzungen, in: Information Management, 9. Jg. (1994), Nr. 3, S. 34-42.

Schwabe, Gerhard (1995): Objekte der Gruppenarbeit: ein Konzept für das Computer Aided Team, Wiesbaden 1995.

Schwabe, Gerhard; Krcmar, Helmut (1996): CSCW-Werkzeuge, in: Wirtschaftsinformatik, 38. Jg. (1996), Nr. 2, S. 209-225.

Schwaninger, Markus (1994): Managementsysteme, Frankfurt am Main 1994.

Schwarze, Jochen (1997): Einführung in die Wirtschaftsinformatik, 4. Auflage, Herne, Berlin 1997.

Seibt, Dietrich (1980): Organisatorische Implementierung, in: Grochla, Erwin (Hrsg.): Handwörterbuch der Organisation. 2. Auflage, Stuttgart 1980, Sp. 853-862.

Seibt, Dietrich (1993): Begriff und Aufgaben des Informationsmanagement - ein Überblick, in: Preßmar, Dieter B. (Hrsg.): Informationsmanagement, Wiesbaden 1993.

Seitz, Ralph (1995): Computergestützte Tele- und Teamarbeit, Wiesbaden 1995.

Seiwert, Lothar J. (1992): Kommunikation im Betrieb, in: Gaugler, Eduard; Weber, Wolfgang (Hrsg.): Handwörterbuch des Personalwesens, 2. Auflage, Stuttgart 1992, Sp. 1126-1140.

Shannon, Claude E.; Weaver, Warren (1949): The Mathematical Theory of Communications, Urbana, Ill. 1949.

Siegmund, Gerd (1992): Grundlagen der Vermittlungstechnik, 2. Auflage, Heidelberg 1992.

Sietmann, Richard (1999): Nummernspiele; in: c't, Heft 9, 1999, S. 180-191.

Sinzig, Werner (1990): Datenbank-orientiertes Rechnungswesen, 3. Auflage, Berlin u.a. 1990.

Sorg, Stefan (1982): Comuptergestützte Bürokommunikation, Chancen für eine neue Management-Technologie, in: Reichwald, Ralf (Hrsg.): Neue Systeme der Bürotechnik, Beiträge zur Bürogestaltung aus Anwendersicht, Berlin 1982, S. 303-346.

Spaniol, Otto; Jakobs, Peter (1993): Rechnerkommunikation. OSI-Referenzmodell, Dienste und Protokolle, Düsseldorf 1993.

Splettstößer, Dietrich (1991): Computergestützte Gestaltung von Gruppenentscheidungsprozessen, in: Wirtschaftsinformatik, 33. Jg. (1991), Nr. 4, S. 325-331.

Staehle, Wolfgang (1994): Management. Eine verhaltenswissenschaftliche Perspektive. 7. Auflage, München 1994.

Staehle, Wolfgang (1994): Management: eine verhaltenswissenschaftliche Perspektive, 7. Auflage, München 1994.

Staehle, Wolfgang; Sydow, Jörg (1986): Büroarbeit, Büroorganisation und Büroautomation als Gegenstände bürowirtschaftlicher Forschung, in: Die Betriebswirtschaft, 46. Jg. (1986), Nr. 2, S. 188-202.

Stahlknecht, Peter (1995): Einführung in die Wirtschaftsinformatik. 7. Auflage, Berlin, Heidelberg, New York u.a. 1995.

Stahlknecht, Peter; Hasenkamp, Ulrich (1999): Einführung in die Wirtschaftsinformatik, 9. Auflage, Berlin, Heidelberg 1999.

Streitz, Norbert A. (1988): Fragestellungen und Forschungsstrategien der Software-Ergonomie. In: Balzert, Helmut; Hoppe, H. U.; Oppermann, R.; Peschke, H.; Rohr, G.; Streitz, Norbert A. (Hrg.): Einführung in die Software-Ergonomie. Reihe: Mensch Computer Interaktion. Grundwissen, Bd. 1, Berlin, New York 1988, S. 3-24.

Streubel, Frauke (1996): Theoretische Fundierung eines ganzheitlichen Informationsmanagements. Arbeitsbericht Nr. 96-21 des Lehrstuhls für Wirtschaftsinformatik der Ruhr-Universität Bochum, Bochum 1996.

Streubel, Frauke (2000): Organisatorische Gestaltung und Informationsmanagement in der lernenden Unternehmung, Frankfurt am Main 2000.

Syring, Michael (1992): Möglichkeiten und Grenzen kommunikationsorientierter Systeme zur Unterstützung arbeitsteiliger Prozesse im Büro, in: Wirtschaftsinformatik, 34. Jg. (1992), Nr. 2, S. 201-214.

Syring, Michael (1994): Computerunterstützung arbeitsteiliger Prozesse. Konzipierung eines Koordinatensystems für die Büroarbeit, Wiesbaden 1994.

Szyperski, Norbert (1961): Analyse der Merkmale und Formen der Büroarbeit, in: Kosiol, Erich (Hrsg.): Bürowirtschaftliche Forschung, Berlin 1961, S. 75-132.

Szyperski, Norbert; Grochla, Erwin; Höring, Klaus; Schmitz, Paul (1982): Bürosysteme in der Entwicklung, Studien zur Typologie und Gestaltung von Büroarbeitsplätzen, Braunschweig, Wiesbaden 1982.

Szyperski, Norbert; Klein, Stefan (1993): Informationslogistik und virtuelle Organisationen, Wechselwirkungen von Informationslogistik und Netz, in: Die Betriebswirtschaft (DBW), 53 Jg., Heft 2, 1993, S. 187-203.

Tanenbaum, Andrew S. (1990): Computer-Netzwerke. 2. Auflage, o.O. 1990.

TBS Niedersachsen (1997): Die Umsetzung der Bildschirmarbeitsverordnung. Analyse und Gestaltung der Arbeitsbedingungen am Bildschirmarbeitsplatz. TBS-Materialien, Hannover 1997.

Tempelmeier, Horst (1995): Material-Logistik, 3. Auflage, Berlin u.a. 1995.

Teufel, Stephanie (1993): Unterstützung der kooperativen Aufgaben innerhalb des Informationsmanagements, in: Kirn, Stefan; Unland, Rainer (Hrsg.): Workshopbericht 'Unterstützung organisatorischer Prozesse durch CSCW', Münster, 4.-5.11. 1993, Münster 1993, S. 21-35.

Teufel, Stephanie; Sauter, Christian; Mühlherr, Thomas et al. (1995): Computerunterstützung für die Gruppenarbeit, Bonn u.a. 1995.

Thomas, Alexander (1993): Grundriß der Sozialpsychologie, Göttingen 1993.

*Thome; Rainer (1997):*Warenwirtschaftssystem, in: Mertens, Peter (Hrsg.): Lexikon der Wirtschaftsinformatik, 3. Auflage, Berlin u.a. 1997, S. 435-436.

Tschiedel, Robert (1989): Sozialverträgliche Technikgestaltung. Wissenschaftskritik für eine soziologische Sozialverträglichkeitsforschung zwischen Akzeptabilität, Akzeptanz und Partizipation, Opladen 1989.

Ulich, Eberhard (1991): Arbeitspsychologie, Zürich 1991.

Wächter, Michael (1995): Der elektronische Terminkalender im Unternehmen, in: Datenschutz und Datensicherung, 19. Jg. (1995), Nr. 6, S. 321-323.

Wagner, Ina (1991): Groupware zur Entscheidungsunterstützung als Element von Organisationskultur, in: Oberquelle, Horst (Hrsg.): Kooperative Arbeit und Computerunterstützung: Stand und Perspektiven, Göttingen 1991, S. 175-188.

Wahren, Heinz Kurt E. (1987): Zwischenmenschliche Kommunikation und Interaktion in Unternehmen: Grundlagen, Probleme und Ansätze zur Lösung, Berlin, New York 1987.

Währisch, Michael (1998): Kostenrechnungspraxis in der deutschen Industrie – eine empirische Studie, Wiesbaden 1998.

Wainwright, Judith; Francis, Arthur (1984): Office Automation, Organization and the Nature of Work, Hampshire; England 1984.

Walbrück, Hans-Jürgen (1986): Entwicklung von integrierten Bürokommunikationssystemen: Ansätze und Aktionsparameter, in: Angewandte Informatik, 28. Jg. (1986), Nr. 8, S. 329-334.

*Watzlawick, Paul; Beavin, Janet H.; Jackson, Don D. (1990)***: Menschliche Kommunikation: Formen, Störungen, Paradoxien, 8. Auflage, 1990.

Weiber, Rolf (Hrsg.) (2000): Handbuch E-Business, Wiesbaden 2000.

Weiß, Dietmar; Krcmar, Helmut (1996): Workflow-Management. Herkunft und Klassifikation, in: Wirtschaftsinformatik, 38. Jg. (1996), Nr. 5, S. 503-514.

Welchering, Peter (1995): Für den Einsteiger bietet die mobile Kommunikation noch viele Fallen, in: *Computer Zeitung,* Nr. 3, 19. Januar 1995, S. 19.

Wendel, Thomas (1996): Computergestützte Teamarbeit: Konzeption und Realisierung eines Teamarbeitssystems, Wiesbaden 1996.

Wenzel, Paul; Post, Henk (Hrsg.) (1998): Business Computing mit BAAN, Braunschweig, Wiesbaden 1998.

Wiehler, Lothar F. (1995): ISDN. Eine praxisnahe Einführung, Bonn, Paris, Reading u.a. 1995.

Wildemann, Horst (1995): Das Just-in-Time-Konzept, 4. Auflage, München 1995.

Wimmer, Peter; Neuberger, Oswald (1981): Das Organisationsklima im Lichte kooperativen und konkurrierenden Verhaltens, in: Grunwald, Wolfgang; Lilge, Hans-Georg (Hrsg.): Kooperation und Konkurrenz in Organisationen, Stuttgart 1981, S. 189-211.

Winograd, Terry (1989): Groupware: The next wave or just another advertising slogan?, in: IEEE Computer Society, (Hrsg.): Computer Conference, 34 (1989), Intellectual leverage: digest of papers, Washington D.C., S. 198-200.

Wiswede, Günter (1981a): Gruppe im Betrieb, in: Beckerath, Paul G.; Sauermann, Peter; Wiswede, Günter (Hrsg.): Handwörterbuch der Betriebspsychologie und Betriebssoziologie, Stuttgart 1981, S. 185-192.

Wiswede, Günter (1981b): Kommunikation, in: Beckerath, Paul G.; Sauermann, Peter; Wiswede, Günter (Hrsg.): Handwörterbuch der Betriebspsychologie und Betriebssoziologie, Stuttgart 1981, S. 226-231.

Wittmann, Waldemar (1959): Unternehmung und unvollkommene Information, unternehmerische Voraussicht, Ungewißheit und Planung, Köln 1959.

Wohlenberg, Holger (1994): Gruppenunterstützende Systeme in der Forschung und Entwicklung. Anwendungspotentiale aus industrieller Sicht, Wiesbaden 1994.

Woitass, Michael (1991): Koordination in strukturierten Konversationen: ein Koordinationsmodell für kooperierende Agenten und seine Anwendung im Bereich Computer-Supported Cooperative Work (CSCW), München, Wien 1991.

Wolter, Hans-Jürgen; Wolff, Karin; Freund, Werner (1998): Das virtuelle Unternehmen, Wiesbaden 1998.

Zahn, Erich (1990): Informationstechnologie als Wettbewerbsfaktor, in: Wirtschaftsinformatik, Heft 6, 1990, S. 493-502.

Zangl, Hans (1987): Durchlaufzeiten im Büro: Prozeßorganisation und Aufgabenintegration als effizienter Weg zur Rationalisierung der Büroarbeit mit neuen Bürokommunikationstechniken, 2. Auflage, Berlin 1987.

Zenk, Andreas (1996): Lokale Netze - Kommunikationsplattform der 90er Jahre, 4. Auflage, Bonn u.a. 1996.

Zentes, Joachim (Hrsg.) (1984): Moderne Warenwirtschaftssysteme im Handel, Berlin u.a. 1984.

Züllighoven, Heinz (1998): Das objektorientierte Konstruktionshandbuch nach dem Werkzeug & Material-Ansatz, Heidelberg 1998.

Autorenverzeichnis

Gabriel, Roland, Prof. Dr.

Studium der Wirtschaftswissenschaften und der Informatik an der Universität des Saarlandes in Saarbrücken. Aufbaustudium in Operations Research an der Technischen Hochschule in Aachen. Promotion und Habilitation in den Wissenschaftsbereichen Operations Research und Wirtschaftsinformatik. Forschungsgebiete: Decision Support Systeme, Expertensysteme, Management Support Systeme, Datenbanksysteme, Data Warehouse Systeme, E-Commerce. Professuren für Wirtschaftsinformatik an der Universität Marburg und der Universität-GH Duisburg. Seit 1989 Professor an der Ruhr-Universität Bochum, Lehrstuhl für Wirtschaftsinformatik in der Fakultät Wirtschaftswissenschaft.
(E-Mail: RGabriel@winf.ruhr-uni-bochum.de)

Knittel, Friedrich, Prof. Dr.

Studium der Wirtschaftswissenschaft an der Freien Universität Berlin und der Universität-GH Duisburg. EDV-Organisator bei der Gerresheimer Glas AG in Düsseldorf. Wissenschaftlicher Mitarbeiter am Lehrstuhl für Wirtschaftsinformatik in der Fakultät Wirtschaftswissenschaft der Ruhr-Universität Bochum. Forschungsschwerpunkte: Informationsmanagement, Konzepte zur Organisations- und Softwaregestaltung. Promotion zur Gestaltung computergestützter Kommunikation und Kooperation im Büro. Danach EDV- und Organisationsberater bei verschiedenen Unternehmen. Nach Vertretungsprofessur an der Fachhochschule Schmalkalden seit 1999 Professor am Fachbereich Informatik der Fachhochschule Köln.
(E-Mail: Knittel@gm.fh-koeln.de)

Taday, Holger, Dr.

Studium der Wirtschaftswissenschaft mit den Schwerpunkten Wirtschaftspolitik und Wirtschaftsinformatik an der Universität-GH Duisburg. Wissenschaftlicher Mitarbeiter am Lehrstuhl für Wirtschaftsinformatik in der Fakultät Wirtschaftswissenschaft der Ruhr-Universität Bochum. Forschungsschwerpunkte: Bürokommunikation, Datenschutz. Promotion zur Informationellen Selbstbestimmung in IuK-Systemen. Anschließend freiberufliche Tätigkeit als IT-Berater und IT-Dozent. Seit 2000 IT-Berater bei der Deutschen Genossenschaftsrevision Wirtschaftsprüfungsgesellschaft GmbH, Bereich Informationstechnologie (Bonn).
(E-Mail: HTaday@t-online.de)

Reif-Mosel, Ane-Kristin, Dr.

Studium der Wirtschaftswissenschaft mit den Schwerpunkten Marketing und Wirtschaftsinformatik an der Ruhr-Universität Bochum. Wissenschaftliche Mitarbeiterin am Lehrstuhl für Wirtschaftsinformatik in der Fakultät Wirtschaftwissenschaft der Ruhr-Universität. Forschungsschwerpunkte: Informations- und Kommunikationssysteme, Informationsmanagement, Geschäftsprozesse, Groupware. Promotion zur Gestaltung computergestützter Kooperation. Seit Frühjahr 1999 Beraterin bei Arthur D. Little International Inc., Bereich Informationsmanagement und E-Business.
(E-Mail: reifmosel.anekristin@adlittle.com)

Innovative Software-Lösungen für Ihren Unternehmenserfolg

Mit betriebswirtschaftlichem Know-how und Spezialwissen über das R/3-System bietet Ihnen die Reihe SAP Kompetent praktische Unterstützung bei der Einführung neuester Standardsoftware und ihrer Umsetzung in optimale Lösungen für Ihr Unternehmen.

H.-J. Appelrath, J. Ritter

R/3-Einführung
Methoden und Werkzeuge
2000. XII, 224 S. 48 Abb., 5 Tab. Geb. **DM 73,90**; sFr 65,50; ab 1. Jan. 2002: € 36,95 ISBN 3-540-65593-X

J. Becker, W. Uhr, O. Vering

Integrierte Informationssysteme in Handelsunternehmen auf der Basis von SAP-Systemen
2000. XII, 251 S. 104 Abb., 7 Tab. Geb. **DM 73,90**; sFr 65,50; ab 1. Jan. 2002: € 36,95 ISBN 3-540-65536-0

P. Buxmann, W. König

Zwischenbetriebliche Kooperationen auf Basis von SAP-Systemen
Perspektiven für Logistik und Servicemanagement
2000. XIII, 196 S. 85 Abb., 1 Tab. Geb. **DM 73,90**; sFr 65,50; ab 1. Jan. 2002: € 36,95 ISBN 3-540-65503-4

P. Chamoni, P. Gluchowski

Business Information Warehouse
Perspektiven betrieblicher Informationsversorgung und Entscheidungsunterstützung auf der Basis von SAP-Systemen
2001. Etwa 200 S. Geb. **DM 73,90**; sFr 65,50; ab 1. Jan. 2002: € 36,95 ISBN 3-540-67528-0

G. Knolmayer, P. Mertens, A. Zeier

Supply Chain Management auf Basis von SAP-Systemen
Perspektiven der Auftragsabwicklung für Industriebetriebe
2000. X, 211 S. 77 Abb., 10 Tab. Geb. **DM 73,90**; sFr 65,50; ab 1. Jan. 2002: € 36,95 ISBN 3-540-65512-3

M. Meier, W. Sinzig, P. Mertens

SAP Strategic Enterprise Management und SAP Business Analytics
Integration von strategischer und operativer Unternehmensführung
2001. Etwa 200 S. Geb. **DM 69,90**; sFr 62,-; ab 1. Jan. 2002: € 34,95 ISBN 3-540-42526-8

SAP Kompetent
Herausgegeben von **Prof. Dr. P. Mertens**, Universität Erlangen Nürnberg,
Dr. P. Zencke, SAP AG, Walldorf

▶ Für Führungskräfte im Management
▶ Für SAP R/3-Manager
▶ Für Unternehmensberater

Springer · Kundenservice
Haberstr. 7 · 69126 Heidelberg
Tel.: (0 62 21) 345 - 217/-218
Fax: (0 62 21) 345 - 229
e-mail: orders@springer.de

Die €-Preise für Bücher sind gültig in Deutschland und enthalten 7% MwSt.
Preisänderungen und Irrtümer vorbehalten. d&p · BA 42118/2 (7470)a

P. Mertens, A. Back, J. Becker, W. König,
H. Krallmann, B. Rieger, A.-W. Scheer,
D. Seibt, P. Stahlknecht, H. Strunz,
R. Thome, H. Wedekind (Hrsg.)

Lexikon der Wirtschaftsinformatik

Redaktion: A. Engelhardt

4., vollst. neu bearb. u. erw. Aufl.
2001. X, 572 S. 54 Abb. Brosch.
DM 55,90; sFr 49,50;
ab 1. Jan. 2002: € 27,95
ISBN 3-540-42339-7

Im **Lexikon der Wirtschaftsinformatik** werden in alphabetischer Reihenfolge die wichtigsten Stichworte dieses aufstrebenden Faches behandelt. Die Darstellung entspricht der Art eines Handwörterbuches; sie ermöglicht eine tiefergehende, die Zusammenhänge aufzeigende Erläuterung der Begriffe. Besonderer Wert wird auf die Beschreibung des Standes und der Entwicklungen in den einzelnen Anwendungsbereichen gelegt. Die über 400 Haupteinträge enthalten zahlreiche Querbezüge und Hinweise auf weiterführende Literatur. In die vierte Auflage wurden über 100 Begriffe neu aufgenommen und zahlreiche aus den vorherigen Auflagen völlig überarbeitet. Mit dieser Konzeption wendet sich das Lexikon sowohl an Leser, die rasch ein einzelnes Fachwort klären wollen, als auch an diejenigen, die sich einen Überblick über das gesamte Gebiet verschaffen möchten. Schließlich kann das Buch auch als Repetitorium zur Examensvorbereitung dienen.

Springer · Kundenservice
Haberstr. 7 · 69126 Heidelberg
Tel.: (0 62 21) 345 - 217/-218
Fax: (0 62 21) 345 - 229
e-mail: orders@springer.de

Die €-Preise für Bücher sind gültig in Deutschland und enthalten 7% MwSt.
Preisänderungen und Irrtümer vorbehalten. d&p · BA 42413/1

Druck: Strauss Offsetdruck, Mörlenbach
Verarbeitung: Schäffer, Grünstadt